The Voice of Mirrors' Journey

Volume One

Soroush Dabbagh

بنیاد سهروردی
SOHREVARDI FOUNDATION

All rights reserved. No part of this publication may be reproduced, distributed, or transmitted in any form or by any means, including photocopying, recording, or other electronic or mechanical methods, without the prior written permission of the publisher, except in the case of brief quotations embodied in critical reviews and certain other noncommercial uses permitted by copyright law. For permission requests, write to the publisher, addressed "Attention: Permissions Coordinator," at the address below.

BONYAD SOHREVARDI
7626A, YONGE ST. UNIT#3, TORONTO, ONTARIO
sohrevardifoundation@gmail.com

The Voice of Mirrors' Journey
Volume One
Soroush Dabbagh
Cover Design :Mona Alishahi
Layout: Bonyad Sohrevardi
Revised:2018
ISBN: 978-1-7752606-1-5
Copyright © 2018 by Soroush Dabbagh

I0175649

www.ingramcontent.com/pod-product-compliance
Lightning Source LLC
Chambersburg PA
CBHW070526090426
42735CB00013B/2877
9781775260615

صدای سفر آینه ها

مجموعه گفتگوها

جلد اول

سروش دباغ

بنیاد سهروردی
SOHREVARDI FOUNDATION

BONYAD SOHREVARDI
7626A, YONGE ST. UNIT#3, TORONTO, ONTARIO
sohrevardifoundation@gmail.com

The Voice of Mirrors' Journey
صدای سفر آینه ها
سروش دباغ
مجموعه گفتگو ها - جلد اول
طرح روی جلد: مونا علیشاهی
چاپ اول: ۱۳۹۶
انتشارات بنیاد سهروردی
همه حقوق این کتاب محفوظ است
ISBN: 978-1-7752606-1-5

خانه هاشان پر داوودی بود

چشمشان را بستیم

دستشان را نرساندیم به سر شاخه هوش

جیبشان را پر عادت کردیم

خوابشان را به صدای سفر آینه ها آشفتیم

سهراب سپهری

فهرست

مقدمه ۷

فصل اول: نواندیشی دینی

بازخوانی پروژهٔ روشنفکری دینی ۱۳
بایدها و نبایدهای روشنفکری دینی ۲۵
به دنبال روزآمد کردن دین نیستیم ۳۵
احیاگری یا اصلاح‌گری؟ ۵۱
خداناباوری ستیزه‌گر و بنیادگرایی هر دو خطرناکند ۶۵
نواندیشان دینی و دموکراسی ۷۱
دین در آئینه اخلاق ۸۱
عبدالکریم سروش در پی عبور از دین نیست ۹۷
ملکیان، ذات‌گرایی و نگرش غیرتاریخی ۱۵۹
شریعتی، کویریات و دوران پسا- ارشاد ۱۷۵

فصل دوم: احوال اگزیستانسیل

بحران معنا: تردیدها و تنهایی ها ۱۹۱
دغدغه‌های معنوی گریبانم را رها نمی‌کنند ۲۰۹
ساحل امن در جهان متلاطم ۲۱۹
جهان جدید ما را از زیست معنوی دور کرده است ۲۲۵
وجه اشتراک سهراب سپهری و علی شریعتی ۲۳۳
خودسازی و تهذیب نفس نزد روشنفکران ۲۳۷
سیاحت در دنیای اسرار آمیز «حافظ» ۲۴۵

فصل سوم: فرهنگ، جامعه و سیاست

روشنگرانِ جامعهٔ زمستان‌زده ۲۵۵
مدرنیته و مدرنیزاسیون بر سر ما آوار شد ۲۶۱
افتاده در چالهٔ روشنفکری جهان سومی/ گفتگو با داریوش آشوری ۲۷۳
جنبش‌های روشنفکری خصم دموکراسی‌اند/ گفتگو با علی میرسپاسی ۲۹۱
«استالین مخوف» باشد برای کفاره گناهانم/ گفتگو با حسن کامشاد ۳۰۵
شاملو دو دوزه‌باز بود/ گفتگو با رضا براهنی ۳۲۳
پله‌های کنجکاوی؛ گفت‌وگویی دربارهٔ فروغ فرخزاد ۳۳۹
قداست و سیاست ۳۵۷

مقدمـــه

« به تماشا سوگند و به آغاز کلام/ و به پرواز کبوتر از ذهن/ واژه ای در قفس است/..هر که با مرغ هوا دوست شود/ خوابش آرام ترین خواب جهان خواهد بود/ آنکه نور از سر انگشت زمان برچیند/ می گشاید گره پنجره ها را با آه/..خانه هاشان پر داوودی بود/ چشمشان را بستیم/ دستشان را نرساندیم به سر شاخه هوش/ جیبشان را پر عادت کردیم/ خوابشان را به صدای سفر آینه ها آشفتیم»[1]

پیش از این، روزگاری که ایران بودم، مجموعهٔ گفتگوها و مصاحبه هایم طی چهار سال را، به همراه نوشتارهایی چند، تحت عنوان *در باب روشنفکری دینی و اخلاق* منتشر کردم. `

کتاب پیش رو دربرگیرندهٔ گفتگوهایم طی هشت سال اخیر است. هنگام خواندنِ مصاحبه ها و ویرایش نهایی آنها، هم در حال و فضای زمان انتشار هر یک قرار می گرفتم، هم به اهمیت و رهگشاییِ روشِ« گفتگوی سقراطی» بیش از گذشته پی بردم و ایمان آوردم. اکسیری روح نواز و دل انگیز در گفتگویی که در آن طرفین به قواعدِ بازی عقلانی ملتزم اند، یافت می شود که کم نظیر است. در انتهای این سفر

[1] سهراب سپهری، دفتر « حجم سبز»، شعر « سورهٔ تماشا».

دراز آهنگِ معرفتی، هر یک از طرفین درجایی می ایستند که از آنجا شروع نکرده بودند؛ که از یکدیگر آموخته و تلقی منقح تر و موجه تری از ایده ها و آراء خود یافته اند. برخی از مواقع، معجزه ای در گفتگو رخ می دهد و صداهایی شنیده می شود و خوابهایی آشفته می گردد که چه بسا در خواندن مقاله و کتابی و یا گوش سپردن به سخنانِ سخنور ماهری محقق نشود و به دست نیاید.

صدای سفر آینه ها مجموعه گفتگوهایی *است* که طی سالیان متمادی با نگارندهٔ این سطور انجام شده است. جهت تسهیل کار خواننده، به پیشنهاد ویراستار محترم، گفتگوها در سه فصل گنجانده شده اند.

فصل اول، شامل مصاحبه هایی است که طی این سالیان در حوزهٔ « نواندیشی دینی» انجام شده و متضمنِ واکاوی ابعاد مختلف این پدیده و آراء شخصیت های محوریِ این نحله در دهه های اخیراست. فصل دوم، حاوی گفتگویی هایی است که سویه های وجودی و اگزیستانسیلِ پررنگی دارد و از احوال متلاطمِ گفتگو شونده پرده بر می گیرد. فصل سوم، متکفلِ قلمروی اخلاق، سیاست و فرهنگ است و دربرگیرندهٔ گفتگوهایی که به مناسبت های مختلف طی این سالیان در حوزه های یاد شده با نشریات و رسانه های داخل و خارج کشور انجام شده است. همچنین تمام گفتگوهایم در سالیان اخیر با شخصیت های مهم و برجسته حوزه روشنفکری و فرهنگ نظیر داریوش آشوری, رضا براهنی, حسن کامشاد, علی میرسپاسی و...که پیشتر در نشریه اندیشه پویا منتشر گشته, در این فصل گنجانده شده است .

امیدوارم خوانندهٔ علاقه مند، از لابلای سطور گفتگوهای یاد شده با نگاه نگارنده به موضوعات و مقولات متعددی که ما ایرانیانی را که در دههٔ آخر سدهٔ چهاردهم شمسی زندگی می کنیم، در چنبرهٔ خود احاطه کرده، به نیکی آشنا شوند.

ناگفته نگذارم که تمام گفتگوها ، جهت قرار گرفتنِ در این مجموعه، بازخوانی و ویرایش شده اند. همچنین، تا جایی که امکان پذیر بوده، نام گفتگو کننده و محلّ انتشار در ابتدای گفتگو آمده است. در عین حال، به رغمِ جهد ویراستار و بنده، متاسفانه اطلاعات دربارهٔ برخی از گفتگوها که از انتشارشان چندین سال می گذرد، کامل نشد و بدست نیامد؛ از اینرو فاقد اطلاعات تکمیلی اند. در ضمن از سپهر زارع و مونا علیشاهی،

مسئولانِ محترم نشر « بنیاد سهروردی» که مجال انتشار این اثر را فراهم کردند، صمیمانه سپاسگزارم.

صدای سفر آینه ها، گامی است در راستای اندیشیدن به مسائل پیرامونی به سبک سقراط و گفتگو را برکشیدن و بانگ جرس را از دور شنیدن و « هیجان ها را پرواز دادن » و « ریه را از ابدیت پر و خالی کردن» و از « پی آواز حقیقت» روان گشتن و پیوسته و آهسته قدم زدن و پیش رفتن و خسته نشدن و « بند کفش به انگشت های نرم فراغت نگشودن » و « به روشنی اهتزاز خلوت اشیاء» سفر کردن و دچار شدن و صدای فاصله ها را شنیدن و به ادامه دادن، ادامه دادن و با خود زمزمه کردن :

بی نهایت حضرت است این بارگاه

صدر را بگذار، صدر توست راه

سروش دباغ
تورنتو- زمستان ۹۶

فصل اول

نواندیشی دینی

بازخوانی پروژهٔ روشنفکری دینی[۱]

اولین سؤال ما این است که وجه ممیزی روشنفکری دینی با دیگر نحله‌های فکری در چیست؟ و به طور کلی روشنفکری در پی چه اهدافی است؟

اگر بخواهم پاسخ شما را به صورتِ نسبتاً مبسوط بیان کنم، باید به آن دسته‌بندی که در مقالهٔ خویش تحت عنوانِ «الهیات روشنفکری دینی: نسبت‌سنجیِ میان تجربهٔ دینی، معرفت دینی و کنش دینی» عرضه کرده‌ام، اشاره‌ای داشته باشم. همان‌گونه که در آن مقاله آورده‌ام، در قلمرو دین‌داری با پنج گروه روبرو هستیم. اولین گروه سنت‌گرایان هستند که با دستاوردهای معرفتی جهان جدید و عقلانیت مدرن بر سر مهر نیستند و آن را غیرموجه می‌انگارند و در اندیشهٔ بازگشت به جهان پیشامدرن و روزگار سپری شده وگذشتهٔ از دست رفته‌اند. مفهوم «حکمت خالده» در نظام معرفتیِ سنت‌گرایان متضمنِ تبیین این امر مهم است. در آثار سنت‌گرایان، بیشتر تأکید بر آموزه‌های فلسفی (فلسفهٔ اشراق و فلسفهٔ صدرایی) و عرفانیِ موجود در سنت اسلامی است. فریتهوف شوان و سید حسین نصر از سنت‌گرایانِ نام‌بردار معاصرند.

---

[۱] گفتگواز صدای ایران

دومین گروه بنیادگرایان دینی هستند؛ وجه مشترک این جماعت با سنت‌گرایان در مخالفت با آموزه‌های جهان جدید است؛ درعین‌حال، تفاوت آن‌ها در این است که بنیادگرایان، برخلاف سنت‌گرایان، فقط بر معانی تحت‌الفظیِ آیات و روایات تأکید دارند و توجهی به سویه‌های باطنیِ متن مقدس و سنت دینی ندارند. ایشان برآنند تا آیات قرآن را از سیاق تاریخی و اجتماعی خود خارج کنند و آن‌ها را به نحو مکانیکی در روزگار کنونی به کار بندند. در این خوانش از اسلام، سویهٔ سیاسیِ امور پررنگ است و در تنظیم مناسبات و روابط نقش‌آفرینی می‌کند. گروه «القاعده» مصداق بارزی از بنیادگرایی دینی در دهه‌های اخیر است. نمونه‌های اخیر آن را می-توان در گروه «داعش» در سوریه و عراق فعلی و یا جریان «بوکوحرام» در نیجریه مشاهده کرد.

دستهٔ سوم در قلمرو دین‌داری، دین‌داران سنتی‌اند؛ دین‌دارانی که با دستاوردهای معرفتیِ جهان جدید آشنا نیستند و درعین‌حال، آن‌ها را جدی نمی‌گیرند و در سامان بخشیدن به نحوهٔ زیست و سلوک دینی خویش در روزگار کنونی بدان وقعی نمی‌نهند. آیت‌الله بروجردی و آیت‌الله خویی و مقلدان آن‌ها در زمرهٔ دین‌داران سنتی‌اند. به تعبیر عبدالکریم سروش، می‌توان این افراد را دین‌دار معیشت‌اندیشِ اخروی انگاشت؛ با این توضیح که دین‌داری آیت‌الله بروجردی و آیت‌الله خویی از سنخ «معیشت‌اندیش عالمانهٔ اخروی» است و دین‌داری مقلدانشان از سنخ «معیشت‌اندیش عامیانهٔ اخروی».

دستهٔ چهارم، احیاگران دینی هستند که دل‌مشغولی اصلی آن‌ها زدودن معرفت دینی از زواید و خرافات است؛ درعین‌حال، به دفع شبهات نیز همت می‌گمارند و بر جوانب مغفول دین انگشت تأکید می‌نهند. احیاگران چندان با اندیشه‌های جهان جدید آشنا نیستند، در صورت آشنایی هم در سامان بخشیدن به نظام دینیِ خویش از آن آموزه‌ها بهره نمی‌گیرند و بیش از هر چیز در آن‌ها به چشم شبهاتی می‌نگرند که باید بدان‌ها پاسخ داد. در میان احیاگران دینی معاصر، می‌توان از مرحوم سیدمحمد حسین طباطبایی و مرحوم مطهری نام برد.

دستهٔ پنجم، نواندیشان دینی یا روشنفکران دینی هستند؛ این گروه دستاوردهای معرفتیِ جهان جدید را جدی می‌انگارند و در آن‌ها به دیدهٔ عنایت می‌نگرند. این

جماعت به لحاظ معرفت‌شناختی نسبت به فرآورده‌های علوم نوین و فلسفهٔ جدید گشوده‌اند و در اندیشهٔ برقراری تناسب وتلائم میانِ معارف دینی و معارف غیردینی و بازخوانی انتقادیِ مؤلفه‌های گوناگون سنت دینی ذیل آموزه‌های جهان جدید هستند.

آقای دکتر با توجه به دسته‌بندی که ارائه نمودید، به نظر می‌رسد میان گروه چهارم یعنی، احیاگران دینی و روشنفکران دینی نزدیکی بیشتری برقرار است. تنها تفاوت این دو دسته در این است که بیشتر مباحث احیاگران دینی، درون دینی است اما روشنفکران دینی، برون دینی. شما این موضوع را چگونه تبیین می‌نمائید؟

چنان‌که درمی‌یابم، تفاوت اساسی احیاگران دینی با روشنفکران دینی در این است که احیاگران با اندیشه‌های جهان جدید آشنا نیستند و در صورت آشنایی هم در نظم و نسق بخشیدن به مجموعهٔ معتقدات خویش از آن آموزه‌ها بهره نمی‌گیرند؛ بلکه، مسائل جدیدی را که طرح می‌شود، بیشتر در قالب شبهاتی می‌بینند که باید بدان‌ها پاسخ داد. آثار مرحوم مطهری ازاین‌حیث مثال خوبی است؛ ایشان در حواشی *اصول فلسفه و روش رئالیسم* از همین منظر به نقد آموزه‌های مارکسیستی همت گمارده است.

از سوی دیگر، نزد روشنفکران دینی، برخلاف احیاگران دینی، دستاوردهای معرفتی جهان جدید جدی‌اند و باید در آن‌ها به دیدهٔ عنایت نگریست. همان‌گونه که در مقالهٔ «الهیات روشنفکری دینی» آورده‌ام،به اقتفای لاکاتوش فیلسوف علم معاصر، می‌توان پروژهٔ روشنفکر دینی را به سانِ «برنامه‌ای پژوهشی»[۱] انگاشت که مانند هر نظریهٔ علمی، در قیاس با نظریه‌های بدیل، برخی مسائل را به مدد قدرت توجیه-کنندگی[۲] خود به‌نیکی تبیین و توجیه می‌کند، برخی مسائل را پیش‌بینی می‌کند؛ درعین‌حال، برای برخی از امور پاسخ درخوری ندارد. رفته‌رفته با پدیدار شدن موارد ناقض و مبطل و ایجاد رخنه‌هایی در نظریه، کمربند محافظتی[۳] نظریه از بین می‌رود

---

۱. research program

۲. justificatory power

۳. protective belt

و به دور هستهٔ نظریه، کمربند محافظتی دیگری تنیده می‌شود. به عنوان مثال، می‌توان به تعارض میان یافته‌های بشری و فهم متعارف از متن مقدس اشاره داشت؛ برای رفع این ناسازگاری‌ها می‌توان کمربند محافظتی را مرمت کرد و یا احیاناً به صورت‌بندی نوین آن پرداخت تا نوبت به هسته برسد. یک نظریه می‌تواند با نگه داشتن هسته، کمربند محافظتیِ نو به دور خویش بتند و خود را بازسازی کند اما اگر افزون بر کمربند محافظتی، هسته نیز با مخاطرات جدی مواجه شود، به نحوی که نتوان آن را بازسازی کرد، نظریه فرو می‌افتد و جای خود را به نظریهٔ بدیل می‌دهد.

به‌طورخلاصه، پروژهٔ روشنفکری دینی، ناظر به برقراری توازن میان معارف دینی و معارف غیردینی است؛ فرآیندی که حد یقفی ندارد، ایستا و متصلب نیست و در مقابل مسائل جدیدی که طرح می‌شود و سر برمی‌آورد، گشوده است.

شاید طبق گفتهٔ شما احیاگران دینی مانند علامه طباطبایی و یا شهید مطهری با اندیشه‌های جدید آشنایی نداشتند و یا دغدغهٔ آن‌ها نبوده است، اما در زمان کنونی می‌توان به احیاگرانی دینی چون مرحوم آیت‌الله منتظری و یا مرحوم قابل و یا محسن کدیور اشاره داشت که به موضوعات جدید توجه دارند و از زاویهٔ دین به بررسی آن‌ها می‌پردازند؟

بله، مرحوم آیت‌الله منتظری از منظر فقه به مبحث حقوق بشر پرداختند و با عنایت به مسائلی که جامعه با آن دست‌وپنجه نرم می‌کرد، فتاوای فقهیِ مهم و ره‌گشایی دادند. همچنین، مرحوم قابل در طرح مباحثی چون حجاب و پیشبرد پروژهٔ «شریعت عقلانی». درعین‌حال، چنان‌که آوردم، دل‌مشغولی اصلیِ این دسته از احیاگران دینی زدودن معرفت دینی از زواید و خرافات است. نزد احیاگرانی چون مطهری، علی‌الاصول، آموزه‌ها و اندیشه‌های جهان جدید، در حکم شبهاتی هستند که باید بدان‌ها پاسخ داد اما محسن کدیور، با عنایت به این‌که چند سالی است در دانشگاه‌های آمریکای شمالی مشغول تدریس و تحقیق است و با فضای آکادمیک و فرهنگی جدید آشناست؛ امور را به نحو دیگری می‌بیند و صورت‌بندی می‌کند و بیش از هر چیز، در مقام مواجههٔ محققانه و عالمانه با مسائل پیرامونی است.

اگر بخواهیم اجزای پروژهٔ روشنفکری دینی را بازشناسی کنیم، این ساختار از چه مؤلفه‌هایی تشکیل شده است؟

چنان‌که درمی‌یابم، در نظام الهیاتی روشنفکری دینی، باید تجربهٔ دینی، معرفت دینی و کنش دینی را از یکدیگر تفکیک کرد. فرآوردهٔ تجربهٔ دینی نسبت به تلقی‌های گوناگون از ساحت قدسی لابشرط است و خود منقسم بر دو قسم تجربهٔ دینیِ گزاره‌ای[۱] و غیرگزاره‌ای[۲] است. معرفت دینی نیز عبارت است از فهم موجه و روش‌مند از متن مقدس. روش «موازنهٔ متأملانه»[۳] برای رسیدن به این امر مهم محوریت دارد؛ آن موضع معرفت‌شناختی که متناسب با این نگرش است، «مبناگرایی معتدل»[۴] است. به دیگر سخن، نسبت‌سنجیِ میان پاره‌های مختلف معرفت و برقراری توازن میان معارف دینی و معارف بشری از مقوماتِ معرفت‌شناختیِ برنامهٔ پژوهشیِ روشنفکری دینی است.

درباب کنش دینی، الهیات روشنفکری دینی، اخلاق را فراتر از فقه می‌نشاند و با تأکید بر روایی اصول اخلاقیِ جهان‌شمول و برگرفتن آن‌ها، احکام عبادی را برصدر می‌نشاند و به توزین احکام فقهیِ اجتماعی در ترازوی اخلاق و ترجمهٔ فرهنگی آن‌ها همت می‌گمارد. در مقالهٔ «مناسک فقهی و سلوک عرفانی: طرح‌واره‌ای از عرفان مدرن ۷» این امر را به تفصیل به بحث گذاشته‌ام.

حضرت‌عالی در بخش سوم (کنش دینی) فرمودید که روشنفکری دینی اخلاق را فراتر از فقه می‌نشاند و از فقه، به فقه اجتماعی اشاره داشتید. اگر بخواهم سؤالم را دقیق تبیین نمایم، شما در مقالات «*الهیات روشنفکری دینی*» و «*مناسک فقهی و سلوک عرفانی*»، فقه عبادات را از فقه معاملات مجزا ساخته‌اید و گفته‌اید که در بخش اول انسان متعبدانه برخورد می‌کند (فقه عبادات) اما در بخش دوم، فقه معاملات را در ترازوی اخلاق می‌سنجد، سؤال بنده این است که قسم اول، مقدمهٔ قسم دوم است، اگر در قسم اول

---

۱. propositional

۲. non-propositional

۳. reflective equilibrium

۴. moderate foundationalism

پذیرش اعمال را بر تأثیرپذیری اخلاقی بدانیم، خواهی‌نخواهی در قسم دوم توزین بودن احکام فقهی اجتماعی در ترازوی اخلاق شکل می‌گیرد. چرا در این صورت‌بندی، به این موضوع که اگر در ارتباط فردی با خدا قسم اول خوب شکل بگیرد، بالطبع، در قسم دوم در ارتباط فرد با اجتماع نیز شکل می‌گیرد،کم توجه شده است؟

در مقالهٔ «مناسک فقهی و سلوک عرفانی»، نگفته‌ام که باید با احکام عبادی متعبدانه برخورد کرد؛ بلکه، بر اخلاقی بودن آن‌ها تأکید کرده‌ام. برای انجام این امر مهم، از وظیفهٔ در نظر اولِ «بهبود خود»[۱] در نظام اخلاقی دیوید راس، فیلسوف اخلاق انگلیسی قرن بیستم، مدد گرفته‌ام. افزون بر این، بر معنابخشیِ این احکام فقهیِ عبادی به زندگی تأکید کرده‌ام. درواقع، به روایت من، هم احکام فقهی عبادی در ترازوی اخلاق توزین می‌شوند، هم احکام فقهیِ اجتماعی. درعین‌حال، احکام عبادی، سویهٔ فردی پررنگی دارند و معطوف به تنظیم مناسبات و روبط شخص با خود و مبدأ هستی هستند؛ حال‌آنکه احکام اجتماعی ناظر به تنظیم مناسبات و روابط با دیگران است. به‌عبارت‌دیگر، هرچند، هم احکام عبادی در ترازوی اخلاق توزین می‌شوند، هم احکام اجتماعی اما «ربط اخلاقیِ»[۲] این دو سنخ احکام با یکدیگر متفاوت است. علی‌ای‌حال، برای اندراج آن‌ها در مجموعهٔ معتقدات، گریز و گزیری از توزین آن‌ها در ترازوی اخلاق نیست. احکام عبادی و اجتماعیِ موجه و اخلاقی، برگرفته شده، به کار بسته می‌شوند.

سؤالی که در اینجا پیش می‌آید این است که در آثار متأخر جریان روشنفکری دینی برای خروج از بن‌بست دوگانهٔ دین و مدرنیته، می‌بینیم که به نظریهٔ توزین دین در ترازوی اخلاق پرداخته‌اند و بیان می‌دارند که احکام دینی تا جایی مورد قبول است که در ترازوی اخلاق به سنجش درآیند و اگر سنالنتی با اصول اخلاقی نداشته باشند، مورد پذیرش هستند. در این رابطه نظر شما چیست؟

---

[۱]. self-improvement

[۲]. moral relevance

به نظرم، فقه منسلخ از اخلاق ما را به جایی نمی‌رساند. چه‌بسا حکمی از نظر فقهی روا و بایسته باشد، اما لزومی ندارد از منظر اخلاقی نیز چنین باشد. معطوف به همین امر، در مقالهٔ «*حجاب در ترازوی قرآن*»، میان «وجوب فقهی» و «وجوب اخلاقی» تفکیک کردم؛ تفکیکی که ره‌گشاست. برخی از امور، وجوب فقهی دارند اما وجوب اخلاقی ندارند و بالعکس. چنان‌که در پاسخ به پرسش قبلی آوردم، نواندیشان دینی در اندیشهٔ به دست دادن قرائت اخلاقی و انسانی از احکام فقهی‌اند. نزد ایشان، فقه بریده از اخلاق، راهی به جایی نمی‌گشاید. درعین‌حال، تأمل در اصناف دین‌داری نیز در این میان مهم است. سراغ گرفتن از رابطهٔ میان فقه و اخلاق در زمرهٔ دل‌مشغولی‌های دین‌داری معرفت‌اندیش است حال آنکه دین‌داران معیشت-اندیش که قاطبهٔ دین‌داران را تشکیل می‌دهند، عموماً در مقولاتی چون دین و فقه و اخلاق از این منظر نظر نمی‌کنند. آنچه برای دین‌داران معرفت‌اندیش اهمیت دارد، برگرفتن معتقداتی است که غیراخلاقی و غیرانسانی نباشند؛ ایشان از این منظر در سنت و مدرنیته نظر می‌کنند و به ارزیابی مؤلفه‌های مختلف آن همت می‌گمارند. ازاین‌رو، ایشان نه مفتون چیزهایی هستند که متعلق به جهان مدرن است؛ نه هرآنچه صبغهٔ سنتی دارد. نزد دین‌داران معرفت‌اندیش، نهایتاً باید آنچه را که محصول و فرآوردهٔ روشِ «موازنهٔ متأملانه» است و موجه و انسانی و اخلاقی، برگرفت و آنچه را که از این دایره بیرون می‌ماند، فرو نهاد.

در رابطه با این موضوع فکر می‌کنم اگر در بعضی از امور قائل به این باشیم که اخلاق و دین با یکدیگر تضاد دارند، باید نخست روشن کنیم که مرز میان فقه و اخلاق و حقوق کجاست؟ آیا دین فقط فقه است؟ آیا حقوق بشر را که گاه با دین تعارض دارد، از جنبهٔ حقوقی مدنظر داریم یا اخلاقی؟

فقه متضمن استنباط احکامِ شریعت است؛ احکامی که باید توسط فرد مکلّف در مقام عمل به کار بسته شود. علاوه بر این، هرچند، حقوق و اخلاق دو دیسیپلین هنجاری[۱] هستند، اما احکامِ حقوقی ضمانت اجرایی دارند، حال‌آنکه احکام اخلاقی لزوماً چنین ضمانتی ندارند. اگر کسی از قوانین حقوقی سرباز بزند، او را مجازات

۱. normative

می‌کنند؛ مثلاً، اگر دزدی کند. اما احکام اخلاقی، ضمانت اجرایی ندارند؛ یعنی، اگر کسی دروغ بگوید، او را زندانی نمی‌کنند. حقوق، کف مناسبات اخلاقی است؛ درواقع، آنچه لازم است رعایت گردد تا نظم جامعه به هم نریزد، در جهان جدید، در قالب قانون گنجانده شده است و بیش از آن، به علم اخلاق سپرده شده است. فقه نیز دیسیپلینی هنجاری و بایدمحور است و مشتمل بر امر و نهی؛ امر و نهیی که در متون دینی آمده است و احکام اجتماعی آن (باب معاملات)، برخلاف احکام فردی (باب عبادات) در قانونِ موجود ریزش کرده است. مثلاً، اگر کسی روزه نگیرد و یا نماز نخواند و یا حج نرود، زندانی نمی‌شود اما اگر از اجرای قانون ارث سرباز زند و یا «غش در معامله» کند و یا به کسی آسیب جسمیِ جدی وارد کند، تحت تعقیب حقوقی قرار خواهد گرفت.

پس، فقه، اخلاق و حقوق، دیسیپلین‌های هنجاری و بایدمحور هستند، با این تفاوت که احکام اخلاقی فاقد ضمانت اجرایی هستند. در میان احکام فقهی نیز، بخشی که در قانون گنجانده شده است، ضمانت اجرایی دارد. در این میان، نواندیشی دینی دو کار می‌کند؛ قوانین موجود را در ترازوی اخلاق قرار می‌دهد و از عادلانه بودن و یا نبودن آن‌ها سراغ می‌گیرد و نتایج تتبعات و تأملات خود را با دیگران در میان می-نهد. هم‌چنین، آن احکام فقهی را که در قوانین موجود گنجانده نشده است، ارزیابی می‌کند و به بازخوانیِ مبادی و مبانی انسان‌شناختی، الهیاتی و معرفت‌شناختی آن‌ها همت می‌گمارد. این‌چنین، می‌توان به نسبت‌سنجیِ میان این احکام و آموزه‌های حقوق بشری همت گمارد.

اگر این‌گونه باشد، بهتراست که بگوییم، فقه در ترازوی اخلاق و نه دین، چون دین فربه‌تر از فقه است و فقه قسمتی از دین است.

رابطهٔ دین و اخلاق منحصر به احکام فقهی نمی‌شود؛ درواقع، رابطهٔ میان فقه و اخلاق اخص از رابطهٔ دین و اخلاق است. از مفروضات فلسفی و الهیاتی که در فهم متن مقدس نقشی ضروری دارد، اتخاذ رأی دربارهٔ رابطهٔ میان دین و اخلاق است. به‌عبارت‌دیگر، تا کسی تلقی منقّحی از اصناف روابطِ میان دین و اخلاق نداشته باشد و از منظر دلالت‌شناختی، وجودشناختی، معرفت‌شناختی، روان‌شناختی و... به این رابطه نیندیشیده باشد، نمی‌تواند فهم روش‌مند و سازواری از متن مقدس به

دست دهد. دراین‌باب، می‌توان دست کم سه موضع را از یکدیگر تفکیک کرد و بازشناخت: «نظریهٔ حداکثری فرمان الهی»،[1] «نظریهٔ حداقلی فرمان الهی»[2] و «نظریهٔ استقلال اخلاق از دین». هریک از این سه نظریه، قائلان و منتقدانِ خود را دارد.

خود حضرت‌عالی به عنوان یک روشنفکر دینی به کدام‌یک از این نظرات معتقد هستید؟

چنان‌که در سلسله مقالات حجاب به تفصیل نوشته‌ام، در نسبت سنجیِ میان دین و اخلاق به «نظریهٔ حداقلی فرمان الهی» باور دارم. مطابق با این نظریه، اخلاق به لحاظ دلالت‌شناسی و وجودشناختی مستقل از دین است. علاوه براین، از منظر معرفت‌شناسی، برای احراز داوری‌های اخلاقیِ موجه، باید از تلائم میان شهودهای اخلاقی عرفی و فهم روش‌مند از متن مقدس سراغ گرفت. در سیاق‌هایی که فهمِ روش‌مند از متن مقدس، بر روایی اخلاقیِ فعلی دلالت می‌کند، هم‌چنین، شهودهای اخلاقی عرفی نیز بر روایی آن حکم می‌کند، انجام آن کار موجه است و بالعکس؛ یعنی، اگر فهم روش‌مند از متن مقدس و شهودهای اخلاقیِ عرفی بر ناروایی انجام کنشی حکم کنند، فرو نهادن آن اخلاقاً موجه است. علاوه براین، اگر تخالف و تضادی میان شهودهای اخلاقی عرفی و فهم روش‌مند از متن مقدس در سیاقی سر برآورد، باید به مدد روش‌های مختلف از جمله، تفکیک میان ذاتیات و عرضیات دین، تصحیح و تنقیح انتظار از دین و... به حل تعارض و احراز داوری اخلاقیِ موجه همت گمارد.

به نظر شما با توجه به این نوع رویکردِ جریان روشنفکری دینی، این پروژهٔ پژوهشی چه افقی را در مسیر خویش می‌بینند؟ آیا این جریان به بن‌بست رسیده است یا نیاز به بازنگری دارد؟ برخی از روزنامه‌نگاران نیز بر این طبل کوبیده‌اند و ظهور پدیدهٔ بنیادگرایی و فی‌المثل، گروه داعش را تحت تأثیر این جریان دانسته‌اند. نظر شما در این زمینه چیست؟

---

[1]. strong divine command theory

[2]. weak divine command theory

تصور نمی‌کنم که این پروژه به بن‌بست رسیده باشد؛ نفسِ این گفت‌وگوها، نقدها و هم‌دلی‌های بسیاری که با این پروژه می‌شود، به نظرم خبر از اهمیت و زنده بودن و مؤثر واقع شدن این پروژه می‌دهد: «بیهوده سخن بدین درازی نبود». سرّ آن‌هم وضعیت فرهنگی است که در آن به سر می‌بریم؛ جامعهٔ کنونی ما دوران گذار را طی می‌کند، نه کاملاً سنتی است و نه کاملاً مدرن. طبیعی است که در این وضعیت، پروژهٔ بازخوانی انتقادی سنت از اهمیت زیادی برخوردار باشد؛ فارغ از این‌که عمرو و یا زید حاملان این پروژه باشند. ازاین‌رو، تا اطلاع ثانوی، هنگامی که این دوران سپری شود، این پروژه در کشور ما جدی است و مخاطب دارد و علی‌الاصول ره‌گشاست. چنان‌که درمی‌یابم، مهم‌ترین بخش از پروژهٔ اصلاح و رفرم سنت در جامعه‌ای با مختصات فرهنگی جامعهٔ کنونی ما، عبارت است از؛ رفرم دینی و پالایش و پیرایش سنت دینی با عنایت به آموزه‌های جهان جدید. نواندیشان و روشنفکران دینی که هم با مؤلفه‌های مختلفِ سنت آشنایی خوبی دارند و هم با جهان جدید و درعین‌حال، ملتزم به کاربرد شیوهٔ «موازنهٔ متأملانه»اند؛ بیش از دیگران می‌توانند در این میان نقش‌آفرینی کنند. سرّ پاره‌ای حملات عنیف و بعضاً غریب نیز همین امر است. چندی پیش، محمد قوچانی در مصاحبه‌ای گفته بود که ایده‌ها و آرای گروه‌های بنیادگرایی چون داعش و القاعده، متأثر از روشنفکران و روشنفکران دینی است. با خواندن مصاحبه، به یاد این شعر مولانا افتادم که: «از قیاسش خنده آمد خلق را» و دانستم که کفگیر به ته دیگ خورده است و چیزی در چنته نمانده؛ و لابد برای فرو کوفتن رقیب قرار است از هر امر بی‌ربط و ناروایی بهره گرفته شود، ازاین‌رو، چنین قیاس‌های مع‌الفارق و از بیخ و بن باطلی، در دستور کار روزنامه‌نگار باسابقه و خوش‌قلمی قرار گرفته است که روزگاری بر مشی دیگری حرکت می‌کرد و مطالبی از لون دیگری می‌نوشت و بر جادهٔ حریت و انصاف و عدالت حرکت می‌کرد. مع‌الأسَف کارنامهٔ چند سال اخیر وی عبرت‌آموز و تأسف‌برانگیر است. سردبیر نشریهٔ «مهرنامه»، باهوش‌تر و فاضل‌تر از آن است که به چنین سخنان نازلی باور داشته باشد و می‌شود فهمید که با انگیزه‌های غیرمعرفتیِ سیاسی و برای خوش آمدنِ فلانی و بهمانی، چنین تحلیل‌هایی عرضه می‌شود. اما،

نواندیشان دینی دل قوی داشته، اعتنایی به این حملات و جفاکاری‌ها نمی‌کنند و کار و پروژهٔ خود را پی می‌گیرند و پیش می‌برند که:

هین تو کار خویش کن ای ارجمند
زود، کایشان ریش خود برمی کنند

باید و نبایدهای روشنفکری دینی[1]

روشنفکری دینی تنها در حوزهٔ نظر فعالیت کرده است و برای مخاطبان توصیه یا راهکاری در فعالیت‌های روزمره ندارد. البته، تعدادی از روشنفکران دینی احکامی در حوزهٔ شریعت داشته‌اند که می‌توان آن‌ها را برآیند نظریه‌های روشنفکری دینی دانست اما ایراداتی به همین نحوهٔ احکام‌پردازی وارد است، از جمله اینکه موضع روشنفکری دینی یک موضع منفعلانه است؛ یعنی، بیش از آن‌که نظر شریعت را بازتاب دهد، خواستهٔ جامعه را بر شریعت تحمیل می‌کند. این مورد یکی از انتقاداتی است که عده‌ای به اصحاب روشنفکری وارد می‌سازند. در این گفت‌وگو می‌کوشیم تا پاره‌ای از ایرادات به روشنفکران دینی و آسیب‌های وارد آمده به آن‌ها را مدنظر قرار دهیم.

گفت‌وگو را با این پرسش آغاز می‌کنیم که روشنفکران دینی هنوز از مواجههٔ مستقیم با اسلام تاریخی تغافل می‌ورزند و از همین‌رو متهم به نفاق شده‌اند و گفته شده که دغدغهٔ دین ندارند، به نظر شما مخاطرات روشنفکری دینی در این بخش چیست؟

اینکه از اسلام تاریخی تغافل می‌ورزند، به نظرم صحیح نیست؛ البته، درست است که در مؤلفه‌های دیگر سنت بیشتر تأمل کرده‌اند، مثلاً در فقه، کلام، تفسیر، ولی به تاریخ اسلام کمتر پرداخته‌اند. درعین‌حال، این‌گونه نبوده که تغافل بورزند، یعنی عالماً و عامداً تاکنون از این امر چشم‌پوشی کرده باشند و به آن نپرداخته باشند. اما

---

[1] گفتگو از مولود بهرامیان

اینکه عده‌ای گفته‌اند که روشنفکران دینی دغدغهٔ دین ندارند، فکر می‌کنم سخن غیرمنصفانه‌ای است. عموم روشنفکران دینی، دغدغه‌های دینی پررنگی دارند و ازقضا در پی بازسازی و احیای تجربه‌های کبوترانه به تعبیر سپهری، در جهان رازززدایی شدهٔ کنونی‌اند و به این معنا می‌کوشند تا قرائت معقول و خردنوازی از اسلام به دست دهند، درعین‌حال نمی‌خواهند اسلام را بزک کنند. به اقتفای غزالی که می‌گفت «نحن ابناء الدلیل»؛ ایشان می‌کوشند قرائتی خردپسند و انسانی از دین به دست بدهند. این فعالیت‌ها ازسرِ دغدغهٔ دینی صورت می‌گیرد و به نظرم هیچ بوی نفاقی از آن به مشام نمی‌رسد. البته ممکن است شما بگویید روی سخن روشنفکران دینی با دین‌داران معیشت‌اندیش نیست؛ بلکه، روی سخن ایشان با طبقهٔ متوسط شهری و طبقهٔ دانشگاهی است که دغدغه‌های دینی هم دارند و در پی احیای تجربه‌های دینی و سامان بخشیدن به سلوک معنوی خویش در جهان جدید هستند که این سخن درستی است. چه، کسانی که به هر دلیلی، از دایرهٔ دین خارج شده‌اند و چه، کسانی که دین‌دار سنتی‌اند، مخاطب روشنفکران دینی نیستند؛ هیچ‌وقت هم نبوده‌اند. هر پروژهٔ اجتماعی مخاطبانی دارد و این پروژهٔ اجتماعی هم به نظر من طنین‌انداز است و در جامعهٔ کنونی ایران مخاطبان زیادی دارد. البته، ممکن است کسی بر اثر سال‌ها تأمل، از دین‌داری معیشت‌اندیش به سراغ دین‌داری معرفت‌اندیش یا تجربت‌اندیش بیاید ولی پس از مدتی ممکن است از این پروژه هم بیرون برود، کمااینکه کسی ممکن است ذیل پروژهٔ روشنفکری غیردینی فعالیت کند و پس از چند صباحی ذیل پروژهٔ روشنفکری دینی بیاید. اینها تحولاتی است که در عالم انسانی صورت می‌گیرد. روشنفکران دینی افراد را به سمت دین‌داری عالمانه که البته فرسنگ‌ها با دین‌داری عامیانه فاصله دارد، سوق می‌دهند.

به نظر می‌رسد روشنفکران دینیِ ایرانی در مقایسه با روشنفکران عربی، آشنایی کمتری با میراث اسلامی دارند، به نظر شما خلأ عمدهٔ روشنفکران دینیِ ایرانی در این قسمت چیست؟

با این سخن موافق نیستم و چنین فکر نمی‌کنم. چون وقتی می‌گویید میراث اسلامی، میراث را باید خرد کرد؛ این میراث یعنی عرفان، فلسفه، فقه و کلام. مگر روشنفکران عربی، کسانی چون ابوزید یا ارکون در همهٔ زمینه‌ها به یک اندازه توانا

هستند؟ تصور نمی‌کنم برخی از آنان لزوماً فلسفهٔ اسلامی را درست بدانند یا با عرفان اسلامی آشنایی مکفی داشته باشند. فکر می‌کنم همیشه باید با این مدعیات کلان و کل‌نگر، به دیدهٔ احتیاط نگریسته شود، فکر نمی‌کنم ازاین‌حیث خلأیی جدی در کار روشنفکران ایرانی وجود داشته باشد. شما به کارهایی که انجام شده نگاه کنید، به‌هرحال هرکدام از این روشنفکران با بخشی از سنت آشنا هستند؛ برخی درزمینهٔ عرفان اسلامی کار می‌کنند؛ برخی به فقه اسلامی می‌پردازند و به بازخوانی انتقادی آن مشغول‌اند؛ برخی بیشتر دل‌مشغول مباحث الهیاتی‌اند.

فکر می‌کنم روشنفکری دینی را در حوزه‌هایی مثل بازخوانی انتقادی فقه و همچنین سراغ گرفتن از تحقق تجربه‌های عرفانی و دینی در جهان راززدایی شده البته باید بسط داد. شخصاً در این حوزه کار می‌کنم و به بازسازی انتقادی عرفان سنتی می‌پردازم. همهٔ اینها مؤلفه‌ها و جوانب مغفول این پروژهٔ فکری است که فکر می‌کنم باید مدنظر کسانی که به آن می‌پردازند، باشد اما چنان‌که آوردم، من این قیاس و تفاوت میان روشنفکران دینی ایرانی با روشنفکران عربی یا به تعبیر شما وجود خلأ در روشنفکران دینی وطنی را نمی‌پذیرم.

موضع روشنفکری دینی در برابر مطالبات زنان، اقلیت‌های قومی و مذهبی چگونه بوده است؟ آیا این سنت فکری توانسته است مطالبات اقلی این گروه‌های اجتماعی را در گفتمان روشنفکری خود سامان دهد؟

حقیقتش کمتر به این امر پرداخته‌اند، البته، برخی از روشنفکران دینی بدان پرداخته‌اند اما به نحو اکثری خیر. فکر می‌کنم شاید پاره‌ای از مشکلات بنیادین که پیشِ پای توسعهٔ سیاسی و قرائت انسانی از دین وجود دارد، برای ایشان برجسته شده است و شاید این‌گونه است که در وهلهٔ نخست در پی برداشته شدن این موانع‌اند تا بعد نوبت به برداشتن موانع بعدی برسد. حال، ممکن است کسی بگوید روشنفکران دینی هم‌زمان باید موانع مختلف را پیش چشم قرار بدهند و در مقام فائق آمدن بر آن‌ها برآیند. اما آن تصمیمی است که شخص در عمل می‌گیرد. درواقع، نقد قرائت رسمی از دین و جا انداختن آن، سخن گفتن از سازگاری میان اسلام و دموکراسی و دفاع اخلاقی از سازوکار دموکراتیک است.

لازمهٔ روشنفکری دینی چیست؟

این سؤال از سنخ آن پرسش‌هایی است که تاکنون به کرّات مطرح شده است. شخصاً در مقالات «تعبد و مدرن بودن»، «روشنفکری دینی و آبغورهٔ فلزی!»، «تحلیل مفهوم روشنفکری دینی»، «هم سهم دل، هم سهم عقل: روشنفکری دینی دههٔ نود» و چندین گفت‌وگو که در کتاب درباب روشنفکری دینی و اخلاق منتشر شده است، به آن پرداخته‌ام. تصور نمی‌کنم روشنفکری دینی مستلزم سکولار بودن از منظر فلسفی باشد. اینها مفروضات نادرستی است؛ باید ذهن را از این مفروضات، مؤلفه‌ها و معتقدات نامنقح پاک کرد. چرا ما فکر می‌کنیم که اگر کسی راجع به دین تعقل می‌کند، حتماً باید به نتایجی برسد که ما فکر می‌کنیم باید به آن رسید، این به نوعی مقتضای عقلانیت حداکثری است. اساساً از نمونه‌های بومی که بگذریم، بالاخره ریچارد سویین برن، آلستون، پلانتینگا، هیک، افراد عاقل و فاضلی بوده‌اند یا نبوده‌اند؟ فیلسوفان دینی که سال‌ها در آکادمی‌های تراز اول دنیا تدریس و تحقیق کرده‌اند، به نحوی از انحاء، هریک از منظر خویش به نحو فلسفی از ساحت قدسی و متافیزیکی هستی دفاع کردند. نمی‌توان به ایشان گفت که چون به فرآورده و نتیجه‌ای رسیده‌اید که ما نمی‌پذیریم، پس سخنان شما باطل است و ذهن‌تان را از دین پاک کنید، چرا باید ذهن را از دین‌باوری پاک کرد؟ باید ذهن را از باورهای نامنقح پاک کرد. اینجا خلطی بین «فرآیند» و «فرآورده» صورت می‌گیرد. اگر کسی استدلال‌ورزی پیشه کرد و به این نتیجه رسید که باورهای دینی موجهند، چرا باید ذهنش را از آن پاک کند؟ این چه نحو استدلال کردن است؟ بله، عقلانیت مدرن را شخص به استخدام می‌گیرد، مگر سویین برن نگرفته، مگر جان هیک نگرفته است؟ درعین‌حال، ایشان به این نتیجه رسیده‌اند که به‌نحوی از انحاء می‌شود از ساحت قدسیِ این عالم دفاع کرد. البته، عقل را پاس داشته‌اند و جانب عقل را فرو ننهاده‌اند اما «فرآوردهٔ» کارشان این بوده که سخن گفتن از ساحت قدسی هستی، سخنی معقول است. پس چرا «باید» یک روشنفکر دینی از منظر فلسفی سکولار باشد؟ روشنفکر دینی به مقتضای قواعد بازی، به عقلانیت قائل است و آموزهٔ «نحن ابناء الدلیل» را پیش چشم قرار می‌دهد و دلایل را به کار می‌گیرد و پیش می‌رود، حال ممکن است به این نتیجه برسد که می‌شود از دین دفاع عقلانی کرد. دیگر نباید

بین فرآیند و فرآورده خلط کرد و گفت که شخص حتماً باید به آن فرآورده‌هایی که ما می‌گوییم، برسد. می‌توان به فرآورده‌های دیگری هم رسید، کما اینکه آلستون، پلانتینگا و هیک رسیده‌اند، در سنت ما هم روشنفکران دینی که فیلسوفند به این نتیجه رسیده‌اند.

آیا می‌توان روشنفکران دینی را افرادی محقق به شمار آورد؟ نظر شما درباب اینکه [گفته شده] روشنفکران دینی بند ناف خود را از روحانیت نگسسته‌اند؛ چون هنوز مانند روحانیت در فرهنگ شفاهی زندگی می‌کنند و بیشتر اهل خطابه‌اند تا نوشتن کتاب، چیست؟

چند نکته در این پرسش است که می‌کوشم به تمام آن بپردازم. اینکه روشنفکران دینی محقق هستند یا خیر، تصور می‌کنم که هستند. هرکدام در حوزه‌ای محقق هستند، نمی‌دانم چرا کسانی فکر می‌کنند که روشنفکران دینی محقق نیستند. ما در جامعه‌ای هستیم که به‌هرحال، فرهنگ شفاهی خیلی کار می‌کند و سخن گفتن، خطیب بودن (خصوصاً خطیب زبردست بودن)، باعث شنیده شدن بهتر سخنان فرد می‌شود، اگر این خطابه و خطابی سخن گفتن جای نوشتن را بگیرد، البته جای ضعف است اما اگر در کنار نوشتن به کار گرفته شود، به نظر من هیچ اشکالی ندارد. می‌شود از روشنفکران خواست و از آنان دعوت کرد که در کنار اینکه اهل خطابه هستند، بیشتر بنویسند اما نه اینکه به آنان بگوییم اهل خطابه نباشند؛ من چنین تصوری ندارم. ببینید روشنفکر قرار است کار روشنفکرانه بکند، قرار نیست که کار آکادمیک صرف بکند، وقتی فرهنگ جامعه، شفاهی است و مردم ما به‌هرحال، از طریق شنیدن خیلی اقناع می‌شوند یا به فکر فرو می‌روند، چرا باید این فرهنگ را فرو نهاد؟ به‌هرحال، استفاده کردن از شعر، ادبیات و تکیه کردن بر سنت ادبی ستبر ما و وام گرفتن اشعار حافظ، مولانا و شاعران معاصر به نظرم خیلی ره‌گشاست. مشکل اینجاست که وقتی کسی اهل سخن گفتن شفاهی است، استدلال نکند، این همان مسئله‌ای است که در این پرسش هم از آن غفلت شده است. درست است که فرهنگ شفاهی فی‌نفسه کفایت نمی‌کند، اما مهم‌تر از آن این است که فرد چه شفاهی سخن بگوید چه مکتوب، اهل استدلال باشد.

مواجهۀ روشنفکران با امر سیاسی چگونه باید باشد؟ به‌عبارت‌دیگر، نسبت روشنفکر با نهاد سیاست چیست؟ آیا برای هرگونه اصلاحی باید گوشه چشمی هم به سیاست داشته باشد یا خیر؟

به نظر من باید نسبت داشته باشد. درست است که روشنفکر فعال سیاسی نیست، عضو هیچ حزبی نیست و تعلق خاطر حزبی ندارد، اما چشم بیدار جامعه است و اگر نهاد دین را نقد می‌کند، نهاد سیاست را هم می‌تواند نقد کند و خصوصاً در جامعه‌ای مثل جامعۀ ما که حکومت دینی بر سر کار است، روشنفکران دینی به نقد نهاد سیاست و مناسبات و روابط سیاسی حساس بوده‌اند، اما عنایت دارید و تأکید می‌کنم که معنی آن اصلاً این نیست که فعال سیاسی باشند یا حزب سیاسی تشکیل دهند و معطوف به قدرت سیاسی کار کنند، آن‌هم کار خیلی مبارکی است اما کسی که آن کار را می‌کند، سیاستمدار است و از وادی روشنفکری بیرون آمده است. روشنفکر چشم بیدار جامعه است و مثل دماسنجی دقت می‌کند که دما چقدر بالا و پایین می‌رود. اگر کسی عضو حزب شود، وزیر، وکیل یا عضو پارتی شود، عضو و نمایندۀ مجلس شود، در جای خود مبارک است و از شئون خوب و اثربخش زندگی در جهان جدید است اما وارد سیاست‌ورزی به معنای حرفه‌ای شده است که با روشنفکری فاصله دارد. روشنفکر نهاد سیاست را نقد می‌کند، برای سیاست تئوری‌پردازی هم می‌کند. البته، فقط به معنای اینکه غر بزند، نقد نمی‌کند؛ بلکه، سعی می‌کند راه‌کار به دست دهد، بدون اینکه به معنای سیاست‌ورزی حرفه‌ای وارد سیاست شود. اما اگر یک روز تصمیم بگیرد وارد سیاست شود، ردای روشنفکری را از تن به در خواهد کرد و در کسوت سیاست‌پیشه فعالیت خواهد کرد.

به نظر شما نقاط ضعف و آسیب‌های روشنفکری دینی کدام است؟ روشنفکری دینی از چه حوزه‌ها و مسائلی غفلت کرده است؟

به اختصار عرض می‌کنم که یکی، پرداختن به تاریخ دین است؛ چنان‌که پیش‌تر هم به آن اشاره شد و درعین‌حال فکر می‌کنم به نحو ایجابی خوب است روشنفکران دینی بیش از این راجع به نحوۀ زیست مسلمانی، خصوصاً با عنایت به قرآن و آن‌چه در آموزه‌های قرآنی آمده، سخن بگویند. نحوۀ زیست عرفانی یا تحقق تجربه‌های کبوترانه و معنوی در جهان راززدایی شده، مقولۀ مهمی است که باید روشنفکر

دینی بیشتر و بهتر به آن بپردازد. روشنفکران دینی تاکنون کمتر به بازسازی و نگاه انتقادی به عرفان اسلامی توجه داشته‌اند. فکر می‌کنم این یکی از کارهایی است که باید صورت بگیرد. علاوه برآن، چنانچه گفتم روشنفکری دینی باید نسبت به زندگی روزمرهٔ مردم عنایت بیشتری کند؛ البته، روشنفکران دینی فقیه نیستند اما می‌توانند با سخن گفتن استدلالی و توزین احکام فقهی در ترازوی اخلاق کمک کنند که نحوهٔ زیست مؤمنانهٔ مردم در جهان جدید سامان بیشتری پذیرد. این‌ها نکاتی است که می‌شود گفت نقاط ضعف یا بهتر است بگویم جوانب مغفول روشنفکری دینی است. درعین‌حال، فکر می‌کنم مادامی‌که جامعه مختصات فرهنگی کنونی خود را دارد، روشنفکر دینی هم کارکرد خود را دارد و به پیش می‌رود، چنان‌که تاکنون خوشبختانه مؤثر بوده است و پیش رفته است. درباب معرفت دینی و نسبت آن با معارف غیردینی کارهای خوبی صورت گرفته است؛ در حوزهٔ الهیات نیز باید کارهای ایجابی بیشتری انجام شود؛ رابطهٔ میان «دین و اخلاق» و رابطهٔ میان «فقه و اخلاق» بیشتر به بحث گذاشته شود. درعین‌حال، خوب است مباحث جدیدی که در حوزهٔ وحی طرح شده، بسط بیشتری پیدا کند.

تصور می‌کنم دربارهٔ رابطهٔ دیانت و سیاست کم‌وبیش کار تمام است. یعنی، روشنفکران دینی رابطهٔ نهاد حکومت با نهاد دیانت را به‌خوبی توضیح داده‌اند، نقد اخلاقی فقه، نقد اخلاقی سیاست و کارهای ایجابی راجع به زیست مومنانه در جهان کنونی صورت گرفته است، البته، بازخوانی انتقادی فقه و تاریخ اسلام از جوانب مغفول این پروژه است و امیدوارم پی گرفته شود. من در مقالهٔ «پروژهٔ ناتمام روشنفکری دینی» که چند ماه پیش در نشریهٔ *مهرنامه* منتشر شد، این نکته را توضیح داده‌ام و اینجا با بسط بیشتری از آن سخن می‌گویم. تصور می‌کنم اگر تمهیدی برای این جوانب مغفول اندیشه شود، بار ما بار می‌شود و این مسیر را بهتر پی خواهیم گرفت.

آیندهٔ روشنفکری دینی را در ایران چگونه می‌بینید؟ در مقایسه با روشنفکران عرفی جایگاه اجتماعی روشنفکری دینی را چگونه ارزیابی می‌کنید؟

فکر می‌کنم آینده روشن است. جامعهٔ ما مختصات دینی دارد؛ لازمهٔ این سخن آن است که سخنان روشنفکران دینی بیشتر شنیده می‌شود. البته، روشنفکر نباید تابع مردم متعارف باشد بلکه باید به نقد فرهنگ آنان همت بگمارد. معنی این سخن آن نیست که مطابق میل مردم سخن بگوید اما چون جامعه دینی است، سخنان روشنفکران دینی بیشتر شنیده می‌شود. مطابق با آخرین آمارهایی که از یکی از جامعه‌شناسان معروف ایرانی شنیده‌ام، نزدیک به ۶۵ تا ۷۰ درصد جامعهٔ ایران همچنان دین‌دارند؛ ممکن است که ۵۰ تا ۵۵ درصد مردم تصویر دیگری از رابطهٔ دیانت و حکومت پیدا کرده باشند؛ خصوصاً پس از تحولات سه چهار سال اخیر، رابطهٔ میان دیانت و حکومت دستخوش تحول شده است اما این بدان معنا نیست که جامعه غیردینی شده است. این سخن یک واقعیت[۱] است، نه این‌که بگوییم با گفتن این سخن کار تمام شده است. خیر! ازقضا، کار روشنفکر دینی از همین جا آغاز می‌شود، چون به بازخوانی انتقادی سنت دینی همت می‌گمارد. هم طعن دین-داران سنتی را به جان می‌خرد، هم طعن کسانی که خود را پاسداران قشر شریعت می‌انگارند و هم البته، طعن کسانی را که تعلق خاطر دینی ندارند و فکر می‌کنند که روشنفکران دینی فرصت‌طلبی می‌کنند. مواردی که گفتم با توجه به نکاتی بود که در فضای مجازی، مقالات و نوشته‌های برخی از نویسندگان به بحث گذاشته می‌شود. به نظر من داستان از این قرار است که در جامعهٔ ما با مختصات دینی ـ فرهنگیِ آن، صدای روشنفکران دینی بهتر شنیده می‌شود، چون مخاطب بیشتری دارند؛ نه این‌که بخواهند قدرت خود را به دیگران تحمیل کنند. چنین شنیده شدنی، به نحو طبیعی رخ می‌دهد و تصورم این است که نفوذ و اهمیت آنان با همهٔ ارزش و احترامی که برای روشنفکران عرفی قائلم در جامعهٔ کنونی ایران بیشتر از روشنفکران عرفی است چون دل‌مشغول پالایش سنت دینی هستند. روشنفکران عرفی چنان‌که عرض کردم به حوزه‌های دیگری توجه دارند و در آن‌ها به دیدهٔ عنایت می‌نگرند. درباب مقولاتی چون هویت، تاریخ و اموری ازاین‌دست یا بومی کردن ایده‌های مدرنیته، مثلاً کسانی چون مراد فرهادپور یا بابک احمدی بیشتر به ترجمهٔ مفاهیم مدرن و ترجمهٔ آن‌ها به زبان فارسی کمک می‌کنند که خیلی هم با

[۱] .fact

ارزش و مؤثر است اما مخاطب روشفکران دینی از آنان بیشتر است، به خاطرِ اینکه جامعه چنین است و البته روشنفکران دینی ملامت کثیری را هم به جان می‌خرند. اما تصورم این است که مسیر همچنان همین مسیر است. اگر قرار است ما جامعه‌ای شویم که از دوران گذار عبور کنیم و تبدیل به جامعه‌ای دموکرات شویم که هم سیاست در جای خودش درست قرار بگیرد و هم دیانت و امکان تحقق تجربه‌های دینی و کبوترانه میسر باشد، این کار را روشنفکری دینی دارد انجام می‌دهد که هم سنت را به نیکی می‌شناسد و هم دلی در گرو مدرنیته دارد و از تعامل و نسبت میان این دو سراغ می‌گیرد و به بازخوانی انتقادی آن دو همت می‌گمارد، کاری می‌کند که نه روحانیِ سنتی می‌کند و نه روشنفکری عرفی. یکی با مدرنیته و با جهان جدید آشنا نیست (روحانی سنتی) و دیگری انس و الفت و آشنایی با سنت دینی ندارد (روشنفکری عرفی). در جامعهٔ ایران با مختصات کنونی فرهنگی ـ دینی در دههٔ ۹۰ شمسی، آن‌طور که جامعه‌شناسان به ما می‌گویند نه اینکه من صرفاً نظر خود را بازگو کنم و نه فقط با تکیه بر فضای شهر تهران، بلکه در نظر آوردن کل شهرهای بزرگ و کوچک ایران، فکر می‌کنم که روشنفکران به سانِ ماماهایی می‌توانند کمک کنند تا ما بتوانیم به سرمنزلِ مقصود برسیم و انشاءالله این دوران گذار را طی کنیم. به این معنا من فضا را روشن می‌بینم. درعین‌حال، به‌جاست این نکته را تذکر بدهم که سخن من، توصیفی[۱] است، نه توصیه‌ای، اما فکر می‌کنم نفوذ و کار روشنفکران دینی بیشتر است و آینده‌شان را در دوره‌های آتی در ایران البته روشن‌تر می‌بینیم و دعا می‌کنم که انشاءالله کوشش جمعی روشنفکران دینی راه به جایی ببرد و بتوانیم این مسیر پرتلاطم و پرسنگلاخ را طی کنیم و شاهد روزهای بهتری در آیندهٔ کشورمان باشیم.

---

۱. descriptive

به دنبال روزآمد کردن دین نیستیم[1]

دکتر سروش دباغ از آن دست متفکرانی است که هم دل‌بسته سنت دینی است و هم به دستاوردهای جدید بشری عطف عنان دارد. وی بر این باور است که می‌توان میان این دو موازنه‌ای برقرار کرد و اندیشه‌هایی به ارمغان آورد که هم خرد را بنوازد و هم دل را برباید. او به متدی می‌اندیشد که بر اساس آن می‌توان معاصرت را برای دیانت به ارمغان آورد. وی در گفت‌وگو با «تقریرات»، برخی منتقدان را پاسخ می‌گوید اما جانب انصاف را فرو نمی‌نهد و خرده‌ای نیز بر یکی از هم‌فکران خود وارد می‌آورد. سروش دباغ دغدغه‌های خود را درباب معاصرت این‌گونه با ما در میان می‌نهد:

آقای دکتر برای شروع بحث بفرمایید شما از معاصر بودن چه چیزی را مورد نظر دارید؟ وقتی که می‌گوییم یک اندیشه می‌باید معاصر باشد اساساً چه مؤلفه‌هایی باید مراعات شود تا اطلاق این عنوان بر آن اندیشه روا باشد؟

ابتدا سلام عرض می‌کنم خدمت شما و همکارانتان در نشریهٔ «تقریرات» و امیدوارم در مسیری که درپیش گرفته‌اید در راه تعاطی افکار و بسط اندیشه‌ها موفق باشید و مجال نیکی را برای گفت‌وگو فراهم آورید. درباب مسأله «معاصر بودن» مایلم دو نکته را در ابتدا، مفهوماً توضیح دهم و بعد هم مراد خود را از معاصر بودنِ اندیشه تبیین کنم. ما گاهی درباب معاصر بودن، ارزش داوری اخلاقی می‌کنیم و فی‌المثل

---

[1] گفتگو از سید هادی طباطبایی

می‌گوییم که خوب است اندیشه‌ای معاصر باشد و یا بد است. داوری ما در این ساحت به اصطلاح یک ارزیابی هنجاری[۱] و اخلاقی است. گاهی اما داوری ما، سویهٔ هنجاری و معرفت‌شناختی دارد؛ بدین معنا که می‌گوییم باید پاره‌ای از نُرم‌ها و هنجارها در کار باشد تا یک اندیشه معاصر انگاشته شود و درغیراین‌صورت و با عدم رعایت این هنجارها، آن اندیشه معاصر، قلمداد نمی‌شود. این تفکیک را ابتدائاً عرض کردم تا بگویم آن‌چه از اکنون به بعد بیان می‌کنم، ناظر به معنای دوم از معاصر بودن است، یعنی قیودی معرفت‌شناختی که در کار است و باید بر یک اندیشه اطلاق شود تا بتوان آن را معاصر انگاشت؛ نه قیود اخلاقی. من دراین‌باب ارزش داوریِ اخلاقی نمی‌کنم، بلکه از قیود هنجاریِ معرفت‌شناختی‌ای بحث می‌کنم که باید لحاظ شوند. با این توضیحِ مفهومیِ ابتدایی، تصور من این است که معاصر بودن به معنای لحاظ کردن پاره‌ای نُرم‌های معرفت‌شناختی است تا بتوان از اندیشهٔ معاصری که موجّه[۲] و قابل دفاع[۳] است سخن گفت. اگر اندیشه‌ای به لحاظ معرفت‌شناختی موجّه و قابل دفاع باشد، من آن را معاصر می‌انگارم؛ یعنی به مثابهٔ یک امر و قید بایسته‌ای که باید در هر اندیشه‌ای لحاظ شود. اگر بخواهم از ادبیات معرفت‌شناسان معاصر بهره برم، در این‌جا با رابرت آئودی هم‌دلی بسیار دارم. چنان که در برخی از مقالات و نوشته‌های خود هم آورده‌ام، مشخصاً در مقاله "الهیات روشنفکری دینی؛ نسبت‌سنجی میان تجربه دینی، معرفت دینی و کُنش دینی"، از تلقیِ آئودی برای توضیح و تبیینِ موضع مختار خویش استفاده کرده‌ام. می‌توان این موضعِ معرفت‌شاختی را به تبع آئودی "مبناگرایی معتدل[۴] نامید. مطابق با این موضعِ معرفت‌شناختی که آن را قوام‌بخش معاصر بودن می‌انگارم، باید میان شاخه‌های مختلف معرفت، تلازم و تلائمی برقرار باشد.

افزون بر موضع آئودی که یک موضع معرفت‌شناختی است، با موضع رالز و متد "موازنه متأملانه[۵]" او هم هم‌دلم. به این معنا که باید میان مؤلفه‌های مختلف

---

۱ Normative

۲ Justified

۳ Plausible

۴ Modest foundationalism

۵ Reflective equilibrium

معرفتی توازنی برقرار باشد. این البته یک آموزهٔ روش‌شناختی است. می‌توانیم "مبناگرایی معتدل" و "موازنه متأملانه" را هم‌عنان قرار دهیم. مبناگرایی معتدل متضمن این معناست که ما پاره‌ای شهودهای معرفت‌شناختی اولیه[۱] داریم که این شهودها، خطاپذیرند. اما در روند و آیند میان شهودهای مختلفی که برگرفته از شاخه‌های مختلف معرفتند، ما به داوری‌های معرفت‌شناختی موجّه می‌رسیم. پس معاصر بودن به این معناست که شخص نسبت به فرآورده‌های شاخه‌های مختلف معرفتی، اعم از هنر، فلسفه، علوم تجربی، الهیات و ... که یک حجیت معرفت‌شناختی اولیه دارند، گشوده است. سپس در روند و آیندِ میان آموزه‌های گوناگون، به نظام معرفتی موجّه خود دست می‌یابد.

لازمهٔ این سخن این است که کسانی‌که نسبت به این معارف گشوده نیستند و یا نسبت به دیگر دستاوردهای شاخه‌های مختلف معرفتی آشنایی ندارند، به این معنا معاصر نیستند؛ چرا که در پی برقراری تناسب و تلائم میان یافته‌های مختلف بشری برنیامده‌اند. تأکید می‌کنم که بنده ارزش داوری اخلاقی دربارهٔ چنین اندیشه‌هایی نمی‌کنم؛ بدین معنا که بگویم چنین نظام‌های معرفتی‌ای، اخلاقاً خوب و یا بد است؛ خیر، بلکه درباره نُرم‌های معرفت شناختیِ ناظر بر این نظام اعتقادی سخن می‌گویم. با توضیحاتی که عرض کردم، اگر یک نظام معرفتی معاصر نباشد؛ به معنای معرفت‌شناختی کلمه موجّه و قابل دفاع هم نیست.

حد و حدود این التفات بر اندیشه معاصر را چگونه می‌توان تعیین کرد؟ به صرف اینکه اندیشه‌ای در دوران معاصر طرح می‌شود آیا التفات بدان می‌تواند توجیه‌پذیر و مقبول قلمداد شود؟ و آیا هر اندیشه‌ای که صبغه معاصرت داشته باشد را باید حُرمت نهاد؟

اینکه باید اندیشه‌ای را مدّنظر قرار دهیم، لزوماً به معنای پذیرش آن اندیشه نیست. من تعبیر "حجیت معرفت‌شناختی اولیه" را به کار بردم تا برهمین مسأله تاکید کنم. یعنی آن اندیشه‌ای که حجیت معرفت‌شناختی اولیه دارد را در نظر می‌آوریم. سپس، وقتی که این آموزه‌ها از غربال‌های معرفتی گذر می‌کنند، یک نسبت‌سنجی

[۱] Prima facie justification

میان آن‌ها و دیگر اعتقادات خود برقرار می‌شود؛ آن‌گاه است که به یک تناسب و تلائم معرفت‌شناختی می‌رسیم. به نظر من کسی که این امور را لحاظ و بررسی نمی‌کند و در نظام معرفتی خویش تلائمی و تعادلی لحاظ نمی‌کند، به این معنا، اندیشه‌اش معاصر نیست. نه اینکه هر چه معاصر است و امروز طرح شده حتماً هم موجّه است، خیر.

چنان که اشاره کردم در مقاله "الهیات روشنفکری دینی؛ نسبت‌سنجی میان تجربه دینی، معرفت دینی و کُنش دینی" کوشیده‌ام ذیل مبحث «معرفت دینی»، توضیح دهم که مرادم از این موضع معرفت‌شناختی چیست. البته تعبیر معاصر بودن را آنجا به کار نبرده‌ام؛ اکنون تاکید می‌کنم که اندیشه‌های جدید می‌باید در غربال ما بیایند و لحاظ شوند، اما این بدان معنا نیست که اندیشه‌های جدید لزوماً موجّه هستند. به نظر من اگر اندیشه‌های جدید در آن موازنه متأملانه قرار نگیرند، یعنی در روند و آیند معرفتی لحاظ نشوند، موضع موجّهی هم نخواهیم داشت و نمی‌توان آن‌ها را به معنای معرفت‌شناختی کلمه «معاصر» قلمداد کرد. اگر بخواهیم اندیشه‌ای را به صرف اینکه روزآمد است و فی‌المثل شش ماه یا یک سال پیش طرح شده، قوام‌بخش معاصر بودن بینگاریم، روش ناموجه و باطلی را اختیار کرده‌ایم. به قول قدما، نحن ابناء الدلیل.

ممنونم! اگر اجازه بفرمایید قدری از معنا و مفهوم معاصر بودن فاصله بگیریم و در مورد موضع حضرت‌عالی و نواندیشان دینی در قبال معاصر بودن بحث کنیم. یکی از خرده‌هایی که بر جریان روشنفکری دینی گرفته شده این است که روشن‌اندیشان دینی با فاصله گرفتن از آرای عالم سنت، کوشیده‌اند تا ایده‌های خود را به گونه‌ای طراحی کنند که فضا به نفع اندیشه‌های معاصر باز شود. به عنوان نمونه در ایده‌ی "قرائت حداقلی از فرمان الهی" یا حتی بحث "رؤیای رسولانه" به گونه‌ای این مباحث طرح می‌شود که اندیشه‌های مدرن مجال بسط بیابند و رفته‌رفته فضا بر آرای سنتی بسته شود. آیا شما این انتقاد را می‌پذیرید؟

با این انتقادات آشنایی دارم. تصور می‌کنم اگر همین آموزه معرفت‌شناختیِ "مبناگرایی معتدل" که آئودی آن را نمایندگی می‌کند، مدنظر قرار دهیم، انتقاداتی که طرح کردید، موجّه نخواهد بود. بدین معنا، این سخن که رجحان بخشیدن بر آموزه‌های مدرنیستی در کار ما دیده می‌شود، سخن مقبولی نیست. برای روشن شدن سخنم، مثال‌هایی از قرآن را می‌آورم. فرض بفرمایید ما در سوره طارق می‌خوانیم که: فَلیَنظُرِ الانسانُ مِمَّ خُلِق. خُلِقَ مِن ماءٍ دافِق. یَخرُجُ مِن بَینِ الصُّلبِ وَ التّرائِب (طارق۵الی۷). ظاهر این آیات چنین است که آدمی از آب جهنده‌ای که از فضای میان پشت و استخوان‌های سینه خارج می‌شود، آفریده شده است. از سوی دیگر، بر اساس آموزه‌های زیست شناختی جدید، سلول جنسی نر از اندام تحتانی مرد خارج می‌شود و بر اثر برخورد با سلول جنسی ماده، تخم تشکیل می‌شود و در رحم قرار می‌گیرد. لازمه‌ی این سخن آن است که اسپرم و تخمک در فضایی بین پشت و سینه قرار ندارند. حالا ببینید برای رفع این تعارضِ ظاهری، می‌شود آیه را به نحوی متکلّفانه قرائت کرد که با دستاوردهای زیست‌شناسانه جدید سازگار بیفتد؛ قرائتی که به نظرم کثیری را در این روزگار قانع نمی‌کند. درعین‌حال می‌توان درک و تلقی خود را از زبان دین تغییر داد و فی‌المثل زبان قرآن را زبان علمی نینگاشت و قرائتی دیگر از این آیات به دست داد. به نظرم در اینجا، اختیار کردن موضع معرفت‌شناختیِ "مبناگرایی معتدل" به ما مدد می‌رساند تا فهم صحیحی از متن ارائه دهیم. این روند و آیند معرفتی، حد یقفی ندارد و میان شاخه‌های مختلف علوم برقرار است. به تعبیر دیگر، ما در اینجا از دیالوگ میان متن مقدس، آموزه‌های دینی و فرآورده‌های معرفتیِ جهان جدید سخن می‌گوییم و بین آن‌ها ارتباط معرفتی برقرار کرده و قرائت خویش را به دست می‌دهیم. به عنوان نمونه‌ای دیگر در سورهٔ "قیامه" می‌خوانیم: اَیَحسَبُ الانسانُ اَن یُترَکَ سُدی/ اَلم یَکُن نُطفةً مِن مَنیٍّ یُمنی/ ثُم کانَ عَلقةً فَخَلَقَ فَسَوّی / فَجَعل مِنهُ الزَّوجَینِ الذَّکَرَ وَ الأُنثی/ اَلیسَ ذلِکَ بِقادِرٍ عَلی اَن یُحیی المَوتی/.(قیامه،۳۶-۴۰) این آیات تکامل انسان از آب جهنده و نطفه تا علقه و دو جنس و سنخ مرد و زن را تبیین می‌کند. می‌توان با استشهاد به این آیات، درک خود را از زبانِ دین تغییر داد؛ بدین معنا که بگوییم این آیات اساساً نه در مقام توضیح دقائق فیزیولوژیک و علمی برآمده؛ بلکه غایت دیگری داشته؛

اینکه انسان از کجا به کجا رسیده و از چه مراتب بسیط و ساده‌ای به دو جنس پیچیدۀ مذکر و مونث رسیده است. نواندیشان دینی دست رد به سینه علوم تجربی و علوم انسانی جدید نمی‌زنند و به دیدۀ عنایت در آن‌ها نظر می‌کنند و با مدّنظر قرار دادن روش "موازنه متأملانه"، میان بخش‌های مختلف نظام معرفتی خود نسبت‌سنجی می‌کنند و در اندیشۀ برقراری تلائم و سازواری میان آن‌ها هستند. برگرفتنِ روش «موازنۀ متأملانه»، البته آثار و برکاتی نیز دارد؛ فی‌المثل تفکیک قائل شدن میان ذاتیات و عرضیات جهت به دست دادن فهم موجّه و روش‌مند از متن مقدس. درعین‌حال، برای نواندیشان دینی، متن مقدس و سنت دینی به مثابۀ مومی نیست که بتوان هر شکلی به آن داد، بلکه واجد روح و پیام‌هایی است که باید به نحو روش‌مندی آن‌ها را احراز کرد و به کار بست.

نکتۀ آخری که در پاسخ به این پرسش مایلم بیان کنم این است که می‌توان موضع لاکاتوش را دراین‌باب در نظر گرفت و مدّنظر قرار داد. از این منظر، کار روشنفکران دینی یک «برنامۀ پژوهشی[۱]» است؛ این نگرش را لاکاتوش در قلمرو تاریخ و فلسفه علم به کار برده، اما می‌توان آن را از آن فضا خارج کرد و در این سیاق به کار بست؛ بدین معنا که پروژۀ «نواندیشی دینی» را در قالب یک برنامۀ پژوهشی قلمداد کرد. باید دید که نظریات بدیع نواندیشانه تا چه میزان قدرت توجیه‌کنندگی دارد و تا چه میزان مسائل را توضیح می‌دهد و تبیین می‌کند؟ درعین‌حال ممکن است که این برنامۀ پژوهشی در پاره‌ای امور و مسائل هم پاسخی نداشته باشد. توضیح لاکاتوش این است که رفته‌رفته با پدیدار شدن موارد نقض در یک نظام اندیشه‌گی، آن کمربند محافظتی که بر گِرد هسته تنیده شده از بین می‌رود تا اینکه نوبت به هستۀ اصلی می‌رسد. می‌توان با نگه داشتن هستۀ یک نظریه، کمربند محافظتی نو و جدیدی را بر گرد آن تنید، اما از جایی به بعد ممکن است که آن کمربند محافظتی با مخاطراتی مواجه شود و دیگر بر جای نماند. نمونۀ سوره "طارق" را برای این عرض کردم که وقتی میان دستاوردهای معرفتی جه ان جدید با فهم رایج از متن مقدس ناسازگاری می‌بینیم، می‌توانیم آن کمربند محافظتی را مرمّت کنیم و احیاناً به صورت‌بندی نوین آن همت گماریم. درواقع این کار به منزلۀ حلّ یک جدول

---

[۱] Research program

معرفتی است؛ به معنای پر کردن مکررِ ستون‌های عمودی و افقی این جدول، امری که از مقوّمات معاصر بودن است؛ مگر اینکه کسی نخواهد معاصر باشد. نواندیشان دینی در پی رسیدن به نظام معرفتی موجه‌اند؛ تفاوتی نمی‌کند اگر برخی از مؤلفه‌های آن از عالم سنت به ما به ارث رسیده باشد و یا در جهان جدید طرح شده باشد. البته در این نسبت‌سنجی‌ها و تاملات درازآهنگ، احیاناً برخی سخنان نامتعارف هم طرح می‌شود؛ به‌همین‌سبب برخی از نواندیشان دینی به سبب طرح ایده‌های خود با مشکلاتی مواجه شده‌اند.

بله برخی از اندیشه‌های نامتعارف هم بیان شده است. شما در کلام خود از "روشمند بودن" سخن گفتید و به نظر می‌رسد که چاره کار را در روشمند بودن و مضبوط بودن یک اندیشه می‌دانید. به نظر شما تا چه میزان این قید روش‌مند بودن می‌تواند از ما دستگیری کند؟ به عنوان مثال دکتر آرش نراقی در بحث هم‌جنسگرایی به نتایجی نائل آمده‌اند که نامتعارف است. اما درعین‌حال نمی‌توان گفت که طرح بحث ایشان به نحو روش‌مندی نبوده است. مسلماً ایشان هم با استفاده از روش‌های دقیق و استناد به پاره‌ای از متون، بحث خود را طرح کرده‌اند. به نظر شما در این خصوص، قید روش‌مند بودن تا چه میزان می‌تواند گره‌گشا باشد؟

بنده از اصل روش‌مند بودن دفاع می‌کنم، اما روش‌مند بودن فهم متن مقدس به معنای این نیست که هر سخنی را می‌توان از آن مستفاد کرد. چنان‌که در مقاله "مسئله حجاب و فهم روش‌مند از قرآن" هم آورده‌ام، وقتی به سر وقت متن مقدس می‌رویم و به تعارضی می‌رسیم، از سه صورت خارج نیست. یا اینکه تناسبی میان شهودهای عرفی اخلاقی و فهم متعارف از متن مقدس برقرار است؛ یا اینکه متن مقدس در خصوص آن مسئله ساکت است؛ یا اینکه در شق سوم، تعارض اولیه‌ای میان آن‌ها به نظر می‌رسد. شقّ اول مانند موارد متعددی که در قرآن وجود دارد، نظیر آیهٔ «وَیلٌ لِلمُطَفِّفین»، وای بر کم‌فروشان، که شهودهای اخلاقیِ عرفی هم این حکم را تأیید می‌کند. در شقّ دوم، شهودهای اخلاقیِ عرفی بر روایی امری دلالت دارند و متن مقدس دربارهٔ آن ساکت است، مانند پوشاندن سر و گردن زنان. چنانکه

درمی‌یابم، فهم روش‌مند از متن مقدس (قرآن) بر ضرورت پوشاندن موی سر و گردن دلالت نمی‌کند و دراین‌باب ساکت است. در شق سوم، تعارضاتی میان شهودهای اخلاقیِ عرفی و فهم اولیهٔ از متن مقدس دیده می‌شود، در این سیاق‌ها باید به مدد شیوه‌هایی مانند تفکیک ذاتیات از عرضیات یا تنقیح تلقیِ از زبان دین و یا تبیین انتظارات از دین به نحو روش‌مند به رفع این تعارضات ظاهری کوشید. درعین‌حال، لازمهٔ این سخن این نیست که می‌توان به نحو متکلفانه و متصنعانه متن را قرائت کرد؛ چرا که متن به سان موم نیست و قواعد هرمنوتیک اقتضائاتی دارد و اجازهٔ هر خوانش و قرائتی را از متن نمی‌دهد. در مسأله هم‌جنسگرایی، چنانکه در می‌یابم، متن مقدس دراین‌باب ساکت نیست. وقتی به متن مقدس نظر می‌کنیم و آن را به نحو روش‌مند می‌خوانیم، می‌بینیم که دراین‌باب متضمن ارزش‌داوری اخلاقی است و رفتار هم‌جنس‌گرایانه را عملی غیر اخلاقی می‌داند؛ درعین‌حال می‌توان با عطف نظر به آموزه‌های مکاتب اخلاق هنجاریِ معاصر، نظیر «فایده‌گرایی اخلاقی» به نتایج دیگری رسید. تصور می‌کنم خوانِش دوست گرامی دکتر نراقی از متن مقدس دراین‌باب ناموجّه است و نقدهای آقای محسن آرمین بر ایشان موجه و پذیرفتنی است. فهم روش‌مند از آیات قرآن متضمن غیراخلاقی بودن هم‌جنسگرایی است و خوانش‌های دیگر دراین‌باب غیرمتکلّفانه و ناموجه است.

شاید به دلیل همین نتایج است که آقای عمادالدین باقی در مقاله‌ای که در نشریه مهرنامه منتشر شد به این مسأله توجه دادند که پژوهش‌گران دینی در استنباط و فهم مسائل دینی در جهان جدید بر روشنفکران دینی اولویت دارند. ایشان می‌گویند پژوهش‌گران دینی با درک نکات ریز قرآنی می‌توانند به فهم صحیح دینی نائل شوند. به تعبیر ایشان در جایی که حتی کارشناسان هم ممکن است دچار خطا شوند دیگر نوبت به غیرکارشناس نمی‌رسد. ایشان بر این باورند که در عصر کنونی برای اینکه دریابیم آیا دین و حقوق بشر می‌توانند سازگار باشند یا نه، باید به متن مقدس رجوع کنیم و رجوع به متن مقدس هم از عهده پژوهش‌گرانی همچون محمد باقر

بهبودی برمی‌آید که التفات بر ظرائف قرآنی دارند و می‌توانند فهم صحیحی را ارئه دهند.

اگر سخن بر سر «باید» و «نباید» است، اساساً در حوزه معرفت باید و نباید نداریم. نمی‌توان گفت که فلانی «نباید» این بحث را طرح کند و دیگری «باید» این مباحث را مطرح کند. تعجب می‌کنم از این نوع سخن گفتن. مگر در عرصه معرفت، کسی برای طرح اندیشه‌ای منتظر امر و نهی عمرو و زید می‌ماند؟ قاعدتاً منظور آقای باقی این نیست که ما اجازه نمی‌دهیم این مباحث از جانب فلان قشر طرح شود. بلکه منظورشان این است که فلان اندیشه‌ورزان صلاحیت ورود به این مباحث را ندارند. در این خصوص، تصور می‌کنم که در محافل علمی و در مراودات بین‌الاذهانی این‌گونه سخنان حظی از اعتبار ندارند؛ بدین معنا که دیگران منتظر اجازهٔ کسی نمی‌مانند و اندیشه‌هایی را که یافته‌اند عرضه می‌کنند. مهم داوری دیگران است و تأثیری که این سخنان می‌افکند و بیش از همه چیز، مدلّل سخن گفتن و عرضه شواهد است. اینکه یک نفر در فلان مسأله غور کرده و به ظرائف و دقائق التفات دارد، یک امرعینی[۱] نیست. پس از طرح مباحث است که می‌توان در مورد آن‌ها داوری کرد؛ غور کردن یا نکردن را باید به نحو پسینی و تجربی دریافت، نه پیشینی. در ثانی این گوی و این میدان. شما هم نظرات خود را طرح کنید. امثال آقای بهبودی هم نظراتشان را گفته‌اند. شما هم آرای خود را مطرح کنید و بگذارید دیگران داوری و نقد کنند. اگر قرار باشد اتوریته‌ای[۲] در این میان باشد، من چنین اتوریته‌ای سراغ ندارم. در این زمینه اتوریته اصلی، ادلّه‌ای است که اقامه می‌شود. البته کسی که می‌خواهد در باب متن مقدس سخن بگوید باید با زبان عربی آشنا باشد، با تفاسیر آشنا باشد، باید بتواند از متون استفاده کند؛ اما اینها یک سری ملاکهای پیشینی نیست که گفته شود فلانی این کار را بکند و بهمانی این کار را نکند. اگر تأثیر و قوّتی در یک اندیشه هست، در نحوه ورود و خروج به مباحث خود را نشان می‌دهد. تصور می‌کنم علمای سنتی که از نظر من معاصر نیستند هم باید سخنانشان را طرح کنند، دیگرانی هم که دغدغه معاصر بودن دارند باید سخنان

---

[۱] Objective

[۲] Authority

خود را بیان کنند؛ سپس مخاطبان‌اند که در این میان قضاوت می‌کنند و رایی را برمی گیرند و رایی دیگر را فرو می نهند؛ بسته به اینکه یک سخن تا چه میزان مستدل[۱] و موجّه است.

باید بدین نکته توجه داشت که بر حسب زمینه و زمانه‌ای که در آن زندگی می‌کنیم، نواندیشان دینی سر بر آورده‌اند؛ نه تنها در ایران بلکه در دیگر ممالک اسلامی هم چنین اتفاقاتی رخ داده. به تعبیر حافظ، "آتشی بود در این خانه که کاشانه بسوخت". وقتی شما فی المثل آثار اقبال لاهوری، علی شریعتی، مهدی بازرگان، عبدالکریم سروش و مجتهد شبستری را می‌خوانید، درمی‌یابید که اندیشه ایشان ناظر به پرسش‌ها و مسائلی شکل گرفته که در این زمانه طرح شده و سر برآورده و از مقتضیات معاصر بودن است. حال اگر کسانی ایده‌های این جماعت را نمی‌پسندد، مجال برای نقد هم فراهم است. می‌توانند نقد کنند و ایرادهای کار را بر آفتاب افکنند، کما اینکه روشنفکران دینی هم پژوهش‌گران و دین‌داران سنتی را نقد می‌کنند؛ آنجاست که تضارب آرا درمی‌گیرد و این ایده‌ها مورد داوری قرار می‌گیرد و نقاط ضعف و قوّت هر کدام مشخص شود. به غیر از این امر، شروط پیشینی گذاشتن و سخن گفتن از اینکه فلانی صلاحیت ورود به بحث را دارد و بهمانی ندارد، راهی به جایی نمی‌برد، کما اینکه تاکنون نبرده است؛ عالم اندیشه بسی پیچیده‌تر از صدور این سنخ دستورالعمل‌هاست؛ «هزار نکته باریکتر ز مو اینجاست». قدرت تاثیر و نفوذ یک اندیشه از پسند و ناپسند کسی تبعیت نمی‌کند، بلکه ارتباط وثیقی با میزان قوت و نوآوری‌ای دارد که در مدعیات و ادلهٔ آن یافت می‌شود و لاغیر.

یک نکته تاریخی هم عرض کنم. تصور می‌کنم، قوّت و تاثیری در سخنان روشنفکران دینی در دهه‌های اخیر وجود داشته و اذهان کثیری را به خود مشغول کرده است. البته این به معنای موجّه بودن همه‌ی این سخنان نیست؛ مخاطبان، قضاوت خود را کرده و برخی را برگرفته و برخی را ناموجه نگاشته و فرو نهاده‌اند؛ این‌باب همچنان مفتوح است و می‌توان نقدها را در میان نهاد و پاسخ‌ها را هم شنید. علاوه براین، نکته‌ای که جناب باقی ممکن است در نظرشان نباشد، ادبیاتی

[۱] Argument

است که در حوزه اسلام‌شناسی در مغرب‌زمین در دهه‌های اخیر تولید شده است. اسلام‌شناسان در غرب کارهای خوبی در این زمینه کرده‌اند؛ در زمینهٔ تاریخ صدر اسلام، تاریخ قرآن، تاریخ فقه، تاریخ کلام. اتفاقاً برخی از محققان و پژوهش‌گرانی که در این عرصه‌ها در داخل کشور کار می‌کنند به این معنا هم معاصر نیستند؛ چرا که نظرات دیگر اسلام‌شناسان را از نظر دور داشته‌اند. به نظرم برخی از تحقیقات جدید در مغرب‌زمین دراین‌باب، می‌تواند به عمق تتبعات داخلی کمک کند و درک ما را از معاصر بودن پخته‌تر و جامع‌الاطراف‌تر کند. ازاین‌حیث، بخش معتنابهی از افرادی که مدنظر جناب باقی است با این آثار و تحولات پژوهشی و تاریخی ناآشنا هستند. شما ممکن است بگویید که این محققان و پژوهش‌گران اساساً به این تحقیقات نیازی ندارند، اما داوری بنده این است که برای آشنایی ژرف‌تر با تاریخ اسلام و اسلام‌شناسی به معنای دانشگاهی و آکادمیک آن به این تحقیقات نیاز است، چراکه درک ما از این امور را جامع‌الاطراف می‌کند و عمق می‌بخشد. بله برخی از این آثار هم مغرضانه است، آن‌ها مدنظر من نیست. اما انصافاً کارهای آکادمیکِ محققانهٔ متعددی در اینجا منتشر می‌شود. پس کسی که می‌خواهد معاصر باشد، بهتر است که این آثار و تحقیقات را هم در نظر داشته باشد. همهٔ این امور به ما می‌گوید که داوری معرفتی را بر روی آثاری که منتشر می‌شود، بگذاریم و بدانیم که کاروان معرفت بشری از امر و نهی کسی تبعیت نمی‌کند و بدان اعتنایی نشان نمی‌دهد.

آقای دکتر شما اخیراً در کنفرانسی تحت عنوان "اسلام و خشونت" شرکت کرده‌اید. آیا شما قرابتی میان عدم معاصرت با خشونت در اسلام می‌بینید؟

قصه خشونت و مفاهیمی از این دست در عداد مفاهیم برساخته اجتماعی[۱] هستند. من به دانشجویان خود هم می‌گویم که برای فهم وقایع صدر اسلام می‌باید میان عصر مدرن[۲] و عصر پیشامدرن[۳] تفکیک قائل شد. مسائلی مانند ازدواج و یا جنگ‌هایی که در صدر اسلام رخ داد را باید در فضای فرهنگی-معیشتی- معرفتی آن دوران و روزگار فهمید. در جهان پیشامدرن ما نه تفکیک قوا داشتیم، نه حکومت

[۱] Socially- constructed concepts
[۲] Modern era
[۳] Pre modern era

مرکزی، نه مفهوم شهروندی[1]. نباید با این عینک‌ها، به فهم مناسبات و روابط آن روزگار همت گمارد؛ چراکه دراین‌صورت دچار خطای «زمان‌پریشی» شده‌ایم. ارزیابی معرفتی پس از فهمیدن درمی‌رسد؛ اما مقدم بر آن، باید این مقولات و پدیده‌ها را فهمید. ابتدا باید مختصات فرهنگی، اقلیمی، انسان‌شناختی و روان‌شناختی آن روزگار را بفهمیم، پس از آن است که در مقام ارزیابی برآییم. دو سال پیش در جلسه‌ای شرکت کرده بودم. در آن جلسه فردی دربارهٔ ازدواج پیامبر (ص) با عایشه از من سئوال کرد و گفت که این یک ازدواج «زیر سن قانونی[2]» بوده و روا نبود پیامبر با یک دختر نه – ده ساله ازدواج کند. در مقام پاسخ گفتم شما عجالتاً از پیامبر اسلام بگذرید، بیایید به سراغ تاریخ معاصر خودمان. دختر ناصرالدین شاه به عقد امیرکبیر درآمد؛ این دختر ۱۲ ساله بود. این داستان مربوط به دویست سال پیش است نه هزاروچهارصد سال پیش. چرا شما در آنجا چاقوی نقدتان نمی‌بُرد؟ دلیلش این است که ازدواج در این سن در آن روزگار یک عمل عرفی بوده است. اساساً مفهوم «زیر سن قانونی» در دهه‌های اخیر سربرآورده است. خیلی خطاست که بخواهیم با این مفهوم، به سراغ مقولات پیشامدرن برویم. نمی‌خواهم از نسبیت‌گرایی اخلاقی دفاع کنم، که در وادی اخلاق به «عینیت» و «واقع‌گرایی» معتقدم. اما بر این باورم که «حجاب معاصرت» نباید سبب شود چنین خطاهایی در داوری ما پدید آید. درباب خشونت هم همین‌گونه است. در بسیاری مواقع، رفتارهایی که امروزه «خشن» انگاشته می‌شود، در آن روزگار «خشن» قلمداد نمی‌شده است؛ اگر به این تفاوت‌ها توجه نکنیم، در خطای زمان‌پریشی در غلتیده و به لحاظ روش‌شناختی دچار مغالطهٔ سهمگینی شده‌ایم. در کنفرانس «اسلام و خشونت»، افزون بر بحث از تاریخچهٔ "بنیادگرایی دینی" و واکاوی سویه‌های جامعه‌شناختیِ مسئله خشونت، همین مسئله به بحث گذاشته شد. گزارشی از آن کنفرانس را تحت عنوان "خشونت اسلامی؟" چندی پیش منتشر کردم.[3]

---

[1] citizenship

[2] Under age

[3] نگاه کنید به : http://www.begin.soroushdabagh.com/pdf/۳۹۳.pdf

طبق همین رویکرد شماست که مسأله حجاب را هم مطرح کردید و از منظری عمدتاً اخلاقی به این بحث نظر کردید. البته نقدهایی هم به این بحث شد و به عنوان مثال آقای غروی در مقام نقد گفتند که شما در پی روزآمد کردن قرآن هستید و این امری خطاست.

همان‌گونه که در ابتدای گفت‌وگو عرض کردم، ما به دنبال روزآمد یا عصری کردن دین نیستیم. چنان‌که آوردم در پی به دست دادن فهم سازوار و روشمند از دین هستیم. برای این کار می‌باید برخی «بایدهای» معرفت‌شناختی لحاظ شود. دغدغه‌ی کسانی مثل من این است که آن نُرمهای معرفت‌شناختی در نظر گرفته شود و نظام اندیشه‌گی، معاصر و موجّه باشد. این معرفت‌شناسی موجّه، معرفت‌شناسی بر اساس «مبناگرایی معتدل» و «موازنۀ متأملانه» است. من بر اساس این مبانی سخن می‌گویم و نه اینکه برای خوشایند یا بدآیند دیگران در صدد افزودن یا کاستن از فهم خویش از دین و سنت دینی باشم. می‌توان با مبانی این آرا اختلاف داشت، ایرادی هم ندارد؛ اما اگر نقدی هم وارد می‌شود باید ناظر به همین مبانی باشد. به لحاظ معرفت‌شناختی تصور می‌کنم که این موضع موجّه است. من در قصۀ حجاب، ارتداد و سب‌النبی از همین منظر، مباحث و استدلال‌های خود را تقریر کرده‌ام. ممکن است در این تاملات و کندوکاوهای معرفتی به برخی اندیشه‌های نامنتظر و غیرارتدکس هم برسم، اما این امر از مقتضیاتِ برقراری دیالوگ میان شاخه‌های مختلف معرفتی است. بدین معنا، اگر به تعبیر اقبال لاهوری فکر دینی را بازسازی کنیم، با الهیات و دین‌شناسی جدیدی مواجه خواهیم بود. در این الهیات جدید، اگر مبانی و ادلۀ اقامه شده مشخص و موجّه باشد، نتایج هم قابل دفاع خواهد بود.

و در همین چارچوب و با عنایت به بحث معاصرت است که وقتی از عرفان هم سخن می‌گویید، از مقوله "عرفان مدرن" پرده برمی‌دارید.

همین‌طور است. بحث عرفان مدرن هم قسمتی از همین پروژه است، یعنی ناظر به بازخوانی انتقادی سنت اسلامی است. در مقالات هفت‌گانه‌ای که تاکنون در این موضوع منتشر شده، سویه‌های مختلف سلوک معنوی در جهان جدید را تبیین کرده و مؤلفه‌های زیست معنوی در روزگار کنونی به روایت خویش را صورت‌بندی

کرده‌ام. این امر میسّر نمی‌شود جز با بازخوانی انتقادیِ سنت عرفانی موجود. به تعبیر قدما، نسبت میان عرفان سنتی وعرفان مدرن «عموم و خصوص من وجه» است؛ بدین معنا که «عرفان سنتی» و «عرفان مدرن» مشترکات و مفترقات چندی دارند. اقبال لاهوری با نقد مفهوم «فناء فی‌الله» در همین وادی قدم گذاشته بود. من نیز تلقی خود دراین‌باب را صورت‌بندی کرده، برخی سالکان مدرن از منظر خویش را نام برده‌ام؛ سالکان مدرنی نظیر اقبال لاهوری، علی شریعتی، سهراب سپهری، داریوش شایگان و مجتهد شبستری در سنت عرفانی اسلامی ما پرورش یافته و درعین‌حال نسبت به جهان جدید و فرآورده‌های معرفتی آن گشوده‌اند. در این پروژه و در این سلسله مقالات، مدرن بودن به معنای معاصر بودن است؛ یعنی مراعات و لحاظ کردن نُرم‌های انسان‌شناختی و معرفت‌شناختی و اخلاقیِ چندی تا به سلوک معنوی موجّه و ره‌گشایی برسیم. عرفان سنتی، به رغم نکات نغز و بارقه‌ها و اخگرهای متعددی که دارد، بدین معنا «معاصر» نیست و باید به گونه‌ای تقریر شود که گره‌گشا و موجّه باشد و قوام‌بخش شکوفایی معنوی.

ممنونم آقای دکتر؛ در انتها نظر به اینکه «تقریرات» نشریه‌ای است ناظر به دغدغه‌های دینی و حوزوی، اگر توصیه‌ای درباب همین بحث معاصر بودن وجود دارد و مایل هستید با روحانیون و طلاب هم در میان بگذارید بفرمایید.

خواهش می‌کنم، من در مقام توصیه کردن نیستم؛ درعین‌حال اگر بخواهم به عنوان کسی که سال‌های متعدد است در این قلمرو کار می‌کند و می‌خواند و می‌نویسد و تدریس می‌کند، تجربۀ خود را مخاطبان نشریۀ شما در میان بنهم، متناسب با آنچه در گفت‌وگوی امروزمان هم آمد، باید بگویم اگر دوستان حوزوی ما بتوانند به قدر طاقت بشری، به دغدغه‌های معاصر توجه کنند، نظام معرفتی و فهم‌شان از دین و سنت دینی منقح‌تر و ره‌گشاتر خواهد شد. دوم اینکه به کسانی مانند ما که بیرون از حوزه علمیه فعالیت می‌کنند به چشم دیگری نگاه کنند؛ بدین معنا که تصور نکنند غرض و مرضی در گفتار و نوشتار ما وجود دارد. ممکن است که امثال من اشتباه کنند، البته به قدر طاقت بشری می‌کوشیم سخن خود را موجّه کنیم، اما اگر نگاه دوستان حوزوی بر ما نیز به عنوان پژوهش‌گرانِ دینی بیرون از حوزه باشد، فکر

می‌کنم با آثار ما رابطهٔ بهتری برقرار می‌کنند. در ما به چشم رقیبی که در مقام از جا برکندن شجرهٔ دیانت است نظر نخواهند کرد؛ بلکه ما را در کسوت کسانی خواهند دید که متناسب با تحصیلات و انس و الفتشان با معارف سنتی ابراز عقیده می‌کنند؛ کسانی که نسبت به سنت دینی و فرآورده‌های معرفتی جهان جدید گشوده‌اند. اگر این‌چنین رویکرد و نگاهی نسبت به طرف مقابل داشته باشند، گفت‌وگوها و دیالوگ‌های ما نیز سودمندتر خواهد بود. نکته دیگر اینکه خوبست طلاب بکوشند با آثار اسلام‌شناسان معاصر، تا جایی که می‌توانند، آشنا بشوند؛ می‌توان برخی نکات خوب هم از اسلام‌شناسانِ معاصر آموخت. در این راستا، عنایت دارم که در سالیان اخیر، علوم انسانی جدید در قم رونقی یافته؛ امیدوارم این رونق افزون شود.

احیاگری یا اصلاح‌گری؟
جاده رفرم دینی به سراب ختم نمی‌شود[1]

آقای دکتر صدری در مقاله «اصلاح دینی و «تابش اندیشی» اقبال لاهوری» یک نوع دوگانه سازی کرده اند میان احیا و اصلاح. و به نوعی احیا را در مقابل اصلاح قرار داده‌اند. گفته‌اند اصلاح یک راه بی‌ادعایی است که به هرحال با فراز و نشیب و کم و کاست راه را پیش می‌برد و به سرمنزل مقصود می‌رساند و نمونه موفق آن هند و مسلمان‌های هند هستند و احیا یا بازسازی، سرابی است که هزینه‌های هنگفت اجتماعی در پی دارد. مقدمتاً سؤالی که مطرح می‌شود این است که آیا واقعاً این صورت‌بندی از احیا و اصلاح از دل آثار اقبال و دکتر سروش درمی‌آید و اصلاً می‌شود خط مرز روشنی بین احیا و اصلاح کشید به این صورت که گفت اصلاح تقابلی دارد با احیا و اگر کسی پروژه‌اش پروژه اصلاح باشد دیگر نمی‌تواند هدفش احیا باشد و یا می‌توان رابطه دیگری بین اینها برقرار کرد؟ در آثار و اندیشه‌های اقبال لاهوری و دکتر سروش چه نسبتی بین اصلاح و احیا می‌بینیم؟

---

[1] گفتگو از چشم‌انداز ایران

به نام خداوند. بحثی که دوست عزیز، دکتر صدری در مقاله مورد اشاره مطرح کرده‌اند، در بعضی از کارهای دیگرشان مسبوق به سابقه است. چنان که درمی‌یابم، کار ایشان بیشتر صبغه جامعه‌شناختی دارد و با عنایت به آثار و نتایجی که بر طرح برخی از ایده‌ها مترتب است و دادوستد و دیالوگی که این ایده‌ها با متدینان و نهادهای دینی جامعه برقرار می‌کند، سخن می‌گویند. نگرش من سویهٔ تاریخی و معرفت‌شناسانه پررنگ‌تری دارد و با تقریر ایشان از مسئله متفاوت است.

چنان‌که می‌دانید استفاده از واژه احیا در بحث‌های روشنفکرانه و نواندیشانه پیشینه دیرینه‌ای دارد. در قرن پنجم هجری قمری امام محمد غزالی کتابی تحت عنوان *احیای علوم دین* نوشت. او این کتاب را ناظر به احیا و زنده کردن علوم دینی و مشخصاً اخلاق نوشت؛ اخلاقی که معتقد بود در زمان او به محاق رفته و فقه آن‌قدر برجسته شده که باید مجدداً از احیای علوم دینی سراغ گرفت. مستحضرید که چند قرن بعد، فقیه شیعی، ملا محسن فیض کاشانی کتابی در چند مجلد نوشت تحت عنوان «*البیضاء المحجه*» و در آن کوشید که به تقریر و صورت‌بندی سخنان امام محمد غزالی در عالم تشیع بپردازد و از احیای علوم دین سخن بگوید. این را مثال زدم تا توضیح دهم که اگر احیا از سنخ کارهای امام محمد غزالی باشد، بعید می‌دانم دکتر صدری معتقد باشد که این سنخ کارها سراب‌گونه است و راهی به دهی نمی‌گشاید، زیرا غزالی درد دین داشت و عالِم دینی بود و باور داشت که برخی از جوانب دین مغفول واقع شده و مشخصاً در این میان علم اخلاق در مقابل فقه مظلوم واقع شده، ازاین‌رو کوشید آن را احیا کند. ملاحظه می‌کنید که این امر، یک تلقی از احیاگری دینی است.

معنایی که اقبال لاهوری در *بازسازی فکر دینی*[1] مراد می‌کند، متفاوت با تلقی امام محمد غزالی و ملامحسن فیض کاشانی از مقولهٔ احیاگری دینی بود. اجازه بدهید پیش از آنکه به اقبال بپردازیم، به آثار عبدالکریم سروش اشاره‌ای کنم تا بحث‌مان روشن‌تر شود.

---

[1] The Reconstruction of Religious Thought in Islam

سروش درباره احیاگری دینی کم سخن نگفته است، خصوصاً کارهای اولیه ایشان نسبت وثیقی با احیاگری دینی دارد. او مرحوم طباطبایی و مرحوم مطهری را در سلسله احیاگران نامیده و مقدم بر آنها سید جمال‌الدین اسدآبادی و اقبال لاهوری را در این نحله قرار می‌دهد. طباطبایی و مطهری از نظر ایشان بیشتر به خلوص دین می‌پرداختند. *اصول فلسفه و روش رئالیسم* حاوی پاورقی‌های مبسوطی است به قلم مطهری بر اصل کتاب که توسط مرحوم طباطبایی نوشته شده است. این کتاب در مقام نقد و نقض مدعیات مارکسیستی نوشته شده و یک کار متکلمانه است. مطهری در این اثر و همچنین در آثاری نظیر *علل گرایش به مادی‌گری*، متکلمی است که به دفع شبهات همت می‌گمارد. سروش، در مقابلِ مطهری و طباطبایی و محییانی از این دست، بازرگان و شریعتی را در زمرهٔ محییانی به حساب می‌آورد که بیشتر در اندیشه توانایی دین در جهان جدید بودند و دل‌مشغول توانا معرفی‌کردن دین در روزگار کنونی. مشخصاً در یادنامه‌ای که سروش درباره مطهری در اوایل انقلاب، منتشر کرد می‌توان این نگرش احیاگرانه را به خوبی رصد کرد؛ همچنین در کتاب «تفرج صنع». وقتی به نیمهٔ دوم دهه شصت پای می‌گذاریم، رفته‌رفته بسامد تعبیر احیاگری، بدین معنا، در آثار سروش کمتر می‌شود و واژه روشنفکری جایگزین آن می‌گردد. کتاب *روشنفکری، رازدانی و دینداری* و مفهوم «روشنفکری دینی» که از برساخته‌های سروش است، به این دوران تعلق دارد. تفاوت میان احیاگر و روشنفکر در نظام معرفتی سروش از این قرار است که روشنفکر دینی بر گسست معرفتیِ میان جهان قدیم و جهان جدید پای می‌نهد و کسی است که درد دین دارد و دلمشغول وضعیت دینداری در جهان جدید است؛ درعین‌حال با مقومات جهان جدید، به قدر طاقت بشری آشناست و با عنایت و تسلطی که بر هر دو گفتمان سنت و مدرنیته دارد به بازخوانی انتقادیِ سنت در جهان رازززدایی‌شدهٔ کنونی همت می‌گمارد. این به نحو ملخص، تلقی سروش از روشنفکری دینی و کار و بار روشنفکرانه در جهان کنونی است و تفاوت آن با احیاگری دینی عبارت از این است که احیاگر دینی لزوماً، و نه ضرورتاً، با آموزه‌های جهان جدید آشنا

نیست و از آن منظر به امور نظر نمی‌کند، از این‌رو مطهری در در زمرهٔ روشنفکران دینی قلمداد نمی‌شود؛ اما شریعتی و اقبال لاهوری جزو روشنفکران دینی به‌حساب می‌آیند. این ترمینولوژی، ترمینولوژی سروش است و بسته به معنایی که ما از واژگان مراد می‌کنیم، باید جغرافیای بحث را مشخص کنیم.

مطابق با نگرش سروش، کار اقبال در اثر *بازسازی فکر دینی* یک کار روشنفکرانه است؛ البته می‌دانید ترجمه دقیق عنوان آن کتاب «بازسازی فکر دینی» است، نه «احیای فکر دینی». احیای فکر دینی معادلی بود که مرحوم احمد آرام بر عنوان این کتاب نهاد؛ اما تعبیر انگلیسی کتاب ناظر به «بازسازی» فکر دینی است، نه « احیا» آن. به نظرم اگر از تعبیر «بازسازی» در ترجمه عنوان کتاب اقبال استفاده کنیم، دقیق‌تر است. معنایی که از کار روشنفکرانه مراد می‌کنم و مد نظر سروش است، با واژه « بازسازی» تناسب و تلائم بیشتری دارد. این معنا از کار روشنفکرانه کم و بیش، معادل همان معنایی است که صدری از مفهوم احیا مراد می‌کند؛ اگر این توضیحات محل نزاع را تقریر کرده باشد، تصور می‌کنم کار روشنفکرانه ناظر به گسست معرفتی میان جهان جدید و جهان قدیم است و صرفا دلمشغول احیای دین نیست؛ احیایی که ناظر به جوانب مغفول سنت دینی است و چنان‌که دیدیم، از غزالی و فیض کاشانی نسب می‌برد. بر این باورم که در این میان باید بیشتر دلمشغول «فرآیند» باشیم تا «فرآورده». فکر نمی‌کنم بتوان در اینجا فهرستی از معیارهای پیشینی به دست داد تا پیشاپیش بدانیم دین‌پیرایی یا بازخوانی و بازسازی انتقادیِ سنت دینی به چه نتایجی منتج می‌شود و به خاطر آن نتایج، کار روشنفکرانه را به معنایی که عرض می‌کنم، فرو نهیم و به تعبیر دکتر صدری، به «اصلاح دین» بپردازیم. شخصاً تقابلی میان احیاگری دینی و اصلاح‌گری دینی، در معنایی که دکتر صدری به کار می‌برد، نمی‌بینم و علی‌الاصول با احیاگری دینی به روایت صدری که معادل است با روشنفکری دینی و بازسازی دینی به نزد اقبال و سروش، همدلم.

البته در کار روشنفکرانه، شخص باید ملتزم به قواعد بازی باشد. به قول فیلسوفان، «اخلاق باور» را رعایت کند و ادلّه‌ای که اقامه می‌کند تناسبی با مدعیاتش داشته باشد. اما این داوری دربارهٔ فرآورده‌های معرفتی و روشنفکرانه، امری پسینی‌تجربی است و نه پیشینی. بگذارید از تاریخ روشنفکری معاصر مثالی بزنم تا عرایضم روشن‌تر شود. کتاب *قبض و بسط تئوریک شریعت* عبدالکریم سروش، اکنون در عرصه روشنفکری دینی یا نواندیشی دینی بدل به کار کلاسیکی شده است. حال اگر شما از منظر دکتر صدری به این قضیه نگاه کنید، با ترمینولوژی ایشان کتاب «قبض و بسط» یک کار احیاگرایانه است یا اصلاح‌گرایانه؟ با ترمینولوژی دکتر سروش یک کار روشنفکرانه است. ممکن است کسی که دل‌مشغول پروژه اصلاح به معنایی که مدنظر دکتر صدری است باشد، بگوید ایده‌های قبض و بسطی نباید طرح می‌شد؛ چون آثار و نتایج نامنتَظر و ناخوشایندی از نظر دینداران بر آن مترتب است و ایشان را می‌آزارد؛ به قول ایشان بازسازی‌ای است که ممکن است سر از سراب در آورد. این مواجهه متضمن نوعی نگاه پیشینی به مقولهٔ احیاگری و اصلاح‌گری دینی است. تصور من این است که داوری دراین‌باب را نمی‌توان به شکل پیشینی صورت داد؛ بلکه باید داوری را به عقل جمعی وانهاد. نگاه تجربی‌تاریخی به ما می‌گوید که زمان می‌برد تا جامعه علمی و دینی، برخی از ایده‌ها و آثار نامتعارف و شاذ را هضم کند؛ عموماً این جستارها در میان‌مدت و بلندمدت جایی در میان مخاطبان باز خواهند کرد؛ اگر بخواهیم برای اصلاح‌گری دینی ملاک‌های پیشینی و سابق بر تجربه به دست دهیم، لازمه این سخن آن است که بگوییم از اینجا به بعد و درباره فلان و بهمان مسئله مشخص، بهتر است کسی نیندیشد یا اگر اندیشید، نگوید؛ چرا که نامتعارف است، چرا که ممکن است عده‌ای را برنجاند، چرا که به قول مخالفان سقراط ممکن است نظم مدینه را به هم بریزد. به نظرم، اگر امور بدین نحو در جامعهٔ ایران پیش می‌رفت، برخی از کارهای مهمی که در چند دهه اخیر، کاروان اندیشه دینی را به پیش برده نباید منتشر می‌شد. اما اگر ما بخواهیم ملاک و محک تجربی برای این امر در نظر بگیریم، باید این کار به نحو پسینی صورت

گیرد. اجازه دهید باز مثالی بزنم. «آرامش دوستدار» کتابی دارد تحت عنوان *درخشش‌های تیره*. تصور نمی‌کنم کسی با این سخن که این کتاب متضمن نقد بنیادین نگرش دینی و آموزه‌های ادیان ابراهیمی است، مخالف باشد. حال، چه ایشان را از انتشار این کتاب منع می‌کردیم، چه نمی‌کردیم، به خصوص در این جهان تکنولوژیک که اساساً منع کردن کسی از انتشار آثار خود وجهی ندارد و تاثیر یک جستار و فرآوردهٔ معرفتی، امری تاریخی‌پسینی است؛ اهمیت و تأثیر این کتاب همان است که اکنون پدیدار شده. تصور نمی‌کنم نشر این اثر چندان مؤثر واقع شده و جامعهٔ دینی و فکری ایران معاصر خیلی از آن متأثر شده باشد. این سنخ داوری‌ها و ارزیابی‌ها علی‌الاصول به نحو پسینی به دست می‌آید و می‌توان درباره آنها بحث و گفت‌وگو کرد؛ با در نظر گرفتن نکات فوق، با دوگانهٔ اصلاح-احیا همدلی ندارم؛ چرا که تصور می‌کنم دو پروژهٔ بازسازی (احیا) و اصلاح دینی دست در دست هم پیش می‌روند و قضاوت درباره توفیق و رهگشاییِ پروژهٔ بازسازی و رفرم دینی، امری پسینی‌تجربی است نه امر پیشینی و تفکیک میان این دو چندان کمکی به صورت‌بندی بحث نمی‌کند. کتاب *احیا و بازسازی فکر دینی* یک کار روشنفکرانه است یا به تعبیر دکتر صدری یک کار احیاگرانه؛ درعین‌حال تصور نمی‌کنم که در تقابل با فعالیت اصلاح‌گرایانه باشد. علاوه بر این، به تعبیری که شما به درستی از نوشته دکتر صدری آوردید، در یک جامعه، میان نهادها و ایده‌ها یک رابطهٔ دیالکتیکی برقرار است. فکر می‌کنم در کار ایشان عنایت به نقش نهادها و نگاه جامعه‌شناختی پررنگ‌تر از تحولاتی است که در عرصه نظر و معرفت رخ می‌دهد. چنان‌که درمی‌یابم، باید دلمشغول رابطهٔ دیالکتیکی میان این دو با یکدیگر بود، اما درعین‌حال مدد گرفتن از دوگانهٔ اصلاح-احیا در این میان، چندان رهگشا نیست، چرا که برای قضاوت‌های پسینی‌تجربی چندان جایی در نظر نمی‌گیرد؛ برای اینکه عرایضم را روشن‌تر کنم برمی‌گردم به مثال *قبض و بسط تئوریک شریعت*. ۲۵ سال از طرح ایده‌های «قبض و بسط» می‌گذرد؛ ایده‌هایی که مطابق با تقسیم‌بندی دکتر صدری احیاگرایانه بود. شما ببینید بخش معتنابهی از مخالفان آن روزهای دکتر سروش و

مخالفان این گفتمان روشنفکرانه، امروزه از همان ادبیات استفاده می‌کنند؛ از قرائت‌های مختلف از دین یاد می‌کنند؛ از اینکه ما تا مفروضات پیشین خود را منقح نکنیم، نمی‌توانیم دین را بفهمیم. یادم هست چند ماه پیش مناظرهٔ بین آقای مهدی نصیری، مدیر مسئول سابق کیهان با حجت‌الاسلام غرویان از شاگردان آیت‌الله مصباح را نگاه می‌کردم. نصیری می‌کوشید در مقام نقد عرفان و فلسفه سخن بگوید و غرویان هم مدافع فلسفه اسلامی بود. در مقام نقد مدعیات نصیری، غرویان این سخن را تکرار می‌کرد که چه اشکالی دارد اگر فلان فقیه یا محدث درک خود را در باب حقیقت توحید یا معاد بیان کرده‌اند، درعین‌حال، فلان فیلسوف و عارف نظیر ملاصدرا یا ابن‌عربی نیز درک و تلقی خود از توحید را طرح کرده‌اند؛ هردوی اینها مسلمانند و به دو قرائت از اسلام باور دارند. برایم جالب بود که ادبیاتی در این بحث از سوی حجت‌الاسلام غرویان به کار گرفته شده بود که بیست و اندی سال پیش همفکران و هم‌لباسان ایشان با آن در پیچیده بودند. اگر بنا بود به تعبیر دکتر صدری از تقابل اصلاح و احیا سخن بگوییم و بر جستارهای اصلاح‌گرایانه تأکید کنیم، بهتر بود ایده‌های «قبض و بسطی» طرح نمی‌شد. اما حال که طرح شده، داوری پسینی‌تجربی ما این است که طرح این ایده‌ها، سطح مباحث دینی در میان ما را ارتقا بخشیده، به نحوی که منتقدان سابق، امروزه از این ایده‌ها استفاده می‌کنند. مطابق با تلقی دکتر صدری، اگر در آن زمان بودیم، طرح این ایده‌ها به تعبیر ایشان صبغهٔ احیاگرایانهٔ پررنگی می‌داشت و احیاناً بهتر بود طرح نشود. اما امروزه می‌بینیم که این کار هم صبغهٔ احیاگرایانه داشته و ناظر به بازسازی فهم ما از دیانت بوده و هم سویهٔ اصلاح‌گرایانه؛ یعنی رادیکال نبوده است. عنایت داشته باشید، نمی‌گویم که نمی‌توان به نظریه «قبض و بسط» علی‌الاصول نقدی وارد کرد و آن را بازسازی مجدد کرد؛ باید در فضای روشنفکرانه و معرفتی، آن بحث را پی گرفت و پیش برد. عرضم این است که دوگانهٔ اصلاح و احیا وافی به مقصود نیست و تمام جستارهای روشنفکرانه و دین‌پژوهانه را به‌نیکی تبیین نمی‌کند؛ چنانکه آوردم، با دوگانهٔ احیا-اصلاح موافقت ندارم. به نظرم، داوری و تأمل

درباره «رفرم دینی» یک امر پسینی است نه پیشینی. البته باید به همه هشدار و انذار داد که توجه کنند و به قواعد بازی عقلانی ملتزم باشند. حساسیت‌های جامعه دینی را هم مد نظر قرار دهند، ایده‌های‌شان را با ظرافت‌هایی طرح کنند، ولی بیش از این نباید جلو رفت؛ چرا که متضمن در غلتیدن به «استدلال شیب لغزنده[1]» خواهد بود؛ چرا که بدین‌جا می‌رسیم که برای پاس‌داشت اصلاح‌گری دینی، افراد از طرح ایده‌های خود منع می‌شوند یا دچار خودسانسوری می‌گردند. به تعبیر دیگر، اگر از این دوگانه‌ها آغاز کنیم، بسیاری از این ایده‌های مناقشه‌برانگیز و بحث‌انگیز در تقسیم‌بندی دکتر صدری، کاری احیاگرانه قلمداد می‌شوند و بهتر است طرح نشوند؛ می‌دانم که چنین ساز و کاری مدنظر ایشان نیست، اما لازمه منطقی این دوگانه و در اندیشه به دست دادن ملاک و محک‌های پیشینی برای دین‌اندیشی و احساس خطر کردن نسبت به طرح ایده‌های نا متعارف، تمسک جستن از استدلال شیب لغزنده است؛ گویی روی یک سطح شیب‌دار آرام‌آرام پایین می‌آییم و ناگهان سُر می‌خوریم تا به انتهای سطح شیب‌دار برسیم، ازاین‌رو بهتر است بسیاری از ایده‌های شاذ طرح نشوند. علاوه بر مشکل «استدلال شیب لغزنده»، به نظر می‌رسد در صورت‌بندی ایشان، تأثیر متقابل میان ایده‌ها و نهادها که خودشان از قول وبر طرح می‌کنند، نهایتاً کمرنگ می‌شود؛ چرا که در تحلیل ایشان، نهادها خیلی پررنگند و نقش ایده‌ها کم‌رنگ است. ایشان می‌گویند ما نباید «تابش‌اندیش» باشیم بدین معنا که فکر کنیم، فقط طرح ایده‌ها موتور محرک جامعه است؛ البته این سخن درستی است. اگر ما فکر کنیم که فقط طرح ایده‌هاست که امور را در جامعه پیش می‌برد، به خطا رفته‌ایم. جامعه دینامیسم پیچیده و توبرتویی دارد و اصناف علل و عوامل غیرمعرفتی نظیر نحوه معیشت مردم، سواد عمومی، مؤلفه‌های روان‌شناختی و اقلیمی... در پذیرش یا ردّ ایده‌ها در یک جامعه تأثیر دارد. این‌گونه نیست که اگر ایدهٔ درستی طرح شود، حتماً جا خواهد افتاد و موجه انگاشته خواهد شد. خیر! در طول تاریخ هم دیده‌ایم که برخی از ایده‌ها پس از دهه‌ها و سده‌ها،

[1] slippery slope argument

موجه انگاشه شده و بر مسند تصویب نشسته‌اند. پس اگر از این سمت ما نباید به این دام بیفتیم که همه‌چیز به ایده بازمی‌گردد و باید از رابطه دیالکتیکی بین ایده‌ها و نهادها سخن بگوییم، از آن سوی بام هم نباید بیفتیم؛ در صورت‌بندی دکتر صدری بیش از حد بر روی نهادهای دینی تأکید می‌رود و نقش‌آفرینی ایده‌ها کمرنگ می‌شود. اگر رابطهٔ دیالکتیکی و تعامل بین نهادها و ایده‌ها مهم است که البته مهم است و اگر کسانی از منظر فلسفی و معرفت‌شناسانه به نحوی سخن می‌گویند که صرف طرح ایده‌ها، تحولات اجتماعی را پدید می‌آورد، بر خطا هستند؛ از آن‌سو هم باید اهمیت و نقش‌آفرینی ایده‌ها به حساب آیند. این تعامل دوسویه است؛ یعنی باید به طرح ایده‌ها مجالی بدهیم؛ در این تعامل پاره‌ای از اتفاقات رخ می‌دهد. اگر به‌رغم مخالفت‌های اولیه، ایده‌های قبض و بسطی سروش طرح نمی‌شد، بعد از بیست و اندی سال نمی‌دیدیم که مخالفان پیشینِ این ایده‌ها به زبان خودشان همان ایده‌ها را به کار ببرند؛ البته، ایشان هم لزوماً نمی‌گویند که این ایده‌ها را از که گرفته‌ایم؛ اما کسی که نگاه تحلیلی‌تاریخی به امور دارد، می‌تواند به راحتی دریابد این ایده‌ها از کجا سرچشمه می‌گیرند و تعامل میان ایده‌ها و نهادها را به عیان ببیند.

در ارتباط با همین ارزیابی پسینی که شما می‌فرمایید که به هرحال نتایج یک کار روشنفکرانه یا احیاگرانه را باید به شکل پسینی مورد سنجش قرار داد و بعد داوری کرد، آقای دکتر صدری در مقاله‌شان به نظر می‌رسد در مورد اقبال همین کار را انجام داده‌اند یعنی ناظر به تفکرات اقبال و رویکردی که نسبت به احیاگری و بازسازی داشته گفته‌اند همین تفکرات منجر شد به حمایت ایشان از تجزیه هندوستان و تشکیل کشور مستقل پاکستان. بخشی از نامه آقای اقبال به محمدعلی جناح را آورده و گفته‌اند این طرز تفکر نهایتاً منجر به تشکیل کشوری به نام پاکستان شد که در فقر و فلاکت و انواع درگیری به سر می‌برد و روی دموکراسی به خود ندیده است. اما

مسلمانانی که در هند باقی ماندند در مقایسه با پاکستان زندگی مرفه‌تر، کم‌دغدغه‌تر و راحت‌تری داشته‌اند. سؤالی که مطرح می‌شود این است که آیا واقعاً بر مبنای یک تصمیم سیاسی که یک متفکر می‌گیرد می‌شود کل نظام و پروژه فکری‌اش را زیر سؤال برد؟ در واقع ارتباط بین یک تصمیم‌گیری و جهت‌گیری سیاسی با کلیت نظام فکری در چه حدی است؟ به هرحال هرکسی ممکن است در طی زندگی فکری خود، گاه در نقاط عطفی در مسائل سیاسی تصمیم‌گیری‌هایی کند که بعداً اشتباه از آب درآید. شاید بتوان تصمیم اقبال برای تشکیل کشور پاکستان را مثال زد. اما آیا می‌توان با استناد به همین یک کنش سیاسی، کلیت کار اقبال را تحت عنوان اینکه احیاگرانه و بازسازانه است و این بازسازی ضرورتاً به همین نتیجه منجر می‌شود، زیر سؤال برد؟

من در ارتباط با تجزیهٔ هند و تشکیل کشور پاکستان اطلاعات زیادی ندارم که بخواهم به صورت تخصصی در آن وارد شوم. اما به طور کلی، ربط منطقی این دو مقوله را به درستی در نمی‌یابم؛ یعنی اگر اقبال از تجزیه هند دفاع کرده و در عمل در راستای تجزیه هند گام برداشته و از مناسبات میان مسلمانان و هندوها به نحو اصلاحی دفاع نکرده و یا به آن مبادرت ننموده، این امر چه ارتباط ارگانیک و منطقی با طرح ایده‌های احیاگرانه در قلمرو دین به تعبیر دکتر صدری دارد؟ آن‌قدر که می‌فهمم و اطلاع دارم، تجزیه هند، تصمیم غلطی بود که کشته‌های فراوانی بر جای گذاشت و نزاع‌های خونینی را پدید آورد و درد و رنج مردمان این خطه را صد چندان کرد. اگر بخواهم رای خود را درباره این سنخ مناسبات بگویم، هم‌چنان که با مداخلهٔ نظامی در قالب اقدامات بشردوستانه، علی‌الاصول مخالفم و فکر می‌کنم در جهان پیچیدهٔ کنونی این حرکت‌ها آثار و نتایج دهشتناکی به بار می‌آورد؛ چنان‌که در سال‌های اخیر در افغانستان و عراق و لیبی و سوریه نتایج تلخ و دردناک و ویران‌گر آن را به‌عیان دیده‌ایم؛ با تجزیه هم مخالفم و تصور نمی‌کنم که امر

موجهی باشد؛ نمونه تلخ آن هم تجزیه هند است. با این قضیه همدلم و اقبال لاهوری هم در این تشخیص و تصمیم سیاسی خود به نظرم خطا کرده، اما ارتباط منطقیِ این جهت‌گیری سیاسی را با پروژه دین‌پژوهانۀ احیاگرانه اقبال درست، درنمی‌یابم.

خلاصه کنم. پاسخ من دو بخش دارد. اولاً از پروژۀ احیاگرانه اقبال -یا روشنفکرانه به تعبیر سروش چنانکه به تفصیل آمد- دفاع می‌کنم و با آن همدلم و تفکیک میان دوگانه احیا-اصلاح را چندان رهگشا نمی‌دانم و فکر می‌کنم باید به نحو پسینی درباره کار و بار رفرمیستی در عرصه دیانت سخن گفت. دوم اینکه ارتباط ارگانیک و منطقی‌ای میان این دو مقوله نمی‌بینم. به فرض که اقبال خطا کرده، ولی چرا این تصمیم غلط باید از نتایج منطقی احیاگری به روایت دکتر صدری انگاشته شود؟ و چرا باید دست به تأمل و بازنگری و تجدیدنظر در ایده‌های احیاگرانه اقبال زد؟

به عنوان مصداقی از جهت‌گیری احیاگرانه کار دکتر سروش، از قول ایشان نقل شده که «مهدویت ذاتاً متنافر با دموکراسی است». طبعاً این گزاره بدان معناست که در جامعه‌ی شیعی ایران، یا باید مهدویت را کنار نهاد یا دموکراسی را. بنده شخصاً کم و بیش دکتر سروش را دنبال می‌کنم اما نمی‌دانم که این گزاره از کجا نقل شده و دکتر صدری هم آدرسی نداده‌اند. البته در ابتدای مقاله‌شان گفته‌اند که من صحبتم ناظر به دو سخنرانی دکتر سروش تحت عناوین «اقبال و مهدویت» و «اقبال و خاتمیت» است. اکنون سؤال این است که آیا گزاره مربوط به همین شکل از سوی دکتر سروش نقل شده و چنانچه نقل شده بیشتر در مورد دلالت‌های این گزاره توضیح بفرمایید.

این بحث به اواسط دهه هشتاد شمسی برمی‌گردد؛ سخنرانی دکتر سروش در پاریس با عنوان «مهدویت و دموکراسی» و پس از آن هم مکاتباتی که میان ایشان و حجت‌الاسلام سعید بهمن‌پور انجام شد. در مورد «مهدویت ذاتاً متنافر با دموکراسی است»، بعید می‌دانم ایشان چنین تعبیری به کار برده

باشد. چنان‌که درمی‌یابم، دغدغهٔ دکتر سروش در آنجا، اولاً و بالذات یک دغدغه الهیاتی است؛ و ناظر به ربط و نسبت میان مهدویت و خاتمیت. ایشان در پاریس و پس از آن در مکاتبات قلمی با حجت‌الاسلام بهمن‌پور دلمشغول صورت‌بندی ایده مهدویت است به نحوی که متضمن نفی خاتمیت نباشد؛ در این بحث مهدویت مصداقی است از مفهوم امامت. استدلال ایشان این است که اگر ائمه شیعی از همان پشتوانه‌ای برخوردار باشند که پیامبر گرامی اسلام از آن برخوردار بود و شخصیت امامان پشتوانه سخن‌شان باشد نه اینکه صرفاً در مقام شرح و تفسیر شریعت محمدی باشند، بلکه شخصاً ابداع شریعت می‌کنند و سخنانشان برای دیگران الزام‌آور باشد؛ لازمه سخن ایشان، به رغم میل‌شان، فتوا دادن به نقض خاتمیت است. درواقع اگر ائمه به روایت شیعیان، شریعت تازه می‌آورند و در مقام تشریع بر می‌آیند، باید به نحوی این آموزه الاهیاتی را صورت‌بندی کرد که متضمن نفی خاتمیت نباشد. بنا به صورت‌بندی دکتر سروش از مفهوم خاتمیت در کتاب *بسط تجربه نبوی*؛ خاتمیت، متعلَقِ شخصیتِ حقوقی نبی است و بدین معنا پس از نبی کسی نخواهد آمد که شخصیتش پشتوانه سخنانش باشد و سخنانش برای دیگران الزام‌آور باشد. دکتر سروش بر این باور است که تلقی شیعیانِ غالی از امامت، چنین لوازمی دارد؛ هرچند این امر را بر زبان نمی‌آورند، اما رفتاری که با ائمه می‌کنند و تصویری که از ایشان دارند، با خاتمیت قابل جمع نیست؛ در رابطه با مهدویت و نسبتش با دموکراسی، تصور می‌کنم با توضیحاتی که آمد مسئله کم و بیش روشن شده باشد. مدعای سروش این است که این تلقی از امامت و مهدویت، با دموکراسی و درک امروزین ما از ساز و کار دموکراتیک تخالف دارد. حال، اگر بنا داریم ساز و کار دموکراتیک را برگیریم و آن را موجه بینگاریم؛ باید به نحوی مفاهیم امامت و مهدویت را دوباره صورت‌بندی کرد که این ناسازگاری از میان برداشته شود. اگر آن تلقی الهیاتی دربارهٔ مفاهیم امامت و مهدویت بازسازی شود، آثار و نتایج نوینی بر آن مترتب خواهد شد، از جمله در فلسفه سیاسی و تقریر مجدد رابطهٔ میان دیانت و سیاست. این ملخص مباحثی است که دکتر سروش در آن سال‌ها طرح کرد. در

سخنرانی‌هایی که ذکر کردید، تا جایی‌که می‌دانم، مطلب تازه‌ای از این حیث طرح نشده است؛ درعین‌حال، تصور نمی‌کنم دکتر سروش ذاتی برای دموکراسی یا مهدویت قائل باشد. درادامهٔ پاسخ به پرسش‌های پیشین، باید بگویم تأمل درباره نسبت میان امامت و مهدویت و دموکراسی یک کار روشنفکرانه و رفرمیستی است و در جای خود رهگشا و مبارک. چنان‌که آوردم، تصورمی‌کنم مجال برای طرح این ایده‌ها باید باز باشد و اگر کسانی آنها را ناموجه می‌انگارند، انتقادات خویش را طرح کنند؛ چنان‌که حجت‌الاسلام بهمن‌پور به دکتر سروش جواب داده و از موضع سنتی و کلاسیک دفاع کرده است. دیگران هم نظاره‌گراین مباحث و مناظره‌های قلمی بوده‌اند و امروزه هم بدان مراجعه می‌کنند. دربارهٔ ارزیابی مدعیات طرفین این مسئله الاهیاتی، باید استدلال‌های اقامه شده به وسیله طرفین را بررسی کرد و اتخاد رأی کرد؛ چنان‌که آوردم، باید نسبت به طرح این مباحث دینی و الاهیاتی گشوده بود. تأکید بر دوگانهٔ احیا و اصلاح لوازمی دارد که پروژهٔ رفرم دینی را با موانعی دچار می‌کند. می‌دانم دکتر صدری عزیز هم با سخنان بنده همدلند و علی‌الاصول نسبت به طرح مسائل این‌چنینی گشوده‌اند؛ اما باید میان ترجیح و مشی شخصی و لوازم منطقی مترتب بر یک ایده تفکیک کرد. چنان‌که آوردم، استدلال شیب لغزنده در اینجا مطرح است؛ به‌خصوص اگر از تعابیری نظیر «سراب» در این میان مدد گرفته شود که متضمن نوعی ارزش‌داوری هم هست. اگر از من بپرسید که آیا جاده رفرم دینی و طرح ایده‌های شاذ و نامتعارف به سراب ختم می‌شود، می‌گویم خیر و نسبت به آینده، خوشبین و گشوده‌ام. اجازه دهیم که این ایده‌ها طرح شود و به نحو پسینی‌تجربی مورد بررسی قرار گیرد. به رابطهٔ دیالکتیکی میان نهادها و ایده‌ها عمیقاً باور داشته باشیم و چندان دلمشغول آثار و نتایج مترتب بر آن نباشیم و به خاطر داشته باشیم که برخی از ایده‌هایی که طرح می‌شوند، به علل و عوامل گوناگون پس زده می‌شوند و قوتی نمی‌یابند و تأثیر چندانی نمی‌گذارند. قضاوت را به تاریخ بسپاریم.

خداناباوری ستیزه‌گر و بنیادگرایی هر دو خطرناکند[1]

سروش دباغ می‌گوید: نیازمند بازخوانی انتقادی سنت عرفان در ادبیات خود هستیم و فکر هم می‌کنم این کار شدنی باشد و پاره‌ای از مولفه‌هایی مثل امر سیاسی یا نگاه معناکاوانه و معنایابانه در دین که از نظر گذشتگان ما مغفول مانده می‌تواند مورد توجه قرار بگیرد و مکمل آن سنت شود. کتاب «حریم علف‌های قربت» نوشته سروش دباغ به تازگی توسط انتشارات «اچ اند اس» در انگلستان منتشر شده است. او در مقدمه این اثر نوشته است: «مدت‌هاست دل‌مشغول حدود و ثغورِ سلوک معنوی در زمانهٔ پر تب و تاب کنونی‌ام؛ روزگاری که به تعبیر ماکس وبر راززدایی شده و امر قدسی به‌سان گذشته، میان آسمانِ حقیقت فاش نمی‌درخشد و به سهولت از پنجره به ضمیر مشتاقان نمی‌تابد»؛ دباغ در این اثر به رابطه عشق و عرفان و نمود و بروز این دو مقوله در ادبیات پرداخته و گریزی نیز به دو مفهوم خداناباوری ستیزه‌جو و بنیادگرایی زده و از مضر بودن هردوی این نگرش‌ها برای جهان امروز سخن گفته است. به همین مناسبت گفت‌وگویی با او داشته‌ایم که می‌خوانید.

می‌توانیم بگوییم دغدغه شما در این کتاب روشن ساختن مفهوم عشق آن هم عشق از منظر عرفانی است؟ اصولا از دید شما چه رابطه‌ای میان عشق و عرفان می‌توان متصور بود؟

چند صباحی است که به این قصه مشغول هستم و بازخوانی سنت عرفان اسلامی و درانداختن آنچه که از آن با نام عرفان مدرن یاد می‌کنم را دنبال می‌کنم. در این

---

[1] گفتگو از ایلنا

راستا هم به آثار عرفای سنتی (مولوی، حافظ، سعدی، بایزید بسطامی، ابوالحسن خرقانی و دیگر عرفای خراسانی و عرفای مکتب شیراز) عطف نظر کرده‌ام و آنها در مطالعه گرفته‌ام و درباب مضامین و تعارفشان تامل کرده‌ام. اگر بپذیریم حافظ و سعدی قوام‌بخش مکتب دیگری هستند در درازنای تاریخ تصوف ما که می‌توان آن را مکتب شیراز نام نهاد و در مقابل مکتب خراسان قرار دارد.

ایامی که هنوز ایران بودم به این قصه می‌اندیشیدم که در حوزه نواندیشی دینی معاصر اگر درباب مقولانی مثل رفع نسبت میان علم و دین، معرفتی دینی و ... اندیشیده شده و سخنانی گفته شده و اتفاقاً مطالب مهمی هم منتشر گشته، درباب عرفان و اینکه چه بر سرش می‌آید اگر بخواهد در منظومه معرفتی جدید ما بنشیند کمتر سخن گفته شده است. ابتدا دغدغه‌های خود دراین موضوع را در مقاله‌ای تحت عنوان «عرفان و میراث روشنفکری دینی» منتشر کردم که مقاله مذکور اکنون هم در کتاب «ترنم موزون حزن» قرار گرفته است. در این مقاله بیشتر در قالب پرسش‌هایی سامان پذیرفته که چه بر سر عرفان می‌آید اگر مبادی و مبانی انسان‌شناختی، معرفت‌شناختی و وجودشناختی ما در جهان جدید و بر اثر گشودگی نسبت به مدرنتیه دخل و تصرفی پیدا کند. وقتی به کانادا آمدم و در دانشگاه تورنتو مشغول به تدریس و پژوهش شدم در مقام پاسخ به این پرسش نگارش سلسله مقالاتی تحت عنوان «طرح‌واره‌ای از عرفان مدرن» را آغاز کردم و به نوعی به این پرسش سهمگین از منظرهای مختلف پاسخ گفتم، از منظر وجودشناختی و معرفت‌شناختی، اخلاقی، انسانی که تاکنون ۸ مقاله از این سلسله موضوع منتشر شده است. در این مقالات سالکان مدرنی را هم معرفی کردم که سهراب سپهری، علی شریعتی، مجتهد شبستری، داریوش شایگان، جان هیک و اکار توله آنچنان که من می‌فهمم در زمره این سالکان به حساب می‌آیند.

پرداختن به عرفان مدرن هم‌زمان شد با سپهری‌پژوهی‌های من، از بخت بلندم تا کنون دو مجلد از سپهری‌پژوهی‌های من با نام‌های *در سپهر سپهری* و *فلسفه لاجوردی سپهری* منتشر شده است. اتفاقاً در این سلسله مقالات به مقوله عشق که در سوال مطرح شده هم پرداخته‌ام اما نه عشق افلاطونی، بلکه عشقی که سبقه اگزیستینسیل دارد و با تنهایی معنوی درگیر است. از ربط و نسبت عشق و تنهایی

معنوی به تفصیل در این دو کتاب سخن گفته‌ام. عشق و تنهایی معنوی چون با متافیزیک نحیف که از برساخت‌های من در این جستارهاست هم‌عنان است دیگر چندان جایی برای عرفان و عشق افلاطونی بر جای نمی‌نهند. پس از انتشار این دو کتاب به پیشنهاد دوستان از آنجایی که از سال ۹۰ شمسی سلسله درس‌هایی با نام «پیام عارفان برای زمانه ما» را در تورنتو برگزار می‌کنم و در میانه دوره چهارم آن هستیم؛ دوره سوم این ادوار را که سبقه خودکاوانه و خودشناسانه پررنگی داشت و در آن هم از مولوی و حافظ برای بیان مطالب وام گرفته بودم و هم از سپهری و هم از اکار توله و کریشنا مورتی، با زحمت دوستان تمام این جلسات پیاده و ادیت شد و در قالب «*حریم علف‌های قربت*» منتشر شد. می‌توان این کتاب را جلد سوم از آثار مکتوب من در حوزه عرفان مدرن و سلوک معنوی در روزگار کنونی قلمداد کرد و در مقدمه اثر هم با برساختن مثل سالک مدرن، ایمان آرزومندانه، مرگ‌هراسی، کورمرگی و متافیزیک نحیف کوشیده‌ام سویه‌های مختلف سلوک معنوی در روزگار راززدایی شده کنونی را به روایت خویش بیان کنم. امیدوارم به کار کسانی که علاقه‌مند به این موضوعات هستند و هم آثار من را در حوزه سپهری‌پژوهی را دنبال می‌کنند و هم دل‌مشغول سلوک معنوی در روزگار کنونی هستند، بیاید.

در بخشی از مقدمه آمده که حریم *علف‌های قربت* حاصل قبض و بسط‌ها و روند و آیندهای آونگ‌آسا، حیرت‌ها، تلاطم‌ها و تاملات روایی این سطور در سال‌های اخیر است و امیدوارم به کار کسانی که ذهن و زبانشان دگرگون گشته و به فرآورده‌های معنوی جهان جدید به دیده عنایت می‌نگرند و نسبت به آنها گشوده‌اند و درعین‌حال دل‌مشغول ساحت قدسی و سامان‌بخشیدن به زیست معنوی خویش هستند بیاید.

در کتاب به ادبیات کلاسیک ایران مثل آثار مولوی، حافظ، عطار و بایزید بسطامی و ... اشاره شده و البته به سهراب سپهری هم به عنوان یک شاعر معاصر در حوزه کاری شعر نو هم در این بررسی‌ها پرداخته شده است، کمی درباره جایگاه عرفان در ادبیات کلاسیک ایران و تقریباً افت این مفهوم در ادبیات معاصر هم صحبت کنید. چرا در ادبیات معاصر از این عشق عرفانی و افلاطونی که در این کتاب به آن پرداخته‌اید خیلی کم دیده می‌شود؟ اصولاً

عرفان برای ادبیات امروز پاسخگوی خلق اثر هست؟

تصور می‌کنم عرفانی که در ادبیات ما ریزش کرده است احتیاج به بازخوانی انتقادی دارد و اگر صرفاً به آنچه در میان گذشتگان ما جاری بوده عطف نظر کنیم بارمان بار نمی‌شود. به همین دلیل هم می‌گویم که نیازمند بازخوانی انتقادی سنت عرفان در ادبیات خود هستیم و فکر هم می‌کنم این کار شدنی باشد و پاره‌ای از مولفه‌هایی مثل امر سیاسی یا نگاه معناکاوانه و معنایابانه در دین که از نظر گذشتگان ما مغفول مانده می‌تواند مورد توجه قرار بگیرد و مکمل آن سنت شود.

و البته از نظر کسی مثل من نقد مفاهیمی مثل فناءفی الله که با وام گرفتن و باور داشتن به مفهوم آتانامی یا خودآیینی می‌تواند سمت و سو و رنگ و بوی دیگری پیدا کند. به‌همین‌خاطر هم عشق سبقه اگزیستنشیل پیدا می‌کند و چنان‌چه در کتاب آوردم از عشق افلاطونی فاصله می‌گیرد و هم مضامین مذکور نیاز به بازخوانی دارد تا انسان سالک مدرن که دل‌مشغول امر قدسی است بتواند سلوک معنوی خود را حول این مفاهیم جدید سامان ببخشد.

امیدوارم افراد دیگری هم که در این عرصه کار می‌کنند، آثار خودشان را منتشر کنند و و در نهایت به صورت جمعی به این رویکرد انتقادی به سنت عرفان خود برسیم. من افزون بر حوزه فلسفه غرب و همچینی رفورم دینی قصه سلوک معنوی در روزگار کنونی و این بازخوانی انتقادی از سنت عرفان دینی با مدد گرفتن از شعر را ادامه می‌دهم و در این ژانر پیش خواهم رفت. افزون بر سپهری و شریعتی که سالکان مدرن روزگار ما هستند می‌توان از میلان کوندرا و داستایوفسکی و پاره‌ای دیگر از نویسندگان جهان جدید که دغدغه پررنگ معنوی هم دارند یاد کرد و از آثارشان بهره‌مند شد و تا جایی که بتوانم بنا دارم درباره این افراد بنویسم و دغدغه‌های خود را دراین‌باب بیان کنم.

در کتاب از نوعی، از خداناباوری، صحبت کرده‌اند که آن را سکولاریسم ستیزه‌گر نام‌گذاشته‌اند. این تفکر حتی همطراز با بنیادگرایی دینی دانسته شده است. این دو تفکر کجا به یکدیگر می‌رسند که هر دو می‌توانند تهدیدی برای جامعه بشری شوند؟ راه‌حل مقابله با چنین تفکراتی چه

می‌تواند باشد که بشر چه برای ستیز با دین و چه برای گسترش آن... متوسل به خشونت نشود؟

سکولاریسم ستیزه‌گر که در کتاب یاد شده و در فصل هشتم با بنیادگرایی دینی هم‌عنان انگاشته شده را هم ابتدا در کتاب کارنِ آرمسترانگ دیدم و با آن هم‌دلی دارم. در درس‌هایی هم تحت سال‌های اخیر در کانادا داده‌ام یا دوره‌ای را که در دانشگاه مکزیک برگزار کردم هم اتفاقاً به این نکته به نحو مفصل پرداخته‌ام. ما یک خداناباوری مهاجم و ستیزه‌گر داریم که از نظر خانم آرمسترانگ روی دیگر سکه بنیادگرایی دینی است، چراکه هردو در مقام ندیدن یکدیگر و حذف طرف مقابل گام برداشته و می‌دارند.

در دهه‌های اخیر جنبشی که از آن با نام سکولاریسم ستیزه‌گر یاد می‌شود و پیروانی هم دارد در دنیای ما سر برآورده است و نویسنده هوشمندی مثل کارن آرمسترانگ نمی‌تواند از این موضوع چشم‌پوشی کند. *تاریخ خداباوریِ* خانم آرمسترانگ به فارسی هم ترجمه شده، ولی The Case for God که از آن در *حریم علف های قربت* استفاده کرده‌ام تا جایی که می‌دانم به فارسی برگردانده نشده است. تصور می‌کنم بله خداناباوری ستیزه‌گر و بنیادگرایی هر دو می‌توانند برای دنیای امروز خطرآفرین باشند. اگر کسی خداناباور است و به حقوق دیگران احترام می‌گذارد، اشکالی ندارد و خودش می‌داند و هر تلقی که از هستی دارد. اما اگر بنا باشد که چه به اسم دیانت جلوی حقوق و فعالیت‌های خداناباوران گرفته شود و چه به اسم خداناباوری برای فعالیت‌های خداباوران و قائلان به دین مزاحمت ایجاد شود مضر و ناموجه و دل‌آزار هستند.

اساساً خشونت از مدلول‌های چنین نگرش‌هایی است. هرچند تاکنون در جهان بیشتر با خشونت دینی مواجه بوده‌ایم، اما یادمان باشد در جریان دو جنگ جهانی هم این دیانت نبود که فاشیزم را به وجود آورد و میلیون‌ها نفر کشته شدند. به‌هرحال هر تفکری که دیگری را برنمی‌تابد، دیگری گوشت و پوست و استخوان‌دار را با هر انگیزه و به هر بهانه‌ای چه به سبب دیانت یا نژاد یا خلق‌وخو منتج به خشونت می‌شود و البته دل‌آزاد و غیراخلاقی است.

راهی که می‌توان با این نگرش مقاله کرد و آلترناتیوی که امثال من به آن باور داریم

به رسمیت شناختن کثرت و سبک‌های مختلف زندگی است. اگر خداناباوری ستیزه‌گر فرونهادنی است، بنیادگرایی دینی هم فرونهادنی است و اینجا به رسمیت شناختن کثرت و سبک‌های مختلف زندگی از ما دست‌گیری می‌کند. افزودن و افزایش تساهل و پذیرش کثرت‌گرایی فرهنگی راه ممکن برای حفظ جهان از خشونت است. در کشوری مثل کانادا انصافاً این پذیرش محقق شده و یا در برخی دیگر از کشورهای اروپایی با همه گیروگرفت‌هایی که وجود دارد می‌بینیم که تساهل را هم مدنظر دارند.

در همین کانادا با یک دولت سکولار، کاملاً مسلمانان آزاد بودند در ماه رمضان و .... محافل دینی خود را دایر کنند، همچنان که یهودی‌ها، مسیحی‌ها و بودایی‌ها این آزادی را دارند. یعنی هر دینی به شرط اینکه به حقوق دیگران احترام بگذارد و آزار و اذیتی برای دیگری به دنبال نیاورد آزاد است و حق دارد که اعمال مذهبی و دینی خود را اجرا کند. نوعی از سکولاریسم که نسبت به ادیان مختلف بی‌طرف می‌ایستد و مجال را برای فعالیت‌های آنها فراهم می‌کند به نظرم اخلاقی‌تر و معنوی‌تر و راه‌گشاتر است. موضعی که برخلاف دو سر طیف خداناباور ستیزه‌گر یا بنیادگرایی در میان طیف می‌ایستد عمیقاً به نظرم راهی است که می‌تواند برای زندگی پرتلاطم ما در قرن بیست‌ویکم راه‌گشا باشد. همه باید با صبوری و مدارا و امیدواری به نهادینه شدن این نگاه در میان جامعه‌ای مثل جامعه خودمان کمک کنیم. به خاورمیانه نگاه کنید که چه در آن می‌گذرد و ما دست‌کم تا جایی که می‌توانیم این مدارا را در جامعه خود نهادینه کنیم و امیدواریم روزی به نحو حداکثری این مهم در خاورمیانه‌ای که امروز در آتش مخاصمت می‌سوزد جاری شود و صلح برقرار گردد.

فکر می‌کنید کتاب را در ایران هم به چاپ برسانید؟ برای چاپ آن صحبتی با ناشر ایرانی شده که موضوع ممیزی و دریافت مجوز را پیگیری کند؟

امیدوارم کتاب در ایران هم منتشر شود و برخی موانع که در ماه‌های اخیر و قریب به یک سال گذشته پدید آمده، چه برای من چه برای برخی دیگر از مولفان رفع گردد و آثاری از این دست و آنچه در قلمرو فرهنگ منتشر می‌شود مجال انتشار در ایران را پیدا کند

.

نواندیشان دینی و دموکراسی[1]

جناب سروش دباغ، بسیار مایلم که در آغاز، نگاهی کوتاه به نقش روشنفکران، در گذار به جامعه‌ای دموکراتیک، بیندازیم. از نگاه شما نقش کدام قشر از روشنفکران (دینی و غیردینی) در صفحات تاریخ برجسته می‌نماید؟ نوع برخوردشان با متقضیات زمانی و مکانی چگونه بوده است؟

به اختصار عرض کنم؛ تصورم این است که هم نواندیشان و روشنفکران دینی و هم نواندیشان غیردینی در این میان نقش‌آفرینی کرده‌اند. البته باید توجه داشت که معیارهای زمانی در دهه‌های منتهی به انقلاب ۵۷ با آنچه امروز و در دهه‌های اخیر تجربه کردیم، متفاوت بود. مرادم این است که گذشته از موارد استثنا و قلیلی چون مرحوم بازرگان، عموم روشنفکران ما در پی نهادینه کردن سازوکار دموکراتیک به مثابۀ پروژۀ اجتماعی و سیاسی خود نبوده‌اند. انقلاب‌گری معیار زمانه بود و کثیری در پی این بودند که به‌نحوی از انحاء از بومی‌گرایی سخن بگویند. (در آثار جلال آل احمد و علی شریعتی و البته، با ارجاع به خودِ ایرانی‌اسلامی به نزد شریعتی و خود ایرانی به نزد جلال آل احمد). نوعی بومی‌گرایی و بومی‌اندیشی هم در آثار این روشنفکران به چشم می‌خورد. علی‌ای‌حال، نهادینه کردن سازوکار دموکراتیک در این میان دست بالا را نداشت. اما پس از انقلاب این گفتمان به گفتمانی مسلط بدل شد. در بیست و پنج سال اخیر هم نواندیشان دینی و هم نواندیشان عرفی

---

[1] گفتگو از نشریۀ «روشنگر»

نقش‌آفرینی کردند. اما نباید از حق و انصاف گذشت که در زمان صدر مشروطه و آشنایی با مدرنیته و مدرنیزاسیون، تعداد کثیری از روشنفکران خدمتی کردند و به معرفی آثار متفکران، جامعه‌شناسان، فیلسوفان و ادبای مغرب‌زمین پرداختند. علی‌ای‌حال، روشنفکران به تعبیر شما در صفحات تاریخ معاصر، در پی نهادینه کردن سازوکار دموکراسی و آشنایی با مغرب‌زمین، ادبیات و علوم انسانی جدید نقش بی‌بدیلی داشته‌اند.

آیا شما هم معتقدید الزامات دیانت راه را بر تحرک و خیزش روشنفکران دینی در دست‌یازی به جامعه‌ای مردم‌سالار تنگ کرده است؟ (مراد جامعه‌ای مبتنی بر تکثرگرایی، جامعهٔ مدنی پویا، انسان‌گرایانه، ارزش‌گذاری بر فرد و آزادی‌های فردی و... است). زیرا چارچوب‌های دیانت و شریعت باید با مبانی مردم‌سالاری هم‌خوانی شود. چنان‌که جامعه‌ای فعال در چال تناقضات و ابهامات نیفتد.

به تعبیر شما می‌توانم بفهمم که موانعی بر سر راه نواندیشان و روشنفکران دینی قرار دارد اما فکر نمی‌کنم ابهامات و تناقضاتی را ایجاد کرده باشد. کوشش‌های فکری پانزده ـ بیست سالهٔ نواندیشان دینی هم این امر را نشان می‌دهد که رفته‌رفته مسئله نزد ایشان روشن‌تر شده است. بنده در بازخوانی آثار روشنفکران و نواندیشان دینی معاصر چون عبدالکریم سروش، مجتهد شبستری نیز به این موضوع پرداخته‌ام.

فی‌المثل، مجتهد شبستری در دو کتاب: *نقدی بر قرائت رسمی از دین* و *تأملی بر قرائت‌های انسانی از دین* از سازگاری دموکراسی و دیانت خبر می‌دهد. پیش‌ازآن هم سروش در *فربه‌تر از ایدئولوژی* و *مدارا و مدیریت مومنان* از این امر سخن می‌گوید.

چنان‌که درمی‌یابم با در نظر قرار دادن اجتهاد در اصول و تفکیک میان ذاتیات و عرضیات و رفروم در فقه، نواندیشان دینی در پی آن هستند تا از سازگاری و تناسب دیانت و حکومت و سازوکار دموکراتیک سراغ بگیرند و از ارتباط وثیق سیاست و دیانت از سویی و عدم ارتباط میان دیانت و حکومت سخن بگویند. بنده در

سخنرانی «دین، اخلاق و سکولاریسم» که در دانشگاه کلگری ایراد شد، سعی نمودم با استشهاد به آرای نواندیشان دینی توضیح دهم که ما باید میان دوگانهٔ دیانت و سیاست از سویی و دوگانهٔ میان دیانت و حکومت از سوی دیگر، تفکیک کنیم. کثیری از نواندیشان دینی بر این باورند که ارتباط حقوقی میان دیانت و حکومت برقرار نیست که معنیِ آن این است که فقهات و دیانت نباید پشتوانهٔ حکومت برای حکمرانی قرار بگیرد. اما ارتباط میان دیانت و سیاست یک امر طبیعی است زیرا سیاست‌ورزی از شئون زندگی انسانی است و اگر کثیری از مردم جامعه دین‌دار باشند، دغدغه‌های دینی به‌نحو طبیعی در سیاست‌ورزی ریزش می‌کند. فی‌المثل، مقوله‌ای چون سقط جنین یکی از موضوعات مهم ریاست‌جمهوری در آمریکاست. چراکه دموکرات‌ها برآنند که سقط جنین را آزاد کنند و جمهوری‌خواهان برآنند که به طرفداران خود اطمینان خاطر دهند که سقط جنین را آزاد نخواهند کرد. دلیل این اتفاق آن است که نزدیک به نیمی از مردم آمریکا دین‌دارند و بدین خاطر دو گروه سیاسی و رقیب هریک مخاطبان خود را اختیار کرده است. اگر جامعه دینی نبود، سخن از سقط جنین محلی از اعراب نداشت. پس دیانت از سیاست جدا نیست و جدا نمی‌شود چون امری جوشیده از بطن جامعه است. اما اگر کسی بگوید دیانت از حکومت جداست، قائل به این امر است که مشروعیت سیاسی از دل دیانت برنمی‌خیزد. قائلان به حکومت دینی بر این باورند که دیانت از حکومت جدا نیست و مشروعیت سیاسی از دل سنت برمی‌خیزد. عموم نواندیشان دینی متأخر به‌نحوی- که در آثارشان به تفصیل آورده‌اند معتقدند که دیانت از حکومت جداست. هرچند، دیانت از سیاست جدا نیست و اگر کسی چنین سخنی بگوید مشخص است که ابعاد مسئله برایش روشن نیست و پختگی ندارد. نمی‌شود دیانت از سیاست جدا باشد. در جامعه‌ای چون سوئد دیانت از سیاست جداست چون اکثریت قریب به‌اتفاق مردم دین‌دار نیستند و همهٔ شئون زندگی از جمله، سیاست‌ورزی با آموزه‌های دینی ارتباطی ندارد و ارزش‌های دینی در آن ریزش نمی‌کند. اما در جامعه‌ای چون آمریکا و ترکیه بدین معنا که دولت سکولار است اما دیانت از سیاست جدا نیست، دولت سکولار است؛ یعنی، حکومت از دیانت جداست و حاکمان پشتوانهٔ مشروعیت سیاسی خود را از دیانت دریافت نمی‌کنند. اگر این دوگانه را از هم تفکیک کنیم،

می‌توانیم رابطهٔ میان دیانت، سیاست و حکومت را منقح‌تر توضیح دهیم. بنده در جلسات بازرگان‌شناسی کوشیده‌ام در آثار بازرگان متقدم و متأخر این امر را واکاوی کنم و نشان دهم که به چه معنا بازرگان متأخر به جدایی دیانت و حکومت رسید و دست‌کم این امر نسبت به بازرگان پیش از انقلاب، برای او برجسته شد.

آیا شما معتقدید که روشنفکران نسل چهارم در هم‌خوانی اسلام و دموکراسی دچار بحران شده‌اند؟ جناب عبدالکریم سروش در آغاز، از حکومت دموکراتیک اسلامی سخن گفتند اما عده‌ای معتقدند که این نظریه، دچار اشکلاتی شده است؟

من با اصطلاحاتی چون بحران که بار ارزش‌داورانه دارد، خیلی هم‌دلی ندارم. اگر بحث نظری است، گفت‌وگو می‌کنیم و نشان می‌دهیم که در کجا خبط و خطایی صورت گرفته است و استدلالات در کجا مقنع نیست. من شخصاً تعابیری چون بحران را که ارزش‌مدارانه است به کار نمی‌برم. تصورم این است که چرا بحران؟ مسئله رفته‌رفته روشن‌تر شده است و سویه‌های آن مشخص‌تر شده. آقای سروش در شش ـ هفت سال اخیر صراحتاً از تعبیر حکومت فرادینی استفاده کرد و سعی کرد آن را برای توضیح رابطهٔ میان دیانت، حکومت و سیاست به کار بگیرد. ایشان با حکومت دموکراتیک دینی با علامت سؤال و تعجب که برخی دقت نمی‌کنند، آغازید اما این امر متعلق به بیست و دو ـ بیست و سه سال پیش بود. به مرور زمان مسئله روشن‌تر شد و سویه‌های مختلف امر را کاویدند. ایشان در مقالهٔ «تحلیل مفهوم حکومت دینی» که در فاصلهٔ سال‌های ۷۶ـ۷۵ منتشر شد، آوردند که: کار اصلی حکومت‌ها تأمین حاجات اولیه است و پس از آن، نوبت به حاجات ثانویه می‌رسد. پس‌ازآن، از اجتهاد در اصول یاد کرد و چنان‌که آورده‌ام نه فقط درباب نسببت میان دیانت، حکومت و سیاست آورد که کلاً نسبت میان فقاهت و دیگر مؤلفه‌های دینی را ذیل ذاتیات و عرضیات صورت‌بندی کرد. سپس، از تفکیک رابطهٔ حقیقی و حقوقی میان دیانت، حکومت و سیاست سخن گفت که در کتاب *ادب قدرت، ادب عدالت* آن را توضیح داده است، مضامینی شبیه به آنچه من آورده‌ام و آنها را صورت‌بندی کرده‌ام. فکر نمی‌کنم چه در آثار ایشان و چه در آثار دیگر نواندیشان، ازاین‌حیث بحرانی پیش آمده باشد. فکر می‌کنم ازقضا، مسئله روشن‌تر شده است و

ابعاد مختلف به‌نیکی واکاوی شده است و اگر هم‌اکنون نسبت به آنچه در این بحث‌ها صورت گرفته است و آنچه در عمل محقق می‌شود، فاصله‌ای است، به نظرم به سبب ابهامی است که اکنون در این نظرات پیدا شده است.

آیا بحث‌های گسترده پیرامون روشنفکری دینی می‌تواند معطوف به سابقهٔ استبداد دینی باشد؟ اگر چنین است تا چه اندازه؟

بله. ملاحظه کنید، همه چیز ما دیالکتیکی هست. یعنی در عالم انسانی تعامل و کنش و واکنش دست در دست هم پیش می‌روند و آنچه که دین‌داران در جامعهٔ دینی تجربه کرده‌اند، این واکنش‌ها را سر برآورده است و مشخصاً نواندیشان دینی ایرانی از تجربهٔ حکومت دینی سه ـ چهار دههٔ گذشته و پیش از انقلاب آموخته‌اند. در این تعاملات است که ایده‌های خود را منقح‌تر می‌کنیم. آنچه در جوامع اسلامی رخ داده است، قطعاً مؤثر و برانگیزاننده بوده تا ایشان طرح‌های نواندیشانهٔ خود را درباب نسبت میان دیانت، حکومت و سیاست مطرح کنند.

تعدادی از دین‌داران با تکیه بر منابع دینی از ناسازگاری میان دین و دموکراسی دم می‌زنند. زیرا می‌گویند: دموکراسی از همان غربی نشأت می‌گیرد که نظام‌شان استوار بر سکولاریسم، پلورالیسم، لیبرالیسم و اومانیسم است. نگاه روشنفکران دینی بدین مسئله چگونه است؟ آیا این جهان‌بینی‌ها راه را بر جدایی از مرجعیت دینی هموار نمی‌کند؟

نواندیشان دینی از سازگاری میان اسلام و دموکراسی سخن می‌گویند و در پی استخراج این مضامین از دل سنت دینی نیستند؛ سخن بر سر سازگاری یا عدم سازگاری مقولاتی چون سکولاریسم، پلورالیسم، لیبرالیسم با سنت دینی است.سؤال ما این هست. آیا می‌توان هم مسلمان بود، هم لیبرال؟ آیا می‌توان هم پلورالیست بود، هم مسلمان؟ آیا می‌توان هم سکولار سیاسی بود، هم مسلمان؟

پاسخ نواندیشان دینی بدین سؤالات مثبت است. اما نمی‌توان هم سکولار فلسفی بود، هم مسلمان. چون سکولار فلسفی معتقد است جهان دارای ساحت قدسی نیست.این موارد راه را بر جدایی از مرجعیت دینی هموار نمی‌کند، اما راه را بر قرائت رسمی از دیانت می‌بندد. یعنی، متضمن نقد قرائت و تفسیر رسمی از دیانت

است. اگر تفسیر رسمی از دیانت وجود نداشته باشد، دین‌داران قادرند مباحث‌شان را در فضای عمومی طرح کنند. البته، حکومت هم لازم است اصول اخلاقی اولیه را پاس بدارد تا چنین اموری تحقق پیدا کند؛ همچون جامعهٔ ترکیه. بدین صورت که جامعه دینی است و به این معنا سکولار است و می‌شود پلورالیسم را در آن سراغ گرفت. البته، در سالیان اخیر، ازاین‌حیث مشکلاتی در ترکیه ظهور کرده است.

علی‌ای‌حال فکر می‌کنم بدین معنا شدنی باشد. اگر مسئله را درست تقریر کنیم و از ذات اسلام و دموکراسی سراغ نگیریم، می‌توان روایتی از اسلام را با روایتی از دموکراسی سازگار کرد.

صادق لاریجانی در مقاله‌ای تحت عنوان «نسبت دین با جامعهٔ مدنی» معتقد است: «جامعهٔ اسلامی، جامعه‌ای است که در آن احکام و قوانین الهی حاکم باشد و نه احکام و قوانین مجعول بشری». احمد واعظی، امیر محبیان و رضا غلامی نیز دارای چنین برداشت‌هایی هستند. بدین ترتیب، حکم به طرد جامعهٔ مدنی در جوامع اسلامی می‌دهند. چون قوانین دموکراسی و به تبع آن جامعهٔ مدنی، برآمده از سوی بشر و تدوین شده از سوی انسان است. نگاه روشنفکران دینی بدین موضوع چگونه است؟

در اینکه قوانین بشری و قوانین دینی داریم، هیچ مسئله‌ای نیست. اما نکته‌ای که باید بدان توجه کرد این است که قرار است انسان‌ها قوانین الهی را بفهمند نه فرشتگان. حال که قرار است انسان‌ها این قوانین را دریابند، از مقتضیات عالم انسانی تبعیت می‌کند و بالطبع، پیش‌فرض‌ها و تلقی‌ها از امور ریزش می‌کند. وقتی نواندیش دینی از تفکیک میان ذاتیات و عرضیات سخن می‌گوید، وقتی می‌خواهد با کمک متد پدیدارشناسی تاریخی حجاب معاصرت را درنوردد و در زمینه و زمانهٔ تکون کلام و پیام وحیانی قرار بگیرد، در پی فهم و اجرای قوانین الهی است اما می‌داند که نمی‌تواند به معنای تحت‌الفظی این کار را انجام دهد بلکه بر این باور است که احکام شریعت باید متصف به عدالت و اخلاق باشد، حکمی اجرا شود که اخلاقی و عادلانه باشد و در این زمینه و زمانه بود که نص مقدس متکون شد.

پیامبر اکرم می‌گوید: «إِنَّمَا بُعِثْتُ لِأُتَمِّمَ مَكَارِمَ الْأَخْلَاقِ». بدین ترتیب این احکام باید در ترازوی اخلاق توزین شود و این عین تأسی به سنت دینی و نبوی است نه در معنای تحت‌الفظی آن. فرق نواندیشان دینی این است که سیاست را جدی می‌بینند. هر فهمی از قوانین الهی به یک معنا بشری است. چون بشر است که می‌خواهد آن را بفهمد و در این میان فرشتگان در میان ما نیستند. ماییم و انسان‌هایی که به تعبیر حافظ: «خرقه تر دامن و سجاده شراب آلوده».

نواندیشان دینی به فهم متن مقدس و به دست دادن قرائت موجهی از آن و به کار بستن آن‌ها باور دارند. در پاسخ به جناب لاریجانی مهم این است که قرائت انسانی و اخلاقی از سنت دینی به دست آوریم و این مطلب عین تأسی به مراد خداوند است. قوانین الهی در هوا و فضا نیست؛ بلکه، توسط ما انسان‌های تخته‌بند زمان و مکان فهم و اجرا می‌شوند. ما آدمیان که موجوداتی زمان‌مند، مکان‌مند و زبان‌مند هستیم و گریز و گزیری از اینها نداریم. حال برای فهم هر امری که همت بگماریم، احوال انسانی ریزش می‌کند و نواندیشان دینی می‌کوشند قوانینی را که در متن مقدس نهادینه شده، بهتر بفهمند و زمینه و زمانهٔ تکون آن‌ها را دریابند و در روزگار خود بازسازی و در ترازوی اخلاق و عدالت توزین کنند. این موضع نواندیشان دینی دراین‌باب است و از این دوگانه چنین عبور می‌کنند. یعنی در پی آن هستند که فهمی بشری و انسانی از احکام و قوانین الهی به دست دهند. منطقیون معتقدند که یک بن‌بست دوگانه میان احکام و قوانین الهی و احکام و قوانین مجعول بشری وجود دارد. درحالی‌که چنین نیست. پس در اینجا نسبت میان اینها تباین نیست چون انسان است که همت می‌گمارد تا به فهم قوانین الهی بپردازد.

بنده با تعدادی از آثار خانم مریم رجوی آشنا هستم. از وجه افتراق که بگذریم، شباهت‌های قابل‌توجهی میان اندیشه‌های نواندیشان دینی و خانم مریم رجوی وجود دارد. کتاب «*اسلام، زنان و برابری*» ازاین‌حیث قابل توجه است. آیا شما نظر خاصی دراین‌باب دارید؟

بنده با آثار ایشان آشنا نیستم.

رامین جهانبگلو در کتاب مدرنیته، دموکراسی و روشنفکران می‌نویسد: حقیقت به شکل مطلق وجود ندارد. زیرا آنچه هست، راه‌ها و طرق مختلفی است که برای وصول به حقیقت در برابر ما وجود دارد. به‌عبارت‌دیگر، حقیقت برای روشنفکر مدرن به‌صورت ایمان مطرح نمی‌شود. آقای جهانبگلو چه حقیقتی را مدنظر دارد؟ آیا منظورشان حقیقت الهی است یا حقایق زمینی و عینی؟ این تکثرگرایی (پلورالیسم) در دستگاه فکری شما چگونه تفسیر و تأویل می‌شود؟

این اثر آقای جهانبگلو را نخوانده ام، به نظرم می توان سخن ایشان را اینگونه صورت‌بندی کرد:حقیقت به شکل مطلق وجود ندارد. درعین‌حال، می‌توان دو معنا از حقیقت را از یکدیگر تفکیک کرد: ۱- حقیقت به معنای واقعیت ۲- حقیقت به معنای صدق. چون رئالیست هستم به هر دو معنا قائل به حقیقت ام؛ به امر رئالی که بیرون از ما تعین دارد، این یک بحث وجودشناسانه است. افزون بر این، می توان گفت که درک ما از جهان پیرامون که در قالب گزاره‌هایی چند ریخته می‌شود، نیز معرفت‌بخش است؛ هر چند پیشینهٔ معرفتی افراد، متنوع و متکثر است. شخصاً پلورالیست هستم و به « پلورالیسم نجات» باور دارم، یعنی معتقدم اکثرِ گروندگان به ادیان مختلف، علی‌الاصول بر نهج ثواب‌اند. برخلاف شمول‌گرایان و انحصارطلبان بر این باورم که اکثریتِ گروندگان به ادیان مختلف رستگارند. به تعبیر سپهری: «رستگاری نزدیک، لای گل‌های حیات».

بدون شک مفاهیم و معانی در گذر زمان دچار تحول و تطور می‌شود. مراد شما از روشنفکر چه تحول و دگرگونی‌هایی با تعریف روشنفکر از نگاه شریعتی و جلال آل احمد پیدا کرده است؟

روشنفکری جزء مفاهیم برساختۀ اجتماعی است و مؤلفه‌ها و مقومات گوناگونی دارد. شاید همان تأکید بر آموزه‌های عصر روشنگری و کرامت انسانی و پاس‌داشت حقوق بنیادین بشر مؤلفه‌هایی است که امروزه کسی چون بنده در روشنفکری می‌بیند و بدان باور دارد. کمتر این معنا مدنظر کسانی چون شریعتی و مرحوم جلال آل احمد بوده است. بدین معنا مفاهیمی چون لیبرالیسم، روشنفکری، سکولاریسم و

همهٔ این مفاهیم برساختهٔ اجتماعی‌اند که در مضامین و مؤلفه‌ها تحول و تطور پیدا می‌کنند.

آقای شبستری در مباحث‌شان از تعبیر «حقوق بشر اسلامی» سخن گفته‌اند. شما نیز در مقالهٔ «هم سهم عقل، هم سهم دل» نوشته اید: «می-توان دین‌دار ماند، درعین‌حال دموکرات بود و هم حقوق بشر را پاس داشت» در این جمله سه واژهٔ کلیدی وجود دارد: دین‌دار، دموکرات و حقوق بشر؛ آیا فکر نمی‌کنید مابین واژگان ذکر شده پارادوکسی وجود دارد. جهان‌بینی اسلام در نص مقدس، دموکراسی را نقض می‌کند. حال چه به-صراحت چه به‌صورت تلویحی. چون نگاه به انسان‌ها متفاوت است. این تنها در صورتی امکان‌پذیر است که اسلام را از نقش حداکثری به نقش حداقلی ببریم. نظر شما دراین‌باره چیست؟

به تعبیری، ما نص صریح نداریم بلکه کثرت قرائات داریم. نص صریح یعنی ما باشیم و مُر دیانت. درحقیقت ما کثرت قرائت‌های مختلف داریم و ماییم و متنی که در پشت پیش‌فرض‌ها و پیش‌فهم‌های خود می‌فهمیم. استدلال‌هایی که نواندیشان دینی در این خصوص ارائه کرده‌اند، قابل دفاع است و می‌توان هم مسلمان بود و هم دموکرات. در اینجا همان‌طور که گفته‌ام سخن از سازگاری است، نه استخراج. اینکه افراد هم دین‌دار باشند و هم دموکرات، شدنی است. ارزش‌های دموکراتیک را می-توان برگرفت و متناسب با آن زندگی را سامان بخشید؛ یعنی، با پالایش فقه و بازخوانی احکام اجتماعی‌فقهی و توزین آنها در ترازوی عدالت و اخلاق به چنین خواسته‌ای نور تحقق تاباند. کار نواندیشان دینی آن است که با تأسی به روح و پیام مندرج در احکام فقهی و سنت دینی به بازخوانی و بازفهمی آنها همت گمارند. به تعبیر جناب شبستری: فقه سیاسی بستر عقلایی خود را از دست داده است و در کثیری از این احکام باید تجدیدنظر کنیم و آن‌ها را بازخوانی انتقادی کنیم. با عنایت به اینکه بشر جدیدی بر کرهٔ خاکی سر برآورده است و مبانی انسان‌شناختی، معرفت‌شناختی، اخلاقی و مناسبات ما عوض شده است و در پرتوی آن می‌توان

حقوق بشر را پاس داشت و از سازگاری میان این مضامین و احکام و قوانین بشری سراغ گرفت.

جناب دکتر دباغ گرامی بسیار خوشحال شدیم که وقت باارزش‌تان را در اختیار نشریهٔ «روشن‌گر» دانشگاه شیراز قرار دادید. هرکجا که هستید موفق و سربلند باشید.

دین در آیینه اخلاق[1]

دین و اخلاق را تعریف کنید. به نظر شما چه رابطه‌ای میان دین و اخلاق می‌توان سراغ گرفت؟

درباره تعریف دو واژه دین و اخلاق و اصناف روابط میان دین و اخلاق، عرض می‌کنم که اگر مراد از تعریف واژه "دین" و "اخلاق" به دست دادن حد تام و به تعبیر قدما جنس و فصلی از دو مفهوم دین و اخلاق باشد، چنان‌که مثلاً می‌گفتند انسان، حیوان ناطق است و جنس و فصل آن را به دست می‌دادند که نوعی تعریف ذاتی است، من چنین تصویری از واژگانی مثل دین و اخلاق ندارم. اگر بخواهم از یک مبنای فلسفه زبانی حرکت کنم، باید بگویم در اینجا با مواضع نومینالیست‌ها هم‌دلم و فکر می‌کنم مفاهیم برساخته اجتماعی[2] را، یعنی مفاهیمی که معطوف به مناسبات و روابط انسان‌ها و جامعه هستند، نظیر دموکراسی، لیبرالیسم، بازی، مدرنیته.. نمی‌توان بر مبنای ذات و به دست دادن جنس و فصل تعریف کرد. البته در فلسفه زبان جدید هم کسانی می‌توانند بگویند که این مفاهیم در عداد مفاهیم برساخته اجتماعی نیستند و واجد ذات هستند. من با این موضع هم‌دلی ندارم و اگر

---

[1] گفتگو از نشریه « دانشگاه امام صادق»

[2] socially constructed

بخواهم دراین‌باب اتخاذ رأی کنم، موضع نومینالیستی است که با ایده‌های ویتگنشتاین متأخر و هیلاری پاتنم قرابت زیادی دارد. پاتنم موضع خویش را با استفاده از مفهوم "کثرت‌گرایی زبان‌شناختی[۱]" توضیح می‌دهد. مطابق با رأی او، برای احراز معانی مفاهیم برساخته اجتماعی، باید از "شهودهای زبانی[۲]" کاربران زبان و چگونگی کاربست واژگان در سیاق‌های گوناگون مدد بگیریم. می‌توان مؤلفه‌ها و مقومات این مفاهیم را به نحو پسینی ـ تجربی و در مقام تحقق برشمرد و احصاء کرد. به تعبیر دیگر، همان تبیینی که می‌توان درباره چگونگی پیدایی معانی مفاهیمی مثل بازی، مدرنیته، روشنفکری، دموکراسی... به دست داد؛ درباره مفاهیم دین و اخلاق هم به کار گرفته می‌شود. جان هیک فیلسوف دین معاصر، مفهوم "شباهت خانوادگی[۳]" ویتگنشتاین را وام می‌کند تا توضیح دهد ما در مقام عمل و تحقق، «دین» نداریم؛ بلکه «دین‌ها» داریم؛ چراکه یک مؤلفه یا مؤلفه‌های مشترکی که در همه ادیان بتوان سراغ گرفت، یافت نمی‌شود. مثل مفهوم «بازی» که ما نهایتاً بازی‌ها داریم، چرا که نمی‌توان مؤلفه مشترکی میان تمام بازی‌ها سراغ گرفت، اما لازمه این سخن این نیست که مفهوم بازی، حدود و ثغور مشخصی ندارد و هر پدیده‌ای را می‌توان مصداقی از مفهوم بازی قلمداد کرد؛ بلکه با به کار بستن شهودهای زبانی و دیدن شباهت‌ها و عدم شباهت‌ها در پدیده‌های گوناگون، می‌توان مؤلفه‌های سازنده این مفهوم را برشمرد. در مقالات "طرح‌واره‌ای از عرفان مدرن" این استدلال ویتگنشتاینی را به کار بسته و توضیح داده‌ام که یک «عرفان» نداریم؛ بلکه «عرفان‌ها» داریم. مفهوم خدا را در نظر بگیرید؛ در ادیان ابراهیمی مفهوم خدای انسان‌وار[۴] را داریم، همچنین قصه روز جزا و ثواب و عقاب اخروی در میان است؛ اما در ادیان شرقی مثل بودیسم و هندویسم، با مفهوم هدایت و خدای انسان‌وار سرو کار نداریم؛ لازمه این سخن این است که یک دین با یک رشته خصوصیاتِ متعینِ از پیش تعیین شده نداریم؛ بلکه دین‌ها داریم. همین تبیین را می‌شود درباره مفهوم اخلاق به دست داد؛ ما نهایتاً با «اخلاق‌ها» سرو کار داریم.

---

۱ linguistic pluralism

۲ linguistic intuitions

۳ family resemblance

۴ personal

درعین‌حال، در این بحث، معنایی را که از دین مراد می‌کنم؛ ناظر به ادیان ابراهیمی است. در این ادیان، با مفاهیم خدای انسان‌وار، وحی، ثواب و عقاب اخروی... مواجهیم؛ این ادیان، آموزه‌های هستی‌شناختی، انسان‌شناختی و کیهان‌شناختی چندی دارند. در حوزه اخلاق هم، معنایی که از این مفهوم برای پیشبرد بحث مراد می‌کنم، تفکیک میان شاخه‌های مختلف فلاسفه اخلاق است: اخلاق هنجاری، فرااخلاق و اخلاق کاربردی. در اخلاق هنجاری ما با مکاتب مختلف اخلاقی سر و کار داریم؛ فرااخلاق معطوف به بحث‌های فلسفی‌تر درباب اخلاق است و متضمن مباحث وجودشناختی، معرفت‌شناختی و دلالت‌شناختی و روان‌شناسانه است؛ اخلاق کاربردی نیز شامل به کار بستن ایده‌های اخلاق هنجاری در مقام عمل و در قلمروهای مختلف نظیر پزشکی، محیط زیست، اقتصاد... است. با مدنظر داشتن این توضیحات فلسفی فشرده، اکنون توضیح می‌دهم که استقرائاً می‌توان روابط چندگانه‌ای را میان دین و اخلاق را از یکدیگر تفکیک کرد؛ می‌توان از رابطه دلالت‌شناختی، وجودشناختی، معرفت‌شناختی و روان‌شناختی میان اخلاق و دین سخن گفت و اصناف این روابط را از یکدیگر تفکیک کرد. ما در سنت اسلامی خودمان اشاعره را داریم که به لحاظ وجودشناختی و معرفت‌شناختی، قائل به ابتنای اخلاق بر دین بودند. ایشان به لحاظ وجودشناختی، تعین اوصاف اخلاقی در عالم خارج را متوقف بر تعلق اراده خداوند بدان‌ها می‌دانستند. از سوی دیگر معتزله قائل به این بودند که ما می‌توانیم حسن وقبح ذاتی اخلاقی افعال را احراز کنیم. ایشان سخن گفتن درباب دعاوی اخلاقی و حجیت معرفت‌شناختی آنها را موجه می‌انگارند و به لحاظ وجودشناسانه بر این باورند که می‌توان راجع به تعین اوصاف اخلاقی مثل خوبی، بدی، باید و نباید... در عالم خارج، فارغ از تعلق اراده خداوند به آنها سخن گفت. در وادی فلسفه اخلاق وقتی از رابطه میان اخلاق و دین سراغ می‌گیریم، عموم فلاسفه اخلاق قائل‌اند که می‌توان اصناف این روابط را از یکدیگر تفکیک کرد. شخصاً به ابتنای دلالت‌شناسانه اخلاق بر دین باور ندارم؛ تصور می‌کنم معانی واژگان اخلاقی فی‌حدّنفسه قابل احراز هستند. به تعبیر دیگر، این‌گونه نیست که من برای اینکه بفهمم عدالت چه معنایی دارد، احسان چه معنایی دارد، بدی چه معنایی دارد، و یا خوبی چه معنایی دارد؛ باید به سنت دینی و آموزه‌های دینی

مراجعه کنم. به لحاظ دلالت‌شناسانه، واژگان اخلاقی از پیش خود واجد معنا هستند و مطابق با "نظریه معنای کاربردی"، ضیق و سعه معنایی آنها در یک جامعه زبانی و در نتیجه کاربست واژگان در سیاق‌های گوناگون بوسیله کاربران زبان پدیدار می‌شود. به لحاظ وجودشناختی هم قائل به ابتنای اخلاق بر دیانت نیستم. به تعبیر دیگر، چنان‌که درمی‌یابم، می‌توان راجع به تعین اوصاف اخلاقی و اصول اخلاقی در عالم خارج بدون تمسک جستن به آموزه‌های دینی سخن گفت. البته سخنان دین هم دراین‌باب مسموع است؛ اما این‌گونه نیست که نتوان به نحو مستقل از دین درباره تعین و تقرر اوصاف اخلاقی در جهان پیرامون سخن گفت. ایضاً قصه معرفت‌شناسی است؛ فکر می‌کنم همان‌گونه که معتزله می‌گفتند و در فلسفه اخلاق جدید هم بحث می‌شود، اخلاق، ابتنای معرفت‌شناسانه بر دین ندارد و می‌شود راجع‌به حجیت معرفت‌شناختی دعاوی اخلاقی به نحو مستقل از دین سخن گفت. در سنت فلسفه اخلاق مغرب‌زمین کسی مثل کانت دراین‌باب سخن گفته؛ بنا بر رأی او، می‌توان درباره فرامین عقل عملی که از سوژه استعلایی و صورت‌بندی‌های چندگانه "امر مطلق[1]" استخراج می‌شود، بحث و فحص عقلی کرد. درواقع، او از استقلال معرفت‌شناسانه دعاوی اخلاقی و عدم ابتنای معرفت‌شناسانه دعاوی اخلاقی بر دین سخن گفته و دفاع کرده است.

و اما رابطه چهارم؛ تصور می‌کنم خصوصاً در جوامع دینی می‌توان از ابتنای روانشناختی اخلاق بر دین سخن گفت. در بسیاری از موارد برای نهادینه شدن یک فعل اخلاقی و یا عدم انجام آن از سوی کنش‌گران اخلاقی در یک جامعه دینی می‌توان بر ابتنای روانشناختی اخلاق بر دیانت تأکید کرد. به تعبیر دیگر در اینجا اخلاق مستظهر به پشتیبانی دین است. به مدد قوه عاقله، می‌توان روایی کثیری از اصول اخلاقی را احراز کرد؛ تأکید بر آنها به مدد اخلاق دینی، برای کثیری از متدینان مؤثر است و به ایشان انگیزه انجام و یا ترک فلان و بهمان کار را می۱۸۱ مثلاً درستی "دروغ‌گویی بد است" را می‌توان با استدلال‌های عقلانی احراز کرد. در قلمرو اخلاق هنجاری، «فایده‌گرایی» می‌گوید دروغ‌گویی بد است، چون متضمّن بیشینه شدن ضرر و کمینه شدن فایده برای بیشتر افراد جامعه است؛ وظیفه‌گرایی

[1] Categorical Imperatives

می‌گوید که دروغ‌گویی متضمّن نفی یکی از فرامین عقل عملی است؛ به نحو دقیق‌تر، متضمّن نقضِ صورت‌بندی اول امر مطلق است که عبارت است از "اصل جهان‌شمولی‌پذیر"[۱]؛ چنان‌که کانت در *بنیاد ما بعدالطبیعه اخلاق* می‌گوید اگر کسی دروغ بگوید اصل جهان‌شمولی‌پذیری را نقض کرده و این امر اخلاقاً ناروا است. علاوه بر این، راس فیلسوف انگلیسی قرن بیستم در دستگاه اخلاقی خویش که به "اخلاق در نظر اول[۲]" موسوم است، ناروایی اخلاقی دروغ‌گویی را تبیین می‌کند. به تعبیر او راست‌گویی، وظیفه‌ی در نظر اولِ مشتقی است که از دو وظیفه‌ی در نظر اول بنیادینِ «وفای به عهد» و «آسیب نرساندن به دیگران» تشکیل شده است. علاوه بر این، کسانی که به اخلاق فضیلت‌گرا قائل هستند نیز توضیحی درباره چرایی ناروایی اخلاقی دروغ‌گویی می‌دهند. آنچه تاکنون آمد، ناظر به تبیین عقلانی ناروایی دروغ‌گویی است. علاوه بر این، هنگامی که یک دین‌دار به متن دین مراجعه می‌کند، می‌بیند که مطابق با آموزه‌های دینی، "دروغ‌گو دشمن خداست". بر این باورم که اخلاق از منظر روان‌شناختی می‌تواند بر دین مبتنی باشد؛ خصوصاً در جوامعی که دینی هستند و دین در آن جوامع نفوذ زیادی دارد، می‌توان از ابتنای روان‌شناختی اخلاق بر دیانت سخن گفت و آن را پیش چشم قرار داد.

خلاصه کنم، از اصناف چهارگانه روابط میان اخلاق و دین سخن گفتم و چنان‌که توضیح دادم، قائل به ابتنای دلالت‌شناختی، معرفت‌شناختی و وجودشناختی اخلاق بر دیانت نیستم. قبل از اینکه پاسخ به این پرسش را تمام کنم، باید این نکته را اضافه کنم که درباره نسبت میان دین و اخلاق، کسانی هم قائل به "نظریه فرمان الهی[۳]" هستند. در سنت خود ما چنان‌که عرض کردم اشاعره قائل به این رأی بوده‌اند. در دوران معاصر هم کسانی هستند که از گونه‌های مختلف نظریه فرمان الهی دفاع می‌کنند. بنابر آنچه در ادبیات بحث آمده؛ می‌توان نوع «حداکثری» را از نوع «حداقلی» این نظریه تفکیک کرد؛ کسانی که قائل به نظریه حداکثری فرمان

---

[۱] universalizability principle

[۲] the ethics of prima facie duties

[۳] divine command theory

الهی[1]اند، از ابتنای اخلاق بر دیانت سخن می‌گویند و معتقدند نمی‌توان به نحوی مستقل راجع‌به حجیت معرفت‌شناختی دعاوی اخلاقی و همچنین تعین اوصاف اخلاقی در عالم خارج سخن به میان آورد. در مقابل، مطابق با روایتی از نظریه حداقلی فرمان الهی[2]، عقل ما می‌تواند معرفت اخلاقی موجه را کشف کند. مطابق با این تلقی، عقل انسان در وادی اخلاق همان چیزی را کشف می‌کند و بر آن صحه می‌نهد و آن را موجه می‌انگارد که مراد خداوند است. در واقع، در این تلقی، عقل از متن مقدس تبعیت نمی‌کند؛ بلکه به نحو مستقل، روایی و نارویایی اخلاقی را کشف می‌کند؛ کشفی که متناسب و متلائم با اراده و فرمان خداوند است. عنایت داشته باشیم که این بحث وقتی مطرح می‌شود که روابط میان دین و اخلاق را ذیل آموزه‌های ادیان ابراهیمی صورت‌بندی کنیم، چون قصه اراده خداوند در اینجا محوریت پیدا می‌کند. در ادیان شرقی ما با خدای انسان‌وار سرو کار نداریم و قاعدتاً سخنی از اراده او نیز به میان نمی‌آید. وقتی این ابتناء و عدم ابتناء معنا پیدا می‌کند که ما در ذیل ادیان ابراهیمی سخن بگوییم. آن سخن مشهور ایوان در رمان «برادران کارامازوف» داستایوفسکی که "اگر خدا نباشد همه‌چیز مجاز است" دقیقاً ناظر به همین مقام است و در ادبیات مربوط به بحث از رابطه میان دین و اخلاق در فلسفه اخلاق، این سخن داستایوفسکی به بحث گذاشته می شود.

آیا علی‌الاصول تعارضی میان آرای دینی و اخلاقی قابل فرض است؟ در این حال چه می‌بایست کرد؟

بله قابل فرض است؛ می‌توان تصور کرد که در برخی از مواقع احکام اخلاقی با احکام دینی متعارض باشند یا دست کم هم‌سو نباشند، در عین اینکه در کثیری از موارد هم‌پوشانی قابل تأملی هم دارند. به تعبیر قدمای خودمان رابطه میان احکام اخلاقی و احکام دینی "عموم و خصوص من وجه" است و در حالی‌که به اصطلاح فصل مشترکی میان احکام دینی و احکام اخلاقی وجود دارد، فصل مفترقی هم می‌توان میان آنها سراغ گرفت؛ یعنی پاره‌ای از احکام اخلاقی در دایره دیانت قرار نمی‌گیرند و می‌توان نشان داد که با آموزه‌های دینی تعارض دارند. یادمان باشد که

---

[1] strong divine command theory

[2] weak divine command theory

اینجا مراد از دین، احکام فقهی دین است که با آموزه‌های اخلاقی ممکن است متعارض باشند. وقتی شما سخن از آموزه‌های دینی به میان می‌آورید، باید به خاطر داشته باشید که دین هم مبتنی بر آموزه‌ها و معتقدات وجودشناختی و کیهان‌شناختی است؛ در آنجا سخن ارزشی و دستوری[1] در میان نیست که با احکام اخلاقی مستقیماً درپیچد؛ بلکه سخن ناظر به امور واقع[2] است. برای مثال وقتی راجع‌به انسان، سماوات و جهان پس از مرگ... سخن به میان می‌آید؛ این دعاوی، انتولوژیک، جهان‌شناختی و انسان‌شناختی است. دراین‌مواقع، تعارض میان اخلاق و دین پیش نمی‌آید. احکام اخلاقی که در دین آمده، به نحو معتنابهی با احکام اخلاق سکولار هم‌پوشانی دارند. امّا احکام فقهی برخی از مواقع با احکام اخلاق سکولار تعارض دارند. این امر را از این جهت عرض کردم تا سؤال روشن‌تر شود. وقتی می‌گوییم "احکام دین" و "احکام اخلاقی"؛ باید ببینیم دقیقاً مراد از دین چیست؟ اگر مراد آموزه‌هایی است که ناظر به تبیین جهان است و شأن توصیفی[3] دارند، چنان‌که آمد، با آموزه‌های اخلاق سکولار درنمی‌پیچند و با آن ناسازگاری ندارند. اگر مراد تجربه‌های دینی و باطنی انسان‌های معنوی است که در سنت دینی بالیده‌اند؛ این دعاوی نیز با اخلاق سکولار درنمی‌پیچد. اگر مراد آموزه‌های دینی اخلاقی است؛ در کثیری از موارد، این احکام با احکام اخلاقی برگرفته شده از عقل مستقل و به اصطلاح اخلاق سکولار، هم‌پوشانند. مثلاً ده فرمان که در کتاب مقدس آمده، مثل اینکه "تو نباید کسی را بکشی" و "تو نباید دروغ بگویی". این موارد با احکام اخلاق سکولار، هم‌پوشانی قابل توجهی دارد؛ امّا در پاره‌ای از موارد خصوصاً هنگامی که پای احکام فقهی‌ای به میان می‌آید که با دستاوردهای اخلاق سکولار در تعارض است؛ می‌شود از عدم انطباق یا ناسازگاری آنها با یکدیگر سخن گفت. لذا این بخش از آموزه‌های دینی است که علی‌الاصول می‌تواند با احکام اخلاق سکولار دربپیچد و با آن متعارض باشد.

---

[1] normative

[2] factual

[3] descriptive

آیا در رفتار افرادی که قائل به رابطه روان‌شناختی اخلاق با دین هستند در هنگام تعارض میان احکام اخلاقی و احکام فقهی تعارض دیده می‌شود؟

نه لزوماً، اگر شخصی دارای منظومه معرفتی منقحی باشد، می‌تواند با وارسی احکام اخلاقی و نسبت‌سنجی‌ای که میان احکام فقهی با احکام اخلاقی انجام می‌دهد، در عمل توازن و تعادلی را سراغ بگیرد؛ به شرطی که کنش‌های اخلاقی که از او سر میزند موجه و سازگار باشد. چنان‌که درمی‌یابم، قصه این نیست که ما در این میان، یکی را برگیریم و دیگری را فرو نهیم. من به لحاظ روش‌شناختی با آنچه راولز از آن تحت عنوان "موازنه متأملانه[۱]" یاد می‌کند، هم‌دلی زیادی دارم (مثل موازنه‌ای که در واکنش‌های شیمیایی در دو سوی واکنش برقرار می‌شود)؛ راولز عین این قصه را ناظر به شهودهای گوناگون ما در شاخه‌های مختلف معرفت بیان می‌کند. به تعبیر دیگر، با پیش چشم قرار دادن این آموزه روش‌شناختی می‌توان نظام معرفتی را سامان بخشید. مسئله این است که ما شهودهای مختلفی در دیسیپلین‌های فلسفه، روان‌شناسی، جامعه‌شناسی، تاریخ، فیزیک... داریم و این شهودها روی هم مجموعه معتقدات ما را می‌سازند. هنگامی که شهودهای اخلاقی[۲] ما با شهودهای ما در جامعه‌شناسی، روان‌شناسی و یا با آموزه‌های فقهی در تعارض باشند، باید در این مواقع به این موازنه همت بگماریم؛ برای اینکه این تعارض را بهتر بفهمیم، باید به سراغ مبادی و مبانی انسان‌شناختی، هستی‌شناختی و معرفت‌شناختی آن شهودها برویم و ببینیم این تعارضات از کجا نشأت می‌گیرد... می‌توان مسأله را از منظر معرفت‌شناختی نیز تقریر کرد. من در معرفت‌شناسی به موضع "انسجام‌گرایی - مبناگرایی معتدل[۳]" باور دارم. یکی از قهرمانان این نحله رابرت آئودی، معرفت‌شناس و فیلسوف اخلاق و دین معاصر است. این رویکرد به ما می‌گوید شهودهای مختلف ما در قلمروهای دین، جامعه‌شناسی، اخلاق، روان‌شناسی، بیولوژی و ... هر یک "حجیت معرفت‌شناختی اولیه[۴]" ای دارند. وقتی

---

[۱] reflective equilibrium

[۲] moral intuitions

[۳] moderate foundationalism-coherentism

[۴] prima facie justification

این شهودها در کنار یکدیگر قرار بگیرند، بر اثر تأثیر و تأثر بر روی یکدیگر، میزان حجیت معرفت‌شناختی این شهودها کم و زیاد می‌شود. می‌توان با این روش شهودهای گوناگون را وارسی کرد و تلائم و تناسبی را میان آنها سراغ گرفت؛ این امر البته مختص اخلاق و دین نیست و دیگر شهودهای ما را نیز در بر می‌گیرد. بنابراین برای حل تعارض میان احکام دینی و اخلاقی باید به سر وقت مبانی و مبادی احکام اخلاقی و دینی رفت و نزاع را آنجا صورت‌بندی و حل کرد. به این ترتیب می‌توان با منقح‌سازی این مبانی و مبادی، علی‌الاصول به رفع تعارض همت گماشت.

برای اینکه عرائضم روشن‌تر شود، می‌توان به *قبض و بسط تئوریک شریعت*، نوشتۀعبدالکریم سروش که بیست و اندی سال پیش منتشر شده، اشاره کنم. چنان‌که درمی‌یابم، موضع مختار معرفت‌شناختی این کتاب "انسجام‌گرایی[۱]" است که از تلائم و تناسب میان معارف دینی و غیردینی سخن می‌گوید؛ به تعبیری «مستمد» و «مستفید» بودن معارف دینی از غیردینی و بالعکس. اگر این مبنای معرفت‌شناختی را به کار ببریم، مشکل به نحو روش‌مند، حل خواهد شد و می‌توان مسأله تعارضات را به خوبی صورت‌بندی کرد و به رفع آن همت گماشت. درعین‌حال، چنان‌که درمی‌یابم، موضع معرفت‌شناختی «مبناگرایی ـ انسجام‌گرایی معتدل» در این میان ره‌گشاتر است و با شهودهای ما هم‌پوشانی بیشتری دارد.

آیا مدرک دینی قوی می‌تواند یک شهود ضعیف یا قوی اخلاقی را باطل سازد؟

به نظرم تعبیری که در این سئوال آمده کمی مبهم است. منظور از "مدرک دینی" چیست؟ آیا حکم اخلاقی است؟ یا واقعیت جهان‌شناختی؟ یا حکم فقهی؟ از منظر معرفت‌شناختی که موضوع بحث ما است، علی‌الاصول می‌تواند چنین باشد و یک آموزه دینی می‌تواند یک شهود اخلاقی را به تعبیر شما باطل کند. البته اگر یک شهود ضعیف اخلاقی داشته باشیم، دلیلی ندارد آن را به کار گیریم. ما منابع مختلف معرفتی داریم؛ شهودهای مختلف در کنار هم قرار می‌گیرند و موجه‌ترین

---

[۱] coherentism

آنها را به کار می‌بریم. شهودهای ضعیف اخلاقی را باید کنار بگذاریم، امّا اگر شهودهای اخلاقی قوی باشند ولی شهودهای دینی عقلانی‌تر و موجه‌تر باشند، قطعاً شهود دینی را می‌پذیریم و شهود اخلاقی را کنار می‌گذاریم. همان روشی که به آن اشاره کردم سبب می‌شود، شهودهای ضعیف غربال شوند و در یک روند و آیند میان شهودهای مختلف معرفتی به مدعیات معرفت‌بخش موجه برسیم. شهودهای اخلاقی ممکن است شهودهای دینی را نقض کند و تصویر و تلقی ما را عوض کند و یا بالعکس؛ یعنی شهودهای دینی ما می‌تواند شهودهای اخلاقی و یا عرفانی ما را نقض کند. درواقع تعامل میان شهودهای مختلف ما چندسویه است و ما را مدد می‌رساند تا به یک منظومه معرفتی منسجم و موجه برسیم. درعین‌حال این کار سنجش، دشوار است و مداقه و تأمل مداوم می‌طلبد. اگر شما مبناگرا باشید، دغدغه و نیاز چندانی به سازگاری نخواهید داشت. هم‌چنین اگر تنها انسجام‌گرا باشید، بار ما بار نخواهد شد؛ چرا که مثلاً می‌توان به مجموعه منسجمی از خرافات باور داشت. چنان‌که پیش‌تر آوردم، با اتخاذ موضع مبناگرایی ـ انسجام‌گرایی معتدل می‌توان به تعادل و تلائمی میان شهودهای اخلاقی، دینی و عرفانی رسید.

نظر شما درباره امکان یا عدم امکان "اخلاق دینی" و "دین اخلاقی" چیست؟

فکر می‌کنم هر دو متصور است و محقق شده است. "دین اخلاقی" یعنی دینی که قیود اخلاقی را رعایت می‌کند. به نظرم این امر کاملاً متصور است؛ زیرا ممکن است وقتی آموزه‌های یک دینی را در ترازوی اخلاق قرار می‌دهیم، دریابیم که آن دین غیراخلاقی و انسان‌ستیز است. مثلاً داوری هگل درباره دین یهود چنین است؛ او دین یهود را واجد لگالیسم انسان‌ستیز و انسان‌کشی می‌داند که انسانیت و تفرد انسان ذیل آن خرد و له می‌شود. فارغ از داوری هگل درباره آئین یهودیت، می‌توان به دین غیراخلاقی، قائل بود؛ هم‌چنان که می‌توان قرائت اخلاقی از دین به دست داد. از سوی دیگر، "اخلاق دینی" نیز کاملاً متصور است؛ "اخلاق دینی" نوعی اخلاق هنجاری است، در عداد دیگر مکاتب اخلاق هنجاری نظیر فایده‌گرایی، وظیفه‌گرایی و فضیلت‌گرایی و متضمن اصول اخلاقی چند. درعین‌حال، چنان‌که در پاسخ به پرسش اول آوردم، بر این باورم که ابتنای وجودشناختی، معرفت‌شناختی و

دلالت‌شناختی اخلاق بر دین ناموجه است. به تعبیر دیگر، هر چند «اخلاق دینی» متصور است و به نحو تجربی می‌توان تحقق آن را در جوامع گوناگون سراغ گرفت، اما آن را تصدیق نمی‌کنم و موجه نمی‌انگارم.

رابطه اخلاق و فقه و نیز اخلاق و سیاست در این منظومه چه خواهد بود؟

در مورد رابطه میان اخلاق و فقه از سویی و اخلاق و سیاست از سویی دیگر؛ با مدنظر قرار دادن موضع مختارِ مبناگرایی - انسجام‌گرایی معتدل، تصور می‌کنم می‌توان از تناسب میان احکام فقهی و احکام اخلاقی سراغ گرفت و برای نسبت‌سنجی میان این دو مقوله، مبادی و مبانی وجودشناختی، معرفت‌شناختی و انسان‌شناختی احکام فقهی را با مبادی و مبانی وجودشناختی، معرفت شناختی....احکام اخلاقی مقایسه کرد. پس می‌توان احکام فقهی را در ترازوی اخلاق سنجید و درباب احکام فقهی، داوری اخلاقی کرد.

راجع‌به رابطه اخلاق و سیاست هم چندگونه می‌توان سخن گفت. درباب سیاست، یک وقت درباره مناسبات و روابط روزمره‌ی سیاسی در یک جامعه سخن می‌گوییم. چنان‌که می‌دانیم، مطبوعات و رسانه‌های سیاسی مملو از این امور است: روابط میان مسئولان دولت و نمایندگان و احزاب و سخنرانی‌ها و بیانیه‌ها و غیره. علاوه بر آن، می‌توان از روابط بین‌الملل نیز سخن گفت. مثلاً رابطه ایران با اتحادیه اروپا و آمریکا و مسائلی از این دست که ناظر به روابط میان کشورهاست. از این امور که بگذریم، پرسش‌های مهم فلسفی در نسبت‌سنجی میان اخلاق و سیاست، عبارت است از اینکه چه کسی باید حکومت کند و مناسبات و روابط سیاسی چگونه باید سامان پذیرد؟

اگر پرسش این‌گونه تقریر شود، شکل هنجاری و ارزشی پیدا می‌کند و دیگر توصیفی نیست. اینجا سخن بر سر ملاحظات اخلاقی یا هنجاری است که در سیاست باید لحاظ شوند و به کار بسته شوند. در سیاست‌ورزی گزیر و گریزی از به کار بستن هنجارهایی چند نیست؛ نظیر بایدها و نبایدهایی که در سیاست‌های کلان فرهنگی و اقتصادی و غیره به کار بسته می‌شود. حال نکته مهم این است که آیا این

هنجارهایی که در سیاست به کار بسته می‌شوند، "اخلاقاً مربوط[۱]" هستند یا اخلاقاً مربوط نیستند؟ اگر پاسخ مثبت باشد آنگاه ما "سیاست اخلاق‌محور" داریم، اگر پاسخ منفی باشد، سیاست غیر اخلاقی. درواقع، مسئله این است که آیا نُرم‌ها و بایدها و نبایدهای سیاسی از صافی اخلاق گذشته‌اند یا اینکه نسبت چندانی با اخلاق ندارند و پروای اخلاقی بودن ندارند؟ پاسخ به این پرسش ما را به دو نوع سیاست‌ورزی می‌رساند: در یک نوع سیاست‌ورزی، هنجارها اخلاقاً مربوط هستند و در دیگری هنجارها اخلاقاً نامربوط. اگر گزینه "سیاست اخلاق‌محور" را اختیار کنیم، آن‌وقت با معرکه آرا مواجهیم و بسته به مکتبی که در حوزه اخلاق هنجاری اتخاذ می‌کنیم، حدود و ثغور "خصوصیات اخلاقاً مربوط[۲]" که باید در سیاست‌ورزی به کار گرفته شوند، مشخص می‌شود.

در مورد جایگاه اخلاق در ایران امروز نظر شما چیست و ریشه‌های بی‌اخلاقی کجاست و چگونه می‌شود آن را درمان کرد؟

این پرسش یک پرسش تجربی است و به تعبیر دقیق‌تر نوعی آسیب‌شناسی اخلاقی است. حوزه کاری من فلسفه اخلاق است و تخصصی در جامعه‌شناسی و روان‌شناسی اخلاق ندارم. نکاتی که در ذیل می‌آید، در واقع تأملات، دیده‌ها و شنیده‌های شخصی است و از منظر یک متخصص نیست.

تصور می‌کنم بخشی از مشکلات اخلاقی ما بدین سبب است که جامعه ما در حال عبور از دوران گذار است. در چنین جامعه‌ای، ارزش‌های سنتی کاملاً فرو نریخته‌اند و ارزش‌های جدید کاملاً نهادینه نشده‌اند. این دوران گذار مقتضیاتی دارد؛ در اثر *درباب روشنفکری دینی و اخلاق* هم این بحث را آورده‌ام. برخی از مشکلات کنونی از اقتضائات گذار است. جامعه ما شباهت چندانی به جامعه صد سال پیش ایران، ندارد. ابزارهای تکنولوژیک به شکلی فراگیر جاری و ساری هستند؛ از تلفن همراه بگیرید تا فکس و اینترنت و رایانه و ماهواره و غیره. مسئله دیگر حضور زنان در عرصه عمومی است. هیچ‌گاه تعداد فارغ‌التحصیلان و دانشجویان دختر تا بدین حد نبوده است. با ورود زنان به جامعه، پاره‌ای از عادات و ارزش‌های سنتی زیر

---

[۱] morally relevant

[۲] morally relevant features

سؤال رفته است. مثلاً وقتی زنان به طور فراگیر پا به عرصه می‌گذارند، با تصور دیگری از مقوله "عفت" مواجه خواهیم بود. یا باید زنان وارد عرصه نشوند، یا وقتی آمدند، باید مناسبات و روابط به نحو دیگری تعریف شود؛ نه اینکه صورت مسئله پاک شود یا اینکه ارزیابی تنها به مدد ارزش‌های پیشین صورت گیرد. مثلاً در بحث از مقوله عفت، در روزگار کنونی، مصادیق امر غیر عفیف پاک عوض شده است. اگر قبلاً گفته می‌شد که کمال زن به این است که مرد نامحرمی را نبیند و مرد نامحرمی هم او را نبیند؛ امروزه زنان و مردان زیادی با هم همکار هستند و صبح تا بعدازظهر در اداره، شرکت، کارخانه، دانشگاه.. با هم کار می‌کنند و این نوع مناسبات و روابط انسانی علی‌الاصول مصداق نقض عفت انگاشته نمی‌شود. اگر این مفاهیم بازتعریف شوند و صورت‌بندی جدیدی پیدا کنند، خواهیم دید که کثیری از رفتار کنونی زنان مصداق نقض عفت نیست.

این مسئله را از این جهت عرض کردم که اگر ارزیابی درستی صورت گیرد، برخی از این مسائل به گونه دیگری تقریر می‌شود و داوری ما نسبت به آن‌ها تغییر می‌کند. با تصورات و تصدیقات هشتاد سال گذشته و بدون در نظر گرفتن تحولاتی که در جامعه رخ داده، نمی‌توان مسائل امروز را به دقت وارسی کرد و احیاناً حکمی درباره آن‌ها صادر کرد. چنان‌که آمد، بخشی از این آسیب‌شناسی مربوط به تفاوت جامعه سنتی با جامعه مدرن است. اما بخشی دیگر ناظر به برخی حساسیت‌زدایی‌های اخلاقی است که در میان ما پدید آمده است. چند نمونه عرض می‌کنم؛ تو خود حدیث مفصل بخوان از این مجمل...

به لحاظ اخلاقی متاسفانه حجم زیادی از دروغ در میان ما جاری است. البته من عدد و رقم در دست ندارم، اما این میزان از بی‌اعتمادی که میان مردم جاری است؛ حاکی از سخنان ناراست زیادی است که مردم صبح تا شب می‌شنوند. علاوه بر این، قصه اسیدپاشی که متاسفانه در جامعه ما هم‌چنان رخ می‌دهد؛ حاکی از حجم بالای خشونت رفتاری و زبانی در جامعه ماست. چند وقت پیش در دانشگاه جرج تاون واشنگتن برای ایرانیان سخنرانی داشتم؛ در میان حضار دختر خانمی را دیدم که عینک آفتابی به چشم زده بود و کسی او را در حرکت کردن همراهی می‌کرد. پس از اتمام جلسه از دوستان شنیدم که ایشان از قربانیان حادثه شوم اسیدپاشی است

که برای مداوای کوری ناشی از پاشیده شدن اسید به کمک فرد خیری به آمریکا سفر کرده است. واقعاً از دیدن وضعیت آن دختر جوان اندوهگین شدم و زندگی ویران شده او را به رأی‌العین دیدم. در کشور کانادا که من اکنون زندگی می‌کنم، در اخبار نمی‌شنویم که دختری به خاطر جواب ردی که به پسری داده، این‌گونه تا آخر عمر از حظ صورت و نعمت طراوت، زیبایی، شادابی و جوانی محروم شود. چرا باید این‌گونه باشد که وقتی پسری جواب "نه" می‌شنود و درها به روی او بسته می‌شود، این عشق بلافاصله بدل به نفرت بشود؛ روشن است از اول هم عشقی در میان نبوده، بلکه رابطه مبتنی بر تملک در میان بوده. اگر از سخنان عرفا و روانشناس‌ها بخواهیم مدد بگیریم، باید بگوییم او هنر عشق ورزیدن نداشته و می‌خواسته طرف مقابل را به تملک خویش درآورد، درغیراین‌صورت چرا باید چنین خبط و خطایی از او سر بزند؟ اینجا روانشناس‌ها توضیح می‌دهند آن جوانی که اسید می‌پاشد احساس استیصال می‌کند؛ بخشی از آن احساس استیصال بخاطر عدم بلوغ و پختگی روانی است که به سبب تربیت غلط اخلاقی در میان برخی از ما دیده می‌شود. علاوه بر این، بخشی از مشکلات ما ناظر به حساسیت‌زدایی‌های اخلاقی است. ایامی که ایران بودم، یادداشتی نوشتم درباره حادثه میدان کاج سعادت آباد و قتل یک نفر به دست رقیب عشقی‌اش. اگر یادتان باشد حدوداً دو سال پیش دو جوان در یک نزاع عشقی با هم درگیر شدند و یکی با سلاح سرد، دیگری را از پای درآورد و درعین‌حال اجازه نمی‌داد دیگران نزدیک شوند و مجروح را به بیمارستان برساند. درباره کم‌کاری و اهمال نیروی انتظامی، البته مسئولان ذیربط باید پاسخ بدهند که چطور می‌شود در روز روشن یک جوان لایعقل کسی را با قمه‌ای نیمه‌جان کند و درعین‌حال پلیس نتواند به او نزدیک شود و مصدوم را به بیمارسان برساند؟ علاوه بر این، نکته قابل تأمل در این ماجرا این است که عده زیادی از این صحنه عکس و فیلم می‌گرفتند. فیلم گرفتن از صحنه جان دادن زنده یک انسان چه لطفی دارد؟! مگر صحنه شیرین‌کاری است که شخص می‌خواهد به دیگران نشان بدهد یا خودش بعداً دوباره ببیند و لذت ببرد؟! اگر هم در آن موقعیت نمی‌توانند کاری کنند و آن جوان لایعقل اجازه نمی‌دهد کسی نزدیک بشود، فیلم گرفتن از آن صحنه‌ها چه وجهی دارد؟....

تبیین فنی و دقیق این سنخ پدیده‌ها و ارائه راهکار برای فائق آمدن برآنها، چنان‌که آوردم، بر عهده جامعه‌شناسان و روان‌شناسان است.

بحث از رابطه میان اخلاق و سیاست در منظومه روشنفکری دینی چیست؟

ماهم باید درباره اخلاق نظریه‌پردازی بکنیم، هم راجع‌به سیاست. هم باید نقد اخلاقی کنیم، هم نقد سیاسی. بررسی کارنامه روشنفکری دینی در دهه‌های اخیر نشان می‌دهد که ایشان هم درباره اخلاق نظریه‌پردازی کرده‌اند و هم درباره سیاست؛ هم مناسبات اخلاقی را نقد کرده‌اند، هم مناسبات سیاسی را. تصور می‌کنم حقیقت‌طلبی، عدالت‌طلبی و حریت، اقتضاء می‌کند روشنفکری دینی، در همین مسیر گام بردارد. بنابر آنچه درخصوص رابطه میان اخلاق و سیاست آوردم، تصور می‌کنم روشنفکری دینی درباره سیاست‌ورزی اخلاقی باید بیشتر نظریه‌پردازی کند و هنجارهایی را که اخلاقاً مربوط است و در حوزه سیاست باید به کار بسته شوند، برشمرد و بسط دهد. البته، بررسی کارنامه روشنفکری دینی نشان می‌دهد که ایشان دل‌مشغول سیاست‌ورزی اخلاقی بوده و دراین‌باب دغدغه‌های خویش را در سخنان و نوشته‌های خویش بیان کرده‌اند.

علاوه بر این، چنان‌که درمی‌یابم، تأکید بر اخلاق عرفانی هم در حوزه مباحث اخلاقی ره‌گشاست. یکی از دستاوردهای مهم نحله روشنفکری دینی دو دهه اخیر این بوده که به‌درستی بر "اخلاق عارفانه" انگشت تأکید نهاده و از این طریق آب لطفی بر فضای خشنِ گفتاری و نوشتاری جاری و ساری در جامعه ما افشانده است. برجسته کردن مفهوم عشق که در میراث عرفانی ما به بحث گذاشته شده، به نظرم تشخیص درستی بوده است. از عرفا نقل شده که «المجاز قنطره الحقیقه»؛ تأکید بر «مطلق عاشقی» که ازبین‌برنده حرص است و درمان بلای خودشیفتگی که در کمین عموم انسان‌هاست، مورد توصیه عرفا بوده است. روشنفکری دینی در دهه‌های گذشته بر این مهم انگشت تأکید نهاده و در بسط اخلاق عارفانه کوشیده است. به نظرم، نهادینه شدن مناسبات عاشقانه و به رسمیت شناختن عشق زمینی در جامعه ما، آثار و نتایج نیکوی اخلاقی در پی خواهد داشت. علاوه بر این، دفاعی که روشنفکران از ساز و کار دموکراتیک می‌کنند، سویه اخلاقی پررنگی هم دارد. از

نظر ایشان، وظیفه حکومت اولاً و بالذات عبارتست از رفع نیازهای اولیه و پایه‌ای نظیر مسکن، امنیت، خوراک، بهداشت، شغل...تا مجالی فراهم شود برای پرواز در فضاهای بی‌کران و برآورده کردن نیازهای ثانویه از جمله نیازهای معنوی. ترم گذشته در دانشگاه تورنتو " اسلام وحقوق بشر" تدریس می‌کردم؛ چند جلسه آرای متفکران و روشنفکران مسلمان درباره رابطه میان نهاد دین و نهاد حکومت را تبیین می کردم. عبدالله النعیم، متفکر مسلمان سودانی بر این باور است که در یک جامعهٔ دینی، باید فضایی برای ایمان‌ورزی آزادانه و مختارانه فراهم شود؛ و این ایمان‌ورزی آزادانه است که ارزش‌مند است و خواستنی. لازمه این سخن این است که دولت دخالتی در این امور نکند و بی‌طرف باشد؛ به همین سبب او بر این باور است که برقراری یک دولت سکولار در یک جامعه دینی به حفظ و شکوفایی ایمان دینی، بیشتر مدد می‌رساند و اخلاقی است. در فضایی که از مؤمنان خواسته می‌شود به اجبار و اکراه، زیست مؤمنانه خود را سامان ببخشند، این امر نقض غرض است و ره‌گشا و دل‌انگیز نخواهد بود. آرای عبدالله النعیم به عنوان یک متفکر مسلمان درباره رابطه میان نهاد دین و نهاد حکومت، قرابت زیادی با آرای روشنفکران دینی معاصر ما دارد. چنان‌که آوردم، ایشان هم بر این باورند که حکومت‌ها باید اولاً و بالذات در جهت رفع حاجات اولیه گام بردارند و پرداختن به نیازهای ثانویه را به مردم و جامعه مدنی و سپهر عمومی واگذارند؛ که این امر، اخلاقی است و هم به نهادینه شدن مناسبات اخلاقی عاری از تزویر و ریا و دورویی، مدد می‌رساند و هم مجال را برای ایمان‌ورزی اصیلِ مؤمنان و تحقق تجربه‌های ایمانی مهیا می‌کند.

عبدالکریم سروش در پی عبور از دین نیست[1]

جریان روشنفکری دینیِ لیبرال، با محوریت آرای دکتر عبدالکریم سروش، اکنون تقریباً سی ساله شده است. سروش اگرچه مرید مولاناست، ولی فردوسی‌وار در این سال‌سی، پی افکنده از عقل کاخی بلند! او با قرائتی عقلانی و انسان‌نواز از دین، ذهنیت بخش قابل توجهی از دین‌داران جامعهٔ ایران را دموکراتیک کرده است. بسیاری از دین‌داران قشری و ایدئولوژیک در ایران پس از انقلاب، در اثر فراگیر شدن و مؤثر افتادن آموزه‌های سروش، دین‌داری‌شان با دموکراسی سازگار شد. از بین متولدین دهه‌های ۵۰ و ۶۰ خورشیدی نیز، جوانان بسیاری در دهه‌های ۷۰ و ۸۰ سر برآوردند که به پیروی از سروش، خواستار و هوادار دینی بودند که با دموکراسی و آزادی و حقوق بشر جمع شود. سروش، بی‌اغراق، مهم‌ترین متفکر و مؤثرترین روشنفکر ایران در دوران پس از انقلاب بوده و نیروهای اجتماعی دموکراسی‌خواه جامعهٔ ایران، بیشترین تأثیر فکری را از او گرفته‌اند. ولی در این سه دهه، همه چیز هم بر وفق مراد این «مرادِ پرمرید» پیش نرفته است. کاخ بلندی که او سنگ‌سنگش را به سرمایهٔ صبر و عقل بنا کرده، اینک با کلنگ نقد بی‌سابقهٔ شاگردانش مواجه شده و چه بسا، که از باد و باران بیابد گزند! برخی از شاگردان و دوستدارانش هم، بی‌سروصدا از دین خارج شده‌اند. در نقد او چیزی نمی‌نویسند ولی دیگر به آموزه‌هایش اعتقادی ندارند. این عده، خودشان را لیبرال‌دموکرات‌هایی می‌دانند که سروش درِ خروجیِ دین را به آنها نشان داده است و اکنون از بیرون در، متعجبانه به ادامهٔ سکونت استاد در این «خانهٔ قدیمی» می‌نگرند. سروش اما دین را خانه‌ای می‌داند همچون زبان و وطن. او زبان فارسی و سرزمین ایران را هم خالی از عیب و ایراد نمی‌داند؛ اما وداع با وطن و زبان را، بدرودی غیرعقلانی و هویت‌سوز می‌داند. او معتقد است خانهٔ دین معنابخش و قراربخش و هویت‌بخش است و این خانه را هم مثل خانه‌های «وطن» و

---

[1] گفتگو از هومان دوراندیش- سایت « زیتون»

«زبان» باید مرمت کرد؛ ولو که این مرمت و بازسازی، سال‌ها طول بکشد و همتی بخواهد همچو همت حکیم طوس. دربارهٔ عبدالکریم سروش و پروژهٔ فکری‌اش، دو رأی منتقدانهٔ متضاد هم در محافل فرهنگی وجود دارد. برخی سروش را قدیس مانوئل ایران معاصر می‌دانند. یعنی نیک‌مردی که قلبش دین‌دار نیست ولی عقلش دین‌داری را برای جامعه لازم می‌داند. برخی هم او را متفکر متفطنی می‌دانند که شخصاً دین‌دار نیست و مخاطبان پرشمارش را هم با شیبی ملایم به وادیِ «رهایی از دین» سوق می‌دهد. به نظر می‌رسد چنین آرایی، غیرمنصفانه است و با بی‌توجهی به یک‌عمر قول و فعل دین‌دارانهٔ سروش، در بعضی از محافل خصوصی جامعهٔ فرهنگی ایران مطرح می‌شوند؛ به‌ویژه رأی دوم، که عمیقاً توطئه‌اندیشانه است و تحولات فکری سروش را نادیده می‌گیرد و این ایده را ترویج می‌کند که سروش از سی سال پیش می‌خواسته مخاطبانش را به فلان وادی برساند. در حالی که عبدالکریم سروش در سال ۱۳۷۰، صریحاً می‌گفت «ما بین کلمات پیامبر و کلمات قرآن فرق می‌گذاریم ... سخنان پیامبر تفسیر قرآن است نه خود قرآن». (فربه‌تر از ایدئولوژی: باور دینی، داور دینی). اما اکنون در مسیر تحقیقات دینی‌اش به این نتیجه رسیده که کلمات قرآن همان کلمات پیامبر است. رأی منصفانه، شاید این باشد که سروش در طول حیات فکری خودش، با اتکا به عصای «عقل» پیش آمده و اکنون به «مرزهای دین‌داری» رسیده است. هم ازاین‌رو وقتی با عصایی خوش‌دست و مریدپسند در برنامهٔ «پرگار» ظاهر شد، مریدانش از تحلیل عقلانیِ وحی برآشفتند و هر کدام به زبانی گفتند: عاقلان نقطهٔ پرگار وجودند ولی/ عشق داند که در این دایره سرگردانند! به هر حال عبدالکریم سروش، قلباً و عقلاً هر نسبتی با دین داشته باشد، متفکری بوده که مدرسه‌اش فقط دموکرات‌پروری کرده است. برخی از این دموکرات‌ها بی‌دین شده‌اند و اکثرشان گویا هنوز دین‌دارند. اما شاگردانی که از زیر شنل سروش بیرون آمده‌اند، چه بی‌دین چه با دین، آب در آسیاب آزادی و اومانیسم می‌ریزند و همانند استادشان، از دینی حداقلی دفاع می‌کنند که آزار کسش در پی نیست.

متن زیر گفت‌وگویی انتقادی با سروش دباغ است دربارهٔ پروژهٔ فکری عبدالکریم سروش. در جای‌جای این مصاحبه، نگاهی انتقادی به سیر فکری عبدالکریم سروش در سه دههٔ گذشته دیده می‌شود و مفروض اساسی این گفت‌وگو، همان رسیدن دکتر سروش به «مرزهای دین‌داری» است. اینکه پیامدهای دینی این سیر فکری چیست، یکی از مسائل محوری مصاحبه است. واکاوی این مسئله که آرای عبدالکریم سروش چه تأثیری در عبور از دین‌داری دارد، ناشی از دغدغه‌ای اجتماعی و معطوف به روشن شدن ماهیت و پیامدهای یک پروژهٔ فکری مهم در جامعهٔ دینی ایران است؛ وگرنه مصاحبه‌کننده شخصاً نگران خروج زید و عمرو از دایرهٔ دین و دیانت نیست. نیم‌نگاهی به ایران امروز هم به خوبی نشان می‌دهد که دین‌داری لزوماً زندگی اخلاقی و بهروزی دنیوی و سعادت اخروی را رقم نمی‌زند. بااین‌حال در طول مصاحبه، انتقادهای بعضاً تند و تیزی مطرح شده است که پاره‌ای از آنها، واکاوی‌های مصاحبه‌کننده و پاره‌ای دیگر هم، آرای مطرح در لایه‌هایی از افکار عمومی جامعهٔ ایران است. سعهٔ صدر و تحمل بالای جناب سروش دباغ در این گفت‌وگوی

انتقادی، حقیقتاً برای من احترام‌برانگیز و تحسین‌آمیز بود. این سعهٔ صدر، که از ملایمتی لیبرال‌منشانه می‌آید، خوب است که الگوی سایر روشنفکران دینی باشد. البته بعضی از سؤالات مصاحبه، بی‌جواب ماند. با اینکه این مصاحبه، گفت‌وگویی پنج‌ساعته از آب درآمد، ولی کمبود وقت بیداد کرد و نوبت به بسیاری از سؤال‌ها نرسید. دکتر سروش در آخرین مصاحبهٔ مطبوعاتی‌شان، از ضرورت گفت‌وگوی انتقادی مقامات بلندپایهٔ جمهوری اسلامی با «خبرنگاران مستقل و دلیر» سخن گفتند. چه خوب است که ایشان خودشان هم بر وفق این تجویز عمل کنند و اکنون که آرای دین‌شناسانه‌شان با انتقادات متعدد طرفداران جریان روشنفکری دینی مواجه شده است، دست کم به گفت‌وگوهای انتقادی عمیق با روزنامه‌نگاران شجاع و مستقل خارج از کشور تن دهند. پاسخ دادن به سؤالات پراکندهٔ علاقه‌مندان، از طریق ایمیل و تلگرام یا در انتهای جلسات سخنرانی، بیش از اینکه بوی دیالوگ بدهد، رنگ مونولوگ به خودش می‌گیرد. در همین گفت‌وگو نیز، برخی سؤالات دقیقاً به این علت بی‌پاسخ ماند که پاسخ دادن به آن‌ها، منطقاً بر عهدهٔ دکتر سروش بود نه بر عهدهٔ فرزند فاضل ایشان. سروش دباغ، که اکنون پژوهش‌گر و محقق دپارتمان «مطالعات دینی» دانشگاه تورنتو است، در چند سال اخیر، افزون بر انتشار مقالات بحث‌برانگیزی نظیر «حجاب در ترازوی اخلاق»، «بی‌حجابی یا بی‌عفتی؛ کدام غیراخلاقی است؟»، «ارتداد در ترازوی اخلاق» و «روشنفکری دینی و روشنفکران دینی»؛ سه مقالهٔ وحی‌شناسانهٔ مهم نوشته «الاهیات روشنفکری دینی»، «از تجربهٔ نبوی تا رویای رسولانه» و «دیالوگ در مربع وحی» و در این مصاحبه، صادقانه و عالمانه از پروژهٔ رفرم دینی دفاع کرده است. بااین‌حال، فشارهایی که متوجه روشنفکران دینی است، موجب شد این روشنفکر دینیِ جوان و خوش‌آتیه، کمی هم از در مصلحت‌اندیشی درآید و بعضی از جواب‌هایش را خط بزند و تعدیل کند و پاره‌ای سوال‌ها را نیز بی‌جواب بگذارد و بیضایی‌وار بگوید شاید وقتی دیگر!

حدود سه دهه قبل، مطابق روایت دکتر سروش، احمد فردید در یکی از کلاس‌هایش قسم خورده بود که عبدالکریم سروش دین ندارد. دو دههٔ قبل نیز آیت‌الله جوادی آملی مدعی شد که سروش نه در پی احیای دین بلکه در پی اماتهٔ دین است. الان اکثر روشنفکران دینی به آرای اخیر دکتر سروش انتقادات جدی دارند. برخی از این افراد، این آرا را غیر اسلامی و برخی دیگر، که جزو نزدیکترین شاگردان دکتر سروش بوده‌اند، این آرا را مقدمهٔ خروج از دین و یا حتی عین خروج از دین می‌دانند. چرا کار به اینجا رسیده و شاگردان و همفکران دکتر سروش هم، تا این حد نسبت به

اسلامی بودن افکار ایشان دچار تردید شده‌اند؟

به نام خداوند. امیدوارم که گفت‌وگوی انتقادی خوبی داشته باشیم ناظر به تحولات و مباحث اخیر نواندیشی دینی، که در پی آرای وحی‌شناسانهٔ عبدالکریم سروش پدید آمد؛ خصوصاً که پای پاره‌ای از شاگردان قدیم و نزدیک آقای سروش هم به میان آمد. راجع‌به جناب احمد فردید، فکر کنم نباید چندان توقف کنیم و ادعای ایشان دراین‌باب را حجتی قلمداد کنیم. فردید در باب کثیری از بزرگان این خطه، سخنان طعنه‌آمیز گفته و احیاناً اتهامات متعددی مطرح کرده است؛ از مرحوم بازرگان گرفته تا مرحوم شریعتی و آقای سروش و دیگران. سبک زندگی خود فردید، مطابق اقوال شاگردانش، نسبت چندانی با تدین و تشرع به معنای متعارف کلمه نداشت. اینکه چنین فردی بخواهد دیگران را به بی‌دینی متهم کند، امری طنزآمیز است. اگر ما به مقالهٔ داریوش آشوری در نقد فردید و نیز به سخنان برخی افراد که رفته‌رفته از خصلت‌های شخصی فردید پرده برگرفته‌اند توجه کنیم، فکر می‌کنم می‌توانیم بگوییم این سنخ از سخنان فردید، چه دربارهٔ آقای سروش و چه دربارهٔ دیگران، محلی از اعراب ندارد و نباید آنها را به چیزی انگاشت و به حساب آورد. من البته اکنون بنا ندارم درباب شأن فلسفی فردید و خصوصاً نفوذ او در میان قشری از نخبگان فکری جامعهٔ ایران سخن بگویم. فی‌الجمله شأنی برای او قائلم، به هر حال مفاهیمی ابداع کرده است که در فضای روشنفکری و فلسفی ما ماندگار شده‌اند؛ مفاهیمی چون "غرب‌زدگی" و "نیست‌انگاری" و "حوالت تاریخی". همین میزان هم اهمیت و ذوق فلسفی و ادبی او را نشان می‌دهد. البته فردید دستی در نگارش نداشت و ظاهراً این ناتوانی اذیتش می‌کرد. در خطابه هم قوی نبود اما ذوق‌ورزی قابل توجهی داشت و مفاهیمی را برساخت؛ و از این مهم‌تر، آدم‌های مهمی مثل داریوش شایگان و داریوش آشوری و رضا داوری، که چهره‌های فرهنگی برجستهٔ ما در دهه‌های اخیرند، در برهه‌ای قویاً تحت تأثیر فردید بوده‌اند. بنابراین فردید یک کنش‌گر مهم در فضای فکری و فرهنگی ما است ولی آن سنخ سخنانش، چنان‌که گفتم، هیچ محلی از اعراب ندارد.

خروج از دین کاملاً متفاوت از طرح سخنان نامتعارف است. کسی که سخنان نامتعارف می‌گوید، از ارتدوکسی دینی فاصله گرفته است.

آیت‌الله جوادی آملی هم در مقام یک روحانی سنتی و فیلسوف صدرایی چنان سخنی گفته است. تعبیر "اماتهٔ دین"، به نظر من، تعبیر تندی است ولی غیرقابل‌انتظار نیست. بالاخره یک فقیه و فیلسوف سنتی، که از قضا فیلسوف رسمی هم شده، قاعدتاً نظر خوشی نسبت به نواندیشان دینی ندارد؛ کمااینکه چنین افرادی نسبت به مرحوم شریعتی هم نظر خوشی نداشتند. به‌هرحال طرح چنین سخنانی استبعادی ندارد، ولی باید دلیلی له آن اقامه شود. اینکه فلان سخن غیرارتدوکس است، لزوماً دال بر اماتهٔ دین نیست. مضافاً بر اینکه، فراوان افرادی را دیده‌ام یا پیام‌هایشان را خوانده‌ام که می‌گویند ما اگر در این روزگار هنوز به تعامل با ساحت قدسی عالم اعتقاد داریم و به تعبیر خودشان، بقیتی از دینداری‌مان مانده است، ناشی از سخنان نواندیشان دینی است وگرنه سال‌ها و حتی دهه‌هاست که دیگر سخنان روحانیت دربارهٔ دین چنگی به دل ما نمی‌زند. اگر این افراد را هم در بحث از احیای دین مدنظر قرار دهیم، از قضا بسیاری هستند که مخاطب نواندیشان دینی‌اند. اما اینکه شاگردان سروش هم الان همان حرف فردید را می‌زنند، واقعاً تردید دارم که چنین باشد. بخشی از منتقدان، یعنی آقایان محمود صدری و علوی‌تبار و سایرین، چنین ادعایی ندارند. این افراد منتقد آرای متأخر آقای سروش‌اند. این ابراز مخالفت حق آن‌هاست و به نظرم جزو اقتضائات طرح یک نظریه نو و تأمل‌برانگیز است. وقتی سخن غیرمتعارفی گفته می‌شود، این گونه مخالفت‌ها هم طبیعی است و مدتی طول می‌کشد تا ما به یک داوری جمعی دربارهٔ آن سخن برسیم. این قبیل منتقدان، این سخنان را حداکثر ناموجه یا بدعتی نامقبول می‌دانند. یک نفر هم البته اشاره کرده بود که آرای اخیر آقای سروش، متضمن خروج از دین است. از عدم صلاحیت ایشان دراین‌باب که بگذریم، متأسفانه چنین ادعاهایی که عبدالکریم سروش دعوی نبوت کرده است، از جنس بهتان و افتراست؛ به نظرم چنین ادعاهایی بیشتر معلل است تا مدلل. این ادعاهای معلل را با دلیل نمی‌توان رد کرد چراکه از جنس برخورد معرفتی نیستند و در ترازوی تحقیق وزنی ندارند. البته ما می‌توانیم در این خصوص بحث کنیم که مرز رفرم دینی و خروج از دین کجاست؟ اگر لازم شد، در ادامه به آن می‌پردازیم. پس خلاصهٔ جواب من این است که اگر از فردید و جوادی آملی بگذریم، برخی از روشنفکران دینی به آرای

اخیر آقای سروش انتقادات جدی دارند، یک نفر هم مواجه‌هاش معلل بود و از جنس افترا و تهمت. خروج از دین کاملاً متفاوت از طرح سخنان نامتعارف است. کسی که سخنان نامتعارف می‌گوید، از ارتدوکسی دینی فاصله گرفته است. در تاریخ اسلام هم کسانی چون عین‌القضات همدانی، حلاج، شیخ شهاب‌الدین سهروردی و ملاصدرا در مرز حرکت می‌کردند و فاصلهٔ چشمگیری با ارتدوکسی دینی داشتند و کم‌وبیش هزینهٔ سخنان نامتعارفشان را هم پرداختند.

در مقالهٔ "علل اقبال به دعوت انبیاء" (مدخل اول کتاب آیین در آیینه)، دکتر سروش نوشته‌اند: «آنچه از ساحت پیامبر نفی شده است نه موزون بودن و آهنگین بودن کلام وی که تخیل‌آمیز بودن آن است. یعنی پیامبر سخن خیالی نمی‌گوید. وحی به ظاهر با عالم خیال دیوار به دیوار است. کوچک‌ترین بی‌دقتی سبب می‌شود که فرد به ورطهٔ شبهات درغلتد. پاره‌ای از افراد گفته‌اند وحی از جنس غریزه است و یا کلام پیامبران هم‌ردیف کار شاعران می‌باشد. این سخنان به معنای دقیق کلمه "ملحدانه" هستند.» این مقاله در سال ۱۳۶۷ نوشته شده. یعنی حتی از نظر سروش سال ۶۷، سروش امروز سخنان ملحدانه می‌گوید. اولاً دربارهٔ این آرای وحی‌شناسانهٔ متضاد چه نظری دارید؟ ثانیاً اگر دکتر سروش این حق را داشته‌اند که بگویند کسانی که چنین نگاهی به وحی دارند، نگاهشان ملحدانه است، چرا این حق را برای دیگران قائل نیستید که بگویند سخنان امروز سروش دربارهٔ وحی، ملحدانه است؟

بله، این بخش از آیین در آیینه فاصلهٔ قابل توجهی با آرای کنونی آقای سروش دربارهٔ وحی دارد؛ حالا چه وحی را تجربهٔ نبوی بدانیم، چه رویای رسولانه. پاسخ من از این قرار است که ایشان مثل هر متفکر دیگری، از برخی از سخنان قبلی خود عبور کرده‌اند و امروز دیگر آن‌ها را قبول ندارند. شخصاً تعبیر الحاد را نمی‌پسندم و چند سال پیش در مقاله‌ای پیشنهاد کردم که به جای واژهٔ «الحاد»، که بار معنایی منفی دارد، از واژهٔ «خداناباوری» استفاده کنیم. افزون‌براین، آقای سروش در مصاحبه با آن روزنامه‌نگار هلندی، از باب تقریب به ذهن، تجارب وحیانی را از سنخ

تجربهٔ شاعرانه دانست. به هر حال وحی‌شناسی کنونی دکتر سروش فاصلهٔ معتنابهی با وحی‌شناسی دههٔ شصت شمسیِ ایشان پیدا کرده. من هم این عبور را می‌بینم. استفاده از واژهٔ الحاد را هم، چه دربارهٔ آرای کنونی آقای سروش و چه دربارهٔ آرای متقدم و متأخر دیگران، نمی‌پسندم. خود دکتر سروش هم امروز، یعنی پس از آن مناظره و مکاتبه‌ای که با آیت‌الله منتظری داشتند، تصویرشان از ارتداد و الحاد فاصلهٔ چشم‌گیری پیدا کرده با تصویری که سه دههٔ پیش از این مقولات داشتند و شاید دیگر از این تعابیر استفاده نکنند.

چند سال پیش حدود سی جلسه گفت‌وگوی ناظر بر زندگی‌نامهٔ عبدالکریم سروش با ایشان داشتم که تمام زندگی فکری و سیاسی ایشان را تا آخر سال ۹۲ شمسی دربرمی‌گیرد. در یکی از آن گفت‌وگوها، از ایشان پرسیدم شما روزگاری، در مقالهٔ «روشنفکری و دین‌داری»، تعابیر نسبتاً تندی دربارهٔ فروغ فرخزاد و محمدعلی فروغی به کار بردید؛ آیا الان هم از آن تعابیر دفاع می‌کنید؟ ایشان هم گفت: «نه، الان که نگاه می‌کنم، می‌بینم آن تعابیر من تعابیر خوبی نبود؛ نه راجع‌به فروغ فرخزاد نه راجع‌به محمدعلی فروغی». در مقالهٔ "از تاریخ بیاموزیم" در کتاب «*تفرج صنع*» نیز، آقای سروش تقریباً مسیری دترمینیستی برای تاریخ ترسیم کرده؛ اما در آن گفت‌وگوها، ایشان صریحاً گفت که امروزه جور دیگری فکر می‌کنم و اگر قرار باشد دوباره آن مقاله را بنویسم، آن را بدان صورت نمی‌نویسم؛ ایشان این نکته را چند سال پیش در یکی از سخنرانی‌هایشان هم گفتند. در عالم اندیشه، همیشه و به نحو طبیعی چنین مواردی وجود داشته. یعنی کسانی نظری داشته‌اند و با گذشت زمان، نظرشان عوض شده است

تا الان به غیر از شما، که فرزند دکتر سروش هستید، هیچ فرد برجسته‌ای در جریان روشنفکری دینی حاضر نشده است از تئوری رویای رسولانه حمایت کند. آیا این تئوری می‌تواند سرآغاز خروج دکتر سروش از جریان روشنفکری دینی باشد؟ و اگر چنین اتفاقی بیفتد، این جدایی چه پیامدهایی برای جریان روشنفکری دینی می‌تواند داشته باشد؟

اخیراً در تهران جلساتی در نقد و بررسی تئوری رویای رسولانه با حضور آقایان محسن آرمین، حبیب‌الله پیمان و برخی از اساتید فلسفه و الهیات برگزار شد. البته

نمی‌گویم کسی در این جلسات از این تئوری دفاع کرد ولی نفس نقد و بررسی آن، از اهمیت این نظریه حکایت دارد. درعین‌حال مایلم این نکته را هم اضافه کنم که دفاع صریح از این نظریه، چه به لحاظ دینی و چه به لحاظ سیاسی، کم‌مخاطره نخواهد بود. می‌توان حدس زد که برخی افراد ممکن است چند سال بعد، یعنی وقتی آب‌ها از آسیاب افتاد، حاضر شوند از بخش‌هایی از این نظریه دفاع کنند. البته نمی‌گویم لزوماً چنین است؛ فقط حدس می‌زنم چنین باشد. اما درباب راه روشنفکری دینی و خروج آقای سروش از این مسیر، باید بگویم که تصور من این نیست که این نظریه سرآغاز خروج دکتر سروش از جریان روشنفکری دینی باشد. خود ایشان هم چنین تصوری ندارند؛ چراکه این نظریه، به یک معنا، در ادامهٔ «بسط تجربهٔ نبوی» قرار دارد و علاوه بر این، برای توضیح مکانیسم و سازوکار وحی همچنان معطوف به بازخوانی انتقادی سنت دینی و اقامه نظریهٔ بدیلی است. به نظرم، بازخوانی انتقادی سنت دینی قوام‌بخش جریان روشنفکری و نواندیشی دینی است. مادامی‌که کسی در کار این بازخوانی انتقادی است و همچنان به این سنت استشهاد می‌کند، روشنفکر یا نواندیش دینی قلمداد می‌شود.

علاوه بر این، معتقدم نواندیشان دینی اعم از نواندیشان دین‌دار و نواندیشان غیردیندارند. یعنی نواندیشان دینی لزوماً نباید متدین باشند. مادامی‌که به سنت دینی معطوف‌اند و با آن هم‌دلی دارند و به بازخوانی انتقادی آن می‌پردازند، در جریان نواندیشی دینی‌اند ولو که شخصاً هم دین‌دار نباشند. اما دکتر سروش، خودش را مسلمان می‌داند و تأسی به سنت دینی می‌کند ولی سخنان شاذ گفته است. تصور نمی‌کنم رویای رسولانه سرآغاز خروج دکتر سروش از روشنفکری دینی باشد؛ چرا که در مجموع از جنس بسط تجربهٔ نبوی است و می‌کوشد مکانیسم وحی را بررسی کند؛ یعنی صبغهٔ پدیدارشناسانه و هرمنوتیک دارد؛ صبغهٔ معرفت‌شناسانه ندارد. به‌عبارت‌دیگر، رویای رسولانه حجیت معرفت‌شناختی وحی را مفروض گرفته و رویکردی پدیدارشناسانه به وحی دارد. تصور می‌کنم که این بحث‌ها پیش می‌رود و چند سال که بگذرد، از غرابت و بداعت این سخنان کاسته می‌شود و گفت‌وگو دربارهٔ این نظریه میسرتر می‌شود. واکنش‌ها تا حدی ناشی از نامتعارف بودن این سخنان است و تا حدی هم برآمده از این غفلت است که این مباحث ناظر بر

مکانیسم وحی است. اگر کسی آمد و تئوری بدیلی در وحی‌شناسی ارائه کرد و اصلاً بگذارید صریح‌تر بگویم، کوشید تا نظام الهیاتی بدیلی برپا کند که توحید و معاد و نبوتش متفاوت از نظام الهیاتی متعارف قدیمی باشد، باز هم در دل همین سنت است؛ به چه معنا؟ بدین معنا که جهت اقامهٔ شواهد متنی و ادله، همچنان به سنت ستبر ایرانی‌اسلامی عطف نظر می‌کند. چه آقای سروش و چه آقای شبستری، همچنان در دل جریان نواندیشی دینی‌اند و با این قبیل سخنان، از این جریان خارج نمی‌شوند بلکه فقط راه تازه‌ای پیش روی این جریان باز می‌کنند. اما اینکه این سخنان چقدر موثر واقع شود و در اذهان بنشیند، سوالی است که پاسخش در گرو گذشت زمان و تجربهٔ تاریخی است. یعنی اقلاً ده الی بیست سال بعد معلوم می‌شود این نظریه تا چه حد مؤثر افتاده و در جامعهٔ دینی ایران جا باز کرده است. اگر هم مؤثر واقع نشود، بخشی از تاریخ اندیشهٔ دینی می‌شود. اخیراً چهلمین سالگرد وفات محمد نخشب بود. الان خیلی از آرای نخشب بخشی از تاریخ اندیشهٔ دینی در ایران شده است. یعنی امروزه آرای وی قائلان و هم‌دلان کمتری دارد. صد سال بعد هم، عموم نظریات کنونی مطرح در فضای رفرم دینی در جامعهٔ ایران، دست کم پاره‌ای از آنها، بدل به بخشی از تاریخ اندیشهٔ دینی در ایران شده و ازاین‌حیث بررسی می‌گردند.

دکتر سروش در یکی از پاورقی‌های کتاب *قبض و بسط تئوریک شریعت*، با اشاره به بیانیهٔ دفتر مرکزی نمایندگان مقام معظم رهبری در دانشگاه‌ها، نوشته‌اند: «در این بیانیه این جملهٔ شگفت‌آور آمده است که "ترویج افکاری را که می‌کوشند دین را تابعی از متغیر دیگر دانش‌های بشری معرفی کنند، خطرناک و به معنای نفی حکومت دینی و اسلامی می‌دانیم." شگفتی من از این است که چگونه اندیشه‌ای که هنوز به درستی دریافته نشده، خطرناک دانسته شده است»؛ یعنی در حوالی سال ۱۳۷۰، نمایندگان رهبری در دانشگاه‌ها گفته بودند قبض و بسط به نفی حکومت اسلامی منتهی می‌شود و دکتر سروش هم تلویحاً گفتند این نظریه به چنین نتیجه‌ای نمی‌انجامد. ولی گذشت زمان نشان داد که حق با نمایندگان مقام رهبری بود. یعنی نفی

حکومت دینی هم یکی از ثمرات نظریهٔ قبض و بسط بود. الان هم برخی از روشنفکران دینیِ منتقد رویای رسولانه، می‌گویند آرایی از این دست، نهایتاً مرز دین‌داری و بی‌دینی را از بین می‌برد. اولاً بفرمایید چه نظری دربارهٔ آن حدس صائب نمایندگان رهبری دارید، ثانیاً آیا این‌بار هم ممکن است پیش‌بینی منتقدان دکتر سروش درست از آب درآید؟

در *قبض و بسط تئوریک شریعت*، سخن از فهم‌های مختلف از دین است، درباب حکومت دینی سخنی نرفته است. در مقالهٔ «حکومت دموکراتیک دینی»، که چند سال پس از قبض و بسط نوشته شد، دکتر سروش استدلال کرد اگر ما فهم دینی را سیال بکنیم، شاید بتوانیم به جمع میان رضایت خلق و رضایت خالق برسیم. در مقالهٔ "تحلیل مفهوم حکومت دینی" که در سال ۷۵ نوشته شد، آقای سروش وظایف حکومت را اولاً و بالذات برآوردن نیازهای اولیه انگاشت (یعنی امنیت و بهداشت و اقتصاد و ...). به‌هرحال دکتر سروش این مسیر را گام به گام طی کرده است. از منظر تاریخی هم، گذشت زمان همواره در روشن شدن آثار و نتایج مترتب بر ایده‌ها، حتی برای خود متفکران و ایده‌پردازان، نقش مؤثری داشته است.

نمایندگان رهبری هم می‌گفتند کسی که قبض و بسط را مطرح کرده، کارش به نفی حکومت دینی هم می‌رسد. الان هم دوستان دکتر سروش می‌گویند کسی که رویای رسولانه را مطرح کرده، کارش به خروج از دین هم کشیده می‌شود.

هر دو مدعا نیازمند دلیل است. من نمی‌دانم نمایندگان رهبری در آن زمان چه دلیلی اقامه کرده بودند که قبض و بسط لزوماً به نفی حکومت دینی می‌انجامد. می‌خواهم بگویم آقای سروش خودش این مسیر را طی کرد و به مقالهٔ "تحلیل مفهوم حکومت دینی" و بعد هم به ایدهٔ "حکومت فرادینی" رسید. اما سه نکته: اول اینکه از ان مثال مربوط به قبض و بسط، نمی‌شود نتیجه گرفت حدس منتقدان امروز هم درست خواهد بود. یعنی به فرض هم که آن اتفاق آنجا افتاده باشد، منطقاً نمی‌توان نتیجه گرفت که عین همان قصه دربارهٔ نظریات دکتر سروش در خصوص وحی هم جاری و ساری خواهد شد. نکتهٔ دوم اینکه، دوستانی که امروز دغدغهٔ

خروج از دین را دارند، باید با دلیل نشان دهند که چرا رویای رسولانه و نظریاتی مشابه آن، منجر به خروج از دین می‌شود. من هنوز ندیده‌ام که حتی یک دلیل در تایید این مدعا اقامه شود. دلیل مقنعی باید اقامه گردد که نشان دهد چرا آرای وحی‌شناسانۀ اخیر دکتر سروش، منطقاً به خروج از دین یا عدول از دیانت منتهی می‌شود. نکتۀ سوم برآمده از "اخلاقِ باور" است. در اخلاقِ باور انگیزۀ خلجان نظریه در ذهن متفکر، انگیزۀ طرح نظریه، ادلۀ له و علیه نظریه و سرانجام آثار و نتایج مترتب بر نظریه، از هم تفکیک می‌شوند. پس، علل شکل‌گیری نظریه در ذهن متفکر، علل در میان گذاشتن آن با دیگران، ادله و صدق و کذب مدعیات و ربط و نسبت ادله و مدعیات با یکدیگر، و سرانجام آثار و نتایج مترتب بر مدعیات، هر یک جداگانه باید بررسی شوند. در اخلاقِ باور، ما باید از مرحلۀ سوم شروع کنیم نه از مرحلۀ اول یا دوم؛ چراکه این مراحل شأن معرفتی ندارند؛ شأن تبیینی دارند و زمینه و زمانۀ بروز یک نظریه را ارائه می‌دهند. چنان‌که دربارۀ قبض و بسط می‌توانیم بگوییم یک دهه زندگی در ذیل انقلاب و حکومت دینی، از علل و انگیزه‌های عبدالکریم سروش برای طرح این نظریه بود. این حرف کاملاً درست است اما جای ادلۀ ایشان له مدعیات قبض و بسط را نمی‌گیرد.

علل شکل‌گیری نظریه در ذهن متفکر، علل در میان گذاشتن آن با دیگران، ادله و صدق و کذب مدعیات و ربط و نسبت ادله و مدعیات با یکدیگر، و سرانجام آثار و نتایج مترتب بر مدعیات، هر یک جداگانه باید بررسی شوند. در اخلاقِ باور، ما باید از مرحلۀ سوم شروع کنیم نه از مرحلۀ اول یا دوم؛ چراکه این مراحل شأن معرفتی ندارند

سخن من این است که در مواجهۀ با نظریات «بسط تجربۀ نبوی» و «رویای رسولانه»، باید نواقص احتمالی ادلۀ این نظریات را بررسی کرد. اگر ادله‌ای که به سود این نظریات اقامه شده موجه باشد، باید به آثار و نتایج این نظریات هم تن داد. به تعبیر دیگر، نباید بحث را از آثار و نتایج شروع کرد. اگر ادله موجه باشد، دیگر نمی‌توان گفت چون ما نتیجۀ نظریه را نمی‌پسندیم، آن را قبول نمی‌کنیم. منتقدان نباید بحث را از پیامدها شروع کنند؛ باید به خود ادله بپردازند. اگر ادله مقنع و مثبِت مدعیات است، باید به لوازم منطقی نظریه هم، تن داد. درعین‌حال،

رای صاحب نظریه هم در این زمینه کمک‌کننده و ره‌گشاست. اگر از دکتر سروش یا از من، که با نظریهٔ رویای رسولانه هم‌دلی دارم سوال کنید، جواب ما این است که این نوع وحی‌شناسی، نظام الاهیاتی نوینی اقامه می‌کند، نه اینکه متضمن خروج از دین باشد. این سبک دین‌داری تازه با دین‌داری سنتی فاصله دارد ولی به‌هرحال هم‌چنان در دل سنت ایرانی‌اسلامی است؛ هرچند که با جریان اصلی سنت ایرانی‌اسلامی فاصله دارد.

قبل از پیگیری جان کلام سوال قبلی، بد نیست این نکته را هم از مقالهٔ "باور دینی، داور دینی" یادآوری کنم که دکتر سروش در این مقاله، که در اصل مصاحبه‌ای است که در سال ۱۳۷۰ منتشر شده، گفته‌اند: «رد و قبول آرای فقهی به اصل دین‌داری لطمه نمی‌زند ... اما سخن در آرای کلامی، سخن در اصل دین‌داری و یا درک دین است. یک بحث کلامی درباب وجود خدا یا حقیقت وحی ... گاه می‌تواند شخصی را از دایرهٔ دین بیرون ببرد و یا به دین او ماهیت و مضمون تازه ببخشد»؛ ظاهراً الان اختلاف دکتر سروش با برخی از روشنفکران دینی در این است که نظریاتی مثل رویای رسولانه، به دین‌داری مؤمنان باورمند به این آراء، ماهیت و مضمون تازه می‌بخشد ولی منتقدان، رویای رسولانه را مصداق این قسمت از آن جمله مذکور می‌دانند که "یک بحث کلامی درباب حقیقت وحی گاه می‌تواند شخصی را از دایرهٔ بیرون ببرد".

بله، من هم با قسمت دوم آن سخن آقای سروش موافقم. منتقدان هم البته حق دارند با قسمت اول جمله موافق باشند ولی باید بتوانند با دلیل موجه نشان دهند که این مباحث دربارهٔ وحی، منجر به خروج از دین شده یا ممکن است به این نتیجه بیانجامد. من چون پلورالیستم و سبک‌های مختلف زندگی و روایت‌های مختلف از دین را به رسمیت می شناسم، معتقدم مادامی که استشهاد به سنت دینی می‌شود و شخص تجربه‌ها و ادله‌اش را ذیل این سنت سر و سامان می‌دهد، به آثار متقدمان این سنت اشاره می‌کند و به آن‌ها می‌پردازد و ابداعات و نوآوری‌های خود را در دل آن سنت معنا و تبیین می‌کند، هم‌چنان در دل خانوادهٔ فراخ و بزرگ

ایرانی‌اسلامی است؛ ولو اینکه سبک تازه‌ای از دینداری ارائه کند و حتی نظام الهیاتی تازه‌ای بنا کند که توحید و معاد و نبوتش به نحو معتنابهی با توحید و معاد و نبوتِ ارتدوکس متفاوت باشد. به‌هرحال، منتقدان بهتر است به خود ایده‌ها بپردازند و علیه ایده‌ها دلیل مقنع اقامه کنند. صرف گفتن و تاکید بر اینکه این ایده‌ها به فلان جا منتهی می‌شود، به لحاظ روش‌شناختی خطاست و راهی به جایی نمی‌برد. اگر ایده‌ای موجه باشد، به هر جا منتهی شود، منطقاً باید آن را پذیرفت.

نمایندگان رهبری در آن زمان و کسانی چون عبدالعلی بازرگان و محسن آرمین در زمانهٔ کنونی، دلایلشان را در رد قبض و بسط یا رویای رسولانه گفته بودند و گفته‌اند اما شما می‌فرمایید این افراد تا کنون دلیلی اقامه نکرده‌اند که چرا این نظریات نادرست (مطابق رای این افراد البته)، به خروج از دین منتهی می‌شود. ولی نکتهٔ مدنظر خود من این است که فکرشناسان در بسیاری موارد، چیزی را استشمام می‌کنند. یعنی بوی چیزی به مشام عقلشان می‌رسد ولو که نتوانند در اثبات آن دلیل محکم و روشنی اقامه کنند. با توجه به اینکه استشمام نتایج قبض و بسط درست از آب درآمد، آیا نباید نسبت به استشمام نتایج رویای رسولانه بیشتر تامل کرد؟

می‌فهمم چه می‌گویید ولی حقیقتش این است که قصهٔ استشمام خیلی سوبژکتیو است. نمی‌خواهم منکر احتمال درستی استشمام و وقوع حدس برآمده از آن شوم، ولی مشکل این‌جاست که دربارهٔ استشمام نتایج یک ایده، به علت خصلت سوبژکتیو استشمام، نمی‌توان به شکل آبجکتیو و بین‌الاذهانی بحث کرد. اما دربارهٔ ادلهٔ له یا علیه یک نظریه، می‌توان به شکل عینی و بین‌الاذهانی بحث کرد. استشمام اگر به شکل آبجکتیو در قالب ادله‌ای صورت‌بندی شود، می‌توان دربارهٔ آن سخن گفت ولی مادامی که استشمام است و متکی به ادله نیست، نفیاً و اثباتاً نمی‌توان چیزی دربارهٔ آن گفت. من هم الان نمی‌توانم چیزی دربارهٔ گمانه‌زنی این دوستان منتقد بگویم؛ چون این حدس‌ها و گمانه‌ها، به قول شما، در مرحلهٔ شمّ است.

با اندکی مزاح، باید بگویم اگر آدم می‌تواند بوی خدا را استشمام کند، شاید

بتواند بوی خداناباوری و بی‌دینی را هم استشمام کند!

اشکالی ندارد؛ فقط به شرطی که بوی خداناباوری و بوی بی‌دینی را بتوان صورت‌بندی کرد. صادقانه عرض کنم، انصافاً بوی خداناباوری و بی‌دینی را از این مباحث وحی‌شناسانه استشمام نمی‌کنم. در نقدهای ارائه شده، نوعی ذات‌گرایی دیده می‌شود. اگر تکثر را به رسمیت بشناسیم و جریان اصلی فهم دین را تنها جریان ممکن ندانیم، آرای اخیر آقای سروش، عدول از قرائت ارتدوکس است و نه چیزی بیش از این. اگر کثرت را به رسمیت بشناسیم، این آراء در واقع روایت دیگری از دین‌داری ارائه می‌کنند. اقامهٔ آلترناتیو به معنای خروج از دین و عدول از دین‌داری نیست. آقای نیکفر، که رویکردی ذات‌گرایانه به دین دارند، داعش را تنها نمایندهٔ دین‌داری در جهان کنونی می‌داند و هر گونه فاصله گرفتن از داعش را نوعی عدول از دین‌داری قلمداد می‌کند. یعنی گویی ما یک روایت از دین اسلام داریم و بس. اگر روایت داعش تنها روایت ممکن از اسلام نیست و ما اسلام‌های بدیلی از قبیل اسلام سنتی، اسلام سنت‌گرایانه و اسلام رفرمیستی داریم، مباحث وحی‌شنسانهٔ جدید ذیل اسلام رفرمیستی قرار می‌گیرد. علاوه بر این، در دل همین اسلام رفرمیستی، نحله‌های گوناگونی وجود دارد؛ یعنی در خانوادهٔ رفرم دینی هم آرا ومکاتب مختلفی داریم.

نکته‌هایی که در نقد ذات‌گرایی می‌فرمایید، نیکوست ولی خود دکتر سروش در مناظره با آقای بهمن‌پور، صریحاً نوشته‌اند که "مسلمانی در گرو اعتقاد و التزام به ذاتیات است"؛ یعنی خود ایشان هم قبول دارند که اگر از برخی امور فاصله بگیریم، از اسلام خارج شده‌ایم. حالا الان بحث بر سر تعیین مصداق است. یعنی این اموری که رفرمیسم دینی در حال فاصله گرفتن از آنهاست، آیا امور ذاتی و نازدودنی اسلام‌اند یا خیر؟ می‌خواهم بگویم سیالیت مدنظر شما نمی‌تواند آن‌قدر گسترش یابد که دیگر چیزی به عنوان "ذاتی دین" باقی نماند.

اگر کسی به صراحت بگوید که من دیگر کاری به توحید و وحی و نبوت ندارم، از دین خارج شده است. یا اگر بتوان نشان داد که سخنان یک متفکر، منطقاً دیگر

نسبتی با سنت اسلامی ندارد، ادعای خارج شدن او از دین درست است. اما مادامی‌که خود فرد ادعای دین‌داری دارد و نمی‌گوید که توحید و نبوت و معاد و وحی را قبول ندارم، و سعی می‌کند درک تازه‌ای از این مقولات به دست دهد، از ذاتیات دین عدول نکرده است. سیالیت در این چارچوب کلی قابل‌قبول است. پروژهٔ رفرم دینی در پی ایجاد یک نظام الهیاتی تازه است نه یک آیین یا دین تازه و فاصله گرفتن از خداباوری یا دین‌داری و رفتن به سمت خداناباوری و یا بی‌دینی یا ندانم‌انگاری.

اگر کسی بگوید من محمد (ص) را پیامبر می‌دانم ولی معتقدم تصویری که پیامبرم از خدا ترسیم کرده، تصویر درستی نیست، آیا از ذاتیات دین اسلام جدا نشده است؟

اگر بگوید من به توحید و نبوتی باور دارم که هیچ مابه‌ازایی در سنت اسلامی نداشته است، دراین‌صورت از ذاتیات دین اسلام عدول کرده و جدا شده است. اما همان‌طور که می‌دانید سخنان آقای سروش دراین‌باب، در سنت اسلامی مابه‌ازا داشته است. عرفا و فلاسفه هم کم‌وبیش همین حرف‌ها را می‌زدند، اما در رودخانهٔ جاریِ سنت دینی، جریان اصلی و غالب نبوده‌اند. سخنان اخیر سروش، صورت‌بندی نوینی دارد اما نسبت قابل‌تاملی با آرای برخی از فلاسفه وعرفای مسلمان در دل سنت ایرانی‌اسلامی دارد؛ عین‌القضات همدانی، سهروردی، ابن عربی، مولوی، ملاصدرا و ... هم چنین حرف‌های غیرارتدوکسی را بیان کرده‌اند. ما داریم راجع به یک سنت ۱۴۰۰ ساله حرف می‌زنیم. سخنان عبدالکریم سروش، اگرچه تکرار حرف‌های پیشینیان نیست ولی نسبتی دارد با آرای پاره‌ای از عرفا و فیلسوفان مسلمانی که اولاً و به شهادت آثارشان خودشان را مسلمان می‌انگاشتند (اینکه در دلشان چه می‌گذشته، ما نمی‌دانیم)، ثانیاً آرایشان را در ذیل سنت ایرانی‌اسلامی مطرح کرده‌اند. مگر اینکه ما بخواهیم نیت‌خوانی کنیم که موضع نادرست و ناموجهی است و صبغهٔ سوبژکتیو و غیرمعرفتی دارد.

نکتهٔ دیگری که در آن پاسخ دکتر سروش به بیانیهٔ نمایندگان رهبری در دانشگاه‌ها وجود دارد، این است که دکتر سروش در رد نظر نویسندگان آن بیانیه می‌گوید: «دین تابع هیچ معرفتی نیست. معرفت دینی است که تابع

معرفت‌های دیگر است»؛ اما بعدها در "بسط تجربهٔ نبوی" و "قرآن کلام محمد" و "رویای رسولانه"، دکتر سروش به‌وضوح گفتند که دین هم تابع معرفت‌های بشری است؛ و چون علم و دانش در زمانه و جامعهٔ پیامبر محدود بوده، این نقصان در دین پیامبر هم راه پیدا کرده است. یعنی به نظر می‌رسد در این مورد هم حق با نمایندگان رهبری بوده و ظاهراً دکتر سروش به این پیامد قبض و بسط هم وقوف چندانی نداشتند.

دو نکته دارم. اولاً روایت دفتر نمایندگان رهبری از نظریهٔ قبض و بسط، موجه نیست. چون‌که در آن نظریه سخن از دیالوگ و رابطهٔ دوسویهٔ معارف با یکدیگر است، نه اینکه قبض و بسط بگوید فقط معرفت دینی تحت‌تاثیر سایر معارف است. نکتهٔ دوم اینکه ...

معذرت می‌خواهم که کلامتان را قطع می‌کنم. اما دکتر سروش در مقالات قبض و بسط به تأثیر معرفت دینی بر سایر معارف نپرداخته‌اند. فقط در انتهای مقالهٔ سوم در یک جمله به چنین تأثیری اشاره کرده‌اند.

نظریه «قبض و بسط» بیشتر به تأثیر معارف بشری بر معرفت دینی پرداخته است. قبول دارم. به علت فضا و زمانه و زمینه‌ای که منتهی به شکل‌گیری نظریهٔ قبض و بسط شد، قبض و بسط هم بیشتر معطوف به نشان دادن تأثیر معارف بشری بر معارف دینی بود. ولی اگر منطقاً ما باشیم و نظام معرفت‌شناختی این نظریه، باید بگوییم که نظریهٔ قبض و بسط، باب تأثیرگذاری معرفت دینی بر سایر معارف بشری را هم گشوده می‌داند. به‌هرحال این قرائت من از نظریهٔ قبض و بسط است؛ روایتی که می‌توان به لحاظ معرفت‌شناختی آن را موجه انگاشت و لوازم منطقی آن را برکشید.

در بیست و شش سال گذشته، یعنی پس از اتمام نگارش قبض و بسط، روشنفکران دینی هیچ‌وقت به این موضوع نپرداخته‌اند که مثلاً فیزیک یا نجوم یا روان‌شناسی و جامعه‌شناسی چه تأثیری از معرفت دینی پذیرفته‌اند.

بله، در این زمینه کمتر بحث شده است. ولی منطقاً می‌توان گفت که نظریهٔ «قبض

و بسط» چنین لوازم معرفت‌شناسانه‌ای را به رسمیت می‌شناسد.

نکتهٔ دومتان دربارهٔ بیانیهٔ نمایندگان دفتر رهبری ناگفته ماند.

بله. نکتهٔ دوم این است که دکتر سروش علی‌الاصول می‌توانست در قبض و بسط محدود بماند و مباحث بعدی را مطرح نکند. یعنی بحث از بسط تجربهٔ نبوی و قرآن کلام محمد و رؤیای رسولانه، بالمره امور دیگری‌اند و کاملاً می‌توان تصور کرد که ایشان پس از قبض و بسط، اصلاً وارد این مباحث نمی‌شدند. قبض و بسط ناظر به فهم متن مقدس است اما مباحثی مثل «تجربهٔ نبوی» و «قرآن کلام محمد» و «رویای رسولانه»، ناظر بر تکون خود متن مقدس است. یعنی در مرتبه و مرحلهٔ دیگری قرار دارند و از لوازم منطقی قبض و بسط نیستند.

ولی دکتر سروش همیشه گفته‌اند که این‌ها ثمرات و پیامدهای قبض و بسط است. قبض و بسط درباب فهم متن مقدس است، اما ایشان در «بسط تجربهٔ نبوی» و «قرآن کلام محمد» و «رویای رسولانه»، یک مرتبه به پیش رفته، به لایه‌های بنیادی‌تری پرداخته است

پیامد قبض و بسط است در دل نظام الهیاتی ـ دین‌شناسانهٔ ایشان؛ هرچند این مباحث ناظر به دو مقام است. قبض و بسط در باب فهم متن مقدس است، اما ایشان در «بسط تجربهٔ نبوی» و «قرآن کلام محمد» و «رویای رسولانه»، یک مرتبه به پیش رفته، به لایه‌های بنیادی‌تری پرداخته است. بله، با هم ربط و نسبت دارند، اگر شما بخواهید نظام دین‌شناسانه و الهیاتی عبدالکریم سروش را صورت‌بندی کنید. اما این امر بدان معنا نیست که بسط تجربهٔ نبوی منطقاً از دل قبض و بسط بیرون می‌آید. عنایت دارم که آقای سروش گفته است بسط تجربهٔ نبوی جلد دوم قبض و بسط است ولی این جمله دال بر ربط و نسبت منطقی نیست؛ بلکه عبدالکریم سروش دارد می‌گوید نظر من دربارهٔ چگونگیِ «فهم متن مقدس» چنان بود و اکنون دربارهٔ «تکون متن مقدس» چنین می‌گویم. اما منطقاً متصور است که ایشان در همان قبض و بسط متوقف می‌ماند و پیشتر نمی‌آمد.

دکتر سروش اخیراً گفتند: «روشنفکران دینی کسانی هستند که بحران اندیشهٔ دینی در دوران معاصر را به خوبی درک کرده‌اند و به همین سبب

نگاه انتقادی به مبانی دارند. و لذا دین‌داری‌شان مینی‌مال یا حداقلی است. یعنی تا می‌توانند، از چیزهایی که غیرقابل‌دفاع است می‌کاهند تا به آن حداقلی که قابل‌دفاع است برسند و آن را نگاه دارند»؛ اگر به روند فکری دکتر سروش در سی سال گذشته نگاه کنیم، کاملاً مشهود است که امور دینی غیرقابل‌دفاع در نظر ایشان، سال به سال بیشتر و "آن حداقل قابل‌دفاع" هم مرتباً کمتر شده است. یعنی انگار ما با قبض شریعت مواجه‌ایم نه با بسط شریعت.

ایشان که به‌صراحت گفته است مراد شارع قبض فقه است و بسط اخلاق. اما در این پرسش شما و پاره‌ای دیگر از پرسش‌هایتان، نوعی نگاه مبتنی بر رقم و عدد وجود دارد. کمتر شدن و بیشتر شدن یعنی چی؟ یعنی پنج تا کم شده و شش تا زیاد شده؟ من در بحث از دین‌شناسی، بیشتر به روش‌ها و ادله‌ای می‌اندیشم که اقامه می‌شود. نمی‌دانم آیا عدد و رقم اینجا مهم است که شما می‌گویید از حجم امور دینی کاسته شده است؟ می‌دانیم در دهه‌های اخیر نسبت به آنچه امور دینی قلمداد می‌شود، خرافه‌زدایی صورت گرفته است؛ این کار مختص نواندیشان دینی نبوده است. احیاگران دینی، مثل مطهری و قابل هم این کار را انجام داده‌اند؛ یعنی از میزان خرافات دینی کاسته‌اند. مطهری هم نوشته است اگر روایاتی را که وعاظ فاقد صلاحیت دربارهٔ واقعهٔ عاشورا نقل می‌کنند جمع‌آوری کنیم، بالغ بر پانصد جلد کتاب می‌شود. آیا مراد از عدد و رقم این است؟ اگر این است، بله، این زواید را باید زدود.

دکتر سروش در زمان انتشار *اوصاف پارسایان* و *حکمت و معیشت* با پذیرش موجودی به نام فرشته مشکلی نداشتند اما در دههٔ اخیر، ظاهراً فرشتگان را هم از آن "حداقل قابل‌دفاع" خارج کرده‌اند. مثلاً در مناظره با آیت‌الله سبحانی، فرشتگان را "موجودات خیالین" خوانده‌اند. یعنی در اینجا دیگر با خرافات عاشورا مواجه نیستیم بلکه مسئلهٔ وجود موجوداتی به نام فرشته مطرح است که در سرتاسر قرآن بر آن تأکید شده است.

ببخشید، تصور می‌کنم شأن "عالم خیال" در این مباحث را درست درنیافته‌اید.

"خیال" در این سیاق نه به معنای خیالاتی و غیرواقعی است، چنان‌که امروزه در زبان روزمره گفته می‌شود فلانی خیالاتی شده؛ اصلاً؛ «عالم خیال»، از مفاهیمی است که در سنت فلسفهٔ اسلامی و عرفانی سابقه داشته و به‌کار گرفته شده؛ هم سهروری از آن سخن گفته، هم مولوی و سایرین. به تعبیر فنی‌تر، قلمروی خیال، قلمروی است که در آن صورت داریم، اما ماده نه. وقتی مولوی در «مثنوی» می‌گفت: «من شدم عریان ز تن او از خیال/ می‌خرامم در نهایات الوصال»، همین معنا از عالم خیال را مراد می‌کرد. ازاین‌رو، در این مباحث، انتولوژی نحیف و لاغر نمی‌شود. اتفاقاً دکتر سروش در آن مناظرهٔ قلمی با آیت‌الله سبحانی به *المیزان* علامه طباطبایی استشهاد کرده‌اند. در مناظرهٔ اخیرم با حجت‌الاسلام واعظی که روایت من از آن در مقالهٔ "دیالوگ در مربع وحی" منتشر شده، آورده‌ام که آقای واعظی می‌گفتند در مباحث وحی‌شناسانهٔ جدید، فرشتهٔ وحی به یک امر سابجکتیو کاسته می‌شود که در خیال پیامبر اسلام بوده است. در مقام پاسخ گفتم که اولاً در سنت اسلامی کسانی چون فارابی و ابن‌سینا و مولوی هم چنین درکی داشته‌اند، ثانیاً در این مباحث سخن بر سر تأکید بر سویهٔ سابجکتیو است نه اینکه سویهٔ آبجکتیو فرشتهٔ وحی انکار گردد. آقای سروش در مناظره با آقای سبحانی، به این نکته هم اشاره می‌کند که علامه طباطبایی مراد از بال‌دار بودن فرشتگان را کارکرد آن‌ها می‌دانست. حضور فرشتگان در عالم خیال را مولوی در دفتر سوم مثنوی توضیح داده است؛ آنجا که جبرئیل به حضرت مریم می‌گوید: «مریما بنگر که نقش مشکلم/ هم هلالم هم خیال اندر دلم». فرشتگان نقش مشکل‌اند؛ یعنی هم سابجکیتو و انفسی‌اند، هم آبجکتیو و هم آفاقی. در این مباحث، وجود فرشتگان و ماورای طبیعت فی‌الجمله مفروض گرفته شده است. یعنی حقیقتی به نام فرشته یا حقیقتی به نام ساحت قدسی مفروض است.

در درک سنتی از دین، دربارهٔ فرشته چنان سخن گفته می‌شود که گویی فرشته مثل همین میزی که الان جلوی من است، پدیده‌ای کاملاً آبجکتیو است. اما آقای سروش به اقتفای برخی از عرفا و فیسلوفان مسلمان، بر این نکته تاکید کرده که فرشتهٔ وحی در قوهٔ خیال پیامبر بوده و پیامبر او را می‌دیده. فرشتهٔ وحی حقیقت داشته اما ما نمی‌دانیم آن حقیقت چه بوده. کسی که دربارهٔ فرشتگان بحث می‌کند

و سویهٔ سوبژکتیو آنها را برمی‌کشد و برجسته می‌کند، حسابش به کلی متفاوت از کسی است که اصولاً خدا و وحی و فرشتهٔ وحی و عالم ماورای طبیعت را رد می‌کند. به هر حال توضیح فلسفیِ این امر از این قرار است که فرشتگان در قوهٔ خیال بر پیامبر ظاهر می‌شدند.

البته "خیال" را به همان معنایی به کار بردم که دکتر سروش در سال ۶۷ با آن مخالفت کرده و گفته بودند "پیامبر سخن خیالی نمی‌گوید"؛ اما جدا از این نکتهٔ فرعی، یک آدم عامی وقتی که قرآن را می‌خواند به راحتی می‌پذیرد که موجودی به نام جن هم داریم در این عالم. اما یک ساینتیست مؤمن احتمالاً باور ندارد که جن یک موجود واقعی است. او سعی می‌کند تعبیر تازه‌ای از جن ارائه کند. الان انگار فرشته‌ها در اندیشهٔ دکتر سروش به سرنوشت اجنه در اندیشهٔ همین ساینتیست فرضی دچار شده‌اند.

یک عامی و یک فیزیک‌دان درک‌های متفاوتی از پدیده‌های مختلف نظیر دریا، باران، میز و ... دارند. افراد در سطوح مختلف با پدیدارها رابطه برقرار می‌کنند. یک فارسی‌زبان عامی و یک ادیب برجسته، اگر چه هر دو غزل حافظ را می‌خوانند، ولی حظ یکسانی از شنیدن یا خواندن غزل حافظ نمی‌برند. طبیعتاً آن ادیب درک عمیق‌تری از شعر حافظ دارد. جن و ملک هم بر همین سیاق‌اند. البته که دین‌داری معیشت‌اندیش با دین‌داری عارفانه و دین‌داری فیلسوفانه فاصله دارد. در این مباحث وحی‌شناسانه، تلاش می‌شود تا مکانیسم رابطهٔ طبیعت با ماوراطبیعت و متافیزیک تبیین شود. ما که به تجربیات نبی و آنچه که در ضمیر او رخ داده، دسترسی نداریم. در این مباحث، فی‌الجمله مفروض گرفته می‌شود که اموری به نام جن و ملک حقیقتی داشته است که پیامبر از آنها سخن گفته است. ولی اصل سخن بر سر تبیین و فهم تجربهٔ نبی است. مقدم بر ملک و جن و چگونگیِ تبیین و تفسیر آنها، بگذارید به مهم‌ترین مفهوم دینی، یعنی خدا بپردازیم. خدای یک عالم با خدای یک عامی فرسنگ‌ها فاصله دارد. برای کثیری از مردم، بی‌کرانگی خداوند اصلاً مطمح نظر نیست. آن‌ها خداوند را سلطانی می‌دانند که در آسمان‌ها نشسته و عمرو و زید را مخاطب قرار می‌دهد؛ کاملاً مثل یک پادشاه زمینی. یعنی حقیقتی به نام خدا در ذهن دین‌داران مطرح است اما همین حقیقت از جایی به بعد، به قول

منطقیون، مشترک لفظی می‌شود. یک فیلسوف یا الهی‌دان از خدا سخن می‌گوید و یک دین‌دار معیشت‌اندیش هم. به قول مولوی: «آن گدا گوید خدا از بهر نان/ متقی گوید خدا از بهر جان». هر دو از یک لفظ استفاده می‌کنند ولی مدلول و مصداق این لفظِ مشترک متفاوت است. وقتی مفهوم خداوند چنین است، جن و ملک که دیگر جای خود دارند.

دکتر سروش در مناظرهٔ قلمی با حجه‌الاسلام بهمن‌پور، تزریق "حق" به فقه تکلیف‌اندیش اسلامی را مصداق "تکیه بر سنت و فراتر رفتن از آن" برشمردند. با توجه به اینکه هر چه جلوتر آمده‌ایم، آن "حداقل قابل دفاع" دین اسلام از نظر دکتر سروش کمتر شده است، به نظر می‌رسد در توصیف روند و غایت پروژهٔ فکری ایشان هم بتوان از عبارت "تکیه کردن به دین و فراتر رفتن از دین" استفاده کرد. یعنی نوعی عبور محترمانه از دین.

ممکن است یک داور یا ناظری چنین چیزی را بگوید ولی تصورم این است که خود آقای سروش چنین درکی از پروژهٔ فکری خودشان ندارند. من هم به عنوان کسی که بخش مهمی از کند و کاوهای معرفتی‌ام در ده سال اخیر معطوف به پروژهٔ رفرم دینی بوده و از نزدیک ناظر تحولات این پروژه بوده‌ام، چنین درکی ندارم. دیگران می‌توانند چنین تلقی‌ای داشته باشند اما باید ادلهٔ خود را هم اقامه کنند. من طرح مباحث جدید را مرحلهٔ جدیدی از جریان رفرم دینی می‌دانم. اقبال لاهوری هم، که قدرش در کشور ما چنان‌که باید شناخته نشده، در اثر *بازسازی اندیشهٔ دینی*، از تجدید نظر در کل دستگاه مسلمانی سخن گفته است. تعبیر "بازسازی" تعبیر هوشمندانه و جالبی است. دلیل تأکید من بر اهمیت اقبال این است که پروژهٔ فکری عبدالکریم سروش در ادامهٔ پروژهٔ اقبال قرار دارد. یعنی پروژهٔ بازسازی فکر دینی. دکتر سروش جهد فکری خود را معطوف به بازخوانی انتقادیِ اندیشهٔ دینی و به دست دادن یک نظام الهیاتی بدیل می‌داند. اما این پروژه، به توضیحی که در پاسخ به پرسش‌های پیشین آوردم، داخل چارچوب سنت اندیشهٔ دینی قرار دارد؛ سنتی که سیالیت خاص خود را دارد ولی بی قید و بدون خط قرمز هم نیست. مادامی‌که اندیشهٔ یک متفکر معطوف به این مقولات است و این سنت دینی را بازخوانی می‌کند، ذیل این پروژه قرار دارد. مباحث اقبال در باب وحی و معاد هم

غیرارتدوکس است، اما او هم از پروژهٔ رفرم دینی خارج نشده و ما امروز همچنان اقبال را یک رفرمیست دینی می‌دانیم.

دکتر سروش به تأسی از اقبال لاهوری می‌گوید کل دستگاه فکر اسلامی نیازمند اصلاح است. شما اگر خودرو یا خانه‌ای داشته باشید که کارشناسان معتقد باشند همه‌جایش نیازمند اصلاح است، بهتر است آن خانه یا خودرو را عوض کنید نه اینکه وقتتان را صرف تعمیر و اصلاح تمام‌نشدنی یک داراییِ سر تا پا خراب کنید. می‌خواهم بگویم ترویج چنین رأیی نسبت به دین اسلام، منجر به خروج بسیاری از افراد نامقلد و تحصیل‌کرده از این دین می‌شود. به‌ویژه اینکه این اقشار، امروزه دیگر "منطق زندگی" دارند و حاضر نیستند عمرشان را صرف مطالعهٔ پدیده‌ای کنند (یعنی اسلام یا فکر اسلامی) که هواداران و مشتغلین اصلی‌اش، خودشان معترفند همه‌جای این پدیده ایراد دارد.

درست است که اقبال تعبیربازسازی[۱] را به‌کار برده است ولی تمثیل دین (که یکی از پدیده‌های اجتماعی است) به خانه، که یک امر ملموس است و حدود و ثغورمشخصی دارد، یعنی سقف و در و دیوار دارد، تمثیل دقیقی نیست. اقبال از متافورِ «بازسازی» استفاده کرده تا بر ضرورت رفرم بنیادین تأکید کند. نکتهٔ دوم اینکه، آدمیان مختارند؛ کسی مجبور نیست دل‌مشغول یک پروژه باشد. افراد گوناگون تا زمانی که خودشان را مخاطب پروژهٔ رفرم دینی می‌بینند و گیر و گرفت‌های معرفتی و عملی‌شان با این پروژه حل می‌شود، از آن استفاده می‌کنند. اما اگر دل‌سرد شوند، این پروژه را رها می‌کنند. پروژه‌ها زیادند؛ برّ و بحر فراخ است و آدمی بسیار. حتی ممکن است کسی فقط به لحاظ فرهنگی این پروژه را ضروری بداند، یعنی تعلق خاطر عقیدتی هم به آن نداشته باشد، ولی فکر کند در فضای کنونی کشورهای جهان سوم راهی بجز رفرم دینی نداریم، چه در میان مخاطبان چه در میان کنش‌گران، اگر کسی از جایی به بعد دیگر این پروژه را مفید نداند، بدیهی است که آن را رها می‌کند.

---

[۱] reconstruction

ولی جان سؤال من این بود که وقتی ما می‌گوییم این چیزی که به آن مشغولیم، یعنی فکر اسلامی، همه‌جایش ایراد دارد و نیازمند بازسازی و تعمیر و اصلاح است، آیا ترویج این دیدگاه منجر به نقض غرض نمی‌شود؟ آدم عاقل به خودش می‌گوید چرا من یک عمر همت و فکر خودم را صرف اصلاح یا مطالعهٔ اصلاحات یک چیز اساساً خراب کنم؟

تعبیر "همه جایش ایراد دارد" متعلق به شماست؛ نواندیشان دینی از چنین تعبیراتی استفاده نمی‌کنند. علاوه بر این، یک عمر را به چه معنا به کار می برید؟ کوشیده می‌شود از «فکر اسلامی موجود»، آلترناتیوی به‌دست داده شود و از جایی به بعد، کار در دل همین نظام آلترناتیو پیش رود و آن خرابی‌ها، به تعبیر شما، رفع و رجوع شود.

وقتی می‌گوییم کل یک دستگاه نیازمند اصلاح است، یعنی همه‌جایش ایراد دارد دیگر! اتفاقاً این تمثیل "خانه" و عبارت "تعمیرِ خانه" متعلق به خود دکتر سروش است. ایشان در کتاب رازدانی و روشنفکری و دین‌داری نوشته‌اند: «دین خانهٔ روشنفکر دینی است که وی خود آن را بنا می‌کند نه اینکه خانهٔ ساخته شده را بخرد ... او تا هر یک از آجرهایش را به نوبهٔ خود نشناسد و وارسی نکند و در جای مناسب نگذارد، نه خانه کامل است و نه دل آرام. به همین سبب هم روشنفکر، پویاست، اهل دوندگی است. چون همیشه در کار بنا و تعمیر خانهٔ خویش است»؛ آیا این عقلانی است که ما اقامت در خانه‌ای را انتخاب کنیم که قرار است همیشه در کار تعمیر آن خانه باشیم؟

تعمیر کردن به نظر من، همان به‌دست دادن نظام الهیاتی بدیل است. البته این امر تا حدی جنبهٔ شخصی هم دارد. یعنی شما نمی‌توانید تجارب خودتان را هم، به عنوان انسانی که احوال و تجربهٔ زیستهٔ خاصی دارد، نادیده بگیرید. بگذارید این طور بگویم: شما به یک فیلسوف هم که دائم در حال کار کردن در فلسفهٔ کانت و یا فلسفه هگل است و عمرش را صرف فلسفهٔ این فیلسوفان می‌کند و دائماً در صدد به‌دست دادن روایت منقح‌تری از آرای فلسفهٔ ایشان است، می‌توانید بگویید چرا

عمرت را صرف تنقیح فلسفهٔ کانت می‌کنی؟ می‌خواهم بگویم این یک سؤال مشترک‌الورود است. برخی کارها، از جایی به بعد، به بخشی از هویت و تجربهٔ زیستهٔ آدم‌ها بدل می‌شوند. شما به یک فیلسوف بگو از حالا به بعد کار فلسفی نکن؛ این همه فیلسوف تا به حال بحث کرده‌اند؛ مگر به نتیجه رسیده‌اند؟ یا به یک شاعر بگو دیگر شعر نگو! البته شما اینها را نگفتید و من دارم مثال می‌زنم. به‌هرحال آن فیلسوف ممکن است بگوید من مشغول بازسازی خانهٔ فلسفه‌ام. آن شاعر هم می‌گوید من دارم به خانهٔ شعر می‌افزایم. به هر حال اگر شما از آن شاعر و فیلسوف فرضی چنین انتقادی بکنی، آن‌ها هم می‌گویند پرداختن به فلسفه و شعر، بخشی از تجربهٔ زیسته و کار و علاقهٔ ماست و ما در دل این کار، خودمان را معنا می‌کنیم و زندگی‌مان معنادار می‌شود. یک روشنفکر دینی هم می‌تواند چنین پاسخی بدهد. می‌خواهم بگویم افزون بر اهمیت اجتماعی و سیاسی کار روشنفکر دینی، این جنبهٔ ماجرا را هم ببینید.

دکتر سروش در کتاب قبض و بسط می‌گویند اگر موارد تعارض علم و دین زیاد باشد، مؤمنان به‌تدریج از حقانیت دینشان ناامید می‌شوند. برهمین‌سیاق، می‌توان پرسید که پروژهٔ اصلاح دین تا کی و تا کجا قرار است ادامه یابد؟ اگر مؤمنان ببینند همه جای دینشان (یعنی نه تنها فقه، بلکه معادشناسی و خداشناسی دینشان) نیازمند رفرمی رادیکال و بی‌پایان است، کم‌کم به این نتیجه می‌رسند که دینشان سر تا پا آمیخته به خطا و نادرستی است که صدر و ذیلش دائماً باید اصلاح شود. بدیهی است که پیدایش چنین تصوری، منجر به ریزش پیروان عاقل‌تر چنین دینی می‌شود.

نگویید به این نتیجه می‌رسند که دینشان "سرتا پا آمیخته به خطا و نادرستی است". این تعبیر خطا و ناموجه است؛ حداکثر می‌توان گفت که به این نتیجه می‌رسند که «فهمشان» از دین خطاست. من مدعی نیستم که به لحاظ تاریخی، چنین اتفاقی ناممکن است. اما بگذارید بر مبنای همان سنگ بناهای قبض و بسط، گفت‌وگو را پیش ببریم. اینکه می‌گویید مؤمنان ممکن است به این نتیجه برسند که دینشان سر تا پا ایراد دارد، باید این طور بیان شود که برخی از مؤمنان ممکن است به این نتیجه برسند که «فهمشان» از دین باید عمیقاً اصلاح شود.

بگذارید به جای عبارت "دین مؤمنان" واژهٔ "قرآن" را به کار ببریم.

باید بگوییم فهمشان از قرآن؛ یا فهمشان از متن مقدس. متن مقدس، در عالم هرمنوتیک، چیزی شبیه هلو برو تو گلو که نیست! در مقام تحقق و عالم واقع، متون مقدس یک قرائت که ندارند. بگویید ممکن است برخی از مؤمنان به این نتیجه برسند که فهمشان از متن مقدس دچار گیر و گرفت است. بسیار خوب! مؤمنان به حرف‌های رفرمیست‌ها گوش می‌دهند، اگر آن حرف‌ها را پذیرفتند، فبهاالمراد؛ اگر هم نپذیرفتند، آن را رها می‌کنند. ولی اینکه می‌گویید "دینشان"، این سخن فاصله گرفتن از مبانی قبض و بسط است؛ مبانی‌ای که به نظرم مهم و موجه و ره‌گشاست. یک آدم مدرنیست عاقل، می‌بیند اسلام سنتی که راضی‌اش نمی‌کند، با اسلام سنت‌گرایانهٔ نصری ـ شوانی هم قانع نمی‌شود، دل‌آزار و رماننده بودن اسلام بنیادگرایانه هم که روشن است. او می‌تواند اسلام رفرمیستی را از اقبال و شریعتی و بازرگان تا سروش و شبستری مطالعه کند. اگر نظام آلترناتیو این افراد از متن مقدس و سنت دینی را خردنواز و قانع‌کننده یافت، به دین‌داری‌اش ادامه می‌دهد؛ اگر نه، از آن عبور می‌کند. به نظرم مسئله را باید این گونه صورت‌بندی کرد.

آخر مشکلی که آرای قرآن‌شناسانهٔ رادیکال دکتر سروش در دههٔ اخیر ایجاد می‌کند، این است که ایشان در دوران مطرح شدن نظریهٔ قبض و بسط، مشغول اصلاح معرفت دینی بودند ولی الان ظاهراً مشغول اصلاح خود دین هستند. یعنی قبلاً بر ضرورت اصلاح فهم‌های نادرست از دین تأکید می‌کردند (که جواب شما هم بر همین سیاق بود) ولی در دههٔ اخیر بحث و دغدغهٔ اصلی‌شان این نبوده است که فلان تفسیر علامه طباطبایی آمیخته به خطا است؛ بلکه می‌گویند فلان آیهٔ قرآن آمیخته به خطا است؛ چون پیامبر دانش علمی محدودی داشته و به شدت متأثر از فرهنگ عربی بوده و آن فرهنگ هم آمیخته به خرافات بوده و به‌همین‌علت، خطا و نادرستی به خود قرآن هم راه یافته است. به‌عبارت‌دیگر، کار دکتر سروش از اصلاح تفسیر المیزان به اصلاح قرآن کشیده شده است.

اگر مراد شما رویای رسولانه است، ایشان در این نظریه یک پارادایم جدید پیشنهاد

کرده است. درعین‌حال دکتر سروش از راه یافتن خطا به متن مقدس، چنان‌که شما صورت‌بندی کردید، سخن نگفته؛ بلکه بر ناسازگاری «ظواهر برخی از آیات» با یافته‌های علوم جدید تاکید کرده است.

ولی مکتوبات ایشان، ظاهراً به چیزی بیش از ناسازگاری "ظواهر برخی آیات" با یافته‌های علمی دلالت دارد. به هر حال سؤال قبلی‌ام ناظر بر مناظرهٔ قلمی دکتر سروش با آیت‌الله سبحانی بود نه نظریهٔ رویای رسولانه.

به آن هم می‌رسیم! فعلاً از رویای رسولانه آغاز کنیم. در رویای رسولانه، ایشان می‌گویند یک پارادایم شیفت در فهم و تفسیر قرآن باید صورت گیرد. پیشنهاد ایشان این است که ما به جای تفسیر، به تعبیر متن مقدس بپردازیم؛ چراکه وحی صبغهٔ سمعی‌بصری داشته و نه فقط سمعی. این یک نظریه است ناظر بر تبیین مکانیسم وحی و ارائهٔ یک نظریهٔ آلترناتیو برای فهم وحی از پس این حجاب چهارده قرنه. خوب است مناظره با آقای سبحانی را در پرتو همین تئوری متاخر ببینیم. من در مقالهٔ "از بسط تجربهٔ نبوی تا رویای رسولانه" نوشته‌ام پیامبر زبان خصوصی نداشت و نمی‌توانست از زبان خصوصی استفاده کند. اگر وجههٔ سمعی‌بصری وحی برایمان پررنگ شود، مدلول آن این خواهد بود که زمینه و زمانهٔ وحی در رویاهای پیامبر ریزش کرده است. جان کلام این است: گندمش بستان که پیمانه است رد. به تعبیر دیگر، سعه‌ای در مفهوم "تخاطب" ایجاد می‌شود. البته این برداشت من از نظریهٔ رویای رسولانه است. یعنی مخاطب متن مقدس، مطابق با این نظریه، متفاوت از "مخاطب" در تلقی سنتی است. در واقع این نظریه می‌خواهد بگوید در روزگار کنونی که علم جدید پیشرفت کرده و دانش بشر وسیع‌تر از گذشته شده، "مخاطب متن مقدس واقع شدن" چه اقتضائاتی دارد. بگذارید خاطره‌ای متناسب با همین بحث بگویم. در برخی از کلاس‌های من در تورنتو، یک پزشک رادیولوژیست حضور می‌یابد. ایشان یک‌بار در انتقاد از من گفت شما در مقالهٔ "الهیات روشنفکری دینی" آورده‌ای که آیهٔ "خلق من ماء دافق یخرج من بین الصلب و الترائب" با علم پزشکی جدید منافات دارد (چون در بین صلب و استخوان‌های سینه فضایی وجود ندارد که آب جهنده یا منی از آنجا خارج شود) و بر همین اساس می‌گویی ما با معنای تحت‌اللفظی این آیات کاری نداریم چون متن مقدس کتاب علمی نیست و ما اساساً

چنین انتظاری از قرآن نداریم. ایشان اصرار داشت که هر چند ما پزشکان الان نمی‌دانیم بین صلب و ترائب فضایی وجود دارد که منی از آنجا خارج می‌شود اما مطمئناً بالاخره روزی معلوم می‌شود چنین فضایی بین صلب و ترائب وجود دارد؛ وی بر همین اساس از من انتقاد می‌کرد. در واقع تفاوت او با من، به تلقی ما از "مخاطب وحی بودن" برمی‌گردد. یک معنای "مخاطب وحی" این است که فرد، متن قرآن را مثل هر متن متعارف دیگری بخواند و آیات آن را در معنای تحت‌اللفظی بفهمد و آنها را با تئوری‌های علمی مقایسه کند و متکلفانه بکوشد توضیح دهد که مثلاً فلان آیهٔ قرآن اشاره‌ای به بیگ بنگ دارد. در سایهٔ نظریاتی چون «قرآن کلام پیامبر» و «رؤیای رسولانه»، درک منقح‌تری از مفاهیم "تخاطب" و "مخاطب وحی" به‌دست داده شده است. درواقع، آن پیامی که قرار بوده منتقل شود، مطابق این نظریات، با این دقایق و ظرایف بیولوژیک و فیزیولوژیک نسبتی نداشته است. آموزه‌های فیزیولوژیک و بیولوژیک قرآن، برگرفته از علم زمانه بوده (و مگر می‌توانسته غیر این باشد؟) ولی آن پیام اصلی که در دل این آیات قرار دارد، امور دیگری است. بدین معنا، تحولی در معنای "مخاطب بودن" پدید می‌آید.

این "گندمش بستان که پیمانه است رد". اگر بخواهیم صریح بگوییم، آیا به این معنا نیست که از نظر یک ساینتیست یا یک فیلسوف مدرن و یا حتی یک شهروند آگاه مدرن، همهٔ آیات قرآن درست و مفید نیستند و امروزه صرفاً بعضی آیات قرآن به درد ما می‌خورند؟

چرا تعبیر "به درد بخور" را به کار می‌برید؟ من می‌گویم انتظارمان از زبان دین و متن مقدس را باید تصحیح و تحدید کنیم. اگر چنین کنیم، مسئله را به نحو دیگری صورت‌بندی می‌کنیم.

شما هم همین چیزی را که من گفتم، می‌فرمایید ولی، به قول شاملو، دو سه آب شسته‌رفته‌تر!

آن‌چه من گفتم، با صورت‌بندی و عبارات شما متفاوت است. در مواجهه با متون الهامی-هنری-معنوی، معنای "مخاطب" را باید عوض کرد. یعنی در مواجهه با این متون، باید تلقیِ دیگری از مفهوم "مخاطب" داشت.

یعنی فیزیک‌دانی که برای علم فیزیک حجیت قائل است، مخاطب همهٔ آیات قرآن نیست.

به چه معنا مخاطب همهٔ آیات نیست؟ اگر در انتظار پیدا کردن فکت‌هایی مرتبط با علم فیزیک در قرآن است، یا می‌خواهد این فکت‌ها را مؤید دیدگاه‌های علمی خودش بگیرد، نباید سراغ قرآن برود. درغیراین‌صورت، مخاطب تمام آیات است. مثلاً همان دکتر رادیولوژیستی که مثال زدم، می‌گفت آنچه در قرآن آمده، عیناً با دستاوردهای علم جدید مطابقت دارد. در مواردی هم که متعارض به نظر می‌رسند، ما بالاخره روزی این تطابق را درک می‌کنیم. از نظر من، مواجهه ایشان با قرآن از منظر روش‌شناختی ناموجه است و مبتنی بر تلقی نادرستی از زبان متن مقدس و انتظار از دین. درعین‌حال، به روایت من، ایشان هم با اخذ روش‌های موجه می‌تواند مخاطب همه آیات باشد.

دکتر سروش در "رازدانی و روشنفکری و دین‌داری" گفته‌اند متفکران و فیلسوفان جهان غرب "تا آنجا که توانستند، کوشیدند تا دین را به شکلی از اشکال نگه دارند ... و اگر آن را رها کردند از سر کراهت بود." به نظر می‌رسد دکتر سروش هم در سی سال گذشته چنین کوششی داشته ولی با توجه به روند فکری ایشان و کاسته شدن مداوم آن گندمِ ستاندنی یا "حداقل قابل قبول"، در صورتی که روشنفکری دینی با همین دست‌فرمان پیش برود، احتمالاً نسل بعدی روشنفکری دینی، مثل روشنفکران اروپایی، بااکراه یا بی‌اکراه، دین را کنار می‌گذارد. به‌ویژه اینکه خود دکتر سروش هم گفته‌اند که اسلام در جوامع اسلامی، نهایتاً جایگاهی شبیه مسیحیت و یهودیت در جهان غرب پیدا می‌کند.

اینکه نسل بعدی نواندیشان دینی چنین کاری کند، احتمالاً نسل بعد از مرا می‌گویید، نمی‌دانم. شما هم نمی‌دانید؛ فقط گمانه‌زنی می‌کنید. از الان نمی‌توانم نفیاً یا اثباتاً چیزی دربارهٔ مشی و مرام آنها بگویم. نکته‌ای هم که دربارهٔ اسلام و مسیحیت گفتید، بله، در یکی از نوشته‌های عبدالکریم سروش آمده است. من هم مخالفتی با آن ندارم. یعنی یک دین مینی‌مالِ قویاً انسانی می‌تواند بر جای بماند.

سال گذشته در «بنیاد سهروردیِ» تورنتو، چند جلسه «تاریخ عصر روشنگری» را درس دادم. برای خود من جالب بود که در میان متفکران مغرب‌زمین از سدۀ پانزدهم تا پایان سدۀ هجدهم، کسانی مثل اراسموس و کانت ظهور کردند. اراسموس و پاره‌ای دیگر از رفرمیست‌ها، چنین کاری می‌کردند. یعنی، برخلاف روشنفکران فرانسوی، به‌ویژه اصحاب دایرۀالمعارف، که با سنت دینی سر ستیز داشتند، کسانی چون اراسموس سعی‌شان معطوف به حفظ دین یا دین‌داری بود. روایت اصحاب دایرۀالمعارف، یک روایت از مدرنیته و عصر روشنگری است. ما روایت‌های دیگری هم داشته‌ایم که اتفاقاً در وضع امروز و اکنون کشورهای غربی دیده می‌شود. تفاوت فرانسه با انگلیس و آلمان از این حیث جالب است. اگر بخواهم از تجربۀ زیستۀ خودم بگویم، بخش فرانکوفون کانادا (یعنی ایالت کبک)، که تحت تاثیر ایده‌های فرانسوی است و نوعی سنت‌ستیزی در آن دیده می‌شود، بسیار متفاوت از بخش آنگلوفون کاناداست که متأثر از انگلستان است. انگلستان و آلمان و هلند هم در اروپا، نسبت‌شان با دین و سنت دینی متفاوت از فرانسه است. تا جایی که درمی‌یابم، پروژۀ رفرم دینی در ایران، نسبت و شباهتی دارد با کارهایی که اراسموس یا کانت انجام می‌دادند نه کاری که در سنت فرانسوی صورت می‌گرفت. کار اراسموس و کانت، نوعی پالایش انتقادی سنت بود و جا را برای نوعی نگرش معنوی و یا زندگی دینی عقلانی و اخلاقی باز می‌کرد. پروژۀ رفرم دینی در کشور ما و کلاً در خاورمیانه، به نظرم بر همین نهج و سیاق پیش خواهد رفت. اما اینکه این پروژه لزوماً منجر به عدول از دیانت شود، نکته‌ای‌ست که باید در ابراز آن محتاط بود. الان در مغرب‌زمین هنوز کسانی هستند که به دین عقلانی و اخلاقی باور دارند و با آن زندگی می‌کنند. ولی درعین‌حال، در غرب به سبب تحولات متعددی که رخ داده، جامعه سکولار است. سکولار نه فقط به معنای سیاسی، بلکه به معنای عقیدتی هم. درعین‌حال این واقعیت را هم باید درست بفهمیم و نباید تسلیم پروپاگانداهای رایج شویم. در آمریکا پنجاه درصد جامعه مذهبی است. در اروپا هم وضعیت مذهب در آلمان و انگلستان، به‌ویژه در جنوب این قاره، بسیار فاصله دارد با وضع مذهب در فرانسه و کشورهای اسکاندیناوی. بله، دین در جهان غرب دیگر مبنای مشروعیت سیاسی نیست ولی هنوز در بسیاری از کشورهای غربی در عرصۀ پابلیک و در

جامعهٔ مدنی حضور دارد. اگر مراد این است که رفرم دینی ما ممکن است به چنین نتیجه‌ای برسد، من مشکلی با آن ندارم و فکر می‌کنم مسیر به طور کلی، چنین مسیری است.

ولی وقتی روشنفکری دینی لیبرال با محوریت دکتر سروش، همه‌جای دین را با عقلانیت مدرن بررسی می‌کند و در یک روند تقریباً سی ساله به این نتیجه می‌رسد که بسیاری از احکام فقهی اسلام ناعادلانه است و بسیاری از گزاره‌های اخروی‌اش هم خردپذیر و قابل قبول نیست، آدم احساس می‌کند این تلاش فکری در حال منتهی شدن به نقض غرض است. یعنی این دین دائماً کوچکتر و لاغرتر می‌شود و دین‌داران مدرن، بالاخره ناچار می‌شوند دین را رها کنند.

این‌ها تفاسیر و نکاتی است که شما می‌گویید. در مباحث ایشان تعابیری نظیر خردپذیر نبودنِ گزاره‌های اخروی دین و ناعادلانه بودنِ بسیاری از احکام فقهی نیامده است. نواندیشی دینی به این روایت، یک نظام الهیاتی بدیل به‌دست می‌دهد. کل این مباحث ارائه شده را می‌توان ذیل این نظام الهیاتی بدیل گنجاند. در مقالهٔ "الهیات روشنفکری دینی"، سعی کرده‌ام مدل الهیاتی روشنفکری دینی به روایت خودم (که از جنس الهیاتی تنزیهی است) و ربط و نسبت سطوح مختلف این مدل (یعنی تجربهٔ دینی و معرفت دینی و کنش دینی) را نشان دهم. آن‌قدر که اکنون می‌توانم افق را ببینم و این تجربهٔ به قول شما سی ساله را بازخوانی می‌کنم، در ابتدای این راه احتمالاً بسیاری از گزاره‌ها و آرای کنونی در ذهن کنش‌گران جریان نواندیشی دینی نبوده است. تجربهٔ زیستهٔ ایشان در این سی سال غنی‌تر شده و تحولات متعددی در عرصه‌های سیاست و معرفت و اجتماع رخ داده است. همهٔ اینها را که کنار هم بگذاریم، محصول پروژهٔ رفرم دینی به‌دست دادن یک نظام الهیاتی بدیل است که با نظام الهیاتی سنتی فرسنگ‌ها فاصله دارد؛ اما این نظام بدیل همچنان در دل این نظام دینی یا سنت ایرانی‌اسلامی است. اما اینکه ادامهٔ این مسیر به کنار گذاشتن دین منتهی شود، تجربهٔ روشنفکران جهان غرب نشان می‌دهد لزوماً چنین نخواهد شد. من مثال کانت و اراسموس را، در مقابل سنت فرانسوی، با عنایت مطرح کردم. همهٔ قهرمانان عصر روشنگری، دین را چه به اختیار

چه به اکراه، کنار نگذاشتند.

قرآن بارها در توصیف جهنمیان گفته است "خالدین فیها ابدا"؛ ولی دکتر سروش صریحاً گفته‌اند که جهنم حتی برای هیتلر هم ابدی نیست. این حرف یعنی آن همه آیهٔ مربوط به عذاب ابدی، با عقل جور درنمی‌آید. حالا داوری را به خواننده بسپاریم و به سراغ سؤال بعدی برویم. کارل پوپر در نقد "مفسران مکتب" می‌گوید: «وظیفهٔ یک مکتب همیشه این بوده که آموزه‌های بنیان‌گذار خود را حفظ ومنتقل کند. اگر عضوی از مکتب سعی در تغییر آیین آن کند، به‌عنوان بدعت‌گزار اخراج و مکتب دچار انشعاب می‌شود ... اما برخی اوقات، آیین سنتی مکتب باید خود را با شرایط جدید بیرونی سازگار کند (مثلاً با دانش اکتسابی جدیدی که جزوی از دارایی عمومی شده است). در چنین مواردی، تغییر در آیین رسمیِ مکتب تقریبا همیشه به‌صورتی مخفیانه و از طریق تفسیر دوبارهٔ آیین قدیمی انجام می‌شود؛ به‌طوری که بعدها بتوان گفت که عملاً تغییری در آیین مذکور صورت نگرفته است. آیین جدیداً تغییریافته (که گفته نمی‌شود تغییر کرده است) به استاد مکتب که در اصل آن را بنیاد گذاشته است، منتسب می‌شود». اینکه می‌فرمایید این نظام الهیاتی بدیل همچنان در دل نظام دینی یا سنت دینی است، آیا شبیه همین چیزی نیست که پوپر در انتقاد از "مفسران مکتب"، به آنها نسبت می‌دهد؟

پروژهٔ رفرم دینی، به سنت دینی استشهاد می‌کند و نوآوری‌های خود را ذیل مؤلفه‌های مختلفِ این سنت معنا و صورت‌بندی می‌کند، از این رو با آنچه شما از پوپر نقل کردید، تفاوت دارد.

اینکه، به قول خودتان، فرسنگ‌ها از درک سنتی از دین فاصله بگیریم ولی همچنان خودمان را در ذیل سنت دینی بدانیم، تأیید همان حرف پوپر است که می‌گوید مفسران نوگرای مکتب، با اینکه سخنان تازهٔ گوناگونی مطرح می‌کنند، اما همچنان خودشان را به آن مکتب متصل می‌دانند و در واقع

انقطاعی مخفیانه از آن مکتب صورت می‌گیرد.

اگر مراد پوپر این باشد، من با او موافق نیستم. بگذارید خاطره‌ای از جان هیک نقل کنم؛ شاید به کار آید. ایامی که در انگلستان درس می‌خواندم، توفیق دیدارهای متعدد با جان هیک را داشتم. یادم است هیک در یکی از دیدارها به من می‌گفت من خودم را همچنان مسیحی می‌دانم؛ با اینکه عذر او را از کلیسا خواسته بودند و دیگر کشیش به معنای رایج کلمه نبود. من از او پرسیدم شما که به تثلیث و بکرزایی مریم باور ندارید (هیک دربارهٔ خدا هم عقیدهٔ خاص خودش را داشت. یعنی خدا را فراتر از دوگانهٔ خدای شخصی و خدای غیرشخصی می‌دانست)، دیگر چه گله‌ای دارید که کلیسا شما را مسیحی نمی‌داند؟ او در جوابم گفت مایستر اکهارت هم در قرن چهاردهم میلادی شبیه همین حرف‌ها را گفته است. چند نفر دیگر از الهی‌دانان و عرفای مسیحی را هم نام برد که چنان عقایدی داشتند. هیک می‌گفت درست است که من به تثلیث باور ندارم و در مسیحیت از مسیر اصلی[۱] فاصله گرفته‌ام، ولی این حرف‌های من در سنت دوهزارسالهٔ مسیحی قائلانی داشته است و به همین معنا، من به سنت مسیحیت متصلم و خودم را مسیحی می‌دانم. هیک می‌گفت کسانی که مرا از کلیسا بیرون کرده‌اند، حداکثر می‌توانند بگویند مرا از مسیر اصلی مسیحیت بیرون رانده‌اند. در پرتوی این سخن هیک، که من با آن هم‌دلی دارم، باید بگویم که نمی‌دانم مراد پوپر از آن تعبیر "مخفیانه" چیست. چه جان هیک چه عبدالکریم سروش، به‌صراحت گفته‌اند که با ارتدوکسی دینی فاصله دارند. اگر آدم بخواهد چیزی را مخفی کند، همین فاصله گرفتن از ارتدوکسی را باید مخفی کند. به‌هرحال من به آن معنای موسع از "سنت" عمیقاً باور دارم و فکر می‌کنم این کَند و کاوهای نواندیشان دینی، نسبتی با سنت دارد و بریده و منسلخ از آن نیست.

تعبیر "مخفیانه"، دال بر فاصله گرفتن مخفیانه از ارتدوکسی دینی یا "جریان اصلی" نیست بلکه دلالت دارد بر خروج مخفیانه از یک دین یا مکتب.

---

[۱] mainstream

نواندیشان دینی، مخفیانه از سنت دینی خارج نشده‌اند بلکه علناً از ارتدوکسی دینی خارج شده‌اند و خروج از ارتدوکسی به معنای خروج از سنت دینی نیست. اخیراً نوشته‌های عین‌القضات را می‌خوانم؛ عین‌القضات هم‌چنین آرای غیرارتدوکسی داشت. در سنت اسلامی به معنای موسع کلمه، عین‌القضات و ابن‌سینا و شیخ اشراق و ملاصدرا و غزالی که ابن سینا را تکفیر کرد، حضور داشتند تا فقیهان ارتدوکس و محتسبانی چون امیر مبارزالدین در عصر حافظ. من سنت دینی را بدین معنای موسع به کار می‌برم؛ سنتی که همهٔ این افراد را دربرمی‌گیرد.

بهتر نیست به جای "سنت دینی" به این معنای بسیار وسیع، بگویید تاریخ دین؟ همهٔ این افراد در تاریخ دین یا تاریخ اندیشهٔ دینی حضور دارند.

سنت مولَف از همین مولفه‌هاست. سنت معنای پیچیده‌ای ندارد؛ سنت دینی ما مولَف از فقه و کلام و فلسفه و تفسیر و عرفان و حاملان آن است.

آخر هر رأیی که در تاریخ اندیشهٔ دینی است، مورد تأیید شارع نیست.

بله، این آرای گوناگون روی هم سنت دینی را تشکیل می‌دهند. من هم نگفتم همهٔ این آراء لزوماً مورد تأیید شارع است. سنت، به‌سان یک رودخانهٔ جاری و ساری است که در درازنای تاریخ روان گشته. آثار فیلسوفان، عرفا، فقیهان، متکلمان، مفسران و ... روی هم سنت ستبر دینی را تشکیل داده‌اند.

ظاهراً غزالی در روزهای آخر عمرش بسیار نگران بود که مبادا کافر از دنیا برود. دغدغه‌اش این بود مبادا از دین خارج شده باشم و خودم بی‌خبر باشم. اما به نظر می‌رسد نواندیشان دینی به صرف اینکه می‌گویند ما مسلمانیم، خیالشان کاملاً راحت است که هر رأی شاذی هم که داشته باشند، باز مسلمان از دنیا خارج می‌شوند. خاطره‌ای هم که از جان هیک نقل کردید، مؤید همین نکته است. اما طبق رأی غزالی، هر کسی که خودش را مسلمان می‌داند، لزوماً مسلمان (به معنای حقیقی کلمه نه به معنای حقوقی) نیست.

چه ملاک و محکی داریم برای اینکه بگوییم کسی که خودش را مسلمان می‌داند، مسلمان نیست؟

ملاکی که دکتر سروش برای مسلمانی ارائه کرده‌اند، "مراجعه به کتاب و سنت و فهم آن است"؛ اما خود شما در مقالهٔ "روشنفکری دینی و روشنفکران دینی" می‌فرمایید ما می‌توانیم روشنفکر دینی‌ای داشته باشیم که دین‌دار نیست اما مستمراً به کتاب و سنت مراجعه می‌کند به قصد فهمیدن آنها. حتی برخی از مخالفان دین هم برای نفی دین مستمراً به کتاب و سنت مراجعه می‌کنند.

اشکالی ندارد؛ «اثبات شیء نفی ما عدا نمی‌کند». ایشان می‌گوید ملاک دین‌داری یا ملاک دینی بودن یک پروژه، مراجعه به کتاب و سنت است اما این بدین معنا نیست که کسانی که تعلق خاطری به سنت دینی ندارند، به کتاب و سنت مراجعه نمی‌کنند. تصور می‌کنم آن سخن آقای سروش نه در مقام فرق گذاشتن بین مسلمان و غیرمسلمان بلکه ناظر بر این است که ملاک و محکی به‌دست دهد برای تشخیص اینکه یک کار فکری، همچنان در ذیل پروژهٔ رفرم دینی است یا خیر.

ولی دکتر سروش دقیقاً گفته‌اند "معیار دین‌داری مراجعه به کتاب و سنت وفهم آن است؛ همین وبس".

بله، ولی این امر نافی مراجعهٔ مخالفان دین به کتاب و سنت نیست. به قول شما، منکران دین هم ممکن است مستمراً به کتاب و سنت مراجعه کنند برای پیدا کردن دلایلی علیه دین.

شاید بهتر باشد بگوییم مراجعهٔ هم‌دلانه به کتاب و سنت. اما این قید "هم‌دلانه" هم مشکل را حل نمی‌کند؛ چون به قول شما، روشنفکر دینی بی‌دین هم با دین هم‌دلی دارد.

می‌تواند این طور باشد. یعنی ممکن است کسی علی‌الاصول «قرائت رهایی‌بخش» از سنت دینی را متصور بداند ولی دین‌دار نباشد. رهایی‌بخش در عرصهٔ اجتماع و سیاست؛ نه اینکه به لحاظ الهیاتی چنین باوری داشته باشد. بدین معنا، کاملاً متصور است یک نواندیش دینی تعلق خاطر دینی نداشته باشد ولی بخشی از پروژهٔ نواندیشی دینی را پیش ببرد. یعنی کمک کند ما به لحاظ اجتماعی و سیاسی، قرائتی رهایی‌بخش از سنت دینی ارائه کنیم. البته این داوری من است و دکتر

سروش چنین سخنی نگفته است.

مراجعهٔ منکرانه به دین که محل بحث ما نیست. مراجعهٔ هم‌دلانه هم که لزوماً دال بر دین‌داری نیست. بنابراین ظاهراً فقط مراجعهٔ مؤمنانه باقی می‌ماند. یعنی در تکمیل آن جملهٔ دکتر سروش باید بگوییم معیار دین‌داری، مراجعهٔ مؤمنانه به کتاب و سنت است. اما دراین‌صورت سؤالی که پیش می‌آید این است که وقتی ما به کتاب و سنت مراجعه می‌کنیم اما توصیفات پیامبر از خدا و فرشتگان را قبول نمی‌کنیم، آیا هنوز در مقام مراجعهٔ مؤمنانه هستیم؟

آخر مراجعهٔ مؤمنانه به کتاب و سنت هم اصناف دارد. علامه طباطبایی هم مؤمن بود ولی سخنان شاذ و نامتعارفی دربارهٔ نحوهٔ نزول ملک بر ذهن پیامبر گفته است؛ و یا بحث ایشان دربارهٔ اخلاق، بسیار شاذ است و حتی مرحوم مطهری هم در نقد مرحوم طباطبایی، گفته این حرف‌های شما را راسل هم گفته است. به هر حال مراجعهٔ مؤمنانهٔ علامه طباطبایی هم با ارتدوکسی دینی فاصله دارد ولی او بر این گمان بود که در حال فهم و تبیین مباحث و مقولات دینی، به نحوی فیلسوفانه و موجه است. پس، اولاً مراجعهٔ مؤمنانه یک سنخ ندارد، ثانیاً افراد مختلفی بوده‌اند که از منظر خود، مراجعه‌شان به کتاب و سنت مؤمنانه بوده اما نتیجهٔ مراجعهٔ آنها با ارتدوکسی دینی فاصله داشته است. طباطبایی با قرائت سنتی از وحی بر سر مهر نبود. تلقی سروش و شبستری از ساز و کارِ امر وحیانی نیز با قرائت سنتی فاصله دارد. اما هر سهٔ این متفکران با اصل وحی و نبوت موافقند. بنابراین خروج آنها از ارتدوکسی دینی به معنای خروج از وادی مسلمانی نیست.

سؤال قبلی را به شکل دیگری می‌پرسم. شأن یک مؤمن در مواجهه با آرای دینی پیامبرش چیست؟ تبعیت از پیامبر و قرآن یا اصلاح آموزه‌های پیامبر و قرآن؟ اگر ما رأی پیامبر در زمینهٔ کشاورزی را نادرست بدانیم، منطقاً ایرادی بر ما نیست؛ ولی اگر برخی از آرای پیامبر در خصوص خدا و معاد را هم نادرست بدانیم، باید به این سؤال مهم جواب دهیم که ما اصلاً چرا پیرو چنین پیامبری شده‌ایم؟

سخن از نادرست بودن آرای پیامبر در خصوص خدا و معاد در میان نیست. ملاحظه کنید، در قرآن اشاراتی به خدای بی‌صورت و غیرانسان‌وار وجود دارد. در ذیل نظریات وحی‌شناسانهٔ جدید می‌توان گفت، به روایت متن مقدس، پیامبر تصاویر متفاوتی از خداوند داشته است. اگر پیامبر نگارنده یا راوی متن بوده باشد، می‌توان این مسئله را بررسی کرد که پیامبر چه تصورات و تجربه‌هایی از خدا داشته است. بله، به روایت متن مقدس، به نحو اغلبی خدای انسان‌وار بر پیامبر متجلی شده است. در آیاتی از قرآن هم این تصویر ترسیم شده است که گویی قوانین صلب و سختی بر جهان هستی حاکم است. یعنی یک نظام علی و معلولی که طبیعت از آن تبعیت می‌کند؛ مثل نحوهٔ نزول باران یا لقاح گیاهان. این تصویر صبغهٔ دئیستیک دارد، یعنی به خدای فلسفی نزدیک است؛ خدایی که جهانی را مبتنی بر یک سری قواعد و قوانین خلق کرده و از این قوانین نمی‌توان عدول کرد. این هم روایت دیگری از امرمتعالی در آیات قرآن است. البته بسامد این قرائت کمتر از خدای شخصی و انسان‌وار است. تصویر دیگری هم از خدا در قرآن داریم که شبیه خدای عرفاست. یعنی خدای وحدت وجودی. این خدا اوصاف انسانی ندارد. آیاتی مثل "هو الاول و الاخر الظاهر و الباطن" و "فاینما تولوا فثم وجه الله" به این تلقی از خداوند اشاره دارند. در رفرم دینی، که یک نظام الهیاتی بدیل ارائه می‌شود، می‌توان چنین گفت که با توجه به اکثریت مخاطبان متن مقدس، که متوسطان بودند، پیامبر ناگزیر از ترسیم یک خدای انسان‌وار بوده است. اسپینوزا هم می‌گفت پیامبران هم در قوهٔ خیال با امر وحیانی مواجه می شدند و مبتنی بر آن با مردم سخن می‌گفتند. یکی از مؤلفه‌های مواجه شدن با ساحت قدسی در قوهٔ خیال، تصویری بودن امر متعالی است تا سخنان برای اکثریت مخاطبان قابل فهم باشد. اما در متن مقدس، رد پاهایی هم برای کسانی گذاشته شده که می‌توانند از مواجههٔ مبتنی بر عنصر خیال فراتر روند. این رد پاها، آیاتی است که صبغهٔ دئیستیک دارند که خدایی واضع قوانین صلب و سختِ حاکم بر جهان هستی را ترسیم می‌کنند، و دیگری آیاتی که خدایی بی‌صورت را ترسیم کرده‌اند؛ آیاتی مثل "لیس کمثله شیء." بنابراین، به روایت متن مقدس، که محصول رویاها یا تجارب پیامبر بوده، اولاً این سه نوع مواجهه با امر متعالی را می‌توان از یکدیگر تفکیک کرد، ثانیاً این سه نوع مواجهه با

امر متعالی، که در قرآن دیده می‌شود، ناشی از تفاوت مخاطبان در زمانهٔ تکون متن مقدس بوده است. این تفاوت میان مخاطبان هنوز هم دیده می‌شود. نواندیشی دینی متأخر این نکته را تشخیص داده و برای اینکه مخاطب غیرعامی بتواند ارتباط موجه‌تری با امر متعالی برقرار کند، فقرات دیگرِ متن مقدس را برمی‌کشد و در نظام الهیاتی‌اش پررنگ می‌کند. در پروژهٔ رفرم دینی، تفاوت درک آدمیان از امر متعالی مورد توجه است و به رسمیت شناخته می‌شود. به این معنا که بسیاری از مردم شاید جرأت و رغبت مواجهه با خدای بیکرانی را که بی‌صورت و بی‌رنگ و بی‌تعین است، نداشته باشند. ما این واقعیت را باید در سنخ دین‌شناسی‌مان مدنظر قرار دهیم. شاید بتوان گفت که نواندیشی دینی می‌کوشد تصاویر دیگری از اوصاف انسانی خداوند به‌دست دهد. اخیراً مصاحبه‌ای از پوپر می‌خواندم که در آن از احوال ندانم‌انگارانه‌اش پرده برگرفته است. پوپر در جایی از مصاحبه می‌گوید: «گرچه من یهودی نیستم، اما به این نتیجه رسیده‌ام که حکمت سرشاری در این فرمان یهودی وجود دارد که می‌گوید: نام خداوند را به عبث بر زبان نیاور». فکر می‌کنم مراد پوپر از این سخن، یا دست کم تلقی من، این است که خداوند را که یک امر رازآلود و مهیب است، نباید بی‌جهت خرج کرد و ساحت قدسی هستی را دستمالی کرد. نباید با نسبت دادن اوصاف درشت و زمخت انسانی به خداوند، که گویی چون سلطانی در آسمان نشسته و به ما می‌نگرد و امر و نهی می‌کند، او را تنزل داد و فروکاست. امر متعالی، به قول گابریل مارسل، از جنس راز است؛ رازی که خصلت رازآمیزش را هیچ‌گاه فرونمی‌نهد؛ رازی که بی‌تعین و بی‌رنگ و بی‌کرانه است. اگر قرار باشد دربارهٔ خدا به مثابه یک امر عادی و موجودی که در عداد سایر موجودات است سخن بگوییم، این همان به عبث بر زبان راندن نام خداوند و یا، به تعبیر من، دستمالی کردن ساحت قدسی هستی است. من این سخن پوپر را این‌گونه می‌فهمم. اگر چنین باشد، به نظرم نواندیش دینی می‌تواند به دین‌داران معیشت‌اندیش بگوید وقتی که دربارهٔ اوصاف انسان‌وار خداوند در قرآن تذکار می‌دهم، می‌خواهم بگویم فکر نکنید خدا یک چیز دم دستی است؛ آن خصلت رازآلودگی و مهیب بودنش را از او نگیرید و او را دستمالی نکنید. درواقع، نواندیشی دینی به دین‌دار معیشت‌اندیش می‌گوید بهتر است درکی متعالی و منقح‌تر از خداوند داشته باشی. اگر چنین

بگوییم، نواندیش دینی همچنان به روح متن مقدس پای‌بند است و به اقتضای «گندمش بستان که پیمانه است رد»، می‌تواند به دین‌داران معیشت‌اندیش بگوید لوازم این سخن حکمت‌آمیز را دریابید و نام خداوند را به‌عبث بر زبان نیاورید. اگر چنین باشد، پروژۀ نواندیشی دینی با عمقی که به اوصاف انسان‌وار خداوند می‌بخشد، همچنان در ذیل سنت دینی است.

دکتر سروش، اگر اشتباه نکنم، دین را به مغازه هم تشبیه کرده‌اند که اقشار گوناگون مردم می‌توانند کالای مطلوب خود را در آن پیدا کنند. و چون کار پیامبران نزدیک کردن انسان‌ها به خدا بوده است، شاید بتوان گفت که در مغازۀ دین، تصویر انسان‌وار از خدا، کالایی در خور عامۀ مردم است و خدای بی‌صورت و غیرانسان‌وار هم در خور خواص است. بنابراین خواص حق دارند از اکثر آیات خداشناسانۀ قرآن عبور کنند.

مرادتان از عبور کردن چیست؟ چنان‌که درمی‌یابم، عبور بدین معناست که به بواطن آن آیات برسند و به معنایی که در پس آنها نهفته است عطف نظر کنند؛ به تعبیر سپهری: «عبور باید کرد / و هم‌نورد افق‌های دور باید شد». عموم عرفا و فلاسفه هم در طول تاریخ این‌گونه با آموزه‌هایِ مندرج در سنت دینی مواجه شده‌اند.

در ادامۀ همان جملۀ "معیار دین‌داری مراجعه به کتاب و سنت و فهم آن است؛ همین وبس"، دکتر سروش گفته‌اند: «اما نتیجۀ این مراجعه چیست؟ همه چیز می‌تواند باشد؛ مادامی‌که مدلّل و موجّه و روش‌مند باشد." اگر کسی به کتاب و سنت مراجعه کرد و به این نتیجه رسید که استدلال‌های مشرکان و منکران قوم عاد و ثمود و لوط و حتی قریشیان بر استدلال‌های پیامبرانشان غلبه داشته، آیا باز هم دین‌دار است؟ به‌ویژه اینکه دکتر سروش حدود دو دهۀ پیش، نوشته‌اند: «اینکه در قرآن آمده است. الذین یستمعون القول فیتبعون احسنه، معنایش رها نهادن آدمیان به انتخاب احسن نبوده است. بلکه خود قرآن قول احسن را معرفی کرده است».

نه، نتیجۀ این مراجعه همه‌چیز نمی‌تواند باشد؛ ولی می‌تواند متنوع باشد. یعنی ما در اینجا با کثرتی مواجهیم؛ چون متن را، به تعبیر علی‌ابن‌ابیطالب، ما به نطق در می

آوریم؛ به نحو روشمند البته. مراجعهٔ مؤمنان به کتاب و سنت، نه به وحدت آرا بلکه به کثرت آرا منتهی می‌شود؛ کمااینکه شده است. سپس من و شما در میان روایت‌ها و قرائت‌هایی که عرضه می‌شوند، انتخاب می‌کنیم. البته انتخابی معرفتی نه انتخاب مبتنی بر ترجیح شخصی. یعنی ادلهٔ هر قرائتی که موجه‌تر و شواهد متنی‌اش بیشتر باشد، آن را انتخاب می‌کنیم.

دکتر سروش اخیراً گفتند: «دین چیست که آب برود یا رشد کند و فربه بشود ... چه معنی دارد که بگوییم دین بسته‌ای ثابت است و مقدار و وزن معین دارد و آن‌گاه کسانی آمده‌اند و می‌خواهند آن را لاغر یا چاق کنند؟» درصورتی که تعبیر "لاغر کردن دین" متعلق به خود ایشان است و خودشان گفته‌اند که شریعتی دین را فربه می‌کرد ولی کار من لاغر کردن دین است.

بله، لاغر کردن و فربه کردن دین از تعابیر ایشان است. تا جایی که من می‌فهمم، در مصاحبه اخیر، مرادشان این بوده که مواجههٔ مکانیکی با دین نداشته باشیم و دین را یک بسته و پکیج ندانیم و مواجههٔ ذات‌گرایانه با دین نداشته باشیم. وگرنه فربهی و لاغری دو صفت است که ایشان دو دههٔ قبل به کار برده‌اند تا بگویند من، برخلاف شریعتی و پاره‌ای از روحانیان، انتظار حداقلی از دین دارم. آن اعتراض ایشان را این‌طور می‌فهمم که صفات لاغری یا چاقی را نباید به نحوی دربارهٔ دین به‌کار برد که گویی دین یک بسته و پکیج فیزیکی است که اگر بخشی از این پکیج از دست برود، دین و دین‌داری هم از دست رفته است. یعنی نوعی دعوت به لحاظ کردن همان سیالیت دین‌داری و سنت دینی و پرهیز از رویکرد ذات‌گرایانه به دین است که پیش‌تر دربارهٔ آن توضیح دادم. ذات‌گرایی گاهی نهان است ولو اینکه به زبان نیاید. درهرصورت باید از آن حذر کرد. دین و پدیده‌های اجتماعی، اموری مشخص و عینی نیستند که مثل یک میز یا یک لیوان پیش چشم ما باشند. شما به راحتی می‌توانید بگویید نصف این میز بر اثر اره شدن از دست رفت؛ اما چنین چیزی را با قطعیت دربارهٔ دین یا مدرنیته یا سکولاریسم یا دموکراسی نمی‌توانید بگویید. علی‌ای‌حال، تصور می‌کنم آن جملهٔ عبدالکریم سروش ناظر به اجتناب از این خطای روش‌شناختی بوده است.

دکتر سروش در کتاب قبض و بسط صریحاً نوشته‌اند: «خود دین، حق است.

یعنی تمام اجزایش حق است. مگر می‌شود کسی، مؤمنی به یک مکتب دینی اعتقاد بورزد و معتقد باشد حرف‌های باطلی هم در آن هست؟! ... تمام اجزای دین حق است ... در معرفت دینی، حق و باطل به هم آمیخته است اما در خود دین، حق و باطل به هم آمیخته نداریم. آنچه هست حق خالص است». این رأی آشکارا با آرای کنونی دکتر سروش منافات دارد؛ چرا که ایشان در دهۀ اخیر به‌صراحت گفته‌اند که در قرآن سخن خطا و باطل هم داریم. بنابراین آیا نمی‌توان گفت که سروش کنونی از نظر سروشی که قبض و بسط را می‌نوشت، "مؤمن" نیست؟

این هم مانند همان تحولی است که در ابتدای گفت‌وگو به آن پرداختیم. در قبض و بسط سخن بر سر تبیین چگونگیِ فهم متن مقدس در میان بوده، اما در مباحث ده سال اخیر، قصۀ خود وحی و نحوۀ تکون متن مقدس مطرح بوده؛ این مواجهه تفاوت آشکاری دارد با آنچه که روزگاری عبدالکریم سروش در قبض و بسط گفته بود. می‌توان گفت عبوری صورت گرفته و ایشان به مرحلۀ جدیدی پای نهاده است و در آن روزگار، چنین نظری نداشت. علاوه بر این، باز هم تاکید می کنم، ایشان نگفته است در قرآن سخن خطا و باطل هم داریم؛ بلکه در مکاتبات با آیت‌الله سبحانی تاکید کرده که داده‌های علمی با «ظواهر آیات» ناسازگار است.

به‌هرحال به دلیل وقوع همین تحول بود که پیشتر گفتم کار دکتر سروش از اصلاح تفسیر المیزان به اصلاح قرآن رسیده است.

من با تعبیر "اصلاح قرآن" هم‌دلی ندارم و این تحول در آرای دین‌شناسانه و الاهیاتیِ دکتر سروش را بیشتر ناشی از توجه به "ریزش علم زمانه در رویاها و تجارب پیامبر" می‌دانم. در پرتو این تحول، سعه‌ای در معنای "مخاطب وحی" پدید می‌آید و متن را به گونۀ دیگری می‌فهمیم و انتظاراتمان از متن مقدس منقح‌تر می‌شود. جناب مجتهد شبستری هم در مباحثی که دربارۀ ایمان و آزادی و برخی از مباحث دیگرشان داشته‌اند، با وام کردن مفهوم "خبر" و اینکه ما چگونه از پی خبر روان می‌شویم و خود را مخاطب وحی می‌انگاریم، به نحو دیگری به همین موضوع پرداخته‌اند. مخاطب وحی بودن در روزگار کنونی، مخاطبی که به نحو ره‌گشایی

متن را به صدا درمی‌آورد، در پرتو این مباحث متولد می‌شود.

با این حساب باید پرسید آیا مخاطبان پروژهٔ رفرم دینی اکثریت مردم ایرانند؟ چون اکثر مردم مثل آقای شبستری نیستند که این مباحث را بخوانند و همچنان دینشان را حفظ کنند. آنها اگر غرق این مباحث شوند، احتمالاً از دین خارج می‌شوند.

مخاطبان این پروژه، اکثر مردم نیستند. اما طبقهٔ متوسط شهری یا قشر نخبگان و کسانی که دل‌مشغول دین‌داری عالمانه و محققانه‌اند، اولاً و بالذات مخاطب این سخنان‌اند؛ یعنی کسانی که سخنان روحانیت و حاملان دین‌داری سنتی، ایشان را قانع نکرده است. این از پاسخ سؤال شما. درعین‌حال، هنگامی که آرای برآمده از رفرمیسم دینی در میان طبقهٔ متوسط شهری پذیرفته شود، به تدریج می‌تواند به خورد افراد دیگر برود و از این طریق در کل جامعه تاثیرگذار باشد. در جهان غرب هم دین‌داری سنتی از بین نرفته است. من بارها در انگلستان و کانادا به کلیسا رفته‌ام و به حرف‌های کشیش‌ها گوش داده‌ام. عین روحانیان خود ما هستند. یعنی فهم مدرنی از دین ندارند. البته متساهل‌اند و از حقوق همجنس‌گرایان، مثلاً، دفاع می‌کنند؛ هر چند معتقدند همجنس‌گرایی گناه است ولی چون در جهان غرب بزرگ شده‌اند، به رواداری باور دارند. من دوست کشیشی دارم که ذهنیتش سنتی است، کاملاً انحصارگراست و معتقد است فقط آئین مسیحیت رهایی‌بخش و هدایت‌کننده است؛ آیات انجیل را هم در معنای تحت‌اللفظی کلمه باور دارد. این کشیش جوانِ ۳۸-۳۹ ساله، که در کانادا به دنیا آمده و بزرگ شده، به رغم مواضع الاهیاتیِ سنتی‌اش، از حقوق بنیادین همهٔ انسان‌ها، فارغ از دین، نژاد، جنسیت و ... دفاع می‌کند.

درواقع شما می‌فرمایید اگر مباحث روشنفکران غربی در دو سه قرن اخیر نبود، الان چنین کشیشی هم نداشتیم که از رواداری دفاع کند.

بله، تصور من این است. این‌ها قبلاً روادار نبودند. انصافش این است که طرح آن مباحث، لوازم و نتایج اجتماعی سیاسی بسیار پررنگی داشته و در جهان غرب نهادسازی کرده است. این دوست کشیشم که تعلق خاطر به کلیسای باپتیست دارد

و با آموزه‌ها و مشی کلیسای کاتولیک چندان بر سر مهر نیست، بارها به من گفته اگر لوتر نبود و رفرم لوتری ـ کالونی در جهان مسیحیت طنین‌انداز نشده بود، رفرمی که بر اتوریته داشتن متن مقدس (انجیل) تأکید می‌کرد و سخنان پاپ‌ها و کشیشان را ذیل آیات انجیل می‌فهمید، عالم مسیحیت، چه به لحاظ الاهیاتی، چه به لحاظ وضعیت کلیساها در وضعیت به کلی دیگری قرار داشت. من گاهی از خودم می‌پرسم این کشیش با یک روحانی ساکن قم چه فرقی دارد؟ او الف اول و یاء آخر را مسیحیت می‌داند و انحصارگراست. همچنین معتقد است جهان در شش روز خلق شده است و عقایدی از این دست دارد. فرق این کشیش‌ها با روحانیان ما در "تصادف تولد" است. این‌ها تصادفاً در غرب به دنیا آمده‌اند و رواداری را از سنین طفولیت یاد گرفته‌اند. زحمت چندانی هم برای روادار شدن نکشیده‌اند. ولی خیلی خوب است که روادارند؛ عمیقاً هم روادارند. یعنی اگر بشنوند یک مسلمان نمی‌تواند اعمال دینی‌اش را در کانادا به جا بیاورد، عمیقاً ناراحت می‌شوند. و یا با اینکه همجنس‌گرایی را امر باطل و گناه‌آلودی می‌دانند، اما می‌گویند همجنس‌گرایان حق دارند در این جامعه زندگی کنند و نحوهٔ زندگی آن‌ها به رسمیت شناخته شود. درک همین دوست کشیش من از دین عمیقاً سنتی است و فی‌المثل با کی‌یرکه گارد و کانت و اسپینوزا هم‌دلی ندارد و دین‌داری ارتدوکس را برمی‌کشد و تبلیغ می کند. ۹۹ درصد حرف‌هایش در کلیسا، اگر عناصر مسیحی گفتارش را کنار بگذاریم، عین سخنان روحانیان خودمان است. مستمعان و مخاطبان او هم دین‌داران سنتی‌اند. خلاصه اینکه، روی سخن رفرم دینی در درجهٔ اول با کسانی است که با دین‌داری عالمانه‌تری قانع می‌شوند و نسبت به جهان جدید گشوده‌اند و درعین‌حال دغدغه‌های معنوی دارند. اگر موانع سیاسی و اجتماعیِ تکثر دینی در ایران برداشته شود و سبک‌های گوناگون دین‌داری پذیرفته شوند، آثار و نتایج نیکویی بر آن مترتب خواهد شد. رفرمیست‌های دینی هم انتظار ندارند که همهٔ اقشارِ جامعه پذیرای آرای آنها باشند. وقتی در کانادا یک کشیش مثل روحانیان ما با دین‌داران سنتی کانادا سخن می‌گوید، قطعاً در ایران هم دین‌داران سنتی مایلند همین حرف‌ها را از روحانیان ایران بشنوند. در خانوادهٔ خود ما هم، خاله و عمهٔ من دین‌دارانی سنتی‌اند که مخاطب روشنفکران دینی نیستند بلکه مخاطب حاملان

دین‌داری سنتی‌اند و تلقی دینی‌شان را از روحانیان می‌گیرند.

اگر ما غایت پروژهٔ اصلاح دین را به قول آقای ملکیان، هرس کردن دین بدانیم تا دین در زمانهٔ کنونی مزاحم زندگی بشر نباشد، مشکلی نیست؛ اما اگر غایت این پروژه را حفظ دین بدانیم، به نظر می‌رسد آن نقد تند دکتر سروش به جمهوری اسلامی، یعنی "کافرپروری"، دامن خود روشنفکری دینی را هم می‌گیرد؛ چون در دو سه دههٔ اخیر، عده‌ای در اثر خواندن آرای روشنفکران دینی از دین خارج شده‌اند و ما با نوعی نقض غرض مواجهیم.

با هرس کردن کاملاً موافقم. به‌دست دادن قرائت انسانی و اخلاقی از سنت دینی، مدلولش همین است. اما دربارهٔ حفظ دین، ترجیح من این است بگویم روشنفکری دینی در پی ارائهٔ یک نظام الهیاتی بدیل است که صدر و ذیلش با دین‌داری سنتی می‌تواند تفاوت داشته باشد. دربارهٔ کافرپروری هم، منکر ادعای شما نیستم. کاملاً متصور است برخی افراد با خواندن ایده‌های روشنفکران دینی از دیانت خارج شده باشند؛ اما «آن جفا دیدی، وفا را هم ببین!». از این‌سو هم، به نظرم، افراد متعددی با خواندن آرای روشنفکران دینی وارد عرصهٔ دین‌داری شده‌اند و با معنویت و ساحت قدسی آشتی کرده‌اند؛ «ای قصاب این گرد ران با گردن است!» هر دو جنبه را باید دید و اصولاً امور اجتماعی چنین خصلت و اقتضائاتی دارند. امری که تبعاتش یکسره مثبت باشد، بسیار کمیاب و شاید هم نایاب باشد. قرآن هم در توصیف خود گفته است «یضل به کثیرا و یهدی به کثیرا». یعنی به روایت متن مقدس، عده‌ای با خواندن قرآن هم گمراه می‌شوند. جایی که برق عصیان بر آدم صفی زد/ ما را چگونه زیبد دعوی بی‌گناهی؟ اگر عده‌ای با خواندن قرآن گمراه می‌شوند، کاملاً محتمل است عده‌ای هم با خواندن آرای روشنفکران دینی از دین خارج شوند.

البته این را هم باید گفت که برخی از کسانی هم که با خواندن آرای دکتر سروش از دین خارج شده‌اند، مثلاً باید بیست سال پیش از دین خارج می‌شدند ولی چون در یک دورهٔ طولانی مجذوب آرای سروش بودند، در دین باقی ماندند و درواقع دکتر سروش یکی دو دهه این افراد را در دین نگه داشتند! اما جدا از این، به نظر شما غایت پروژهٔ روشنفکری دینی

تسهیل زندگی بشر در جهان جدید است یا حفظ دین در جهان جدید؟

فکر می‌کنم هر دو.

اگر بین این دو تعارض پیش آید چه؟

من تعبیر "حفظ دین" را زیاد دقیق نمی‌دانم. به نظرم کار نواندیشی دینی به‌دست دادن یک قرائت بدیل از دیانت است. یعنی ارائهٔ روایتی از دین‌داری که با عقلانیت سازگار باشد. اما دربارهٔ کسانی که با خواندن آرای روشنفکران دینی از دین خارج شده‌اند، بگذارید این نکته را هم اضافه کنم که ما فقط فضای پیرامون خودمان را می‌بینیم. من شخصاً، به عنوان عضو خردی از خانوادهٔ نواندیشی دینی، پیام‌های مکتوب فراوانی از طریق ایمیل و تلگرام و فیس‌بوک و وایبر، از اروپا، امریکای شمالی، افغانستان، کردستان عراق، شهرهای مرزی و شهرهای غیرمرزی ایران دریافت می‌کنم و لب سخن نویسندگانِ این پیام‌ها این است که ما با خواندن آثار شما، چند سالی است با دین آشتی کرده‌ایم. چنان‌که گفتم، پدیده‌های اجتماعی دوسویه است. شما ممکن است روزنامه‌نگارانی را در اطرافتان دیده باشید که قبلاً با روشنفکری دینی بر سر مهر بودند و الان دیگر از این جریان خارج شده‌اند. من هم کسان بسیاری را در مشهد، تبریز، کیش، کردستان عراق، افغانستان و اروپا می‌شناسم که به گفتهٔ خودشان، با امر معنوی بر سر مهر نبودند و در اثر خواندن آرای نواندیشان دینی، جذب دین شده‌اند. در مجموع ریزش و رویش با هم بوده.

به نظر می‌رسد افرادی که چنین پیام‌هایی به شما داده‌اند، آدم‌های مدرن‌تر شهرها و مناطق سنتی‌اند.

بله، موافقم. از بوشهر و کردستان عراق و کردستان ایران و افغانستان و مشهد و قم و ... بوده‌اند. از نوشته‌هایشان پیداست که با دقت آثار نواندیشان دینی، از جمله دکتر سروش، مجتهد شبستری و من را خوانده‌اند.

دکتر سروش در مناظره با بهمن‌پور گفته‌اند: «نه در مورد ملاّی روم و نه هیچ کس دیگر (پس از پیامبر) قائل به نبوت و شؤون و لوازم آن نیستم». اما به نظر می‌رسد ایشان پاره‌ای از شئون و لوازم نبوت (والبته نه همهٔ این

شئون و لوازم) را برای عرفا و حتی غیرعرفا هم به رسمیت می‌شناسد.

تا مرادتان از شئون نبوت چه باشد. اگر مراد وحی شدن باشد، ما در قرآن داریم که به مادر موسی و به زنبور هم عسل وحی می‌شود. مولوی هم می‌گوید "او که کرّمناست بالا می‌رود/ وحی‌اش از زنبور کی کمتر بود؟" یعنی اگر به زنبور عسل وحی می‌شود، چرا به انسان که قرآن دربارهٔ او گفته «لقد کرمنا بنی آدم» وحی نشود؟ پس وحی، با استشهاد به قرآن، اختصاصی به پیامبر ندارد؛ اما میان دو مقوله باید تفکیک کرد (در نوشته‌های آقای سروش کاملاً به این تفکیک توجه شده است) و آن اینکه قصهٔ وحی، یعنی اتصال به بواطن عالم و تجربه‌های خوش کبوترانه را از سر گذراندن، یک امر است و مقولهٔ رسالت و نبوت امر دیگری است. در قرآن گفته نشده است مادر موسی رسالتی داشت. دکتر سروش از همین‌جا حرکت می‌کند و تعبیر "بسط تجربهٔ نبوی" را به کار می‌برد. به نظر ایشان، عرفا به این معنا تجربهٔ پیامبر را بسط داده‌اند و شریک اذواق و مواجید پیامبر بوده و علی‌قدرمراتبهم تجارب وحیانی یا تجارب باطنی داشته‌اند. اما این بدین معنا نیست که بر تجربهٔ عرفا رسالتی مترتب است و دیگران باید از آنها تبعیت کنند، ابداً. ادعای نبوت و رسالت اصلاً در کار عرفا نبوده است. تفکیک میان «بعد حقیقی» و «بعد حقوقی» ختمیت نبوت، در اینجا کاملاً ره‌گشاست. عبدالکریم سروش به‌صراحت گفته است خاک تاریخ دیگر پیغمبرخیز نیست و مدلول خاتمیت این است که دیگر شخصی که ادعای رسالت کند و سخنانش برای دیگران الزام‌آور باشد، برنخواهد خاست و این باب در تاریخ بسته شده است. این ختمیت حقوقی نبوت است. یعنی شخصیت حقوقی نبی دیگر تکرار نمی‌شود و بسط پیدا نمی‌کند. اما به لحاظ حقیقی، یعنی شریک اذواق و مواجید نبی شدن، کاری است که عرفا در طول تاریخ انجام داده‌اند و با مشی و مرام خود فتوا به بسط آن تجربه داده‌اند. بنابراین، چنان‌که من می‌فهمم، نظریهٔ رویای رسولانه ازاین‌حیث تفاوتی با بسط تجربهٔ نبوی ندارد و آقای سروش به‌صراحت این دو مقام را از یکدیگر تفکیک کرده است. ضمنا دکتر سروش راجع‌به مولوی هم، که جزو معشوقان اوست، چیزی فارغ و فراتر از این چارچوبی که بیان کردم، نگفته است. البته مولوی کشفیاتی داشته و به این سنت دینی افزوده، اما ادعای رسالت و نبوت نکرد و آقای سروش هم اصلاً چنین درکی از مولوی ندارد و

ختمیت نبوت (به معنای ختمیت شخصیت حقوقی نبی) را بسیار جدی می‌گیرد. اما ایشان با تجارب باطنی عرفا هم‌دلی دارد و معتقد است این تجارب به رونق و شکوفایی تمدن اسلامی مدد رسانده است. به‌هرحال، برکشیدن تجارب باطنیِ عرفا امر دیگری است و منافاتی با ختمیت نبوت ندارد.

در مناظره با بهمن‌پور، دکتر سروش گفته است: «{اگر بگوییم} سخنی که {ائمه} می‌گفتند بی‌چون و چرا و بی‌احتمال خطا و بر اثر الهام الهی، عین کلام پیامبر بود و جای اعتراض نداشت ... آیا در این صورت، جز مفهومی ناقص و رقیق از خاتمیت چیزی بر جای خواهد ماند؟» ایشان اخیراً گفتند ما به پیامبر هم نقد داریم. این یعنی گاهی در برابر پیامبر هم چون و چرا می‌کنیم و حتی برخی از سخنان او را نمی‌پذیریم. آیا نقد پیامبر هم متضمن ناقص و رقیق شدن خاتمیت نیست؟

مراد ایشان در آن مصاحبه این بود که ما استشهادات دینی برای پرهیز از نقد پیامبر نداریم. یعنی آیه یا روایتی نداریم که پیامبر را نمی‌توان نقد کرد. درواقع آقای سروش می‌خواست بگوید مسلمانی و تأسی به سنت نبوی علی‌الصول منافاتی با نقد پیامبر ندارد.

ولی در مناظره با بهمن‌پور گفته بودند نگویید سخن ائمه مثل سخن پیامبر بی‌چون‌وچرا بود تا خاتمیت رقیق نشود. یعنی انگار بی‌چون‌وچرا بودن سخن پیامبر را از ارکان خاتمیت می‌دانستند. اگر مؤمنان رویکرد انتقادی به پیامبرشان داشته باشند، لزوماً از دین خارج نمی‌شوند ولی آیا خاتمیت را رقیق نمی‌کنند؟

تصور می‌کنم خاتمیت رقیق نمی‌شود، بلکه تلقی ما از نبوت و رسالت پیامبر تغییر می‌کند. یعنی می‌توانیم همچنان او را خاتم‌النبیین بدانیم ولی این را هم بگوییم که پیامبر هم انسانی بوده که می‌توان او را نقد کرد. البته این تلقی از خاتمیت متفاوت از تلقی ارتدوکسی دینی و تلقی رایج بین مردم است، اما فکر نمی‌کنم منطقاً مدلول این کلام کمرنگ شدن ختمیت نبوت باشد. در میان قدمای ما، معتزله دربارهٔ شرایط نزول وحی و ریزش فرهنگ عربی در متن مقدس سخن گفته بودند. این هم

یک امر نامتعارف بود و منتقدان معتزله، یعنی اشاعره و فقها، سخنان آنها را نمی‌پسندیدند. به‌هرحال فرهنگ عربی اقتضائاتی داشته و منتقدان معتزله فکر می‌کردند اگر پای این مباحث به میان بیاید، از قدسی بودن متن مقدس کاسته می‌شود؛ چراکه در فرهنگ عربی درست و نادرست و خالص و ناخالص قاطی است و اگر بپذیریم این امور در متن مقدس ریزش کرده است، متن از آن یک‌دستی و قدسی بودن خارج می‌شود. اما معتزله چنین نمی‌انگاشتند. پاسخ ایشان این بود که تلقی ما از شکل‌گیری متن مقدس، متفاوت از تلقی رایج است، اما این روایت به فهم معقول‌تری از زمینهٔ پیدایی متن مقدس مدد می‌رساند.

در مناظره با بهمن پور همچنین این نکته از سوی دکتر سروش مطرح شده است: «چگونه می‌شود که پس از پیامبر خاتم کسانی درآیند و به اتکاء وحی و شهود سخنانی بگویند که نشانی از آنها در قرآن و سنّت نبوی نباشد و درعین‌حال تعلیم و تشریع و ایجاب و تحریمشان در رتبه وحی نبوی بنشیند و عصمت و حجّیت سخنان پیامبر را پیدا کند و باز هم در خاتمیت خللی نیفتد؟ پس خاتمّیت چه چیزی را نفی و منع می‌کند؟ شارح و مبین خواندن پیشوایان شیعه هم گرهی از این کار فرو بسته نمی‌گشاید چراکه کثیری از سخنان آن پیشوایان احکامی جدید و بی‌سابقه است». حال سوال این است: اگر کثیری از سخنان ائمه احکامی جدید و بی‌سابقه بوده و همین امر نشانهٔ نقض خاتمیت است، کثیری از سخنان روشنفکران دینی و حتی روحانیان نواندیش هم چنان خصلتی دارد. وقتی نواندیشان دینی احکام جدید صادر می‌کنند و دکتر سروش هم وحی را همچنان جاری می‌داند و عرفا و فیلسوفان را کسانی می‌داند که به اتکاء وحی و شهود سخنانی تازه گفته‌اند و بر اسلام افزوده‌اند، آیا از خاتمیت چیزی جز اسمی بی‌مسما باقی می‌ماند؟

داوری آقای سروش دربارهٔ تلقی برخی شیعیان از امامت این است که ایشان تلویحاً منزلت و موقعیتی را که برای پیامبر قائل‌اند، برای امامان شیعه هم قائل‌اند و نسبت میان امامت و خاتمیت روشن نیست. یعنی قول ائمهٔ شیعه هم مفترض‌الطاعه است

و باید از آنها "اطاعت" کرد. این تلقی از امامت، در میان شیعیان غالی، جاری و ساری است. شیعیان غالی این مدعا را به زبان نمی‌آورند ولی عملاً چنین موضعی دارند. مثلاً احکام خمس در شکل کنونی‌اش در سنت نبوی سابقه ندارد و متعلق به ائمه است. اغلب شیعیان هم چون ائمه را همانند پیامبر مفترض‌الطاعه می‌دانند، احکام ائمه دربارهٔ خمس را همانند احکام پیامبر در موضوعات دیگر می‌دانند. نقد دکتر سروش به چنین شیعیانی این است که چرا ائمه را کنار پیامبر می‌نشانید و همان جایگاه و منزلتی را که برای پیامبر قائلید، برای ائمه هم قائل می‌شوید. اما آنچه که دربارهٔ عمل نواندیشان دینی گفتید، پاسخش این است که نواندیشان دینی در حال تحقق بخشیدن به رفرم در سنت دینی‌اند با تأسی به روح حاکم بر این سنت؛ بدین معنا، این کار ناقض خاتمیت نیست. نواندیشان دینی می‌گویند ما در این روزگار پیام سنت نبوی را، که در زمینه و زمانهٔ دیگری تکون یافته، با تأسی به امکانات و ابراز و ادوات آن سنت، بازخوانی و بازآفرینی می‌کنیم. مدلول این سخن این است که به نزد نواندیشان دینی، خاتمیت هم اسم دارد و هم مسما. مضافاً بر اینکه نواندیشان دینی، فقیه نیستند که احکام صادر کنند، بلکه تأملات الهیاتی ـ فلسفی - عرفانی ـ دین‌شناسانهٔ خود را با مخاطبان در میان می‌گذارند. همین و نه بیشتر.

"روشنفکران دینی" فقیه نیستند ولی وقتی می‌گوییم "نواندیشان دینی"، دست کم پای چند فقیه هم به میان می‌آید. به‌هرحال مشکلی که اینجا در مقام عمل وجود دارد، این است که مثلاً صد و پنجاه سال پس از فوت پیامبر، ائمهٔ شیعه، در مواجهه با مسائل روزمرهٔ زندگی، ناچار بودند احکام جدیدی صادر کنند که در سنت نبوی سابقه نداشته. الان که ۱۴۰۰ سال از عصر پیامبر گذشته، روشنفکران دینی و روحانیان نواندیش به حق ناچارند احکامی صادر کنند که در کلام پیامبر سابقه نداشته. پس اساساً چرا باید تشریع و صدور احکام جدید را نشانهٔ نقض خاتمیت بدانیم؟

نه، سخن بر سر این است که ائمه را نباید در منزلت پیامبر نشاند. این کاری است که شیعیان غالی انجام می‌دهند. اهل سنت هم خلفا و فرَق چهارگانه دارند. آنها هم به خلفا و پیشوایان فِرق چهارگانه‌شان بسیار علاقه دارند، ولی آنها را در منزلت

پیامبر نمی‌نشانند. سؤال این است که نکند پاره‌ای از شیعیان به گونه‌ای با امامت رفتار کنند که امامت نه تالی نبوت بلکه بدیل نبوت شود. اگر این طور نباشد و تفکیک میان نبوت و امامت عملاً و در مقام تحقق جدی انگاشته شود، کسی با اجتهاد مشکلی ندارد. فقهای شیعه از اجتهاد در فروع سخن گفته‌اند و نواندیشان دینی از اجتهاد در اصول سخن می‌گویند. این رفرم همچنان رفرمی در دل سنت دینی است.

آن منزلت پیامبر، اگر عنصر رسالت یا مأموریت را کنار بگذاریم، دقیقاً مبتنی بر کدام عنصر اختصاصی است؟ اگر مأموریت نبی را کنار بگذاریم، دیگر چیزی باقی نمی‌ماند که ائمهٔ شیعه یا عرفا و فقها دستشان از آن کوتاه باشد.

توجه کنید، وحی رسالی مدنظر است؛ یعنی وحی‌ای که رسالتی بر آن مترتب است؛ وحی‌ای که با مأموریت نبوی همراه است. پروندهٔ این بحث بسته شده و پس از پیامبر دیگر نبی‌ای ظهور نمی‌کند. اشکال به شیعیان غالی این است که به نحوی با امامت برخورد می‌کنند که گویی بدیل و قسیم وحی رسالی است.

اگر کسی خودش را مسلمان بداند ولی پیامبر را قبول نداشته باشد، منطقاً اسلامش مقبول نیست. ولی شیعیان غالی می‌گویند اگر کسی خودش را مسلمان بداند اما ائمه را قبول نداشته باشد، اسلام او هم مقبول نیست. ظاهراً دکتر سروش نسبت به این مدعا حساسند.

بله؛ یعنی آن چیزی که محوریت دارد و عمود خیمه است، نبوت است. آقای سروش به مثابه یک شرطی خلاف واقع هم گفته که مخاطبان پیامبر در صدر اسلام با اینکه ائمه را ندیده بودند و به تعبیر امروزین شیعه نبودند و ولایت هم (به معنای شیعی کلمه) نداشتند، هیچ تردیدی در مسلمانی‌شان نیست و مسلمانی ایشان چیزی کم ندارد.

درواقع از نظر دکتر سروش، مسلمانی که ولایت ائمهٔ شیعه را قبول ندارد، مشکلی برای رستگاری اخروی‌اش ایجاد نمی‌شود.

بله، همین‌طور است؛ هرچند برخی از شیعیان این سخن را خوش نمی‌دارند.

درعین‌حال، چنان‌که درمی‌یابم و در مقالهٔ «الهیات روشنفکری دینی: نسبت‌سنجیِ میان تجربهٔ دینی، معرفت دینی و کنش دینی» آورده‌ام، آنچه عمود خیمه و مقوم رستگاری در مدرسه نواندیشی دینی متاخر است، نبوت است.

دکتر سروش در مناظره با بهمن‌پور این نکته را هم مطرح کرده‌اند که دانش پیامبر بی‌واسطه و مقرون به عصمت و واجد حجیت است و "شیعیان غالی" چنین دانشی را برای ائمه هم به رسمیت می‌شناسند. اما وقتی که ما به پیامبری که چنین دانشی داشته، نقد داریم و دانش او را که در قرآن متجلی شده است، در موارد متعدد آمیخته به خطا می‌دانیم، اصلاً چه نیازی است که با شیعیان غالی بر سر این موضوع دعوا کنیم که این دانش پرخطا را فقط پیامبر اسلام داشته است؟ بگذار آن‌ها بگویند دیگران هم چنین دانشی داشته‌اند!

پیشتر هم آوردم، سخن از دانشی نیست که آمیخته به خطاست و در قرآن متجلی شده. چنان تعابیری اصلاً در مکتوبات نواندیشان دینی به کار نرفته، بلکه سخن بر سر ناسازگاری «ظواهر برخی آیات» با داده‌ها و یافته‌های علمی است. علاوه براین، حدود و ثغور دانش پیامبر در اینجا مدخلیت و محوریت ندارد، بلکه سخن بر سر مفترض‌الطاعه بودن است. یعنی اگر قول پیامبر محوریت دارد و عمود خیمهٔ دیانت است، نباید سخنی بگوییم که این مقام و منزلت تسری یابد و از آن دیگران هم بشود. محل اصلی نزاع این‌جاست؛ مابقی فرع قصه است. من این طور در می‌یابم.

به نظرم در بحث از رأی دکتر سروش در خصوص "راه یافتن خطا به قرآن"، پاسختان مصلحت‌اندیشانه و مبتنی بر پاره‌ای ملاحظات است؛ مگر اینکه نظر کنونی دکتر سروش، متفاوت از نظری باشد که در مناظره با جعفر سبحانی ابراز داشته‌اند. با اجازه‌تان سؤال بعدی را مطرح می‌کنم. دکتر سروش در سال ۶۷ نوشته بودند: «پاره‌ای **از افراد گفته‌اند ... کلام پیامبران همردیف کار شاعران می‌باشد. این سخنان به معنای دقیق کلمه "ملحدانه" هستند». دو دهه بعد، در مناظره با آیت‌الله سبحانی نوشتند: «برای درک پدیدهٔ ناآشنای وحی، می‌توانیم از پدیدهٔ آشناتر شاعری (و به‌طور کلی**

خلاقیت هنری) مدد بجوییم ... این فقط در مقام تصور است». در این جملات، که آشکارا متفاوت از آن سخنان سال ۶۷ است، تشبیه کار پیامبر به شاعران و هنرمندان، البته با یک قید همراه است ("این فقط در مقام تصور است") اما کمتر از یک دهه بعد، همان قید هم از وحی‌شناسی دکتر سروش برداشته شد و ایشان در مناظره با عبدالعلی بازرگان، صریحاً گفتند که پیامبر هنرمند بود. درحالی که در همان مقالهٔ سال ۶۷ گفته بودند: «در قرآن تأکید شده است که پیامبر شاعر نیست». با توجه به این سیر فکری، سؤال من این است که مرز رفرم دینی (یا دور شدن از ارتدوکسی دینی) و خروج از دین کجاست؟

دو سال پیش، مناظرهٔ مکتوبی با دکتر محمود صدری داشتم. در آن مناظره، که در قالب پاسخ‌های ما به پرسش‌های نشریهٔ «چشم‌انداز» انجام شد، آقای صدری دوگانهٔ اصلاح-احیاء را برکشیدند. از منظر ایشان، آنچه به کار ما می‌آید، احیاء دینی است؛ چراکه پروژهٔ «اصلاح دینی»، مطابق تلقی من از استدلال دکتر صدری، متضمن نوعی شیب لغزنده است و همین‌طور پیش می‌رود و به تدریج چیزی از دیانت بر جای نمی‌گذارد؛ یا به تعبیر شما، رفرم دینی نهایتاً به خروج از دین می‌انجامد. من با دوگانه و صورت‌بندی دکتر صدری هم‌دلی ندارم. البته در نوشته‌های خودم از دوگانهٔ احیاء-اصلاح سخن گفته‌ام ولی با روایت صدری از این دوگانه موافق نیستم. احیاء دینی یعنی تأکید بر جوانب مغفول دین و زدودن خرافات و امثالهم، و کاملاً داخل پارادایم دین است و با استشهاد به اسباب و ادوات و امکانات سنت دینی انجام می‌شود. کار چهره‌هایی چون مطهری و قابل و تا حدودی کدیور، نمونه‌هایی از احیاگری دینی در روزگار کنونی است. در رفرم دینی، همان‌طور که قبلاً هم گفتم، نوعی بازسازی فهم دینی و به‌دست دادن نظام الهیاتی بدیل صورت می‌گیرد. نمونه‌های شناخته شده و مهم اصلاح‌گری دینی هم، اقبال و سروش و شبستری‌اند. شریعتی هم که از پروتستانتیسم دینی سخن می‌گفت و «طرح هندسی مکتب» را مطرح می‌کرد، در همین وادی گام می‌زد. شریعتی متأثر از اقبال هم بود اما عمق فلسفی و احیاناً دانش دینی اقبال را نداشت ولی به علت نبوغ و ذهن وقادش می‌دانست چه کار دارد می‌کند و اسم سنتزش را هم گذاشته بود «طرح هندسی

مکتب»؛ طرحی که در اسلام‌شناسی‌اش آمده است. کار او هم در ذیل پروژه رفرم دینی بود. اینکه مرز رفرم دینی و خروج از دین کجاست، به نظر من مرز مشخصی ندارد؛ بدین معنا که، مادامی‌که فرد استشهاد به سنت دینی می‌کند و در اندیشهٔ این است که روایتی نو و قرائتی بدیل نسبت به ارتدوکسی دینی عرضه کند و سخنان خود را مستند به پاره‌ای از فقرات سنت دینی می‌کند، همچنان در ذیل پروژهٔ پالایش دین یا رفرم دینی گام برمی‌دارد؛ ولو اینکه سخنانش نامتعارف باشد. اگر بتوان نشان داد که سخنان او منطقاً متضمن عدول از سنت دینی است، بدین معنا که هیچ نسبتی با توحید و نبوت و معاد ندارد، و خود آن فرد هم بپذیرد که سخنانش نسبتی با سنت دینی و ارکان این سنت (یعنی توحید و معاد و نبوت) ندارد، آن فرد از پروژهٔ رفرم دینی بیرون می‌آید و بدین ترتیب از عرصهٔ دیانت هم خارج می‌شود. اما رفرمیست‌ها بر این باورند که سخنانشان با ارکان سنت دینی نسبتی دارد ولو اینکه از درک رایج (یا از ارتدوکسی دینی) فاصله داشته باشد. به تعبیر دیگر، چنانکه قبلاً هم گفتم، من در این امور به نوعی سیالیت باور دارم و تصور نمی‌کنم ما در پدیده‌های اجتماعی، از جمله در عرصهٔ دیانت، «خط نگه‌دار» داشته باشیم. خط نگه‌دار برای بازی فوتبال خوب است ولی در این عرصه‌ها، که ظرافت و سیالیت دارد، خط نگه‌دار نداریم که به کسی بگوید توپ افکار تو، نیم متر از زمین بازی دین بیرون رفت! اگر منطقاً بتوان استدلالی اقامه کرد که خود آن شخص و جامعهٔ علمی بپذیرند که سخنان او متضمن عبور از توحید و معاد و نبوت بوده، در این صورت می‌توان گفت که آن رفرمیست - به قول ویتگنشتاین - وارد بازی زبانی دیگری شده و از عرصهٔ رفرم دینی بیرون آمده است.

مشکلی که این پاسخ ایجاد می‌کند، این است که ما متوجه نمی‌شویم چرا آقای الف روشنفکر دینی دین‌دار است و آقای ب روشنفکر دینی بی‌دین. چون هر دوی این افراد با دین هم‌دلی دارند و به سنت دینی استشهاد می‌کنند.

روشنفکر دینیِ غیردیندار، چون دین را عنصر مهمی در عرصهٔ سیاست و اجتماع می‌داند و در پی به دست دادن قرائتی رهایی‌بخش از دین است، به سنت دینی استشهاد می‌کند. ولی او "شخصاً" دین‌دار نیست و اگر از او دربارهٔ باورهای

شخصی‌اش بپرسید، خودش به شما می‌گوید شخصاً به ارکان سنت دینی باور ندارد. اما وقتی یک روشنفکر دینی صریحاً می‌گوید به توحید و معاد و نبوت باور دارد، ما دیگر نمی‌توانیم به او بگوییم تو شخصاً هم دیندار نیستی. وجه اشتراک این دو روشنفکر دینی، به‌دست دادن قرائتی رهایی‌بخش از دین است. وجه ممیزه‌شان هم، باورهای شخصی‌شان است.

سؤال قبلی را به این دلیل پرسیدم که روشنفکر دینی غیردیندار، به احتمال بسیار زیاد، درحالی‌که درگیر همین پروژهٔ اصلاح دین بوده، از دین خارج شده است. یعنی خود شما هم نهایتاً معتقدید که یک روشنفکر دینی بالاخره در جایی از خط عبور کرده و حالا شده است روشنفکر دینی غیردیندار.

بله، متصور است چنین اتفاقی بیفتد. ولی در این صورت، او دیگر نسبت به این بازی، یعنی بازی معرفتی رفرم دینی، دلسرد می‌شود. البته برخی از افراد هم که تعلق خاطر دینی ندارند، پروژهٔ رفرم دینی را جدی می‌گیرند و معتقدند اصلاح وضعیت اجتماعی و سیاسی ما در گرو جدی گرفتنِ پروژهٔ رفرم دینی است.

دکتر سروش قبلاً در مذمت ابزارانگاری سخن می‌گفتند و تأکید می‌کردند که شریعتی ابزارانگار نبود. اما روشنفکر دینی غیردیندار، ظاهراً مواجههٔ ابزارانگارانه با دین دارد. اگر روشنفکر دینی غیردیندار را به رسمیت بشناسیم، درواقع دیگر رویکرد ابزارانگارانه به دین را مذموم نمی‌دانیم.

تا مراد از ابزارانگاری چه باشد. فرض کنید کسی واقعاً باور دینی ندارد؛ او که نمی‌تواند به خودش دروغ بگوید. درعین‌حال دغدغه‌های سیاسی و اجتماعی دارد. دین را هم مهمترین مؤلفهٔ فرهنگی جامعهٔ کنونی ما می‌داند و با سنت دینی آشنایی قابل قبولی دارد. بنابراین می‌کوشد که قرائتی از سنت دینی به دست دهد که در خدمت تحقق آزادی‌های سیاسی و اجتماعی باشد. من ابزارانگار را کسی می‌دانم که برخلاف باورش عمل کند و برای رسیدن به مطامعی، دورویی پیشه کند. اما روشنفکر دینی غیردیندار دورویی پیشه نمی‌کند و به عنوان یک کنشگر اجتماعی می‌بیند که مهمترین مؤلفهٔ سنت در جامعهٔ ما دین است و رفرم اجتماعی

و سیاسی را جز از طریق رفرم دینی میسر نمی‌داند، کار چنین فردی را می توان موجه انگاشت. ما تا کنون نحلهٔ نواندیشی دینی را با نواندیشان دینی دین‌دار می‌شناختیم ولی به نظر من، علی‌الاصول اشکالی ندارد که ما به عده وعُدهٔ کنشگران این نحله سعه ببخشیم.

دکتر سروش اخیراً گفتند: «روشنفکران دینی به صورت سنتی و شریعتی کلمه دین‌دار نیستند. این سخنی است که باید گفته شود و کتمان نشود». ولی دو دههٔ پیش در کتاب "*مدارا و مدیریت*" در نقد تصوف نوشته بودند: «کنار زدن قشر و آزاد نهادن مغز، باعث شد خود آن مغز هم از دست برود». آیا دور شدن روشنفکر دینی از عمل دینی، گام نهادن در مسیری نیست که غایتش، خروج از دین است؟

اصلاً. تصور می‌کنم سبک دین‌داری‌اش با سبک دین‌داری سنتی متفاوت می‌شود. یعنی نوع تشرعشان متفاوت می‌شود. در این نوع دین‌داری، تفرد و تنهایی معنوی پررنگ می‌شود؛ برخلاف دین‌داری جمعی و آیینی، که در آن حضور در جلسات و هیئات مذهبی اهمیت ویژه‌ای دارد. تفکر دینی در این نوع دین‌داری پررنگ می‌شود و از اهمیت حجم اعمال کاسته می‌شود. تجربه‌های باطنی هم در این نوع دین‌داری اهمیت ویژه‌ای دارد. درمجموع، سبک تازه‌ای از دین‌داری پدید می‌آید. بد نیست از تطور تجربهٔ دین‌داری خودم هم بگویم. حدود بیست سال پیش مقید بودم که حتماً در مراسم عمومی تاسوعا و عاشورا شرکت کنم یا در مراسم شب‌های احیا حضور داشته باشم. فکر می‌کردم شب‌های احیا حتماً باید در قالب مراسمی جمعی و آیینی برگزار شود. اما رفته‌رفته، با عنایت به اینکه در دین‌داری معیشت‌اندیش گریز و گزیری از مراسم آئینی نیست، از این سبک دین‌داری فاصله گرفته و دینداری‌ام فردی شده است؛ یعنی معطوف به جدی گرفتن احوال خود و رصد کردن سرزمین وجودی خود و روزهای ابری و آفتابی این سرزمین را از یکدیگر تفکیک کردن. می‌توان گفت که این سبک دیگری از دین‌داری است.

آیا در این سبک تازه، عمل دینی هم کمرنگ می‌شود؟

نه لزوماً. البته بستگی دارد مرادتان از عمل دینی چه باشد.

عمل دینی فردی. نماز خواندن و روزه گرفتن.

نه، معنایش می‌تواند عوض شود. مثلاً وقتی اکنون نماز می‌خوانم و روزه می‌گیرم، در این اعمال و مناسک معنای دیگری را می‌بینم و سراغ می‌گیرم.

یعنی حال خوشی که در این دنیا از نماز خواندن و روزه گرفتن نصیبتان می‌شود، برایتان اولویت دارد.

بله، از منظر دیگری به مناسک دینی، از جمله نماز و روزه نظر می‌کنم. در مقالهٔ "مناسک فقهی و سلوک عرفانی: طرح‌واره‌ای از عرفان مدرن ۷" که در *فلسفهٔ لاجوردی سپهری* منتشر شده، مواجههٔ معناکاوانه و معنایابانه با مناسک دینی به روایت خویش را تقریر کرده‌ام. در این تلقی، بدون انکار مواجههٔ دین‌داران معیشت‌اندیش با مناسک و اعمال دینی، سویه‌های اگزیستانسیل و باطنیِ مناسک دینی پررنگ می‌گردد و محوریت می‌یابد.

دکتر سروش در کتاب "*مدارا و مدیریت*" این نکته را هم گفته‌اند: «شما اگر کسانی را دیدید که نسبت به ظواهر دین بی‌اعتنایی می‌کنند، به این‌ها اعتماد نکنید. ظواهر شرع همان‌قدر اهمیت دارد که بواطن شرع». به نظر می‌رسد در این زمینه هم رأی ایشان تا حد قابل توجهی عوض شده است.

شاید باید گفت تنوع سبک‌های زندگی دینی نزد ایشان پررنگ‌تر شده است. با این موافقم. یعنی بیش از اینکه به شریعت و ظواهر دین بسنده کنیم، باید به بواطن دین عطف نظر کنیم. البته سبک دین‌داری خود ایشان کم‌وبیش مثل همان دو سه دهه قبل است، ولی در این مدت سایر سبک‌های دین‌داری را تبیین کرده و بیش از پیش به رسمیت شناخته‌اند.

دکتر سروش همیشه منتقد ارتزاق از دین بوده است و علاوه بر این، معتقد است که ارتزاق از دین عرض عریضی دارد. آیا مصادیق ارتزاق از دین، فقط این است که فلان آخوند منبر برود و مزد منبرش را بگیرد و یا مقامی حکومتی به دست آورد؟ آیا اقبال رسانه‌های گوناگون به روشنفکران دینی و شهرت و منزلت و اتوریته‌ای که آنها، خواسته یا ناخواسته، در اثر سخن گفتن از دین بدست می‌آورند، مصداق ارتزاق از دین نیست؟

ارتزاق از راه دین یعنی معیشت و مکسبتان نسبتی با دین برقرار کند. این چیزی که شما می‌گویید، به قول منطقیون، مشترک‌الورود است. یک فیزیکدان و یا یک جامعه‌شناس هم ممکن است در اثر تدریس در دانشگاه و تحقیقات علمی‌اش، شهرت و منزلتی در جامعه به‌دست آورد. آیا ما باید بگوییم که آنها از راه فیزیک و جامعه‌شناسی ارتزاق می‌کنند؟ به یک معنا چنین است اما گریز و گزیری از این امر نیست. یک نواندیش دینی، چون مشغول دین است، هر چه در این عرصه پیش می‌رود، اگر در جامعه اقبالی به سخنانش پدید آید، به معنایی که شما می‌گویید، از راه دین ارتزاق می‌کند. یعنی نسبتش با دین‌شناسی مثل نسبت همان فیزیکدان با علم فیزیک می‌شود، ولی از این وضع گزیر و گریزی نیست. پرداختن به دین، به سبک روشنفکران دینی، کارکردی در جامعهٔ ما دارد که حاملان سنتی دین از ایفای این نقش و کارکرد ناتوانند؛ مخالفان دین نیز اعتقادی به ایفای چنین نقشی ندارند. اگر این سبک پرداختن به دین کارکردی نداشت، اولاً در جامعهٔ ما پدید نمی‌آمد، ثانیاً دوام صدساله پیدا نمی‌کرد. نکتهٔ دوم اینکه، نواندیشان دینی باید مراقب باشند که از جایی به بعد، سخنانشان ناشی از مصلحت‌اندیشی‌های مرتبط با معیشتشان نشود. وگرنه صرف اینکه سخنان و افکار روشنفکران دینی، اعتبار اجتماعی برای آنها پدید آورده است، اشکالی ندارد. مهم این است که آنها مستقیماً از راه دین ارتزاق نمی‌کنند. این امر مهمی است و روشنفکران دینی باید به آن وفادار باشند. به علاوه، نواندیشان دینی در دهه‌های اخیر عموماً هزینه پرداخته‌اند و پاره‌ای موقعیت‌ها و جایگاه‌های سیاسی و مدیریتی و علمی را هم از دست داده‌اند. ولی علی‌الاصول باید به آنها هشدار داد که مراقب باشند حالا که این موقعیت اجتماعی برایشان پدید آمده، سخنانی از سر منفعت‌اندیشی نگویند.

البته از نظر دکتر سروش، ارتزاق از راه فیزیک و فلسفه بلااشکال است؛ ارتزاق از راه دین نارواست. ولی سؤال، دربارهٔ ارتزاق از راه دین را به این دلیل پرسیدم که به نظر می‌رسد پایان‌ناپذیر بودن پروژهٔ رفرم دینی، تا حدی ناشی از این است که روشنفکران دینی در اثر سخن گفتن مستمر دربارهٔ دین، موقعیت ویژه‌ای در جامعهٔ ایران به‌دست آورده‌اند و نگرانند که اگر پروژهٔ رفرم دینی پایان یابد، منزلت و اتوریتهٔ اجتماعی آنها هم از دست

خواهد رفت. یعنی همان‌طور که یک روحانی مایل نیست دین‌داری سنتی کمرنگ شود، ظاهراً روشنفکر دینی هم مایل نیست رفرم دینی منتفی شود.

تصور می‌کنم چنین حرفی را نباید دربارهٔ نواندیشان دینی گفت. به نظرم علت این وضعیت، این است که جامعهٔ ما در حال گذار است. اگر جامعهٔ ما دوران گذار را سپری کند، مثلاً بیست یا سی سال بعد، ما دیگر به نحله‌ای به نام نواندیشی دینی که در جامعه فونکسیون داشته باشد، نیاز نداریم؛ کمااینکه به چنین نحله‌ای در جامعهٔ کنونیِ کانادا نیازی نداریم. به‌هرحال رابطه دوسویه است، قانون عرضه و تقاضا در اینجا حاکم است. تقاضایی در کار است به سبب دوران گذار، کالاهای معرفتی متناسب با این تقاضا هم عرضه می‌شود. اگر ما از این فضا عبور کنیم، و مثلا نظیر جامعهٔ کنونی سوئیس و یا کشورهای اسکاندیناوی شویم، دیگر تقاضایی برای این قبیل کالاهای معرفتی وجود ندارد که نیازی به عرضه باشد و اگر هم چنین کالاهایی عرضه شود، خریداری در کار نخواهد بود. اگر دوران گذار سپری شود، بحث و فحص دربارهٔ دین به پستوی آکادمی‌ها می‌رود. در محافل آکادمیک جهان غرب، بحث دربارهٔ دین جدی است. مثلاً در دپارتمان «مطالعات دینیِ» دانشگاه تورنتو که اکنون در آنجا مشغولم، شاهد برگزاری سخنرانی‌ها و سمینارهای متعدد و رنگارنگی هستم، ولی این امور بروز و ظهور اجتماعی چندانی ندارد. یعنی این مباحث، برخلاف ایران، چندان به عرصهٔ رسانه‌ها کشیده نمی‌شود. چرا؟ چون ورود این مباحث به رسانه‌ها، دیگر کارکرد اجتماعی و سیاسی ندارد. چون جهان غرب قبلاً این دورانی را که ما در آن به سر می‌بریم، سپری کرده است. پروژهٔ رفرم دینی، چند قرن پیش در غرب پیگیری شده و تأثیرات پررنگ سیاسی و اجتماعی خودش را بر جای گذاشته است. کنشگران رفرمیسم دینی در غرب، به تعبیر شما، موقعیت اجتماعی ویژه‌ای هم داشتند. اما جهان غرب دیگر نیازی به رفرمیسم دینی، دست کم در آن سطح کلان و گسترده را ندارد و کسانی هم که دربارهٔ دین می‌اندیشند و می‌نویسند، دیگر آن موقعیت اجتماعیِ امثال اراسموس و اسپینوزا و کانت را ندارند.

این نکته هم قابل تأمل است که تجربهٔ روشنفکران دینی به قدرت رسیده

در ترکیه، نشان می‌دهد که دین می‌تواند "با منافع مادی و مصالح سیاسی مشروع و غیر مشروع" روشنفکران دینی هم گره بخورد و اتفاقاً خود این روشنفکران دینی به قدرت رسیده، مانع تحقق نهایی و کامل پروژهٔ گذار به دموکراسی شوند.

روشنفکران در همه جای دنیا، به تعبیر دکتر سروش، قدرتمندان بی‌مسندند. لزومی ندارد حتماً بر مسند قدرت سیاسی تکیه بزنند. ولی به‌هرحال باید هشدار داد که اگر کسانی به اسم حمایت از رفرمیسم دینی به قدرت می‌رسند (یا اصلاً خودشان رفرمیست دینی‌اند)، آموزه‌های رفرم دینی را فراموش نکنند یا کنار نگذارند. یکی از مهم‌ترین این آموزه‌ها، جدایی نهاد دین از نهاد حکومت است. البته دین در عرصهٔ عمومی حضور دارد و عملاً یک امر خصوصی نیست ولی مشروعیت سیاسی را نباید به دین گره زد و اگر کسانی به نام رفرمیسم دینی چنین کاری کنند و مانع گذار به دموکراسی شوند، باید آنها را به زیر تیغ نقد کشید؛ چرا که این افراد از نردبان رفرمیسم دینی بالا رفته‌اند ولی به مدلولات سیاسی رفرم دینی پای‌بند نمانده‌اند.

به نظر می‌رسد ویژگی مشترک دیگر روشنفکری دینی و جمهوری اسلامی، عقب‌نشینی گام‌به‌گام در برابر هجوم ارزش‌های جهان مدرن بوده است. با این تفاوت که اکثر عقب‌نشینی‌های روشنفکران دینی، با توجیه تئوریک توأم بوده است ولی جمهوری اسلامی بدون توجیه تئوریک، عقب‌نشینی کرده است (مثلاً در بحث حجاب و پوشش زنان).

با عبارت عقب‌نشینی هم‌دلی ندارم. به تعبیر من بازخوانی انتقادیِ گام به گام صورت گرفته و پیش رفته است.

ولی این بازخوانی انتقادی در سه دههٔ اخیر، همواره به سود ارزش‌های جهان مدرن بوده است.

بله، ولی عبارت "عقب‌نشینی" بار معنایی منفی دارد. مشکلی ندارم که بگویید بازاندیشی انتقادی صورت گرفته و برخی نواندیشان دینی، مثل خود من، به این نتیجه رسیده‌اند که نپوشاندن موی سر و گردن قبح اخلاقی ندارد و یا، به تعبیر مرحوم قابل، اشکال شرعی ندارد. علاوه بر این، همهٔ نواندیشان دینی معتقدند

حجاب اجباری امری غیراخلاقی است. درواقع نواندیشان دینی مسائل را از جامعه گرفته‌اند و به مثابۀ بخشی از پروژۀ بازخوانی انتقادی سنت دینی، به آن پرداخته‌اند. اگرچه مسائل از جامعه گرفته شده است ولی پرداختن به این مسائل، روش‌شناسانه بوده و صبغۀ معرفتی داشته است. در جمهوری اسلامی نیز بحث سیاست‌ورزی اقتضائات خود را دارد و یکی از مؤلفه‌های مهم سیاست، پراگماتیسم یا سنجیدن مصلحت در مقام عمل است. می‌خواهم بگویم دو نوع رویکرد متفاوت به این مسائل وجود دارد. حاکمان ناچارند مصلحت‌سنجی عملی داشته باشند، متفکران هم باید اقامۀ دلیل کنند و مسائل را به نحو معرفتی مدنظر قرار دهند. یعنی جمهوری اسلامی و نواندیشی دینی، هر دو، مسائل را از جامعه گرفته‌اند اما مواجهۀ متفاوتی با آن داشته‌اند.

دکتر سروش درمجموع معتقد است زندگی اخلاقی ضامن سعادت اخروی است؛ خلاف کسانی که ایمان و اعتقاد دینی را هم شرط رستگاری اخروی می‌داند. من خودم رأی دکتر سروش را خردمندانه‌تر و منصفانه‌تر می‌دانم اما اگر این رای را بپذیریم، دینداری دیگر به امری نه چندان حیاتی در زندگی بشر جدید تبدیل می‌شود.

از منظر خودم به این سؤال جواب می‌دهم. در تفکر آقای سروش، همان‌طور که گفتید، این قصه بسیار پررنگ است، من هم عمیقاً بدان باور دارم. به تعبیر دیگر، مطابق با این تلقی، اگر کسی مجدانه و صادقانه و محققانه به این نتیجه برسد که معرفت دینی موجه نیست و دین امر معرفت‌بخشی نیست، دین را فرومی‌نهد و به لحاظ دینی هم خطایی مرتکب نشده است. مگر ما در قرآن "لا یکلف الله نفسا الّا وسعها" و "لیس للانسان الّا ما سعی" نداریم؟ مفسران هم گفته‌اند اینکه خدا تکلیف فوق طاقت نمی‌کند، یعنی تکلیف فوق طاقتِ بدنی و ذهنی نمی‌کند. فقط طاقت جسمی نیست، طاقت ذهنی هم است. اگر کسی محققانه و مجدانه و صادقانه به این نتیجه برسد که دعاوی دینی، دعاوی معرفت‌بخشی نیستند، تصور می‌کنم در دنیای پس از مرگ مؤاخَذ نخواهد بود؛ ولو اینکه نظر او از منظر دینداران خطا باشد. چنان‌که در مقالۀ "ارتداد در ترازوی اخلاق" آورده‌ام، ما باید بین دو گونه خطا تفکیک قائل شویم: «خطای معرفتی» و «خطای اخلاقی». در بسیاری موارد اگر

کسی از دین خارج شود، حتی از منظر دین‌داران، خطای معرفتی کرده است نه خطای اخلاقی. آنچه که مؤاخَذ است، خطای اخلاقی است. خطای معرفتی مثل این است که شما از من بپرسید امروز چندشنبه است؟ من بگویم چهارشنبه است ولی امروز سه‌شنبه باشد. دروغ گفتن اما خطای اخلاقی است. در مقالهٔ "ارتداد در ترازوی اخلاق" آورده‌ام که فرد مرتد اگر خطا هم کرده باشد، اولاً مجازاتی که برایش تعیین شده متناسب با جرمش نیست، ثانیاً کسی را بابت ارتکاب خطای معرفتی مجازات نباید کرد. جنس خطای چنین افرادی، اگر از منظر باورمندان و معتقدان و متدینان صورت‌بندی گردد، خطای معرفتی است و نه خطای اخلاقی. به‌هرحال، هر چه که رخ داده، امری است بین او و خدایش؛ و مواخذهٔ این جهانيِ مرتد، امری غیرموجه و فرونهادنی است.

اگر کسی بگوید همجنس‌گرایی به مثابه یک سبک زندگی باید به رسمیت شناخته شود، خطای معرفتی کرده است یا خطای اخلاقی یا هیچ‌کدام؟

این سؤال را از نواندیش دینی می‌پرسید یا از فقیه؟

از روشنفکر دینی. چون دکتر سروش، برخلاف آرش نراقی و برخی دیگر از روشنفکران دینی، هیچ‌وقت حاضر نشده‌اند از حقوق همجنس‌گرایان دفاع کنند.

ولی نفی هم نکرده‌اند. من شخصاً از حقوق همجنس‌گرایان دفاع می‌کنم. به نظرم یک نواندیش دینی می‌تواند از حقوق بنیادین همجنس‌گرایان دفاع کند. درعین‌حال می‌تواند بگوید رفتار همجنس‌گرایانه از منظر متن مقدس، موجه نیست. این داوری من است. از حقوق همجنس‌گرایان باید همانند حقوق اقلیت‌های مذهبی و حقوق زنان دفاع کرد؛ اما اینکه از حقوق بنیادین همجنس‌گرایان دفاع کنیم، حسابش جدا از این است که آیا می‌توان برای این کار توجیه دینی‌ای نیز به‌دست داد؟ اگر دربارهٔ توجیه دینی این عمل از من بپرسید، فکر نمی‌کنم بتوان روایت موجهی از متن مقدس به دست داد که همجنس‌گرایی را روا بداند. از متن مقدس چنین چیزی به نحو روشمند مستفاد نمی‌شود. بحث‌های دوست گرامی آقای نراقی دربارهٔ رفتار همجنس‌گرایانه از منظر قرآنی، به نظرم متکلفانه و ناموجه بود و پاسخ آقای آرمین

به ایشان، مقنع و برگرفتنی. شخصاً آن آیات و مضامین و سیاق و شأن نزولش را به دقت دیده‌ام. به نظرم در این میان حق با آقای آرمین بود و چنان خوانشی از متن مقدس درباره روایِیِ رفتار همجنس‌گرایانه ناموجه است. علاوه بر این، با این سخن که به سبب اختیار کردنِ این سبک زندگی، همجنس‌گرایان در این دنیا باید مؤاخَذ باشند، هم‌دلی ندارم. درباب رابطهٔ میان آنها و خداوند و داوریِ اخروی دربارهٔ رفتار ایشان هم، به اقتضای اینکه ما قرار نیست بر مسند خداوند تکیه زنیم و کار او را انجام دهیم، بهتر است این مهم را به او واگذار کنیم و دراین‌باب دم نزنیم و سخن نگوییم. قصهٔ پاس‌داشت حقوق شهروندی دراین‌باب یک امر است، داوری اخلاقی و دینی در این میان مقوله ای دیگر. چنان‌که درمی‌یابم، می‌توان از حقوق شهروندی همجنس‌گرایان دفاع کرد و درعین‌حال، از منظر اخلاقی و دینی، این عمل را ناموجه انگاشت. علاوه بر این باید حد خود را دانست و کار خدا را به خدا واگذار کرد و قسیم النار و الجنه نشد و دربارهٔ نیکی و بدی افراد و وضعیت اخروی ایشان سکوت کرد و به اقتفای سعدی گفت: «در باطنش غیب نمی‌دانم» و ابیات نغزِ ذیل حافظ را زیر لب زمزمه کرد:

عیب رندان مکن ای زاهد پاکیزه‌سرشت
که گناه دگران بر تو نخواهند نوشت
من اگر نیکم و گر بد تو برو خود را باش
هر کسی آن دِرَود عاقبت کار که کشت
ناامیدم مکن از سابقهٔ لطف ازل
تو پس پرده چه دانی که که خوبست و که زشت

ملکیان، ذات‌گرایی و نگرش غیرتاریخی[1]

روشنفکری دینی در طول حیات خود، از طعن طاعنان و نفی نافیان در امان نبوده است. منتقدان دلسوز و آگاه نیز از باب غنای معرفت دینی، نقدهای خود را بیان کرده و می‌کنند. در این میان، اخیراً در دوران پس از سال‌های ظهور و بروز جنبش سبز، مجله «مهرنامه» که در بادی امر تقابلی با جریان روشنفکری دینی نداشت، تغییر مسیری آشکار داده است و اکنون حتی داعش را جزو محصولات روشنفکری دینی می‌داند! یافتن دلایل سیاسی این تغییر رویه، خود در مجالی دیگر بیان شده و خواهد شد. اخیراً اما دوستانی هم‌دل با جناب مصطفی ملکیان مصاحبه‌ای ترتیب داده‌اند در بررسی رویکردهای این نشریه. به فراخور بحث جناب ملکیان نظرات پیشتر ابرازشده خود را درباب روشنفکری دینی با مخاطبان در میان گذاشته است. در باب این نظرات با دکتر سروش دباغ که خود از جمله نواندیشان دینی و پژوهش‌گر الهیات و فلسفه و عرفان است، گفت‌وگویی کرده‌ام.

سلام می‌کنم خدمت آقای دکتر. از فرصت استفاده می‌کنم و گفت‌وگویی می‌کنم با شما درباره مصاحبه اخیر آقای ملکیان با هومان دوراندیش. ایشان مواضعی داشتند درباره نشریه مهرنامه. همچنین مواضعی مطرح کردند درباره دین‌شناسی، روشنفکری درون دینی - برون دینی. فقرات و

---

[1] گفتگو از احسان ابراهیمی؛ سایت «صدانت»

فرازهای مختلفی بود در این مصاحبه. به عنوان پرسش نخست، چند نکته مطرح شده است درباره نسبت عقل و مدرنیته و دین. ایشان اشاره کردند که عقل در ادبیات دینی ما نقش تاکتیکی دارد و استراتژی‌ها را وحی مشخص کرده است. در جایی اشاره کرده‌اند به یک حدیث. درواقع آنچه که از آن عقل تعبیر می‌کنیم در ادبیات دینی ناتوان است. همچنین تلاش برای نسبت دادن مدرنیزم به عنوان نماد عقل با دین یک تلاش نافرجام علمی است. عبارت ایشان که «این موضوع با دین منافات دارد» به نظر می‌رسد که یک هسته و یا ذات برای دین متصور و قائل است و همه مسائل را با آن می‌سنجند. نظر شما را راجع به این دین‌شناسی، خواستم بدانم.

سلام عرض می‌کنم خدمت شما و خوانندگان محترم. در ابتدا باید بگویم که شخصاً برای جناب ملکیان بسیار احترام قائلم و سال‌هاست توفیق آشنایی از نزدیک با ایشان را دارم. ایامی که در ایران بودم، مکرراً خدمتشان می‌رسیدم، ایشان نیز برای ایراد سخنرانی و شرکت در جلسات متعدد به «موسسهٔ معرفت پژوهش» می‌آمدند. این نکته را عرض کردم تا بگویم آنچه در ادامه طرح می‌شود و صبغه انتقادی دارد ، بحث معرفتی است و لاغیر.

نکته دوم؛ مصاحبه مورد اشاره شما را به‌دقت خوانده‌ام. ناظر به نکاتی که ایشان راجع‌به نشریه «مهرنامه» گفته‌اند، کاملاً هم‌دلی دارم. معتقدم نقدهای ایشان به مشی نشریهٔ «مهرنامه» و مجال فراخی که برای هجمه کردن به عمرو و زید، به سید جواد طباطبایی داده شده درست است؛ به قول دوست اهل ذوقی، «مهرنامه» را باید «توپخانهٔ سید جواد» خواند!! طی دو سال گذشته، دو مقاله در نقد مشی مهرنامه منتشر کرده‌ام: «به کجا چنین شتابان؟» و «در طریقت ما کافری است رنجیدن». در آن مقالات نیز مشی تخریبی «مهرنامه» نقد شده است؛ علاوه بر این، مقالهٔ « فردید دوم؟» را در نقد مشی مواجههٔ سید جواد طباطبایی با منقدان فکری خود منتشر کردم که با هجمهٔ شدید برخی از حواریون ایشان که مع‌الاسف از ادب بی‌بهره‌اند و به تعبیر جناب آشوری در زمرهٔ «جاهلان فرهنگی» اند، مواجه شدم. این نکات را آوردم تا بگویم علی‌الاصول با انتقادات جناب ملکیان نسبت به مهرنامه

هم‌دلم. سویه‌های سیاسی و غیرمعرفتی در فعالیت‌های اهالی «مهرنامه» موج می‌زند. خاطرم هست در میزگردی که آقای قوچانی به همراه آقای ابراهیم فیاض در آن شرکت کرده بودند، قوچانی گفته بود قرابتی میان مشی نواندیشان دینی و داعش دیده می‌شود. آنجا بود که فهمیدم کف‌گیر به ته دیگ خورده است. بگذریم از آقای فیاض که انصافاً جملاتی که از ایشان منتشر شده بود، به تعبیر فیلسوفان تحلیلی بی معنا[۱] بود و افاده معنا نمی‌کرد. صادقانه بگویم، دلم برای دانشجویان ایشان می‌سوزد؛ نمی‌دانم با این ذهن و بیان پریشان آقای فیاض، دانشجویان چه بهره‌ای از کلاس‌های ایشان می‌برند، اسباب تاسف است که چنین کسانی در برنامه‌ریزی برای علوم انسانی در کشور مدخلیت و مشارکت دارند. آقای قوچانی هوشمندتر از آن است که نداند نکاتی که گفته چه آثار و نتایجی دارد. ولی خوب باید آن را به حساب محاسبات سیاسی و غیرمعرفتی گذاشت وگرنه به تعبیر مولانا: «از قیاسش خنده آمد خلق را». از این سخن، ناموجه‌تر و غریب‌تر که نواندیشی دینی را با داعش مقایسه کنند، چرا که داعشی‌ها به خوانش رسمی[۲] از دین باور ندارند و نواندیشان دینی همچنین‌اند، پس این امر قرابت این دو نحله را نشان می‌دهد؟! تو گویی اصحاب داعش نیز مانند نواندیشان دینی با جهان جدید بر سر مهراند و به آموزه‌هایی نظیر «ملت-دولت»، «تفکیک قوا»، «خودآیینی» باور دارند و از بازخوانی انتقادی سنت دینی سراغ می‌گیرند، این سخنان، مصداق روشن قیاس مع‌الفارق است. قوچانی به‌نیکی می‌داند که عبدالکریم سروش سال‌ها پیش عَلَم مخالفت با «ناب‌گرایی» و «سلفی‌گری» را بلند کرد و با نگاشتن مقالات «قبض و بسط تئوریک شریعت»، مفهوم «اسلام ناب» را نقد کرد و از تکثر فهم‌ها از متن مقدس سخن به میان آورد. همچنین به‌نیکی می‌داند که امروزه از تریبون‌های رسمی حکومت بر موجه بودن «اسلام ناب» تاکید می‌شود، اما آدرس غلط می‌دهد و به‌جای نقد ناب‌گرایان واقعی، حمله بر نواندیشان دینیِ یک قبا می‌آورد و ایشان را به ناب‌گرایی و سلفی‌اندیشی متهم می‌کند. آنچه در ادامه می‌آید و در نقد سخنان

---

۱ nonsense

۲ official

جناب ملکیان است، هیچ نسبتی با نقدهای درست ایشان به مشی نشریهٔ «مهرنامه» ندارد .

از این مقدمات که درگذریم، چند صباحی است در آثار آقای ملکیان، نگاه ذات‌گرایانه[1] برجسته شده، هرچند که ایشان گفته‌اند با ذات‌گرایی ارسطویی هم‌دل نیستند. تصور می‌کنم در داوری‌های ایشان دربارهٔ مقولاتی چون دین و مدرنیته و نسبت میان آنها، نقصان‌هایی چند، راه یافته است. نگرش ایشان غیرتاریخی است. آقای ملکیان، معمولاً به تشقیق شقوق و تفریع فروع مشتغلند و تقسیم‌بندی‌های خوبی هم می‌کنند، ولی این امر خیلی انتزاعی است و فاقد دید تاریخی؛ چه هنگامی‌که دربارهٔ معرفت دینی و یا تاریخ فقه بحث می‌کنند، چه وقتی‌که راجع‌به مدرنیته صحبت می‌کنند. بحث‌های ایشان در این مصاحبه و توسعاً بحث‌هایی که درباره نسبت میان عقلانیت و مدرنیت کرده‌اند، تداعی‌کنندهٔ روایتی از مدرنیته و روشنگری است که در قرن هجدهم در فرانسه ظهور و بروز بیشتری داشت، نوعی رهایی[2] از متافیزیک سنگین، نوعی رهایی که با عقلانیت و استدلال‌گرایی به روایت ایشان هم‌عنان است. اما فروکاستن مدرنیته به استدلال‌گرایی، مصداقی از «مغالطه کنه و وجه» است. مدرنیته و مدرنیزاسیون در طول تاریخ، تجلیات متفاوت داشته است. چنان‌که قبلا هم آورده‌ام، مفاهیمی نظیر مدرنیته در زمرهٔ مفاهیم «برساخته اجتماعی[3]» هستند و به تعبیر ویتگنشتاین شباهت میان مصادیق این مفاهیم از سنخ «شباهت خانوادگی» است. ما مدرنیته‌ها داریم، روشنفکری‌ها داریم، دموکراسی‌ها داریم، لیبرالیسم‌ها داریم، سکولاریسم‌ها داریم.... و اینکه ایشان می‌گویند استدلال‌گرایی، گوهر و مقوم مدرنیته است، رأی تمام اندیشمندان و متفکران قرون اخیر نیست؛ نوعی «قرینه گرایی[4]» است که در سنت فلسفی تحلیلی هم لزوماً تمام فیسلوفان با آن هم‌دلی ندارند، مثلا ویتگنشتاین متاخر، در اثر *در باب یقین* از برخی «باورهای موجه» سخن به میان می‌آورد که دلیلی له آن‌ها در دست نیست، اما این امر مانع از آن نمی‌شود که آنها را موجه و معرفت‌بخش بینگاریم؛

---

۱ essentialism

۲ emancipation

۳ socially constructed

۴ evidentialism

مفهوم «جهان - تصویر» در این کتاب متکفل تبیین این امر است؛ همچنین است چگونگی تبعیت از قواعد که در مبحث «استدلال تبعیت از قاعده» در «کاوش‌های فلسفیِ» ویتگنشتاین به تفصیل به بحث گذاشته شده است. از این‌رو اگر کسی کل مدرنیته را فرو کاهد به روایت جناب ملکیان و متعاقباً از تباین میان دین و مدرنیته سخن بگوید و سراغ بگیرد، سخن موجهی نگفته است. از آن‌سو، دیانت را هم‌عنان با تعبد، انگاشتن، به نظرم داوری ناموجهی است و مصداقی از مغالطه کنه و وجه و متضمن برگرفتن نگاه ذات‌گرایانه. درست است که اسم ذات[1] را نمی‌آورند، ولی وقتی گفته می‌شود گوهر دیانت یا گوهر مدرنیته یا مقوم اصلی مدرنیته و دین، به نظرم می‌توان مباحث ایشان را این‌گونه صورت‌بندی کرد. این نکات را حدودا ۵.۸ سال پیش در مقالهٔ «تعبد و مدرن بودن» نوشتم که در نشریه «مدرسه» منتشر شد. تصور می‌کنم آن نکاتی که در نقد ایشان در آن مقاله آمده، همچنان وارد است و تا ایشان پاسخی ندهند، نمی‌توان بپذیرفت که چرا رابطهٔ میان مدرنیته و دیانت به نزد ایشان به‌سان در و پنجره‌های است که به هم راهی ندارند. یک نگاه ذات‌گرایانهٔ غیرتاریخی پررنگ در مباحث ایشان درباره «دین» و «مدرنیته» دیده می‌شود. می‌توان به لحاظ تاریخی ادله‌ای اقامه کرد که تاریخ مدرنیته بسی رنگارنگ‌تر از صورت‌بندی‌ای است که ایشان کرده‌اند؛ تاریخ دین‌داری هم ذیل ادیان ابراهیمی، مشخصاً اسلام بسی رنگارنگ است. ما انواع اسلام‌ها و به تعبیر ویتگنشتاین انواع «نحوه‌های زیست» اسلامی داریم. در نگاه جناب ملکیان این تکثر و تنوع تماماً فروکاسته می‌شود به آن سبک دین‌داری متعارف و به تعبیر عبدالکریم سروش «دین‌داری معیشت‌اندیش» و دیگر انواع دین‌داری بالمره مغفول واقع می‌شود. به گمانم پروژهٔ موسوم به «معنویت و عقلانیت» ایشان هم چنین گیر وگرفتی دارد. وقتی از معنویت فرادینی سخن به میان می‌آید و بر سویه‌های روان‌شناختیِ «معنویت» تاکید می‌شود، می‌توان این توصیه‌های روان‌شناسانه را فهمید و به کار بست؛ اما به لحاظ معرفت‌شناختی و فلسفی تا این مشکلات رفع نشود، به نظرم نمی‌توان از آن دفاع معرفتی کرد.

---

[1] essence

ممنونم آقای دکتر. عرض کنم همان مطلبی که از ایشان منتشر شد در سایت نیلوفر، شما هم اشاره کردید و جناب یوسفی اشکوری و عبدالعلی بازرگان و محمود صدری هم پاسخ دادند، من هم پاسخی منتشر کردم و دو نکته را عرض کردم. نخست اینکه ایشان تفکیکی شده‌اند، که لزوماً ایرادی هم نیست کسی تفکیکی شود؛ و دیگر اینکه ایشان در معرفت‌شناسی دین از یک نوع معرفت‌شناسی خام و بدون هیچ‌گونه سویه‌های هرمنوتیکی دفاع می‌کنند. نسبت میان «خواننده متن» و «متن مقدس» را یک‌سویه و خام تصور می‌کنند. یعنی [بنا به رأی ایشان] هرکس به متن مقدس رجوع کند، بدون دخالت هیچ‌گونه پیش‌فرض و پیش‌زمینه، متن مقدس را متوجه می‌شود، و مفاهیم مندرج در متن مقدس، به صورت اتوماتیک و ساده در ذهن خواننده شکل می‌گیرد. گویی از یک معرفت‌شناسی پیشاکانتی دفاع می‌کنند. معرفتی که هیچ نشانه‌ایی از پیچیدگی‌های رابطه ذهن و عین در آن نیست. شما چقدر این نقد را وارد می‌دانید؟ نکته دیگر اینکه ایشان در بحث‌های تاریخی گفته‌اند که گزاره‌ها و گزارش‌های تاریخی لزوماً واقعیات تاریخی را به ما منتقل نمی‌کنند. این جمله را در نقد نظرات آقای قوچانی مطرح کرده‌اند که گفته بود صلح حدیبیه می‌تواند مبنای حقوق بین‌الملل و تدبیر جامعه باشد. بنا به نقد جناب ملکیان گزاره‌های تاریخی تنها نمایی از واقعیت به ما می‌دهند که ممکن است نسبت به واقعیت، این‌همانی نداشته باشد. اما همزمان ایشان در بحث‌هایشان از مدرنیته و اسلام اساساً نگاه تاریخی ندارند. به نظر با یک تناقض روبرو هستیم. دیگران را ارجاع می‌دهند به عدم وثاقت گزارش‌های تاریخی اما خود در مقام نظریه‌پردازی به تاریخ توجهی ندارند. نظر شما درباره این دو نکته چیست؟

راجع به نکته اول. می‌دانیم که ایشان به‌نیکی با معرفت‌شناسی پساکانتی آشنا هستند و چند دوره این مضامین و مباحث را تدریس کرده‌اند. من هم آنچه از کار ایشان می‌فهمم، خصوصاً همان مصاحبه‌ای که مطمح‌نظر شماست، نه مصاحبهٔ اخیرشان دربارهٔ مهرنامه و سید جواد طباطبایی؛ هم سویه‌های تفکیکی پررنگی دارد

و هم به لحاظ معرفت‌شناختی، متضمن نوعی «رئالیسم خام[۱]» است. عنایت دارید که «خام» در اینجا معنای ارزش‌مدارانه[۲] ندارد. درواقع مکتبی است در برابر «رئالیسم پیچیده[۳]». اگر بخواهیم با ادبیات نواندیشی دینی معاصر صحبت کنیم، معرفت‌شناسی ایشان پیشاقبض و بسطی است؛ پیش از بحث‌هایی که عبدالکریم سروش و مجتهد شبستری اواخر دهه ۶۰ و اوایل دهه ۷۰ طرح کردند. سروش با «قبض و بسط تئوریک شریعت» و شبستری با «هرمونتیک متن مقدس». تعجب کردم وقتی دیدم مباحث ایشان به تعبیر شما تفکیکی و همچنین پیشاقبض و بسطی است. حال اگر سخنی پیشاقبض و بسطی یا پیشاهرمنوتیکی باشد فی‌نفسه نه آن را موجه می‌کند و نه ناموجه؛ از آنجایی‌که آن دو نظریه یک نقطهٔ عطف[۴] در تاریخ اندیشهٔ دینی معاصر بودند و مضامین موجه و ره‌گشایی در هر دو مطرح شده و حرکت از معرفت‌شناسی خام به سوی معرفت‌شناسی پیچیده را صورت‌بندی موجهی کرده‌اند، از آنها نام بردم. ما بی‌واسطه نه متن را می‌فهمیم و نه به داوری موجه از متن دست پیدا می‌کنیم. با شما موافقم، این بحث‌های جناب ملکیان واجد چنین طنین‌های تفکیکی و پیشاقبض و بسطی است و به نظرم ناموجه.

راجع‌به نکته دوم شما. با نقد جناب ملکیان به آقای قوچانی موافقم. آن سخن قوچانی سخن غریبی است به توضیحی که عرض می‌کنم. در یک تفسیم‌بندی کلان، ما دو گفتمان داریم: یکی «پیشامدرن[۵]» و دیگری «مدرن[۶]». خطایی که به نزد برخی در حوزه اسلام‌شناسی و توسعاً در حوزه مواجههٔ با تاریخ گذشته صورت می‌گیرد، این است که با ملاک و معیارهای امروزی در وهلهٔ نخست به فهم آنچه در آن روزگار اتفاق افتاده، مبادرت ورزیده و در وهلهٔ دوم به ارزیابی آن می‌پردازند؛ خطای «زمان پریشی[۷]». یعنی شما با ملاک و محک‌های امروزین به فهم و داوری

---

۱ naïve realism

۲ evaluative

۳ complicated realism

۴ turning point

۵ pre-modern era

۶ modern-era

۷ anachronism

آنچه در یک گفتمان دیگری رخ داده است بپردازید. صلح حدیبیه که قوچانی نام می‌برد ناظر به سال‌هایی است که پیامبر در مدینه بودند قبل از فتح مکه. تمام آن مناسبات و روابط سیاسی و اجتماعی را باید در در داخل آن سیاق[۱] فهمید. یعنی آن صلح، صلح به معنای امروزی نبوده. بلکه در عداد عقد و پیمان‌هایی بوده که قبایل با هم می‌بستند و از مختصاتی برخوردار بوده؛ اگر کسانی نقض پیمان می‌کردند، بدان‌ها حمله می‌شد و ... باید آنها را با مختصات آن روزگار فهمید. آن زمان نه دولت -ملت وجود داشته، مرزی وجود نداشته، تفکیک قوا نبوده، دولت مرکزی نبوده... آن مناسبات و روابط فرسنگ‌ها فاصله دارد با آنچه امروز ما از آن تحت عنوان معاهدات بین‌المللی یاد می‌کنیم. می‌شود گفت به لحاظ اخلاقی، همان‌طور که برخی از مورخان و اسلام‌شناسان از جمله فردریک دنی در *درآمدی بر اسلام* و کارن آرمسترانگ در *محمد: زندگی نامه پیامبر اسلام*[۲] گفته‌اند، کاری که پیامبر پس از فتح مکه کرد، ستایش‌برانگیز است. او می‌توانست مطابق با مختصات فرهنگی -سیاسی آن روزگار با کفار و بت‌پرستان مکه بجنگد، خصوصاً که از نظر نظامی هم مسلط بود. نوشته‌اند که ایشان با ده هزار نیرو به مکه بازگشت؛ هنگامی‌که ابوسفیان در مکه این صحنه را دید به یکی از بستگان پیامبر گفت بیا و ببین محمد با چه شکوهی به مکه بازگشته است. داخل آن سیاق قبیله‌ای می‌شود این رفتار را فهمید و ارزیابی کرد. اما اگر بخواهیم این موضوع را آن‌طور که آقای قوچانی آورده، تحلیل کنیم، به نظرم قیاس مع‌الفارق است و مصداقی از خطای «زمان‌پریشی». این‌دو، دو گفتمان‌اند با مختصات ویژهٔ خود. البته می‌توان روح حاکم بر آن مناسبات را فهمید و مبنا قرار داد، اما این امر فاصلهٔ بسیار داد با مواجههٔ مکانیکی و تحت‌اللفظی و غیرتاریخی.

---

[۱] within the context

[۲] نگاه کنید به: Frederick Mathewson Denny. *An Introduction to Islam.* third Edition, Pearson, ۲۰۰۵, chapters ۳&۴

کارن ارمسترانگ، محمد: زندگی‌نامه پیامبر اسلام، ترجمه کیانوش حشمتی، تهران، حکمت، چاپ سوم، ۱۳۸۹، فصول ۸ و ۹.

افزون‌براین، همان‌طور که اشاره کردید، خود بحث‌های جناب ملکیان هم غیرتاریخی است که اتفاقاً از مقتضیات نگاه ذات‌گرایانه است؛ یعنی غیرتجربی است. از یک منظر نقد وی به قوچانی درست است. از سوی دیگر نگاه ذات‌گرایانهٔ غیرتاریخی ایشان هم به نظرم جای نقد دارد.

اگر اجازه دهید به بخش دیگری از مطلب اشاره کنم. آقای ملکیان در این مصاحبه اخیر اشاره‌ای به فقه کردند و تلاش بعض فقها برای اصلاح فقه بر اساس عقلانیت مدرن. نقدی به مرحوم آقای منتظری مطرح کردند. من عین عبارت ایشان را ذکر می‌کنم: «در این صورت از فقه چه چیزی باقی می‌ماند؟ فقهی که حدود و قصاص و دیات و مزارعه و مساقات و مضاربه را تعطیل کند و بخش عمده‌ای از ضوابط حاکم بر روابط جنسی را به نفع اخلاق جنسی مدرن کنار بگذارد، چه فقهی است؟ به کسی که همهٔ اینها را کنار می‌گذارد، به چه معنا می‌توان گفت فقیه؟» چند جمله بالاتر ایشان گفته‌اند که فقه ما یک‌سری مسلماتی دارد. گویی ایشان موضوعات فقهی را مسلمات فقهی می‌دانند. حال آنکه موضوعات فقهی زمان‌مند و مکان‌مندند. بسیاری از موضوعات فقهی را امروز ما نه نیاز داریم و نه فقها در نظراتشان درباره آن سخن می‌گویند. مانند برده داری؛ بسیاری از موضوعات جدید هم هست که فقهای پیشین هیچ بدان‌ها نپرداخته‌اند. مثل سقط جنین، شبیه‌سازی، حضور انسان در فضا، اینترنت و ... ذیل یک خاطره نظر شما را خواهم شنید. منقول است که مرحوم آقای بروجردی قبل از مرجعیتش می‌گفته «فتوا از من، عمل از مقلد» اما در اواخر عمر گفته است که «چه بسیار فتاوایی که من نمی‌خواستم اما با فشار مقلدین صادر کردم و چه بسیار فتاوا که صادر کردم اما مقلدین عمل نکردند». به نظر می‌رسد آقای ملکیان نگاه تاریخی به فقه، مکاتب فقهی، احکام فقهی متناقض در یک فقیه و یا میان فقها، و اینکه بسیاری از احکام و فتاوای فقها بر اساس محاسبات، محافظه‌کاری‌ها، روابطشان با قدرت سیاسی، جنگ میان کشورها، صادر شده است، ندارند. ایشان تصور می‌کنند فقهای ما در زمان

صدور نظر فقهی، بی‌تأثیر از هر عامل و نکته بیرونی بوده‌اند. تو گویی ایشان به یک نوع کمال و تکامل و ذات فقه قبل از دوران مرحوم منتظری باور دارند که مثلاً مرحوم آقای منتظری علیه آن ذات اقدام کرده‌اند. نتیجه بحث این است که بنا به رأی ایشان بعد از آقای منتظری فقیهی نمی‌تواند و حق ندارد در فقه اجتهاد کند، چراکه به باور آقای ملکیان اینها خلاف آن مسلمات خواهند بود. نظر شما درباره این موضوع چیست؟

فی‌الجمله موافقم با بیان شما، به توضیحی که عرض می‌کنم. اگر ما نگاه تاریخی به فقه داشته باشیم، فقه چیزی نیست جز مجموع فتاوا، نه تنها فتاوای شیعیان بل اهل سنت نیز. فتاوایی که از یک سنت سیالی برمی‌خیزد. ما البته ارتدوکسی‌ای در فقه داریم؛ سخنانی که به نحو اغلبی در طول سده‌های متمادی بر مسند تصویب نشسته است. می‌توان سخن آقای ملکیان را این‌گونه صورت‌بندی کرد که در کثیری از مسائل، فقها به نحو اغلبی رأیشان کم و بیش شبیه به هم است؛ اما این امر متفاوت است با این سخن که ما مسلمات غیر قابل تغییری در فقه داریم. من البته فقیه نیستم، به عنوان کسی که در حوزهٔ فلسفه و روشنفکری دینی پژوهش و تتبع می‌کند، عرض می‌کنم که این‌چنین نبوده است. آیت‌الله منتظری که شما یاد کردید، قبل از وفاتشان فتوایی دادند راجع‌به بهاییان. گفتند که بهاییان از حقوق شهروندی برخوردارند. در تاریخ فقه شیعه این فتوا بی‌سابقه بوده است، اما فکر نمی‌کنم حتی دشمنان و مخالفان ایشان ذره‌ای در مراتب و میزان فقه دانی آیت‌الله منتظری تردیدی داشته باشند. اینکه این سخن بدیع بود و تاکنون کسی چنین نظری ابراز نکرده بود، صحیح است اما نباید این سخن آیت‌الله منتظری را که تاکنون سابقه نداشته، فتوا تلقی نکنیم، یا بگوییم این سخن را باید از تاریخ فقاهت خارج کرد. نگاه پسینی - تجربی - تاریخی مؤید این مسئله است. مثال دیگر مرحوم آقای قابل است که شاگرد آیت‌الله منتظری بود و درجه اجتهاد هم داشت. تا جایی که می‌دانم، ایشان اولین فقیهی بود که صراحتاً فتوا داد نپوشاندن موی سر و گردن بانوان به لحاظ شرعی اشکالی ندارد. ایشان استدلال کرد که پوشاندن موی سر و گردن در عصر پیامبر سویه هویتی داشته است. به نزد ایشان اگر پای بحث اطفای شهوت مردان در میان بوده، چرا کنیزکان در زمان زمامداری پیامبر در مدینه موی

سر و گردن خود را نمی‌پوشاندند؟ بله، اگر بگوییم تاکنون کسی این فتوا را نداده، درست است. اما اینکه بگوییم به دلیل این فتوا، مرحوم قابل فقیه نبوده است، سخن ناموجهی است. البته می‌دانم جناب ملکیان چنین سخنی نگفته‌اند، اما لازمهٔ منطقی سخن ایشان چنین است. اینکه به یک استخوان‌بندی و چارچوب متصلبی قائل باشیم و کسانی را که از این چارچوب خارج شوند، برانیم و به حساب نیاوریم، موجه نیست. به نظرم دراین موارد باید کاملاً نگاه پسینی- تاریخی- تجربی داشت. مورد دیگر فتوای آیت‌الله خمینی راجع‌به شطرنج است. کثیری از فقهای پیش از ایشان چنین رأیی نداشتند، راجع‌به ولایت فقیه نیز همین‌طور. رای ایشان درباره حکومت اسلامی و اینکه حکومت کردن را حق فقیه جامع الشرایط می‌دانستند، برخلاف رای جمهور فقهای شیعه بود. مرادم این است که نگاه پسینی‌تاریخی که بر همهٔ رشته‌ها و دیسیپلین‌ها بار می‌شود، اعم از فیزیک، شیمی، بیولوژی، دربارهٔ علم فقه هم صدق می‌کند و جاری است. البته می‌توان گفت کسی بنا به فلان دلیل این موضع فقهی را قبول ندارد. این سخن دیگری است؛ در اینجا وارد معرکه آرا شده‌ایم. مثل این است که فلان دانشمند در علم شیمی رأی بهمان دانشمند را نقد می‌کند، اما این کار، چیزی از شیمی‌دان بودن دانشمند سابق و لاحق کم نمی‌کند. مسلماتی اگر بتوان برشمرد، از این قرار است که کسی مقدماتی را طی کند و مبانی و مبادی را بداند و اهل آن فن سخنان او را جدی بگیرند، همین و نه بیشتر. چیزی به عنوان اصول مسلمِ پیشینی که بتوان بر اساس آن کسی را از دایره فقاهت بیرون راند، در میان نیست؛ در اینجا نیز مفهوم «شباهت خانوادگی» ویتگنشتاین به ما کمک می‌کند. افزون بر این، درباب تفسیر متن مقدس هم همین‌طور است. کسی مثل زمخشری که تفسیر کشاف را می‌نویسد و معتزلی مذهب است، تفسیر متکلم اشعری‌ای چون فخر رازی از قرآن را قبول ندارد. درعین‌حال، این امر مانع از این نمی‌شود که هر دو را مفسری بینگاریم که ذیل تاریخ تفسیر اسلامی قلم زده و تفسیر نوشته و مشارکتی دراین‌باب کرده‌اند.

اگر کل این مصاحبه را جدا از آن بخش که در نقد نشریه مهرنامه است بخواهیم خلاصه کنیم باید بگوییم که ایشان در نقد روشنفکری دینی سخن گفته‌اند. تلاش روشنفکران دینی در ایجاد تلائم میان دین و مدرنیته.

ایشان جایی در مصاحبه اشاره می‌کنند که «ما باید نقش فرهنگ و جغرافیای عربستان را در تکوین دین ببینیم». این گزاره را به عنوان واقعیتی تاریخی قابل قبول مطرح می‌کنند، اما اگر کسی مفاهیمی مدرنی را که بنا به عقل جمعی، مقبول است بخواهد وارد ادبیات دینی کند بنا به رأی ایشان نادرست است. آیا تناقضی نمی‌بینید؟ ایشان با ریزش فرهنگ عربی در دین مشکلی ندارند اما دربرابر ریختن مفاهیم مدرن در دین مشکل دارند و جبهه می‌گیرند.

ایشان می‌توانند بگویند تأثیر فرهنگ عربی در تکون کلام وحیانی شأن تبیینی دارد و در مقام توصیف است که گفته می‌شود کلام وحی در چه زمینه و زمانه‌ای شکل گرفته است، اما درعین‌حال نسبت میان دین و مدرنیته، تعقل و تعبد است، ترکیبی که به زعم ایشان متنافی‌الاجزاء است. دربارهٔ آنچه گفتید، مایلم دو نکته را عرض کنم. نخست آنکه جملهای که از ایشان خواندید، نکته‌ایست که نواندیشان دینی هم گفته‌اند و بدان باور دارند. تحت عنوان «عربیزه شدن اسلام» به معنای تخته‌بند زمان و مکان بودنِ متن مقدس و قویاً متأثر گشتنِ از تصورات و تصدیقات زمانه. سال‌ها پیش عبدالکریم سروش در مقالهٔ «ذاتی و عرضی در ادیان» بدین پرداخته است؛ جناب مجتهد شبستری هم دراین‌باب در «نقدی بر قرائت رسمی از دین» به تفصیل سخن گفته‌اند. فکر نمی‌کنم ازاین‌حیث تفاوتی میان نظر ایشان و نواندیشان دینی دیده شود. اما نقد ایشان به این نحله که در این مصاحبه هم آماده، متوقف بر نوعی ذات‌گرایی است؛ سخن از تقابل میان تعبد و تعقل است.

هرچه جلوتر آمده‌ایم، تجربهٔ زیسته بر من هویدا ساخته که چقدر در مقام عمل با فضایی رنگارنگ از تفسیرهای مختلف از دین روبرو هستیم و در طول تاریخ نحوه‌های زیست مسلمانیِ متکثر و متنوعی وجود داشته است، امری که ظاهراً از نظر جناب ملکیان دور مانده است. باید توجه داشته باشید که عالم واقع لزوماً تابع تفکیکات ذهنی و انقسامات منطقی ما نیست و در عالم خارج با طیف رنگارنگی مواجه‌ایم. لف و نشر تاریخی اسلام، بر وجود نحوه‌ها و سبک‌های مختلف و متنوع مسلمانی دلالت می‌کند. از عالم اسلام و نحوهٔ زیست مسلمانی بگذریم، نمی‌دانم موضع آقای ملکیان و امثال ایشان درباب برخی از فیلسوفان جدید که در آکادمیای

مغرب‌زمین کار می‌کنند و خود را متدین می‌دانند چیست؟؟ آیا باید به این فیلسوفان بگوییم شما به اندازه کافی عقل ندارید یا مدرن نیستید؟! مثلاً ریچارد سوئین برن، الوین پلانتینگا، ویلیام آلستون، جان هیک، رابرات آئودی.... همگی در زمرهٔ فیلسوفان طراز اول هستند که در آکادمیا کار می‌کنند. مطابق با تفسیر جناب ملکیان ایشان مدرن هستند. اهل استدلال‌گرایی هستند، فیلسوفند، کارشان الهیات و فلسفه است، از قضا متدین هم هستند. می‌توان گفت استدلال‌هایشان موجه نیست اما اینکه ایشان از دایرهٔ مدرن بودن خارج شوند و تاکید شود، نسبت تدین و تعقل، تباین است، سخن موجهی نیست. به تعبیر دیگر اینجا میان فرآیند و فرآورده خلطی صورت گرفته است. می‌توان گفت فلان دلیل از نظر من علیل است و منتج‌به بهمان نتیجه نمی‌شود. اما اگر بگوییم کسی از استدلال‌ورزی به دور است چون متدین است و یا کسی که متعقل و مدرن است، متدین نیست، به نظرم تقسیم‌بندی ناموجهی است. کسانی هستند که بنا بر رأی آقای ملکیان مدرن‌اند اما نظرشان این است که به دست دادن تبیینی عقلانی از ساحت قدسی عالم موجه است. من برای آقای ملکیان یا هر کس دیگری این حق را قائلم که این استدلال‌ها را نقد و نفی کنند، اما این امر ناظر به مقام «فرآورده» است نه مقام «فرآیند». اینکه بگوییم کسی با فلان پیشینهٔ تربیتی و معرفتی نمی‌تواند متدین و یا مدرن باشد، به نظرم موجه نیست.

ممنونم آقای دکتر. اگر نکته‌ای هستند بفرمایید من سوالاتم تمام شد.

جناب ملکیان تاکنون از سر لطف در نقد و بررسی سه کتاب من شرکت کرده‌اند. دو مورد آن را توفیق داشتم در ایران حضور داشته باشم: *زبان و تصویر جهان* و *درباب روشنفکری دینی* و *اخلاق*. در سپهر سپهری در غیاب من در تهران منتشر شده و آقای ملکیان در جلسهٔ رونمایی آن سخنرانی کردند؛ این بحث معرفتی و به‌اصطلاح طلبگی، فارغ از احترامی است که برای ایشان قائلم. آنچه عرض کردم متواضعانه در مقام کسی است که سال‌هاست مشتغل بدین امور است و آثار اندیشمندان معاصر از جمله جناب ملکیان را رصد کرده و خوانده و آموخته است. به نظرم نگاه تاریخی و تاریخی‌اندیشی در اندیشهٔ ملکیان غایب است؛ برخی از سخنان ایشان مرا یاد مباحث قرن هجدهم می‌اندازد. بحث‌هایی که آن روزگار اصحاب

دائره‌المعارف طرح می‌کردند. از قضا این ایام به مناسبت تدریس "روشنگری و فلسفه کانت"، دوباره کتاب «فلسفه روشنگری» ارنست کاسیرر را می‌خوانم، برخی از سخنان آقای ملکیان را با قدری دخل و تصرف اصحاب دایره‌المعارف هم می‌گفتند. از قرن هجدهم تاکنون، هم عقل خاضع‌تر شده و و هم خوانش‌های دیگری از مدرنیته سر برآورده و موجه انگاشته شده است. اگر این نکات در نگرش ایشان ریزش کند، به نظرم مباحثی که طرح می‌کنند، سمت و سو و رنگ و بوی دیگری پیدا می‌کند.

علاوه براین، مایلم به اختصار به لحاظ معرفتی نیز مشی نشریه «مهرنامه» را نقد کنم. «مهرنامه» به لحاظ اقتصادی از روایتی از لیبرالیسم دفاع می‌کند که با «کاپیتالیسم عنان‌گسیخته» هم‌عنان است، روایتی که به نظرم اشکالات جدی‌ای دارد و از مقوله مهم «عدالت اجتماعی» غافل است. چنان‌که در مصاحبه "بازخوانی لیبرالیسم ایرانی" آورده‌ام؛ بهتر است از روایت رالز متاخر و برخی دیگر از متفکران لیبرالی مدد گرفت که سویه‌های اجتماعی پررنگی درکارشان دیده می‌شود و مقوله عدالت را جدی انگاشته و دربارهٔ آن نظریه‌پردازی کرده، درعین‌حال «حق بر خطا بودن» و حقوق اولیه بنیادین انسان‌ها را به رسمیت می‌شناسند. از سوی دیگر، دست‌اندرکاران «مهرنامه» به لحاظ سیاسی و معرفتی محافظه‌کارند و از نوعی محافظه‌کاری دفاع می‌کنند؛ نمی‌دانم چگونه می‌توان معجون «محافظه‌کاری دینی» و «محافظه‌کاری سیاسی» و «لیبرالیسم افتصادی» را که به شیر بی‌یال و دم و اشکم می‌ماند، روایتی لیبرالیسی در نظر گرفت و به مثابهٔ متاعی معرفتی عرضه کرد؟! لیبرالیسم معرفتی و لیبرالیسم سیاسی در روایت اهالی «مهرنامه» غایب است و محلی از اعراب ندارد. تفکیک‌های غیرموجه و غیرره‌گشایی نظیر «روشنفکر درون‌دینی» و «روشنفکر برون‌دینی» محصول همین محافظه‌کاری است. «روشنفکری» از محصولات معرفتی جهان جدید است. اسامی‌ای چون «روشنفکری دینی» و «رفرم دینی» یک مسما و مدلول بیشتر ندارد و آن عبارتست از بازخوانی انتقادی سنت با عنایت به تحولات معرفتی جهان جدید، کاری که از آن به دیالوگ میان سنت و مدرنیته نیز تعبیر می‌شود. آثار کسانی چون مرحوم مطهری و مرحوم قابل، از لون دیگری است و در زمرهٔ کارهای ارزش‌مند احیاگرایانه؛ در آثار مطهری

سویۀ الاهیاتی و کلامی آن پررنگ است، در آثار قابل سویۀ فقهی. علی‌ای‌حال، صبغۀ روشنفکرانه ندارد؛ این تفکیک هم صبغه توصیفی و تبیینی دارد و نه توصیه‌ای و ارزش‌مدارانه و یکی را برگرفتن و دیگری را فرو نهادن و کم‌ارج کردن. از این‌رو، بدون تکلف و به کار بستن و برساختن تعابیری چون «روشنفکری درون‌دینی» که چندان معنای محصلی هم ندارد، می‌توان تحولات اندیشه‌گی را تبارشناسی کرد و توضیح داد.

شریعتی، کویریات و دوران «پسا- ارشاد»[1]

خرداد در تقویم تحولات سیاسی اجتماعی ایرانیان در چند دهه اخیر، ماه به خصوصی است. رخدادهای مهمی در این ماه، بر روند زندگی ایرانیان تاثیر گذاشته است. خرداد ماه امسال مصادف است با چهلمین سالگرد درگذشت دکتر علی شریعتی و همچنین هشتمین سال «جنبش سبز» و ششمین سال درگذشت عزت الله سحابی، هاله سحابی و هدی صابر. درباره اهمیت ماه خرداد و همچنین میراث فکری شریعتی و خوانش‌های متفاوت از آثار و افکار وی با دکتر سروش دباغ، پژوهش‌گرِ دپارتمان «مطالعات ادیانِ» دانشگاه تورنتو و محقق تاریخ اندیشه معاصر گفت‌وگو کرده‌ام.

همان‌طور که می‌دانید ماه خرداد برای ما ایرانیان یادآور رخدادهای مهمی در فرهنگ و سیاست است. امسال خردادماه همزمان است با چهلمین سالگرد درگذشت دکتر علی شریعتی و هشتمین سال جنبش سبز و ششمین سالگرد درگذشت عزت الله سحابی، هاله سحابی و هدی صابر. لطفاً به عنوان آغاز بحث اگر نکاتی در این باره دارید بفرمایید.

ممنون از شما، امیدوارم گفت‌وگوی خوبی به مناسبت دررسیدن چهلمین سالگرد درگذشت دکتر شریعتی با هم داشته باشیم. همان‌طور که اشاره کردید ماه خرداد طی ۴۰ سال گذشته در فرهنگ سیاسی روشنفکری ما ماه پرحادثه و پررنگی شده

---

[1] گفتگو از احسان ابراهیمی، سایت « زیتون»

است. اگر قدری پیشتر برویم بر قدمت این ۴۰ سال می‌توانیم بیافزاییم. مرادم اتفاقاتی است که در خرداد ۴۲ به مناسبت دستگیری آیت‌الله خمینی، تظاهرات‌ها و سرکوبی که توسط رژیم پهلوی صورت گرفت، نیز تداعی‌کننده ماه خرداد است.

می‌توان در این روزگار، قرائتی رهایی‌بخش، سوسیال‌دموکرات، اومانیستی‌اگزیستانسیالیستی از میراث شریعتی به‌دست داد.

به فضای پس از انقلاب که بیاییم، سوم خرداد ماه سالروز آزادی خرمشهر است؛ این روز برای نسل ما که جنگ را در سنین کودکی و نوجوانی دیده، تداعی‌کننده محمد جهان‌آرا و شهادتش قبل از آزادی خرمشهر است. چهاردهم خرداد ماه هم سالگرد درگذشت آیت‌الله خمینی بنیان‌گذار نظام جمهوری اسلامی است. افزون بر این موارد، بیست سال پیش حادثهٔ دوم خرداد را شاهد بودیم و رأی بالای سید محمد خاتمی و آنچه به جنبش دوم خرداد موسوم گشت. هرچند زمانی که احمدی‌نژاد رییس‌جمهوری شد، چند صباحی آن ادبیات دموکراتیک به محاق رفت، اما خوشبختانه آن ادبیات دوباره سربرآورده است. در خرداد ماه سال ۸۸، «جنبش سبز» محقق شد و پس از انتخابات بحث‌برانگیز ریاست‌جمهوری که اعتراضات مدنیِ طرفدارانِ آقایان موسوی و کروبی به جایی نرسید، آن دو بزرگوار به همراه خانم زهرا رهنورد بالغ بر شش و سال نیم است که در حصر خانگی به سر می برند. اتفاقی که در جریان انتخابات ریاست‌جمهوری سال ۹۶ رخ داد، به نوعی تجمیع و ترکیب میان جنبش دوم خرداد و جنبش سبز بود. در سال ۹۲ که آقای روحانی رییس‌جمهور شد، گفتمان اعتدال بر مسند امور نشست. ایشان در خرداد ۹۲ کوشید میانه‌روی پیشه کند و شعارهایی داد متناسب با وضعیت بغرنجِ سیاسی‌اقتصادی اواخر دوران احمدی‌نژاد.

در بهار ۹۶ ما شاهد ترکیب آشکار دو رنگ سبز و بنفش بودیم. این امر بر این دلالت می کند که به نوعی دوم خرداد ۷۶ با ۲۲ خرداد ۸۸ گره خورده و دست‌کم در بخش قابل توجهی از ۲۴ میلیون رأی روحانی ظهور و بروز پیدا کرده است. در جلسات و میتینگ‌های سیاسی انتخاباتی ایشان، آشکارا دو رنگ سبز و بنفش را با هم می‌دیدیم. عکس‌های آقایان خاتمی، موسوی و کروبی به کرات در میان طرفداران روحانی دیده می‌شد؛ رفته‌رفته ایشان هم به این گفتمان نزدیک‌تر شده

است. به این معنا میراث دوم خرداد سال ۷۶و بیست و دوم خرداد سال ۸۸ که با سرکوب روبرو شده بود و بروز و ظهور چندانی در ادبیات سیاسی آقای روحانی در سال ۹۲ پیدا نکرد، در بهار ۹۶ به شکلی شفاف بازتولید شد و نشان داد که قویاً در جامعه حاضر است و زیر پوست شهر تکان‌های آشکار می خورد و بخش قابل توجهی از ۲۴ میلیون رأی روحانی میراث‌بر و متأثر از سنت خردادی -یعنی تحولات دموکراتیک که از سال ۷۶ آغاز شده- است و بدان باور دارد.

این نکات را ناظر به اهمیت سیاسی این ماه بیان کردم. علاوه بر موارد فوق، در ماه خرداد مرحوم شریعتی رخ در نقاب خاک کشید و امسال مصادف است با چهلمین سال درگذشت وی. دکتر چمران هم که از دوستان مرحوم شریعتی بود در ۳۱ خرداد، در جبهه‌های جنگ شهید شد. جا دارد یاد آن بزرگوار را هم گرامی بداریم. خصوصاً که چمران از جمله علاقمندان به مرحوم شریعتی بود و در متن دل‌نشینی که راجع‌به کویر شریعتی نوشته، می‌توان دلدادگی و شیفتگی او را به شریعتی فهمید. ایشان عضو نهضت آزادی ایران هم بود، امروزه این حزب در ادبیات سیاسی در زمرهٔ نیروهای ملی‌مذهبی به حساب می‌آید.

افزون‌براین، خرداد ماه تداعی‌کنندهٔ وفات سه تن از یاران شریعتی و از اعضای خانواده ملی‌مذهبی است. مرحوم عزت الله سحابی، فرزند دکتر یدالله سحابی در خرداد ماه ۹۰ از دنیا رفت. ایشان از سران نیروهای ملی‌مذهبی بود و برخی از دوست‌داران شریعتی از حلقهٔ نزدیک مرحوم سحابی بودند. در مراسم تشیع جنازه وی، دختر ایشان هاله سحابی به نحو نامنتظر و غریبانه و مظلومانه‌ای روی در نقاب خاک کشید و از پس آن هم هدی صابر دیگر نیروی ملی‌مذهبی و از شاگردان مرحوم سحابی. همه این اتفاقات در خرداد ماه سال ۹۰ رخ داد. جا دارد امسال که مصادف است با ششمین سال درگذشت این عزیزان، خورشیدسوارانی که رنج خود و راحت یاران را طلبیدند، از این شخصیت‌های پاک‌باخته و نیروهای ملی‌مذهبیِ شریف ایران زمین یادی کنیم و نامشان را گرامی بداریم.

به‌نظر می‌رسد در میان آثار شریعتی شما به «کویریات» بیش از همه نظر دارید و ظاهراً تلقی و خوانش شما از کویریات شریعتی، با عموم نوشریعتیست‌ها و هم‌دلان با شریعتی متفاوت است. مثلاً در جایی از مقاله

«هبوط در هیچستان» مبتنی بر مقاله «معبد» شریعتی در کتاب «هبوط در کویر» می‌گویید که شریعتی در انتها به روشنی و نور فراچنگ نمی‌زند. آیا این تلقی درست است؟

همان‌طور که اشاره کردید در سالیان اخیر دو جستار بلند دربارهٔ «کویریات» علی شریعتی منتشر کرده‌ام. نخست «می باش چنین زیر و زیر» که در کار به بدست دادن خوانش و تلقی‌ای از کویریات بود با پیشنهاد کردن چارچوبی فلسفی دربارهٔ چگونگیِ مواجههٔ با امر متعالی و ساحت قدسیِ هستی، مبتنی بر «هبوط در کویر» و دو مجلد «گفت‌وگوهای تنهایی» و «با مخاطب‌های آشنا». دومی «هبوط در هیچستان» است، ناظر به مقایسهٔ تطبیقی میان کویریات شریعتی و «*هشت کتاب*» سپهری؛ این مقاله در کتاب «*فلسفه لاجوردی سپهری*» منتشر شده است.

تا جایی که دیده و خوانده‌ام، قرائت من با خوانش عموم کسانی که درباره کویریات شریعتی کار کرده‌اند متفاوت است: امیر رضایی از نوشریعتیست‌ها، سال‌ها پیش کتابی دربارهٔ کویریات شریعتی منتشر کرده بود؛ کتاب «*تجربه مدرنیته ایرانی*» فرامرز معتمدی دزفولی، همچنین «*قرائتی فلسفی از یک ضد فیلسوف*»، نوشتهٔ معصومه علی‌اکبری از دیگرآثاری است که دراین‌باب انتشار یافته. حقیقتش داوری من دربارهٔ «کویریات» تا پیش از نگارش این مقاله با عموم این دوستان، نزدیک بود. اما به بهانهٔ نگارش این مقاله که کویریات شریعتی را مجددا در مطالعه گرفتم، مشخصاً با تأکید بر مقاله «معبد» که به نظر مهم‌ترین مقالهٔ *هبوط در کویر* می‌آید؛ چنان‌که در متن مقاله آورده و انواع مواجههٔ با امر متعالی را از یکدیگر تفکیک کرده‌ام، برخلاف تصور اولیه‌ام، در مقالهٔ «معبد» و توسعاً در کویریات شریعتی، نوعی «گریزپایی امر غایی» و حیرت و نوسان کردنِ بین پر و خالی دیدن عالم موج می‌زند. این‌گونه نیست که به تعبیر خود شریعتی، او از «شب‌صفتی» بالمره بدر می‌آید و به روشنایی می‌رسد. تصویر ارتدکس و رایج از کویریات شریعتی چنین است که از شب‌صفتی و زیستن در شب آغازیده، سپس تبدیل مزاجی و تحول احوالی در او پدید آمده و در آسمان ضمیرش، ستاره بارانی رخ داده و روشنایی سر برآورده. البته که وی در فرازهایی از «معبد» و «گفت‌وگوهای تنهایی» ازین تعابیر دارد- مشخصاً درباره مقاله معبد سخن می‌گویم که بلندترین مقاله آن کتاب است-

اما در انتها می‌بینید که دوباره این نوسان را در احوال شریعتی، به گواهی آنچه منتشر شده و در کتاب آمده، می‌توان سراغ گرفت. به‌همین‌خاطر است که من با برجسته بودنِ «حس تعلیق» در کویریات بیشتر موافقم؛ نوعی نوسان‌های آونگ‌آسا و ازین‌سو به آن‌سو غلتیدن، نه اینکه شب‌صفتی را پشت سر گذاشتن و یک مرتبه رسیدن از مرحله‌ای به مرحله‌ای دیگر.

مقالهٔ «هبوط در هیچستان»، اثری تطبیقی است و مضامینی مانند «عشق»، «تنهایی» و «سفرکردن» در آن به بحث گذاشته شده و استشهادات مبسوطی از کویریات شریعتی و «*هشت کتاب*» سپهری در آن گنجانده شده است. سرّ نگارش این مقاله انسی است که من با آثار این دو شخصیتِ محبوبم داشته‌ام. در ایام دانشجویی در رشته داروسازی دانشگاه علوم پزشکی تهران، مکرراً هم آثار شریعتی را می‌خواندم و هم «*هشت کتاب*» سپهری را. اما آن روزگار این مطالب و تطبیق‌ها در ذهنم می‌جوشید. رفته‌رفته از جایی به بعد دریافتم که این نگاه مقایسه‌ای، نگاه نیکویی است و می‌توان مطالب زیادی برای مقایسهٔ میانِ این دو شخصیت مهم معاصر سراغ گرفت. حاصلش شد مقاله «هبوط در هیچستان».

چنان‌که درمی‌یابم، هم شریعتی و هم سپهری را می‌توان در زمرهٔ متفکران اگزیستانسیالیست معاصر معرفی کرد. در سنت ایرانی‌اسلامی دوران معاصر، از زمان مشروطه، به سبب آشنایی با ادبیات جهان جدید، دغدغه‌های وجودی در آثار برخی از اهالی فرهنگ و ادب ما به نحو جدی بروز و ظهور کرده است. همان‌طور که مستظهرید، متفکر بودن اعم از فیلسوف بودن و فلسفه خواندن است. مثلاً داستایوفسکی، یک متفکر اگزیستانسیالیست است، بدون اینکه تحصیلات رسمیِ فلسفی داشته باشد. در دپارتمان‌های فلسفه، وقتی درباره اگزیستانسیالیسم بحث می‌کنند، به آرای داستایوفسکی به نحو مبسوط می‌پردازند، هرچند در ژانر رمان قلم زده و طبع‌آزمایی کرده اما به سبب مضامین آثارش، می‌توان وی را یک متفکر اگزیستانسیالیست برشمرد. برهمین‌سیاق، من شریعتی و سپهری و فروغ فرخزاد را در عداد متفکرانِ اگزیستانسیالیست ایرانی معاصر می‌شناسم و می‌شناسانم. این امر، وجه مشترک سپهری و شریعتی است، به رغم اینکه یکی شاعر و نقاش بوده و دومی خطیب و روشنفکر عرصه عمومی که در حوزهٔ رفرم دینی و تاریخ ادیان کار

می‌کرده است. به سبب انس و علاقهٔ وافری که به نوشته‌های کویری شریعتی دارم، کتاب اخیرم «*حریم علف‌های قربت: سلوک معنوی در روزگار کنونی*» را که در آستانهٔ انتشار است و چند روز دیگر توسط نشر «اچ اند اس» در لندن منتشر می‌شود، به ایشان تقدیم کرده‌ام: «به روح بلند علی شریعتی/ که «کویریات»اش/ قراربخشِ ضمیر بی‌قرارم بوده».

شما در مقالات «طرح‌واره ایی از عرفان مدرن» از شریعتی و سپهری به عنوان سالکان مدرن یاد کرده‌اید.

بله. اشاره خوبی کردید. همین‌طور است. مطابق با صورت‌بندی من از مقولهٔ «عرفان مدرن»، این دو بزرگوار را می‌توان «سالک مدرن» خواند.

شما در در دوره «شریعتی‌شناسی» که چند سال پیش در کانادا برگزار شد به دوران‌های مختلف زندگی او پرداختید و برای او دوره‌هایی قایل شدید. این دوره‌ها با آثار شریعتی چه ارتباطی دارند؟

در دورهٔ «شریعتی‌شناسی» که حدود ۴ سال پیش در شهر تورنتو برگزار شد و فایل‌های صوتی آن اکنون روی سایت من در دسترس است، با مبنا قرار دادن کتاب «*مسلمانی در جستجوی ناکجاآباد*»، نوشتهٔ علی رهنما، به همراه آثار دیگری که در چند دههٔ اخیر دربارهٔ آثار شریعتی منتشرشده‌اند، به شرح و بازخوانی شریعتی و زندگی سیاسی و فکری وی پرداختم. مطابق با آنچه در آن جلسات آوردم و پس از آن رفته‌رفته ابعادش بر من بیشتر هویدا شد، می‌توانیم زندگی و آثار شریعتی را به سه دوره تفکیک کنیم:

۱- دوره پیشا-ارشاد

۲- دوره ارشاد

۳- دورهٔ پسا-ارشاد

دوران نخست معطوف است به آثاری از شریعتی که قبل از سفر اروپا نگاشته شده، نوشته‌های وی در نشریات دانشجویی در فرانسه چاپ شده، همچنین آثاری که پس از بازگشتش به ایران منتشر گشته تا سال ۴۷ شمسی. کویر، ترجمهٔ کتاب جوده السحار دربارهٔ ابوذر غفاری و *اسلام‌شناسی مشهد* از آثار این دوران است. «طرح

هندسی مکتب» و برخی آرای غیرارتدوکس شریعتی درباره اسلام معتلق به این دوران است. درس‌های وی در دانشگاه مشهد تحت عنوان «اسلام‌شناسی مشهد» منتشر شده، در ابتدا سروصدایی ایجاد نمی‌کند، اما پس از مدتی بحث‌برانگیز می‌شود. این دوران نخست است. پوران شریعت رضوی، همسر شریعتی در کتاب «*طرحی از یک زندگی*» اشاره می‌کند که این دوران کم‌تلاطم‌ترین دوران زندگی خانوادهٔ شریعتی بوده است. در این دوران، شریعتی قلم می‌زده و تدریس می‌کرده و با ذوقی سرشار و بارقه‌های نبوغی که در او وجود داشته، کار و بار خویش را پیش می‌برده، اما هنوز دوران ارشاد آغاز نشده بود.

شریعتی از سال ۴۷ سخنرانی‌های خود را در «حسینیه ارشادِ» تهران آغاز می‌کند، دوران ارشاد، قریب به ۵ سال تا زمان بسته شدن حسینیه ارشاد در آبان ۵۱ ادامه می‌یابد، دورانی که شهرت اصلی شریعتی از آنجا نشات گرفته است. کثیری از سخنان و آموزه‌های شریعتی که طنین انقلابی‌گری جدی دارد، متعلق به این دوران است. این سخن را از این جهت می‌گویم که ممکن است عده‌ایی در بازخوانی شریعتی دچار نوعی خطای فروکاهش[1] شوند. نباید شریعتی را به شریعتی دورانِ «ارشاد» تقلیل داد. این خطاست. نمی‌گویم شریعتیِ دوران ارشاد وجود نداشته، روشن است که چنین دورانی در ادوار زندگی شریعتی وجود داشته و بیشترین تأثیر وی هم متعلق به همین دوران است، همان شریعتی‌ای که بعدها در تظاهرات‌های سال ۵۷ و همچنین سال‌های نخست پس از انقلاب، به عنوان معلم انقلاب شناخته می‌شد؛ همان شریعتی‌ای که «*حسین وارث آدم*» را منتشر کرد؛ سخنرانی «پس از شهادت» را ایراد کرد؛ «امت و امامت» را در حسینیه ارشاد بسط داد؛ «شیعه حزب تمام» و «مسئولیت‌های شیعه بودن» و «انتظار مذهب اعتراض» و «تشیع علوی/ تشیع صفوی» را مطرح کرد؛ مفاهیم و مضامینی که رنگ و بوی ایدئولوژیک داشتند و به تعبیر درست داریوش شایگان، قوام‌بخش «ایدئولوژیزه کردن سنت» بود. گفتمان شریعتی در آن دوران انصافاً مؤثر افتاد. نه تنها در دانشگاه و نسل جوان، بل کثیری از روحانیون، در اواخر دههٔ چهل و تمام دههٔ پنجاه شمسی هم متأثر از شریعتی بودند. روایت وی از امام علی، امام حسین، سجاد، امام دوازدهم... کثیری

---

[1] reduction

را متأثر کرده بود. مرحوم مطهری هم در برهه‌ایی متأثر از شریعتی بود و او را به حسینیه ارشاد دعوت کرد تا سخنرانی کند. این همه متعلق به شریعتی دوران «ارشاد» است که مؤثرترین دوران به معنای اجتماعی‌اش در ادوار زندگی شریعتی است. این سخنان، از جایی با سیاست عمیقاً گره خورد و منتهی به بسته شدن ارشاد و مخفی شدن شریعتی گشت؛ دورانی که با مبارزات مسلحانهٔ «چریک‌های فدایی خلق» و اعضای «سازمان مجاهدین خلق» مصادف شده بود.

دورهٔ سوم شامل دوران زندان و پس از زندان است. شریعتی قریب به یکسال و نیم در مجموع در زندان بود و فروردین ۵۴ آزاد شد. به قول خودش در «با مخاطب‌های آشنا»، آن شصد شب تنهایی. در اردیبهشت ۵۶، شریعتی با گذرنامهٔ علی مزینانی از ایران هجرت کرد و نهایتاً به فاصله یک ماه و اندی در خرداد ۵۶ از دنیا رفت.

در دوران پسا-ارشاد به گواهی آنچه علی رهنما در اثر *مسلمانی در جستجوی ناکجا آباد* آورده، همچنین مطالعهٔ آثار شریعتی در این ایام حکایت می‌کند، او از گفتمان رایج انقلابی رفته‌رفته فاصله می‌گیرد و به نوعی سویه‌های اگزیستانسیل و اومانیستی در قرائت شریعتی از سنت ایرانی‌اسلامی پررنگ‌تر می‌شود. از «عرفان، برابری و آزادی» سخن می‌گوید؛ سوسیال‌دموکراسی را برمی‌کشد و از «امت و امامت» عبور می‌کند. پس از آزادی از زندان و در دوران پسا-ارشاد، دغدغه‌های اومانیستی‌اگزیستانسیالیستی، به دغدغه‌های سوسیالیستی شریعتی اضافه می‌گردد. من امروز، شریعتی را این‌چنین می‌شناسم و حساب دوران «پسا-ارشاد» را کمابیش از شریعتی دورانِ «ارشاد» جدا می‌کنم. درهمین‌راستا، با جناب رهنما همداستانم که شریعتی در دوران زندان به این نتیجه رسید که آن سلسله مقالات در نقد مارکسیسم را که در روزنامه «کیهان» منتشر شد، بنویسد. عنایت دارم که برخی از طرفداران و ارادتمندان که شریعتی را تا مرز اسطوره بالا برده‌اند، هیچ این سخن را برنتافته و رد کرده‌اند. اما تصور می‌کنم بدون اینکه خدای نکرده از تعابیری مثل «وادادن» یا «مرعوب شدن» استفاده کنیم، شریعتی با توجه به تحلیلی که از شرایط کشور در زندان پیدا کرد و تشخیصی که داد، به نگارش آن مقالات همت گمارد. این کار، بخشی از آخرین دوره از ادوار زندگیِ فکری‌سیاسی شریعتی است. به نظرم، این تلقی از چند و چون انتشار آن سلسله مقالات در روزنامهٔ «کیهان»، در

مجموع رواتر و معقول‌تر است و با روح حاکم بر آثار شریعتیِ «پسا-ارشاد» متناسب‌تر. جناب خرمشاهی، حافظ‌پژوه مشهور معاصر، در توضیح احوال حافظ، به درستی گفته است که حافظ «انسان کامل» نبود بلکه «کاملاً انسان» بود. فکر می‌کنم این داوری راجع به کثیری از شخصیت‌های محبوب و مؤثر تاریخی ما جاری و ساری است و احوال انسانی آنها را باید در نظر گرفت و از ایشان بت نساخت.

از وقتی بدین تلقی دربارهٔ چگونگیِ انتشار آن سلسله مقالات در روزنامه «کیهان» رسیده‌ام، بر قدر و عظمت شریعتی در نگاهم افزوده شده؛ اینکه وی در برهه‌ای به این تشخیص رسید که آن سلسله مقالات را در نقد مارکسیسم بنویسد، در جای خود تامل‌برانگیز و ستودنی است. همهٔ آنچه آمد، دورهٔ سومِ زندگی پرتلاطم علی شریعتی را می‌سازد، دورانی که از آن تحت عنوان «پسا-ارشاد» یاد می‌کنم.

در برخی از مکتوبات و سخنرانی‌های خود، از مفهوم «مغالطهٔ زمان‌پریشی» و ورود آن در برخی از آثار شریعتی سخن گفته‌اید. آیا این مغالطه، با فرض اینکه خوانش شما از شریعتی موجه است، فقط در آثار شریعتی راه یافته یا در آثار دیگر نواندیشان دینی؟

بله، در برخی از آثار نوشتاری و گفتاری خود از این تعبیر استفاده کرده‌ام. خاطرم هست چند ماه قبل در میزگرد اسکایپی که دربارهٔ آرای شریعتی برگزار شد و جناب علیجانی و جناب اشکوری هم حضور داشتند، از همین تعبیر «مغالطه زمان‌پریشی» استفاده کرم؛ برخی آن را به «ناهم‌زمانی» ترجمه کرده‌اند که اگرچه نادرست نیست، اما به نظرم «زمان‌پریشی»، معادل بهتری است. توضیح مختصر این مغالطه و خطای روش‌شناختی، ازین قرار است: احکام و احوال یک دوره از ادوار زمانی را بدون در نظر گرفتن سیاق و زمینه و زمانهٔ پیدایی آن، از جای خود به درآوردن و به نحو مکانیکی به جای دیگری منتقل کردن و در مقام فهم و ارزیابی آن دوره به کار بردن، مصداقی از مغالطهٔ «زمان‌پریشی» است. برای روشن‌تر شدن عرائضم، اگر کسی از اسباب و ادوات مفهومی‌ای که متعلق به زمانهٔ کنونی است، بدون عنایت به زمینه و زمانهٔ پیدایی آن، با جهشی در درازنای تاریخ، جهت تطبیق آنچه در ۱۴ قرن پیش رخ داده استفاده کند، مرتکب مغالطه زمان‌پریشی شده است. هنگامی که شریعتی راجع به «شورا» و «بیعت» سخن می‌گوید و آن را با آموزه‌ها و سازوکارهای

دموکراتیک در روزگار کنونی نسبت‌سنجی می‌کند، مرتکب این خطای روش‌شناختی شده است، چرا؟ برای اینکه بیعت و شورا و امثالهم در دل یک جامعهٔ قبیله ای با مناسبات و روابط متعلق به قرن هفتم میلادی رخ داده؛ اما وقتی از مفاهیمی که نسب‌نامه جدید دارند و متعلق به قرون هجده و نوزده و بیستم میلادی استفاده می‌شود؛ برای اینکه گفته شود این مفاهیم و مضامین که متعلق به دو دورهٔ زمانی متفاوت‌اند، کم و بیش دلالت‌های یکسانی دارند، «مغالطهٔ زمان‌پریشی» رخ می‌دهد. به عنوان مثالی دیگر، وقتی شریعتی از شیعه به مثابه یک «حزب» یاد می‌کند؛ حزب مفهومی است متعلق به ادبیات سیاسی مدرن، با مفاهیمی چون «سپهر عمومی»، «تفکیک قوا» و «شهروندی» و «حقوق بنیادین» گره خورده و درمی‌رسد. اگر گفته شود شیعه هم یک حزب تمام بوده و از این سنخ مفاهیم برای فهم آنچه در صدر اسلام رخ داده استفاده شود، خطای روش‌شناختی جدی‌ای رخ داده است. وقتی مجموعه آثار «زن» را می‌خوانیم، می‌بینیم شریعتی، توصیفاتی از این دست از فاطمه دختر گرامی پیامبر به دست می‌دهد: انسانی متعهد، آزاد و مسئول که دغدغه‌های اجتماعی و سیاسی پررنگی دارد و کنش سیاسی معطوف به تحولات عینی از او سر می‌زند. روشن است که شریعتی این مفاهیم را از کجا برگرفته؛ درعین‌حال قرار نیست جهت تبیین آنچه بر فاطمه زهرا در قرن هفتم میلادی در شبه جزیره عربستان رفته با توجه به مناسبات و روابطی که در فضای قبیلگی آن زمان جاری بود، از جهان جدید مدد بگیریم و فاطمه زهرا را به نحوی روایت کنیم و بشناسانیم که گویی در قرن هجده و یا نوزده زندگی می‌کرده است. البته این تصویر جذاب است، همچنین روایتی که شریعتی در مجموعه آثار خود از مفهوم شهادت به دست می‌دهد؛ بر جذابیت این خوانش از اسلام واقفم، اما هر امر جذابی لزوماً از منظر روش‌شناختی و معرفت‌شناختی موجه نیست. ما باید به فهم آنچه در آن روزگار گذشته به نحو روش‌مند بپردازیم؛ این مهم نیازمند تتبعات تاریخی و ایجاد رویکرد هرمنوتیکی روش‌مند و موجه و رهگشاست. به کار بستن این روش‌ها، روایتی قرن نوزدهمی از فاطمه‌زهرا و علی‌ابن‌ابی‌طالب و حسین‌ابن‌علی به دست نمی‌دهد، اما چه باک؟ قصد ما فهم رخدادهای آن روزگار به نحو روش‌مند است. برای فهم آنچه محقق شده و منطق سیاسی آن دوره، باید زمینه و زمانهٔ

پیدایی آن رخدادها، همچنین مبانی انسان‌شناختی، وجودشناختی و فرهنگ زمانه را بهتر بفهمیم. درکی که انسان‌های آن عصر از امر سیاسی و فی‌المثل عقلایی بودن و یا موروثی بودنِ حکومت داشته‌اند. سپس، در پرتوی این تصویر و روایت منقح، به فهم تحولات آن روزگار همت گمارد. اگر مدعا و استدلال من موجه باشد، بخش قابل توجهی از اسلامیات شریعتی در روزگار کنونی نیاز به بازخوانی و بازنگری جدی دارد.

از این امر که درگذریم، شریعتی در قلمروی رفرم دینی، کارهای جدی کرده و میراث نیکویی از خود برجای گذاشته است. به تعبیری که در بیست سال اخیر در ادبیان نواندیشی دینی به کار رفته، نقد «قرائت رسمی از دین» از کارهای نیکوی وی بوده، وی در کسوت یک رفرمیست مسلمانِ غیرمعمم به این مهم همت گمارده و راهی را گشوده است.

دربارهٔ پرسش دوم شما، تا جایی که بررسیده و تحقیق کرده‌ام، در برخی از آثار نواندیشان متقدم و یا احیاگران دینی نیز «خطای زمان‌پریشی» را دیده‌ام. مشخصاً در برخی از آثار مرحوم بازرگان وقتی دربارهٔ رابطه میان علم و دین سخن گفته، و ربط و نسبت میان علوم تجربی جدید و متن مقدس را کاویده و در مقام سازگاری میان این دو مقوله برآمده، می‌توان «خطای زمان‌پریشی» را سراغ گرفت: نسبت دادن و به کار بستنِ تصورات و تصدیقات و مشهورات و مسلمات و مقبولات یک زمانه به زمانه‌ای دیگر. در برخی از آثار مرحوم مطهری هم، نظیر «*اسلام و مقتضیات زمان*»، چنان‌که در دورهٔ «مطهری‌شناسی» آورده‌ام، جاهایی که ایشان دربارهٔ حقوق بشر و نقد آن سخن گفته، می‌توان رگه‌هایی از این خطا را دید.

چهل سال از درگذشت شریعتی و به‌جا ماندن میراث فکری او گذشته است. شما چه بخش‌هایی از میراث شریعتی را ماندگارتر می‌دانید؟ داوری معرفتی شما دربارهٔ طرفداران شریعتی و کارنامه نوشریعتیست‌ها در چهار دههٔ گذشته چیست؟

چنان‌چه طی همین گفت‌وگو آمد، با کویریات او عمیقاً بر سر مهرم و فکر می‌کنم ماندگارترین بخش میراث شریعتی باشد. در حوزهٔ اسلامیات و اجتماعیات، خطاهایی که در آثار آن بزرگوار راه پیدا کرده را باید فرو نهاد، و به مصداق «گندمش بستان

که پیمانه است رد»، روح حاکم بر پروژه رفرمیستی شریعتی را برگرفت و از پی آن روان شد. اندراج مؤلفه تاریخیت در بازخوانیِ سنت دینی و برگرفتنِ نگاه عقلانی و غیراسطوره‌ای به شخصیت‌های دینی از جهت‌گیری‌های کلانِ ره‌گشای شریعتی است، باید آن را پی گرفت و در روزگار کنونی بازآفرینی کرد. علاوه بر این، دغدغه‌های اومانیستی‌اگزیستانسیالیستی که در آثار خصوصاً شریعتی پسا-ارشاد دیده می‌شود، برگرفتنی است. برکشیدن سوسیال‌دموکراسی و «عدالت اجتماعی» از دیگر بخش‌های نیکوی میراث شریعتی است، خصوصاً با توجه به اینکه در زمانه‌ای به سر می‌بریم که با کاپیتالیسمِ عنان‌گسیخته مواجهیم و پیامدهای منفی آن در سطح جهان را به‌عیان لمس کرده‌ایم.

با عنایت به آنچه آمد، سخنم درباب روش‌های ره‌گشایی که نوشریعتیست‌ها می‌توانند پیشه کنند، کم و بیش روشن است. چنان‌که درمی‌یابم، خوبست این دوستان عزیز، بخش‌های ره‌گشا و موجه میراث شریعتی را از دیگر بخش‌های کارنامهٔ شریعتی که امروزه ناموجه می‌نماید، تفکیک کنند و به اقتفای شریعتی از پی به دست دادنِ قرائتی سوسیال‌دموکراتیک از سنت دینی با لحاظ کردنِ مؤلفه‌های اگزیستانسیل و وجودی، برآیند.

شریعتی هم مانند هر شخصیت مهم و تاثیرگذار دیگری هم اکنون بدل به بخشی از میراث فرهنگی ما شده، مانند یک متن است. یکی از نوشریعتیست‌های عزیز چندی پیش در ایمیلی برایم نوشته بود من شریعتی را مانند یک متن مکرر در مکرر می‌خوانم و نکته‌های نیکو از آن استخراج می‌کنم. سخن درستی است، اگرچه او در میان ما نیست، اما میراث ستبری از وی برجای مانده، می‌شود متن به جای مانده را خواند و بازخوانی کرد و احیاناً روایت‌های موجه‌تر و ره‌گشاتری از آن به دست داد. تصورمی‌کنم در روزگار کنونی، این‌چنین عمل کردن نامی ماندگارتر از شریعتی برجای می‌گذارد.

در باب داوری درباره کارنامهٔ شریعتیست‌ها و نوشریعتیست‌ها، به نظرم در دوره‌ای، واکنش آپولوجیک و تدافعی در میان دوست‌داران شریعتی وجود داشت و پررنگ بود؛ مشخصاً در یکی دو دههٔ اول پس از انقلاب بهمن ۵۷. آن‌قدر که رصد کرده‌ام، ده سالی است که بازخوانی روش‌مند و ره‌گشا و تفکیک میان مؤلفه‌های مختلف

میراث شریعتی و بازخوانی انتقادی آن، رونق گرفته و آثار خوبی هم در این دوران منتشر شده است. اگر نوشریعتیست‌ها این مسیر را پیش بگیرند و در خانوادهٔ بزرگ نواندیشی دینی، قرائتی سوسیال‌دموکرات از سنت دینی با تاکید بر سویه‌های اومانیستی و اگزیستانسیالیستی را بسط و نشر دهند، به مانایی و ره‌گشایی بیشتر این نحله مدد رسانده‌اند.

و به‌نظر من با توجه به آثاری که منتشر کرده‌اید، جناب‌عالی پرداختن به بخش اومانیستی و اگزیستانسیالیستی میراث شریعتی را برعهده گرفته‌اید.

تعبیر «به عهده گرفتن» درست و روا نیست؛ بلکه به قول مولوی کارک‌هایی در این حوزه در سالیان اخیر انجام داده‌ام. بله، به این بخش از میراث شریعتی علاقه بیشتری دارم، برخلاف بخش‌هایی از میراث او که متضمن ایدئولوژیزه کردن سنت است. چنان‌که آوردم، اکنون که چهل سال از وفات شریعتی می‌گذرد، باید در بخش‌های دیگر میراث وی، خصوصاً کویریات و دوران «پسا-ارشاد» نیز به دیدهٔ عنایت نگریست.

نکته‌ای مایلم در انتهای این گفت‌وگوعرض کنم. وقتی مواجههٔ درازآهنگ خود با میراث شریعتی از دوران نوجوانی تا امروز را مرور می‌کنم، می‌بینم چنین مسیر بلندی را طی کرده‌ام: نوعی شیفتگی و مسحوریت در دوران دبیرستان که تا سال‌های ابتدایی دوران دانشجویی ادامه داشت؛ هنگامی که برای ادامه تحصیل به انگلستان رفتم، روزگاری که شب و روز به درس و مشق فلسفی مشغول بودم، نگاهم به او تغییر کرد و منفی شد، چرا که کاستی‌هایی در استشهادات شریعتی به آثار فلاسفهٔ غربی و مسلمان، همچنین سستی‌هایی در استدلال‌های او می‌دیدم. اکنون شش-هفت سالی است که به یک حالت سنتز و سومی رسیده‌ام. قدر و اهمیت انکارناپذیر و کم‌بدیل او در دوران معاصر به عنوان متفکری اصیل که مفاهیم مهمی برساخت و تأثیر فوق‌العاده‌ای داشت را به‌نیکی می‌دانم و عمیقاً برای او احترام قائلم، خطاهای روش‌شناختی مهمی که در آثارش ظهور کرده را نیز می‌شناسم، درعین‌حال معتقدم می‌توان در این روزگار، قرائتی رهایی‌بخش، سوسیال‌دموکرات، اومانیستی‌اگزیستانسیالیستی از میراث شریعتی به دست داد.

فصل دوم

احوال اگزیستانسیل

بحران معنا؛ تردیدها و تنهایی‌ها[1]

اشاره: بسیاری معتقدند که جامعه ایرانی، جامعه بحران‌زده است. این بحران‌ها هرقدر هم بزرگ و تلخ باشند، در مسیر توسعه قرار دارند. باز کردن راهی درست به فردا، تنها با ارائه پاسخ‌های درست به آن‌ها به دست می آید. روزنامه آرمان در راستای رسالت حرفه‌ای خود در نظر دارد، در سلسله گفت‌وگوهایی به واکاوی موردی این بحران‌ها بپردازد. در نخستین برگ این پرونده، سراغ دکتر سروش دباغ رفته‌ایم و با او درباره مهمترین بحران انسان معاصر یعنی بحران معنا به گفت‌وگو نشسته‌ایم. دکتر سروش که هم اینک در تورنتو، به تدریس فلسفه تحلیلی مشغول است، به بررسی گونه‌های این بحران و چگونگی رهایی از آن سخن می‌گوید.

شما جایی گفته‌اید، در جهان امروز، با توجه به ظهور علم تجربی، جهان بی‌غایت انگاشته می‌شود. پرسش این است؛ چرا باید به این پرسش پاسخ دهیم که معنای زندگی چیست؟ چرا باید به این معنا بپردازیم؟ ونکته‌ی دوم این‌که چگونه می‌شود به این معنا پرداخت؟

این سوال، سؤالی هنجاری[2] توصیه‌ای است. این‌که چرا باید به مقوله‌ی معنای زندگی همت گماشت و در پی فراچنگ آوردن آن بود، بسته به درکی است که ما از انسان داریم به مثابه‌ی موجودی که در این کره‌ی خاکی زندگی می‌کند. می‌دانید که

---

۱ گفتگو از اصغر زارع ، روزنامه اعتماد

۲ normative

ارسطو می‌گفت انسان حیوان ناطق است و فرق فارق میان انسان و حیوان را قوه‌ی نطق می‌انگاشت. می‌دانیم کثیری از حاجات اولیه‌ی ما با حیوان مشترک است مانند خفتن و خوابیدن و ارضای امیال. این‌ها فصل مشترک میان انسان و حیوان است. اما فصل مفترق میان انسان و حیوان، بنا به گفته‌ی ارسطو، قوه‌ی نطق است. بنا به گفته‌ی برخی دیگر از فیلسوفان، تفاوت میان انسان و حیوان در این است که انسان حیوان سیاسی است. یا به تعبیری، انسان در پولیس یا در شهر زندگی می‌کند که با زیستن در جنگل تفاوت بین و روشنی دارد. اجاره بدهید من روی همان قوه‌ی نطق تأکید کنم و آن‌چه را که از آن مدنظرم است، مراد بکنم. ببینید قوه‌ی نطقی را که ارسطو از او یاد می‌کند، می‌شود توسّعاً به آگاهی و التفات و دانش هم تعمیم کرد. یعنی انسان به ابزاری مجهز است که سایر موجوداتی که روی این کره‌ی خاکی هستند، تا جایی که ما می‌دانیم، مجهز به این ابزار نیستند. یعنی نه نباتات و نه حیوانات، هیچ‌کدام مجهز به این ابزار نیستند و برای انتقال مراد خودشان یا آن‌چه می‌خواهند انجام دهند، از این ابزار نمی‌توانند مدد بگیرند. حتی در حیواناتی مانند میمون و ارانگوتان که مطابق با دیدگاه داروینی، تیپولوژی و ژنتیکی نزدیک به انسان دارند، حداکثر آواها و صداهایی تا کنون کشف کرده‌اند که به کمک آن معنایی را احیاناً به هم خبر می‌دهند. اما این امور با آن‌چه ما از او تحت عنوان زبان‌مند بودن انسان یاد می‌کنیم، متفاوت است. این زبان‌مند بودن خیلی لوازم دارد. زبان ارتباط وثیقی با آگاهی و التفات به زیستن واندیشیدن دارد. برای مثال، می توان از حالات ذهنی[۱] یاد کرد و احوال اگزیستانسیلی که فقط در انسان یافت می‌شود از قبیل غم، شادی، آرزو، نفرت... را حول مفهوم زبان‌مند بودن صورت‌بندی کرد، چرا که به تعبیر برخی از فیلسوفان، اساساً انسان به مدد زبان فکر می‌کند. زبان نقش محوری در سر بر آوردن ایده‌های ما دارد. ما به تعبیر فیلسوفان اگزیستانس، موجوداتی هستیم که می‌دانیم که می‌میریم، برخلاف عموم موجودات که می‌میرند و نمی‌دانند که می‌میرند. ما باور درجه دو[۲] به برخی از افعالی که از ما سر می‌زند، داریم. این‌گونه نیست که ما فقط رفع تشنگی می‌کنیم. این‌گونه نیست

---

[۱] mental state

[۲] second order belif

که فقط رفع گرسنگی می‌کنیم. این‌گونه نیست که فقط رفع بی‌خوابی می‌کنیم و به اقتفای غرایزمان حرکت می‌کنیم. این هست اما این تنها بخشی از وجود ماست. بخش دیگری از وجود ما همان چیزی است که من از آن به التفات، آگاهی و تفطن داشتن به «بودن» خود یاد می‌کنم. این، ارتباط وثیقی با زبان‌مند بودن و آگاهی داشتن یا همان مقوله‌ی فهم[۱] دارد.

یعنی شما به موقعیت ویژه انسان در این جهان اعتقاد دارید و آن را دلیل جست‌وجوی معنای زندگی می‌دانید؟

بله. من همه‌ی این مقدمات را گفتم تا توضیح دهم که موقعیت ویژه‌ی انسان در این جهان، اقتضا می‌کند که معنایی هم به زندگی ببخشد. چون انسان فقط زندگی نمی‌کند، بلکه می‌داند که زنده است. برخلاف موجودات دیگر؛ چون زبان‌مند است، چون قوه‌ی فاهمه دارد. چون قوه‌ی ناطقه دارد، در جست‌وجوی پاسخ به این پرسش است که چرا پا به این کره‌ی خاکی نهاده و چرا باید چند صباحی زندگی کند. خواهی‌نخواهی، این پرسش‌ها گریبان او را می‌گیرد و انسان به میزانی انسان است که به این امور می‌پردازد. پس به یک معنا این‌که شما می‌پرسید که چرا این هنجاری است و چرا باید بدان پرداخت، پاسخ‌اش این است که بله این "باید" ارتباط وثیقی با ارگانسیم انسان و این‌گونه بودن ما دارد. روی این کره‌ی خاکی، انسان موقعیت ویژه‌ای دارد و گریز و گزیری از پرداختن به این پرسش‌ها ندارد. انسان چون می‌داند که زندگی می‌کند، باید بداند که برای چه زندگی می‌کند. سایر موجودات نمی‌دانند که زندگی می‌کنند. فقط زندگی می‌کنند. اما چون انسان می‌داند که زندگی می‌کند و التفات و تفطن به بودن خود دارد، قاعدتاً به سروقت پرسش‌هایی چون چرا باید زندگی کنم یا معنای این زندگی چیست، هم می‌رود.

حالا چگونه می‌شود به این معنا پرداخت؟

با مدنظر قرار دادن مطالب بالا، برای تأمل و گفت‌وگو درباره‌ی معنای زندگی دو راهکار کلان وجود دارد. یکی این‌که ما به کشف معنای زندگی بپردازیم و اگر چیزی تحت عنوان معنای زندگی در جهان پیرامون یافت می‌شود، آن را فراچنگ بیاوریم،

---

۱ consciousness

کشف کنیم، حدود و ثغورش را برشماریم و در زندگی آن را به کار بندیم. یک راهکار دیگری هم هست که انشاالله در طی گفت‌وگو توضیح بیش‌تری می‌دهم که ارتباط تامی با درک ما از جهان و زیست‌جهان ما دارد و آن همان، قائل بودن به جعل معنای زندگی است به این معنی که چون در این جهان معنایی را نمی‌توان کشف کرد و فراچنگ آورد و چون گریز و گزیری از معنادار بودن زندگی نیست، ما معنایی را برای زندگی جعل می‌کنیم و بعد با جعل این معنا، زندگی را حول آن سامان می‌بخشیم.

سؤالی مهم در این‌جا مطرح است، یعنی در واقع این سوال، موضوع مصاحبه‌ی ما است. به نظر می‌رسد که در طول سالیان اخیر یک مقدار این معنا، یعنی معنای زندگی، برای انسان، گرفتاری به وجود آورده است. به این شکل که ما با بحرانی روبه‌رو هستیم به نام بحران معنا. بر اساس قول نیچه که گفته است، دوره‌ی پوچی و فرو ریختن ارزش‌های انسانی شروع شده است، بشر امروز، گرفتار یکی از مهم‌ترین بحران‌های خود است و آن، ناکامی در یافتن معنای زندگی است. من می‌خواهم این را بپرسم که این بحران چرا آغاز شده و در یک سیستم فکری و زیستی چگونه و از کجا این بحران می‌آید و چگونه آغاز می‌شود؟ خود این معنای زندگی برای انسان تبدیل به یک مسئله شده است. یعنی برخلاف دوران قبل که به نظر می رسد، با تکیه بر ادیان ابراهیمی که یک تعریف جامع و مانعی داشتند و مشکل آن‌چنانی هم با آن نداشتند، اکنون مثلاً در عصر جدید یک پوچی‌گرایی شکل گرفته و بشر امروز نمی‌تواند به این سؤال پاسخ دهد که بالاخره معنای زندگی چیست. بسیاری، از این مساله، به‌عنوان بحران معنا یاد می‌کنند. ما می‌خواهیم به این سؤال بپردازیم که اصلاً این بحران چرا به وجود می‌اید؟ و چگونه ایجاد می شود؟

شاید به‌خاطر تربیت فلسفی‌ام، معمولاً با کلیت‌بخشی[۱] و تعمیم‌سازی و صدور احکام کلی مخالفم و معمولاً احتیاط می‌کنم. این‌که جهان را بحران معنا فراگرفته، من در

[۱] generalisation

صدور این حکم کلی تردید دارم. معنی‌اش این نیست که بحران معنا به طوری که شما اشاره فرمودید وجود ندارد اما این‌که با حکم کلی و با گزاره‌ی کلی از آن یاد بکنیم، موافق نیستم.

دلیل این تردید چیست؟

ببینید همان‌طور که عرض کردم قصه‌ی معنا ارتباط وثیقی با آگاهی و التفات انسان دارد. چنان‌که مستحضرید مراد ما از جهان انسان‌ها یا به تعبیر امروزی زیست‌جهان‌شان یک امر شخصی[۱] و ذهنی[۲] است و بستگی به درک و انتظار انسان‌ها از عالم دارد. اگر جهان درون آدمی نو شده باشد یا به تعبیری دست‌خوش طوفان‌ها و زیر و زبر شدن‌ها شده باشد، قصه‌ی بحران در معنای زندگی هم ممکن است پدید بیاید. اما اگر این اتفاق رخ نداده باشد و شخص، با همان تصویری که از پیش از جهان داشته، زندگی کند و یا حتی اگر با دستاوردهای جهان جدید، اعم از علم و فلسفه و هنر و موسیقی جدید آشنا باشد اما آن باورهای سابق به قرار پیشین مانده باشند، این شخص دچار بحران معنا نمی‌شود.

البته اگر باورهای سابق مانده باشد که نمانده؟

نه فقط در مشرق‌زمین، که در مغرب‌زمین هم خیلی از افراد به این معنا، دچار بحران معنا نیستند. من وقتی که چند سال پیش گفت‌وگویی داشتم با یکی از نشریات راجع‌به کتاب دوست‌مان آقای دکتر عبدالکریمی با عنوان "ما و جهان نیچه‌ای". آن‌جا هم همین را عرض کردم که ایشان در آن کتاب می‌گویند که جهان، نیچه‌ای شده و افراد از این منظر به جهان نگاه می‌کنند، یعنی در آن کتاب، همین قصه‌ی بحران معنا کم‌وبیش مطرح شده است. نقد من به این دوست گرامی‌مان همین بود که این‌جاها حکم کلی نمی‌شود صادر کرد. اولاً کثیری از مردم، یعنی مردم متعارف، با این امور دست و پنجه نرم نمی‌کنند. فکر نکنید من تنها راجع‌به مشرق‌زمین صحبت می‌کنم. شما همین امریکای شمالی را درنظر بگیرید، کثیری متدین در آمریکا هستند که مسیحی‌اند و با اعتقادات خودشان خوش‌اند. در اروپا اگرچه میزان دین‌داری کم‌تر است اما لزوماً افراد دچار بحران معنا

---

[۱] private
[۲] subjective

نیستند. من با این‌جور کلیت‌بخشی هم‌دل نیستم. روشن است در خاورمیانه و مشرق‌زمین چقدر انسان باورمند یافت می‌شود. عنایت دارم که متدین هستند و قاعدتاً عموم دین‌داران معنایی را در این جهان می‌بینند که عبارت است از اراده و فرامین خداوند. اما این طرف که به‌اصطلاح به مغرب‌زمین موسوم است، وقتی ما نگاه می‌کنیم، خیلی از افرادی را می‌بینیم که با نیچه و این ایده‌ها اصلاً آشنا نیستند، مردم متوسط که زندگی‌شان را می‌کنند. درعین‌حال باید یادمان باشد که فیلسوف خداباور هم در مغرب‌زمین داریم. هم در سنت تحلیلی و هم در سنت قاره‌ای برای عالم غایتی می‌بینند و سعی می‌کنند آن را توضیح دهند. از این میان، می‌توان به کسانی مثل ریچارد سویینبرن، جان هیک، راجر تریکو...، اشاره کرد. سخن بر سر این است که در مغرب‌زمین نیز کسانی هستند که عالم را بی‌معنا نمی‌بینند و معنایی در این عالم می‌خوانند و آن را فراچنگ می‌آورند.

یعنی شما می‌گوید، معنای زندگی برای شرق و غرب عالم حل شده است؟

نه، کسانی البته هستند که بر این باورند عالم، تیره و تار و فسرده است. بگذارید این‌جوری عرض بکنم؛ آن جمله‌ی مشهور نیچه (خدا مرده است) و اساساً نیهیلیسم نیچه‌ای را من بیش از آن‌که توصیه‌ای بفهمم، بیشتر توصیفی می‌فهمم. یعنی نیچه به مثابه‌ی یک ناظر[۱] دارد از آن‌چه در تمدن مغرب‌زمین روی می‌دهد، خبر می‌دهد. بنابر داوری نیچه، دیگر ارزش‌های اخلاقی آن خاستگاه سابق را ندارند و از دیانت برگرفته نمی‌شوند و خدا به‌مثابه ی یک خالق[۲] دیگر آن نقش سابق را ندارد و به این معنا جهان دچار نهیلیسم شده است که این مساوی است با این‌که معنایی در عالم یافت نمی‌شود. نیچه بیش از هر چیز دارد نظارت می‌کند. او تنها یک مشاهده‌گر است و شکایت نمی‌کند بلکه روایت می‌کند. بعد هم، این بی‌معنایی، درباره‌ی کسانی صادق است که زیست‌جهان‌شان نو شده باشد. ما درباب جهان بیرونی حرف نمی‌زنیم. درباب جهان درونی سخن می‌گوییم. بله، اگر جهان درونی انسان عوض شود، مسئله‌ی معنای زندگی هم برای او برجسته می‌شود. مراد من این است که در مغرب‌زمین هم نمی‌شود حکم کلی صادر کرد که همه‌ی افراد

---

۱ observer

۲ creator

زیست‌جهان‌هایشان کن‌فیکون شده است و عالم را عاری از معنا و تهی از معنویت یافته‌اند. کسانی هستند که این اتفاق را تجربه کرده‌اند. الان هم می‌بینیم خیلی از روشنفکران، خیلی از اهالی فلسفه و خیلی از دانشمندان هستند که این‌گونه‌اند، اما از آن طرف هم کسانی هستند که نگاه دیگری به عالم دارند. من می‌خواهم این را عرض بکنم که، ابتدائاً از منظر معرفت‌شناختی، تصویرمان را از حدود و ثغور این حکم روشن بکنیم و فکر نکنیم که جهان نیچه‌ای شده وبالمرّه عاری از معنا شده است؛ نه. من در همین کانادا که الان زندگی می‌کنم و به تدریس مشغولم، همکاران دانشگاهی‌ای را می‌بینم که دین دارند و در علوم انسانی تدریس می‌کنند و به‌جد، باور دارند که این جهان معنایی دارد اما کسانی هم هستند که عالم را کور و کر تجربه می‌کنند. فضا، به‌هرحال رنگارنگ است. مراد من این است که فکر نکنیم جهان یک‌دست است و همه جهان نیچه‌ای و عاری از معنا شده است. نه، یک پلورالیسمی حکم‌فرماست که در این میان، بی‌معنایی هم یک صدایی هست.

یعنی شما می‌گویید بحران معنا ناظر به همه گونه‌های زندگی نیست و تنها بخشی از آدمیان را به خود مشغول می‌دارد که از نظر شما در اقلیت هستند؟

چند مقوله را از هم باید تفکیک کرد. یک وقت کسی هست که با تصویر ادیان ابراهیمی از عالم مشکل معرفتی پیدا کرده است. چنین کسی لزوماً دچار بحران معنا نمی‌شود. یک وقت هست که کسی با این تصویر مسئله دارد و معتقد است که این تصویر موجه نیست و به خدای ادیان باور ندارد و غایتی در این عالم نمی‌بیند، بنا به توضیحی که ادیان توصیف می‌کنند، خب این یک جور عوض شدن درک از معنای زندگی‌ست. یک وقت هم هست که کسی جهان را بالمرّه کور و کر می‌بیند. من می‌خواهم عرض بکنم که اولاً عموم متدینین که معنایی در این عالم می‌بینند که آن عبارت است از خواست و اراده خداوند و اجابت کردن خواست او و مطابق با فرمان او عمل کردن. مفهوم سعادت در معنای دینی کلمه هم همین‌جا سر برمی‌آورد. اما کسی هم ممکن است با تصویر ادیان ابراهیمی از عالم بر سر مهر نباشد اما قائل به این باشد که این جهان یک جانی دارد. این عالم ایستاده بر پای خود و کور و کر و لش نیست. یک معنویتی عمیقاً در جهان یافت می‌شود. خب

چنین کسی هم می‌تواند معنایی در جهان ببیند و لزوماً با تصویر ادیان ابراهیمی بر سر مهر نباشد. شق سومی هم هست که نه، شخص عالم را کور و کر می‌بیند و ایستاده بر پای خود: «که من پیمودم این صحرا نه بهرام است و نه گورش». چنین کسی البته برای این‌که زندگی خودش را دل‌پذیرتر بکند، باید به جعل معنای زندگی همت بگمارد. درواقع بحث از بحران معنای زندگی یا به تعبیری که من عرض می‌کنم جعل معنای زندگی، جایی پیدا می‌شود که شخص دیگر با تصویر متافیزیک افلاطونی و نوافلاطونی ادیان و اساساً هرگونه نگاهی که جانی برای این جهان در نظر می‌گیرد و چیزی را پس پشت این کثرت می‌بیند، بر سر مهر نیست. شخص وقتی با همه‌ی این‌ها وداع می‌کند، آن‌وقت باید معنایی برای زندگی خودش بیابد. این‌جا دقیقاً بحث از بحران معنا به تعبیری که شما اشاره کردید، سر برمی‌آورد. ما برای این‌که بحث را خوب بفهمیم به اقتفای دکارت که گفت تقسیم کن تا پیروز شوی، تصور می‌کنم باید این سه شق را از یکدیگر تفکیک کنیم. بحث شما فکر می‌کنم دقیقاً ناظر به شق سوم است.

شما گفتید که در شق سوم باید روی بیاوریم به جعل معنا. به نظرم، باید یک مقدار این را بازشکافی کنیم. منظورتان از جعل معنا چیست؟ یعنی شما این را به عنوان یک راه‌حل مطرح می‌کنید؟

این بحث مسبوق‌به‌سابقه است. این‌جا به یک معنا، مساله خیلی خاص[۱] و شخصی می‌شود. همان مفهومی که در فلسفه‌ی ارسطو به بحث گذاشته شده را من این‌جا توسعاً در باب معنای زندگی به کار می‌برم که همان خودشکوفایی[۲] است. شرط اول این است که شخص به خودکاوی همت بگمارد و خویشتن را خوب بشناسد. نقاط قوت و نقاط ضعف خودش را دریابد. در مقابل خود عریان شود. خودشناسی پیشه کند و بعد از این‌که احیاناً خود را خوب شناخت و تصویر مطابق واقعی از کارکتر خود به دست آورد که البته کار ساده‌ای نیست و نیاز به تأمل و مراقبه و وقت گذاشتن دارد، آن‌وقت ببیند که با توجه به تصویر و درکی که از کارکتر خود دارد، به چه مقصدی روان شود که متضمن شکوفا شدن آن کاراکتر باشد. به میزانی که

[۱] particular

[۲] eudiamonia

به شکوفایی آن کاراکتر و شخصیت خودش مدد می‌رساند، برای زندگی خودش هم معنایی جعل می‌کند. این البته به شرطی است که کسی قائل به کشفی برای معنای زندگی نباشد. البته نه این‌که هرکسی که درپی خودکاوی است قائل به جعل معنای زندگی است. کسی ممکن است قائل به کشف معنای زندگی باشد اما فکر کند که خودکاوی پیشه کردن او را در این مسیر مدد می‌رساند. مثل اعلای آن عارفی است مثل مولانا که هم قائل به کشف معنای زندگی‌ست و هم به مدد گوهر عشق و فراچنگ آوردن کیمیای وصال به خودکاوی هم می‌پردازد. «در زمین مردمان خانه مکن/ کار خود کن کار بیگانه مکن»؛ این‌که خودت را خوب بشناسی، در زمین دیگری خانه نکنی، به تو مدد می‌رساند که با تصویر درستی که از خویشتن داری به تصفیه خود و زدودن زنگارها همت بگماری تا به سرمنزل مقصود برسی. در جعل معنای زندگی، خودکاوی خیلی مهم است. آن چیزی که امروزه در روانشناسی از آن به تیپولوژی یاد می‌شود، به شناختن کارکتر شخصی می‌پردازد. بگذارید تعدادی از این کارکترها را ذکر کنم تا عرایضم روشن‌تر بشود. مثلاً کسی ممکن است تیپ‌اش جستجوگر[۱] باشد. شما کسی را در نظر بگیرید که وقتی به خویشتن مراجعه می‌کند در خلوت و مجموع خصایل خویش را پیش چشم می‌آورد، برای این آدم آن‌چیزی که بیش از هرچیزی به او بهجت و رضایت باطن می‌دهد، فهمیدن چیزهای نو در این عالم است. حالا این شخص می‌تواند یک دانشمند باشد که در آزمایشگاه و لابراتوار خود ساعت‌ها در حوزه‌ی فیزیک، در حوزه‌ی شیمی، در حوزه‌ی بیولوژی، در کار مهندسی و یافتن دستاوردهای نو، کنار هم گذاشتن آموخته‌های پیشین، آزمایش‌های تجربی مکرر مشغول باشد و پرداختن به این امور شادی زایدالوصفی یا به تعبیری که عرض کردم بهجتی به او بدهد که هم‌ردیف مفهوم خودشکوفایی است که مقوم معنای زندگی‌ست. در واقع شخص احساس می‌کند که دارد هویتی احراز می‌کند که با آن خوش است. خوش به معنای ممدوح کلمه. انسان خیلی از مواقع شاید خودش به‌تنهایی نتواند داور خوبی برای خودش باشد، پاره‌ای از امور را آدم هرچه تلاش کند در خویشتن تشخیص نمی‌دهد. برخی از افرادی که هم ذی‌صلاح‌اند، هم دل‌سوزاند و هم صدق و صفا در وجودشان هست، می‌توانند در

---

۱ seeker

احراز تصویر درست از خویشتن، انسان را کمک کنند. هنگامی‌که این تصویر به دست آمد و شخص دریافت که شخصیتی دارد به میزانی که به شکوفا شدن خود همت می‌گمارد دارد به جعل معنای زندگی می‌پردازد. فرض کنیم چنین کسی جست‌وجوگر باشد اما در تشخیص تیپولوژی خودش دچار خطا شده باشد. اگر چنین باشد مادامی که با آن تصویر غلط پیش می‌رود، باز معنای زندگی‌اش محقق نمی‌شود چون تصویر درستی از خودش نداشته است. به همین خاطر مرحله‌ی اول بسیار خطیر است. این تصویر به‌راحتی به دست نمی‌آید؛ واقعاً نیازمند تأمل است. باید خود فرد هم درباره‌ی خودش تأمل کند، گذشته‌ی خودش را به خاطر بیاورد، توانایی‌ها و ضعف‌هایش را بشناسد، انسان خیلی از مواقع خودشیفته است و پاره‌ای از ضعف‌های خود را نمی‌بیند. خود شخص نمی‌تواند؛ اما دیگران می‌توانند او را از این حیث آگاه سازند و بر اثر مراقبه، تأمل، تدبیر و رایزنی کردن و تأمل چندباره آن‌وقت تصویر مطابق واقعی از خویشتن به دست آید؛ چون اگر این گام اول اشتباه برداشته شود تا ثریا می‌رود دیوار کج. اگر تصویر از خود و تیپولوژی درست تشخیص داده نشود، آن‌وقت شخص در مسیری گام می‌نهد که به تعبیر مولوی متضمن ساختن خانه در زمین دیگران است. پس از این‌که کار تمام شد، متوجه می‌شود که این خانه‌ی او نبوده و خانه‌ای‌ست که در زمین دیگری ساخته است و به کار او نمی‌آید. برخی‌ها تیپ کمک‌کننده[1] دارند. نه این‌که شخص در آن تلقی در پی احراز حقیقت نباشد اما آن‌چه بیش‌تر برای او برجستگی دارد، کمک کردن به دیگران است. کسانی را می‌شناسیم که دوست دارند دیگران را کمک کنند. هرچه از دست‌شان برمی‌آید انجام می‌دهند. اگر کسی مریضی دارد، می‌شتابند برای این‌که آن فرد را کمک کنند. کسی احتیاج مالی دارد، تنگ‌دست است، دریغ نمی‌کنند. این هم یک کاراکتر است. وقتی که کسی واجد این کاراکتر باشد، آن‌وقت به میزانی که در این راستا گام می‌نهد به خودشکوفایی خودش و مآلاً تحقق بخشیدن به معنای زندگی‌اش مدد می‌رساند.

این کاراکتر آدمیان است که در جعل معنای زندگی به کمک آن‌ها می‌آید؟

---

[1] helper

این دو مثال و تیپولوژی و کاراکتر را ذکر کردم برای این‌که عرض بکنم مراد من از جعل معنای زندگی متوقف بر به دست آوردن تصویر درستی از تیپولوژی و کارکتر شخص است و وقتی‌که این مهم انجام شود، به میزانی که شخص در راستای تحقق بخشیدن به تیپولوژی خودش یا به کمال آن تیپولوژی مدد می‌رساند، به جعل معنای زندگی و احساس رضایت باطن و احراز هویت مدد رسانده و بدین ترتیب، معنایی برای زندگی خودش به دست آورده است. ممکن است کسی شخصیت خلاق داشته باشد. این خلق اعم از نوشتن تئاتر، نمایشنامه، سرودن شعر و نوشتن مقاله و کتاب است. این هم یک کاراکتر است؛ البته خلاقیت هم مراتب دارد. لازم نیست که همه رمان بینوایان بنویسند؛ همه بزادران کارامازوف بنویسند؛ خلاقیت امری ذومراتب است. اگر کسی درمی‌یابد که شخصیت آفریننده دارد و دوست می‌دارد در هر سطحی، رمان بنویسد، مقاله بنویسد، نمایشنامه بنویسد، شعر بگوید، نقاشی بکشد، مجسمه بسازد. کارهای هنری بکند. آهنگ بسازد، همه‌ی این‌ها، به روح آفرینندگی او برمیگردد. اگر انسان این تشخیص را در خود می‌بیند به میزانی که به این همت می‌گمارد به شکوفا شدن خود و پدید آمدن معنای زندگی‌اش مدد می‌رساند. من وقتی از جعل معنای زندگی یاد می‌کنم، بیش از هرچیزی این نکته مدنظرم است.

من به آن دو شق دیگر برمیگردم. آن‌ها که به ادیان ابراهیمی تام و کامل اعتقاد دارند و آن‌ها که بدون اعتقاد به ادیان ابراهیمی به یک معنایی دست می‌یابند و این بحران معنا برایشان مترتب نمی‌شود، این‌جا بحثی مطرح است که این‌ها به کدام زندگی، به کدام معنا می‌رسند یعنی به نوعی، ابهام ایجاد می‌شود. این انسان به چیزی منهای ادیان ابراهیمی معتقد است که در آن معنای زندگی هم وجود دارد. این چیست؟ این اخلاق است؟ یا یکسری عرفان‌های منهای آن ادیان ابراهیمی؟ مثلاً عرفان‌های زمینی؟ این چیست که شما آن را جزو بحران معنا محسوب نمی‌کنید؟ به نظر می‌رسد بحران معنا بر این‌ها هم مترتب است یعنی من فکر می‌کنم این‌ها هم جزو گروهی هستند که با مساله معنای زندگی مشکل دارند.

بگذارید قدری مصداقی سخن بگویم تا عرایضم روشن‌تر بشود؛ ببینید، من متوجه‌ام شما چه می‌فرمایید ؛ اما آن‌قدر که من می‌فهمم این مقوله‌ی دوم در تقسیم‌بندی من جایی‌ست که از جایی به بعد فصل مشترک بخشی از عرفا و کسانی که من آن‌ها را کسانی به حساب می آورم که دغدغه‌های اگزیستانسی عمیق دارند، مشترکاً بدین‌جا می‌رسند. تصور می‌کنم یکی از نکات مهمی که در سلوک عرفانی و در نگاه عرفانی به هستی وجود دارد عبارت از این است که انسان ابتدائاً خود را در عالم تنها بیابد؛ این‌که شخص خود را تنها در این عالم بیابد. یعنی شخص از دایره‌ی کثیری ازانسان‌ها فراتر می‌رود و به امری ورای این کثرت بیندیشد یا به تعبیری اساساً از دام این کثرت برهد، فارغ از این‌که به چه می‌خواهد برسد. این مبدأ عزیمت است. فرض کنید کسی از دام کثرت رهیده و خویش را در این عالم متفاوت یا تنها تجربه می‌کند و اساساً درباره‌ی پاره‌ای از امور و پرسش‌های مهیب هستی تأمل می‌کند. در سنت عرفان اسلامی از جایی این «تنهایی» بدل به «جدایی» می‌شود و وقتی شخص به وصال می‌رسد بر آن جدایی فائق می‌آید. شما آن ابیات نخستین مثنوی را که مشهور به نی‌نامه است در نظر بیاورید. «کز نیستان تا مرا ببریده‌اند/در نفیرم مرد و زن نالیده‌اند/ سینه خواهم شرحه‌شرحه از فراغ/ تا بگویم شرح درد اشتیاق» ببینید این ناله‌ی کسی‌ست که از مبدأ عالم جدا افتاده است یعنی آن مقوله‌ی تنهایی بدل به جدایی شده است. این بانگ و فریاد سوزناک و دل‌خراش و جگرشکاف است. این جدایی کی رخ می‌دهد؟ وقتی‌که شخص اتفاقاً از دام کثرت رهیده و ابتدائاً تنهایی را تجربه کرده است و بعد، این تنهایی بدل به جدایی شده است و وقتی این فراق بدل به وصال می‌شود، شخص به غایت قصوای سلوک می‌رسد. حالا ممکن است کسی این مسیر را بیاید اما آن تنهایی اگزیستانسیل برای او بدل به جدایی نشود. درعین‌حال تنهایی او از سنخ تنهایی کسانی چون کامو و سارتر نباشد که عبارت است از پوچ و رها دیدن هستی. چنین کسی هم برای خودش معنایی در زندگی می‌یابد اما نه از سنخ معانی زندگی کسانی که با تصویر ادیان ابراهیمی از هستی همدل‌اند.

یعنی شما نوع سومی را بین عرفان سنتی و پوچ‌گرایی کامویی مطرح می‌کنید؟

بله، من دارم جای سومی را باز می‌کنم؛ می‌خواهم بگویم در این تلقی سوم، تا جایی مسیر سلوک عرفای کلاسیک با این افراد یکی است؛ آن هم عبارت است از تجربه‌ی تنهایی یا تنها یافتن خود یا تفردی که شخص تجربه می‌کند؛ چون در تلقی نخست، این تفرد[1] کم‌رنگ است و افراد در جمع مستحیل‌اند و همه کم‌وبیش یک‌جور فکر می‌کنند. پاسخ‌ها نسبتاً روشن و سرراست است. این که از کجا آمده‌ایم، به کجا می‌رویم، هدف از خلقت چه بوده است، ما در این عالم چه کاره‌ایم، این پرسش‌ها کم‌وبیش که مطابق با تصویر متافیزیک نوافلاطونی ادیان، پاسخ داده می‌شود و خیلی هم خوب است و در جای خود ره‌گشاست و بسیار هم انسان‌های خوب و وارسته‌ای در آن‌جا تربیت می‌شوند. اما ما اکنون درباره پدیده‌ای سخن می‌گوییم که از تنهایی آغاز می‌شود، یعنی تنها یافتن خویش در عالم یا از دام کثرت رهیدن. در نزد کسانی، تنهایی بدل به جدایی می‌شود و سپس این فراق بدل به وصال می‌شود؛ اما کسانی از این‌جا به بعد ممکن است دیگر تنهایی‌شان بدل به جدایی نشود اما درعین‌حال عالم را کور و کر نبینند و درعین‌حال به نحوی از انحا به زندگی خودمعنا می‌بخشند.

مصداق چنین معنایی از زندگی در جامعه ایران چه کسی می‌تواند باشد؟

مثالی که در سنت خودمان برای این تلقی سوم می‌توانم ذکر کنم سهراب سپهری است. تنهایی او، از جنس تنهایی اگزیستانسیلی است که با کسانی چون سارتر و کامو متفاوت است اما از سوی دیگرنگرش او با نگرش کسانی که در نظام عرفانی آن‌ها تنهایی بدل به جدایی می‌شود، فرق می‌کند. تصور می‌کنم این یک نوع دیگر از معنا بخشیدن به زندگی‌ست که در آن شخص لزوماً عالم را کور و کر تجربه نمی‌کند اما در دل متافیزیک سنتی یا متافیزیک نوافلاطونی هم دغدغه‌های خودش را صورت‌بندی نمی‌کند؛ البته کار سختی است، زیر و زبر شدن دارد، تنهایی دارد ولی نه از سنخ تنهایی‌ای که در آن شخص به خود رها شده باشد. در این نگاه شخص هم از طبیعت مدد می‌گیرد، هم احوال خوشی را نصیب می‌برد، هم با جان جهان ارتباط برقرار می‌کند و تجربه‌های معنوی نیکویی را نصیب می‌برد. این مسیر خیلی شخصی است.

---

[1] individuality

این تنهایی به نظر، خیلی عام نیست و بسیاری چنین تنهایی‌ای را نمی‌شناسند؟

تفرد این‌جا خیلی پررنگ است و نسخه‌ی کلان نمی‌شود پیچید. اگر آن حدیث را که می‌گوید: «الطرق الی الله به عدد انفاس الخلائق» درنظر آوریم، من فکرمی‌کنم این کثرتِ[۱] پررنگ را می‌توان در این‌جا دید. در آن شق نخست تفرد کم‌رنگ است. یکسری پاسخ‌های روشنی که کم‌وبیش شسته‌رفته‌اند به پاره‌ای از پرسش‌های بنیادین بشر داده شده است و خیلی از انسان‌ها با آن‌ها قانع‌اند و زندگی را حول آن‌ها سامان می‌بخشند و معنای زندگی را در هستی می‌یابند و با خداوند نجوا می‌کنند و حاجات خودشان را در میان می‌گذارند. پاره‌ای از این حاجات رفع می‌شود؛ سختی‌ها را با تصویری که از نظام هستی دارند، تحمل می‌کنند. شاید دغدغه‌های خیلی از انسان‌ها و پاسخ‌هایی که می‌گیرند، در این‌جا مشترک باشد. به این معنا می‌گویم تفرد آن‌جا کم‌تر دیده می‌شود. در شق سوم هم که اساساً عالم کور و کر است، یعنی آن بحران معنایی که از آن سخن می‌گفتید ناظر به این مقام است. تنهایی اگزیستانسیل، به توضیحی که آوردم، در شق سوم است که سر بر می آورد و سپهری احتمالاً یکی از نماینده‌های آن است. پاره‌ای از احوال عرفا را هم می‌شود آن‌جاها ردیابی کرد؛ جایی که آن تنهایی هنوز بدل به جدایی نشده و آن تفرد[۲] هنوز یافت می‌شود.

در این تفرد و تنهایی که گاه بسیار تلخ و خطرناک می‌نماید، آیا شخص معنایی از زندگی را کشف می‌کند؟

در این مسیر، شخص بالاخره معنا را کشف می‌کند اما مسیر سلوک یگانه و منحصربه‌فرد است. در این‌جا مراقبه مهم است، کمک رساندن به دیگران مهم است. زیستن اخلاقی در این‌جا نقش خیلی جدی دارد. تعبیر سپهری در *هشت کتاب* را به خاطر آورم: «می‌دانم سبزه‌ای را بکنم خواهم مرد». سپهری به نکته مهمی در این‌جا اشاره می‌کند؛ یادآوری این امر که این عالم به لحاظ اخلاقی، بی‌تفاوت

---

[۱] plurality

[۲] individuality

نیست. این جهان جانی دارد و کور و کر نیست. ما به خود و رها شده نیستیم. یک قوانین لایتخلف اخلاقی در این عالم حکم‌فرماست. به تعبیر قرآن: «فمن یعمل مثقال ذرهٍ خیراً یره/ و من مثقال ذرهٍ شرّاً یره» . زیستن اخلاقی و تبعیت از قوانین اخلاقی هستی، مقتضیاتی دارد و شخص را مدد می‌رساند تا معنای بیشتری را در این زندگی فراچنگ آورد و درعین‌حال، تنهایی خود را نیز به رسمیت بشناسد و جان جهان را احساس کند. این مسیر ناهموار را شخص باید خود به تنهایی طی بکند. به قول سپهری: " آدم اینجا تنهاست/ و در این تنهایی سایه نارونی تا ابدیت جاریست". تصور می‌کنم تفاوت تلقی سوم با تلقی اول و دوم را می‌توان این‌گونه صورت‌بندی کرد.

من درباره معنای زندگی در میان ادیان ابراهیمی به خصوص در اسلام هم حرف دارم. به نظر می‌رسد که این‌جا هم این‌گونه نیست که ما بحران معنا نداریم. تفاوت‌ها و بحث‌هایی که بین سنت‌گرایان و تجددگرایان دینی و هویت‌اندیشان و حتی بنیادگرایان هست برمی‌گردد به این‌که این‌ها در پاسخ به این معنای زندگی دچار تشکیک‌هایی شده‌اند. یعنی این‌گونه نیست که ما بگوییم هیچ‌کدام این‌ها مشکل ندارند. من فکر می‌کنم این‌ها هم با این مسئله دست و پنجه نرم می‌کنند و برای این‌ها هم این معضل وجود دارد و این اختلافات هم ناشی از این است. سؤالم این است که اگر این را می‌پذیرید به این بپردازید که این طیف‌های مختلف، به‌خصوص تجددگرایان و سنت‌گرایان و هویت‌اندیشان، این سه طیفی که بسیاری اوقات روبه‌روی هم قرار دارند، چگونه به این مسئله می‌پردازند و پاسخ می‌دهند؟ البته فکر می‌کنم این‌جا بحث بنیادگرایان مقداری متفاوت است.

ببینید بسیاری از این نحله‌ها مثل احمد فردید و دیگران بیش‌تر تحت تأثیر کسانی هستند که در دل همین جهان مدرن، جزو منتقدان مدرنیته‌اند و نگاه‌شان نوعی نگاه نیچه‌ای - هایدگری‌ست؛ به این معنا که معتقدند مدرنیته یک پروژه‌ی ناتمام است و نیهیلیسم به یک معنا در مغرب‌زمین نهادینه شده است. نسخه‌ی فردید، آن‌قدر که من می‌فهمم یک نسخه‌ی هایدگری‌ست: باید برویم به سروقت مواجه‌ی

اصیل با "هستی." از نظر ایشان، مشکل همان سوژه‌ی دکارتی[۱]ست و این‌که این عقل ابزاری ما را بدین‌جا افکنده است. حالا اگر آن بحث‌ها را صورت‌بندی کنیم به این نتیجه می‌رسیم که این مباحث با سنت اسلامی چندان نسبتی ندارند. بنابر تلقی اولی که آوردم، برای کسانی که با تصویر ادیان ابراهیمی از جهان پیرامون بر سر مهرند و در دل آن سنت زندگی می‌کنند، معنای زندگی روشن است و دچار بحران نشده‌اند.

یعنی یک طیف مذهبی باورمند تمام‌عیار.

بله؛ از این طیف مذهبی باورمند که بگذریم، افراد دیگری هم هستند که بیش از هر چیز، با انتقاداتی که به مدرنیته شده بر سر مهرند. این نگاه بیش‌تر نزدیک به نگرش کسانی است که می‌خواهد معنایی برای زندگی بیابند، درعین‌حال برخی از اگزیستانسالیست‌ها هم در این‌جا قرار می‌گیرند مثل گابریل مارسل. چنان‌که آمد کسانی مثل سارتر و کامو هستی را کر و کور می‌بینند. نمی‌شود گفت هایدگر نیز در ذیل این نگاه قرار می‌گیرد، دست‌کم با خوانش‌هایی که من با آن هم‌دلی بیش‌تری دارم. (می‌دانید این بزرگان عالم فلسفه خوانش‌های متعددی داشته‌اند. کانت، هایدگر، هگل، ویتگنشتاین قرائت‌های مختلف می‌توان از آن‌ها به‌دست داد.) آن قرائتی که من با آن همدل‌ام، هایدگر و نیچه را یک ناظر می‌داند؛ یعنی این‌ها اتفاقاتی را که در جهان جدید رخ می دهد نظارت می‌کنند، مشاهده می‌کنند، بیان می‌کنند و می‌بینند ارزش‌ها فروریخته است و اعلام می‌کنند. اشاره می‌کنم به آثار *تبارشناسی اخلاق* و *فراسوی نیک و بد*؛ دراین آثار نیچه می‌گوید به خاطر مسلط شدن جهان‌بینی علمی، دیگر ارزش‌های اخلاقی هم فرو ریخته است. تصویر متافیزیکی از خدا وجود ندارد و چون خدا یگانه منبعی بود که به ارزش‌های اخلاقی مشروعیت می‌بخشید، با فرو ریختن تصویر متافیزیکی ادیان، به‌خاطر نهادینه شدن نگاه علمی در جهان جدید، اخلاق هم فرو می‌ریزد. باید یک اخلاق حددد بی‌افکنی بکنیم. هایدگر هم در همین مسیر گام برمی‌دارد. چنان‌که من درمی‌یابم، هایدگر و نیچه جهان را کور و کر و پوچ نمی‌انگارند، شاید بتوان ایشان را در تلقی سوم قرار

---

[۱] cogito

داد. می‌دانید؛ نظیر کسانی که یک فردیت[1] را نصیب برده‌اند و می‌کوشند جد و جهد عمیقی کنند برای این‌که توضیح دهند این هستی سویه‌ی دیگری هم دارد؛ به‌تعبیر هایدگر، ما با آشکارگی هستی مواجهیم. لبه‌ی تیز انتقادات ایشان به عقل ابزاری وسوژه دکارتی و متافیزیک سنتی است. به نظر می‌رسد نمی‌توان ایشان را ذیل تلقی‌های اول و دوم قلمداد کرد. حالا اگر این تلقی نمایندگان وطنی هم دارد، درباره آن‌ها نیز باید این‌گونه سخن گفت.

سؤالات بسیاری در این قصه، مطرح است. از جمله تاثیر و جایگاه زبان در بحران معنا به همان دقتی که ویتگنشتاین مطرح می‌کند. اما فرصت نیست. سوال مهم دیگری هم داشتم و آن تفاوت بحران معنا است (با همین تفصیلی که صورت گرفت) با بحران هویت.

پاسخ سوال دوم را مختصر عرض می‌کنم. هویت ارتباط وثیقی با زیستن آدم دارد. تصور می‌کنم وقتی بحرانی، در معنای بحث کنونی ما پدید می‌آید، این امر همراه است با تغییر و تحولاتی که در نظام معرفتی انسان هم پدید می‌آید. به تعبیر دیگر کسی که تاکنون با یک نظام معرفتی بر سر مهر بوده و حول و حوش آن هویتی برای خود ساخته بوده، با تلاطمی که در آن می‌افتد، به طوری‌که مؤلفه‌های آن دیگر به قرار سابق نیستند، هویت او هم دستخوش تغییر می‌شود. من نمی‌گویم بحران هویت حتماً به خاطر بحران در معنای زندگی‌ست. نه. می‌تواند بحران هویت علل دیگری هم داشته باشد اما یکی از عللش عبارت است از بحرانی که درباب معنای زندگی پدید می‌آید و انسان تصویری دیگر از معنای زندگی به دست می‌آورد. به تعبیر دیگر، بحران هویت پدیده‌ای‌ست که چند علت می‌تواند داشته باشد. یکی از آن علل عبارت است از بحرانی که در معنای زندگی پدید می‌آید. می‌دانید واژه‌ی بحران، بار ارزش‌گذارانه[2] دارد. ولی من بیش از هرچیز بحران معنا را این‌گونه می‌فهمم که زیست‌جهان آدم عوض می‌شود. نگاه انسان به جهان که عوض می‌شود، تصویرش از معنای زندگی هم عوض می‌شود، حالا یا تصویر کلاسیک از متافیزیک افلاطونی بدل به تصویر کسانی مثل سارتر و کامو می‌شود یا کسانی نظیر

---

[1] individuality
[2] evaluative

سپهری.علی‌ای‌حال اگر این نگاه به هستی عوض شود، هویت هم دستخوش تحول می‌شود. این دو هم‌عنان‌اند و به یکدیگر پیچیده. همان که اقبال لاهوری گفت: «چون که در جان رفت جان دیگر شود/ جان چو دیگر شد جهان دیگر شود». وقتی جان آدم عوض می‌شود، جهان او نیز عوض می‌شود، هویت او نیز عوض می‌شود. به این معنا اگر درک او از زندگی و نگرش او به هستی عوض شود، معنایی که در زندگی می‌بیند نیز عوض شود، هویت او هم دستخوش تغییر می‌شود؛ اما نه اینکه همیشه تغییر هویت محصول تغییر در نگاه به زندگی‌ست و محصول بحران معناست؛ نه می‌تواند علل دیگری هم داشته باشد.

دغدغه‌های معنوی گریبانم را رها نمی‌کنند[1]

سروش دباغ، متولد ۱۷ خرداد ۱۳۵۳ در تهران. پژوهش‌گر دین، فلسفه و ادبیات. او در دانشگاه علوم پزشکی تهران، دوره دکترای داروسازی را گذرانده است و از دانشگاه وارویک انگلستان، دکترای فلسفه تحلیلی دارد. دباغ که پیش از این استادیار مؤسسه پژوهشی حکمت و فلسفه بود، اکنون در دانشگاه تورنتو در مقطع پست‌دکترا مشغول به تحقیق است. با او نخستین بار مهرماه ۱۳۸۹ در مؤسسه حکمت و فلسفه به مناسبت انتشار «زبان و تصویر جهان» گفت‌وگو کردم و اینک پس از چهار سال، این بار پس از انتشار ترجمه «رساله منطقی فلسفی» با او به گفت‌وگو نشستم، البته این بار از راهی دور. دباغ بسیار با تأنی و درنگ به پرسش‌های من پاسخ داد؛ به ویژه در مورد پرسش آخر.

برای نخستین سؤال می‌خواهم شما را با توجه به سابقه دوستی‌تان، با دکتر یوسف اباذری دربیندازم. شما چندی پیش در صفحه فیس‌بوک‌تان، از محسن چاووشی و احسان خواجه‌امیری به عنوان خواننده‌های مورد علاقه خود در موسیقی پاپ نام بردید و خب تعبیر اباذری را هم در خصوص این نوع موسیقی و به‌ویژه موسیقی پاشایی شنیده‌اید. شما چگونه با نقد تند

---

[1] گفتگو از سید امین موسوی‌زاده، روزنامه « ایران»

ایشان درباره این سلیقه موسیقایی که خود نیز جزو آن هستید، مواجه می‌شوید؟

شما مرا تا حدی غافلگیر کردید. بله، نوشته بودم که هم موسیقی پاپ و هم موسیقی سنتی را دوست دارم. اگر در موسیقی سنتی شجریان، ناظری و سالار عقیلی را می‌پسندم، در موسیقی پاپ چاووشی و خواجه‌امیری را دوست دارم. من سخنان یوسف اباذری را دوبار شنیدم؛ بنا داشتم و دوستان نیز در نشریات پیشنهاد کرده بودند که ملاحظات خود را درباره این موضوع بنویسم؛ مجالش پیش از این فراهم نشد، اکنون اجمالاً نظرم را دراین‌باب عرض می‌کنم. من نمی‌دانم چرا دکتر اباذری آن روز تا این حد عصبانی شدند و ملاحظات خود را این‌چنین بیان کردند، هرچند چهار سال است که ایران نیستم و در داخل کشور حضور فیزیکی ندارم، اما آنچه را در فضای مجازی و نشریات گوناگون منتشر می‌شود، می‌بینم و دنبال می‌کنم.

من با تحلیل ایشان راجع به چرایی اقبال مردم به مرحوم پاشایی مخالفم، چنانکه درمی‌یابم، پدیده پاشایی و اقبال به او لزوماً از سر همدلی با موسیقی ایشان نبود، هر چند طرفدارانی هم داشت که سبک کار او را دوست داشتند اما عمدتاً این پدیده به این خاطر بود که در کشوری با مختصات سیاسی، اجتماعی و فرهنگی ما، مجالی برای افراد فراهم شده بود که دورهم جمع شوند و دوباره یکدیگر را ببینند و اعلام همبستگی و باهم بودن کنند. البته این امر، از اهمیت مرحوم پاشایی و کسانی که موسیقی او را دوست داشتند، کم نمی‌کند؛ اما گمان می‌کنم نباید این پدیده را تک‌عاملی تحلیل کرد. شخصاً اسم مرتضی پاشایی را شنیده بودم اما تا زمان وفاتش، حتی یک آهنگ هم از ایشان نشنیده بودم؛ آشنایی من با ایشان تماماً متعلق است به پس از سفر بی‌بازگشت زودهنگامش. مضافاً بر این، منطق اقبال به انسان‌های مشهور برای عامه مردم در همه جای دنیا کم و بیش یکسان است؛ هیچ وقت نباید یک روشنفکر یا یک نویسنده یا یک مترجم را با آدم‌های معروف (سلبریتی‌ها) مقایسه کرد. در غرب خواننده‌هایی داریم که صفحه فیس‌بوک‌شان میلیون‌ها نفر طرفدار دارد. این اقبال هیچ نسبتی با اقبالی که مثلاً به هابرماس می‌شود ندارد یا حتی موقعیت چامسکی را به عنوان استاد دانشگاه و روشنفکر با

این سلبریتی‌ها مقایسه کنید، قابل قیاس نیست. فوتبالیست‌ها، هنرپیشه‌ها و خواننده‌ها در همه جای دنیا چنین وضعیتی دارند. این قیاس غلط است که در تشییع جنازه فلان نویسنده چند نفر آمده بودند و برای پاشایی و امثال او چند هزار نفر؛ این قیاس مع‌الفارق است و راهی به جایی نمی‌برد.

نکته دیگر اینکه، باید سعی کنیم سلیقه موسیقی افراد بالا برود تا به قول دکتر اباذری، جوانان باخ گوش کنند، اما من با این شیوه و احیاناً تخفیف موسیقی پاپ عامه‌پسند موافق نیستم. سلیقه‌ها مختلف است؛ هر دو نوع موسیقی باید وجود داشته باشند تا با گفت‌وگو پیرامون سبک‌های مختلف موسیقی، سلیقه افراد رفته‌رفته ارتقا یابد، این درست مثل شعر است. از یک سو شعر حافظ، سعدی، مولوی، شاملو، فروغ، اخوان و سپهری را داریم، اهل فن این آثار را می‌خوانند و از خواندن این اشعار حظ بلاغی و ادبی می‌برند و همچنین درباره آنها گفت‌وگوهای علمی می‌کنند؛ از سوی دیگر عده‌ای سلیقه و حظ شعری بالایی ندارند و چندان انسی با اشعار فاخر و درخشان ندارند، نمی‌توان به آنها گفت شعرهای عامه‌پسند را نخوانند. باید کوشید با بسط و نشر اشعار فخیم، ذوق و سطح شعری افراد را بالا برد. البته برای این منظور به ویژه در جامعه ما که شبکه‌های خصوصی محلی از اعراب ندارند، صدا و سیما نقش محوری دارد و هر تلاش دیگری که صورت گیرد، به سان حاشیه‌ای است که بر متن نوشته می‌شود؛ ولی خب، راهش این است که آرام آرام به کمک رسانه‌های جمعی و شبکه‌های اجتماعی این ارتقای سلیقه اتفاق بیفتد. فکر نمی‌کنم مواجهه‌های این‌چنینی راه به جایی ببرد. به نکاتی که دکتر اباذری در مورد سیاست گفته بودند، نمی‌پردازم اما در مورد سلیقه موسیقی خودم باید بگویم که من در کنار موسیقی سنتی، به صدای چاووشی و خواجه‌امیری علاقه دارم. حزن و خشی را که در صدای چاووشی هست دوست دارم؛ همچنین صدای خواجه‌امیری را می‌پسندم به ویژه که شعرهای خوبی را هم انتخاب می‌کند.

بررسی کار و کارنامه شما نشان می‌دهد که علاقه ویژه‌ای به سپهری دارید. همین‌طور این اواخر به حافظ و مولوی هم بسیار پرداخته‌اید. عنوان‌هایی را هم که برای کتاب‌هایتان برمی‌گزینید پر از واج‌آرایی و شاعرانگی است: *ترنم محزون حزن*، *در سپهر سپهری*، *فکر نازک غمناک*، حتی عنوان رساله

دکترای شما در انگلستان هم از این قاعده تبعیت می‌کند Moral Reasons: Particularism, Patterns and Practice. با این تفاسیر، آیا سروش دباغ، خود شعر هم می‌گوید؟

برهه‌ای در سالیان پیش چیزهایی نوشته بودم اما هیچ‌وقت آنها را منتشر نکردم؛ چرا که مرا راضی نمی‌کرد. به همین دلیل سالیان سال است که دیگر همان شعر نویی را هم که مرتکب شده بودم، کنار گذاشتم.

اما در مورد نکته اولی که گفتید، باید بگویم که سال‌هاست با ادبیات کلاسیک و مدرن مأنوسم و از دوران نوجوانی و پیش از آنکه کثیری از مضامین بلند اشعار را بفهمم، آنها را در خاطر دارم. پانزده ساله بودم که در یک مسابقه فوتبال دستم شکست و سه هفته‌ای در گچ بود و مدرسه نرفتم. در این ایام دیوان حافظ را خواندم و غزلیات متعددی را حفظ شدم، بدون اینکه معنای آنها را درست دریابم. افزون بر این، یادم هست تابستان‌ها که سفر می‌رفتیم، با اعضای خانواده دور هم می‌نشستیم؛ پدر یک بیت شعر می‌خواندند و یک دقیقه وقت می‌دادند تا با حروف آن بیت کلمه بسازیم. این بازی‌ها سبب شد خیلی از این ابیات در خاطرم بماند. این اشعار با من بود تا اینکه دوران دانشجویی که در دانشکده داروسازی درس می‌خواندم، به واسطه دوستی که بعدها در دریا غرق شد، با هشت کتاب سپهری آشنا شدم. با آن دوست در کتابخانه دانشگاه داروسازی می‌نشستیم و درباره شعر و عرفان سپهری گفت‌وگو می‌کردیم. این امر مرا برانگیخت تا درباره سپهری خصوصاً و شعر نو عموماً مطالعه کنم. پس از آن به فروغ علاقه‌مند شدم و اشعار او را هم در مطالعه گرفتم. ابتدای دهه هشتاد برای تحصیل در رشته فلسفه راهی انگلستان شدم. پس از اتمام تحصیل و بازگشت به ایران، بر آن شدم تا آرام آرام تأملاتم را درباره شعر و عرفان سپهری از منظر اگزیستانسیل بنویسم. از سال ۸۷ تا زمان حاضر، مقالات مختلفی درباره شعر و عرفان سپهری و همچنین اشعار فروغ فرخزاد نوشته‌ام. خوشبختانه امسال جلد اول آن جستارها تحت عنوان در سپهر سپهری منتشر شد. در این مقالات به مفاهیم عشق، مرگ، تنهایی، امر متعالی، غم... . در هشت کتاب از منظر اگزیستانسیل و وجودی پرداخته‌ام.

در این سه سال و نیمی که کانادا هستم، مجدداً به آثار کلاسیک رجوع کردم و ماهی یک بار جلساتی در مورد شعر حافظ دارم با عناوین مختلف مانند «حافظ و حکمت»، «حافظ و قرآن»، «حافظ و رندی»، «حافظ و گناه»، «حافظ و خیام» که فایل‌های صوتی آنها روی سایتم قرار گرفته است، همچنین دوره‌ای تحت عنوان «سیری در سپهر قرآن» برگزار کرده‌ام. علاوه بر این، در سلسله نشست‌های «پیام عارفان برای زمانه ما» نیز که تاکنون سه دوره پانزده جلسه‌ای آن برگزار شده، به حافظ و مولوی و سپهری و فروغ فرخزاد و آثار برخی از انسان‌های معنوی و فیلسوفان و نویسندگان اگزیستانسیالیست مانند داستایوفسکی و گابریل مارسل و اکهارت توله و کریشنا مورتی پرداخته‌ام. این انس درازآهنگ با ادبیات کلاسیک و نو برایم بسی دل‌انگیز و عبرت‌آمیز بوده است. در خصوص عناوین کتاب‌هایم هم که اشاره کردید، افزون بر مقالات و کتاب‌هایی که متعلق به حوزه ادبی و روشنفکری است، می‌کوشم عناوین کتاب‌های فلسفی‌ام را نیز تا حد مقدور آهنگین و دلنشین انتخاب کنم؛ نظیر «*زبان و تصویر جهان*» و «*سکوت و معنا*» که ناظر به فلسفه ویتگنشتاین است. این روزها مشغول نگارش مقدمه و ویرایش جلد دوم مجموعه مقالاتم درباره شعر و عرفان سپهری با عنوان «*فلسفه لاجوردی سپهری*» هستم؛ امیدوارم تدبیر موافق تقدیر افتد و پس از «*در سپهر سپهری*»، این اثر نیز منتشر شود. به تعبیر سپهری، در انتخاب عناوین کتاب‌هایم «سر سوزن ذوقی» به خرج می‌دهم.

یک سؤال دیگر هم در این زمینه دارم. علاقه ویژه و دیرین شما سهراب است و این هنوز هم در صفحه نخست تارگاه شما که از شعر «دچار یعنی عاشق» و یک نقاشی از سهراب تشکیل شده و نیز از سربرگ شما در فیس‌بوک و شعر «عبور باید کرد» معلوم است. اما چرا از زمانی که به کانادا رفته‌اید، بیش از او، به حافظ و مولوی می‌پردازید؟ این به خاطر تأثیر پدر است، یا به سلیقه و خواست مخاطب ربط دارد؟ یا شاید دلیل دیگری که من نمی‌دانم.

در مدت اقامتم در کانادا، دو طرح برای خود تعریف کردم، یکی بازخوانی آثار متفکران معاصر ایرانی است؛ در این راستا تاکنون چهار دوره برگزار کرده‌ام:

نخستین دوره بازخوانی آثار علی شریعتی، پس از آن عبدالکریم سروش، سپس داریوش شایگان و پس از آن مرتضی مطهری. به زودی دوره مجتهد شبستری آغاز می‌شود. بنا داشتم در ایران بدین مهم بپردازم، به سبب اشتغالات عدیده نرسیدم؛ از اینکه در تورنتو این مجال را یافته‌ام، خرسندم و خدا را شاکرم. حقیقتاش من متناسب با احوال اگزیستانسیل‌ام زندگی می‌کنم. جالب است که در سالیان اخیر از قضا مراجعه‌ام به سپهری بیشتر شده و کثیری از مقالاتم درباره شعر و عرفان سپهری در چهار سال اخیر منتشر شده است، روزگاری که انگلستان و کانادا بوده‌ام. هنگامی‌که در ایران بودم تنها یک مقاله درباره سپهری منتشر کردم، تحت عنوان «تطور امر متعالی در منظومه سپهری»؛ جز این مقاله، سایر مقالات این دو جلد کتاب محصول دوران چهار ساله اخیر است.

با این حال حق با شماست. توجه من به حافظ و مولوی در سالیان اخیر بیشتر شده است. «از بخت شکر دارم و از روزگار هم». سال‌ها مثنوی مولوی و دیوان *حافظ* را در محضر پدر آموختم و در کلاس‌های ایشان حضور داشتم؛ همچنین با ایشان گفت‌وگوهای درازآهنگی داشته‌ام و بهره‌های بسیار برده‌ام. افزون‌براین، دغدغه‌ها و پیشینه معرفتی و تربیتی من، در قرائتم از مولوی و حافظ ریزش کرده است. فروغ و سهراب و داستایوفسکی و ویتگنشتاین و کی‌یرکگور که شخصیت‌های محبوب من‌اند و سال‌هاست با آثار ایشان مأنوسم، هنگام خواندن متون کلاسیک در من حاضرند. مجموع این امور، مرا بدین سمت سوق داده است تا در سالیان اخیر از «عرفان مدرن» سخن به میان آورم و طرحی را آغاز کنم و سلسله مقالاتی را با عنوان «طرحواره‌ای از عرفان مدرن» به رشته تحریر درآورم. تاکنون هفت شماره از این سلسله مقالات منتشر شده؛ سه شماره دیگر باقی مانده است. می‌توان این سلسله مقالات را محصول رفت‌وآمدهای مکرر من در سنت عرفان کلاسیک و آثار معنوی و ادبی جدید در نظر آورد.

گفت‌وگو به جای بسیار خوبی کشانده شد. باوجود قوت و وثوق کارهای شما در فلسفه تحلیلی و به ویژه ویتگنشتاین، من به عنوان یک مخاطب این تلقی را از سروش دباغ دارم که علاقه اصلی او عرفان و متافیزیک عرفانی است و «طرحواره‌ای از عرفان مدرن» بیش از هر چیزی او را بیان و

توصیف می‌کند و حتی به نظر می‌رسد با بخش دیگر آثار او در خصوص فلسفه و حتی روشنفکری تعارض دارد

بله، می‌توان این‌طور گفت. ما به‌سان پرنده‌ای هستیم که با دو بال می‌پرد. هم سهم عقل را باید پرداخت و هم حق دل را. شخصاً دلمشغولی‌های عمیق معنوی نیز دارم. شما تعبیر متافیزیک را به کار بردید، چنانکه در سلسله مقالات خودم از اصطلاح «متافیزیک نحیف» یاد کرده‌ام، لزومی ندارد متافیزیک ستبر افلاطونی را به طور کامل و با همه مؤلفه‌هایش برگرفت، اما نگاه معنوی، عاری و خالی از سویه‌های متافیزیکی نیست؛ دست‌کم به روایت من که کل هستی را قدسی می‌بینم و می‌انگارم. بدین معنا دغدغه‌های معنوی هیچ‌گاه گریبان مرا رها نکرده است. دو سال پیش مقاله‌ای با عنوان «پاکی آواز آب‌ها: تأملی در اصناف ایمان‌ورزی» منتشر کردم؛ در این مقاله از چهار سنخ ایمان‌ورزی سراغ گرفته‌ام: «ایمان آرزومندانه»، «ایمان شورمندانه»، «ایمان معرفت‌اندیشانه» و «ایمان از سر طمأنینه» پس از انتشار این مقاله افراد متعددی برایم نوشتند که، «ایمان آرزومندانه» به‌نیکی ترجمان احوال روحی ماست؛ کسانی‌که دلمشغولی‌های معنوی دارند اما نمی‌توانند خود را در ساحت قدسی هستی ببینند. کسی که ایمان ندارد، اما آرزوی زیستن در این ساحت دارد، از نوعی ایمان برخوردار است: نه ایمان شورمندانه مولوی و کی‌یرکگور، و نه ایمان معرفت‌اندیشانه متکلمان، و نه ایمان از سر طمانینه ویتگنشتاین که با وجود نداشتن اطمینان نظری، سکینه و آرامش و طمأنینه را تجربه کرده است؛ بلکه ایمان آرزومندانه. این شعر اخوان نیز ناظر به چنین ایمانی است: «مستم و دانم که هستم/ ای همه هستی ز تو آیا تو هم هستی؟»

با عنایت به نکاتی که آوردم، آثار متعددی را که از من منتشر شده، با هم در تعارض نمی‌بینم. در این سال‌ها کوشیده‌ام هم از آموخته‌های فلسفی خویش مدد بگیرم و آنها را در جستارهای گوناگون منتشر کنم، هم از پی دغدغه‌های اگزیستانسیل خود روان شوم. مقالات «طرح‌واره‌ای از عرفان مدرن» و سپهری‌پژوهی‌ها، پاسخی است به دغدغه‌های معنوی و اگزیستانسیل درازآهنگی که داشته‌ام..

با این دغدغه‌ها، اگر به دوران ادامه تحصیل در انگلستان بازگردید، آیا این بار به جای فلسفه اخلاق تحلیلی، فلسفه اخلاق قاره‌ای یا مشخصاً

اگزیستانسیالیسم را برای تحصیل انتخاب نخواهید کرد؟ فکر نمی‌کنید رشته مطالعاتی و دانشگاهی شما با شخصیت درونی سروش دباغ سازگار نیست؟

در سالیان اخیر فلسفه قاره‌ای را نیز دنبال کرده‌ام و آثار مارسل، یاسپرس، نیچه و هایدگر را خوانده‌ام. چنان‌که می‌دانید، روی ویتگنشتاین متمرکز بوده‌ام که دغدغه‌های اگزیستانسیل پررنگی دارد و نیز پاره‌ای از آثاری که در مورد او نوشته شده لزوماً در دل سنت تحلیلی نبوده است. ازاین‌رو، خوشبختانه با سنخ مسائلی که در فلسفه قاره‌ای مطرح است بیگانه نیستم. با این حال از خواندن فلسفه تحلیلی نیز خرسندم، چرا که فکر می‌کنم برای انضباط ذهن خیلی خوب است و به کار اصلی فیلسوف یعنی استدلال‌ورزی کمک می‌کند، البته نمی‌گویم این امر در فلسفه قاره‌ای وجود ندارد، دست‌کم برخی از فیلسوفان قاره‌ای در بند استدلال آوردن هستند. چنان که درمی‌یابم، باید استدلال‌ورزی را تقویت کرد و کار اصیل فلسفی، هم‌عنان است با استدلال آوردن؛ اما به لحاظ تاریخی، پرداختن به دغدغه‌های اگزیستانسیل در فلسفه قاره‌ای بیشتر بوده است. خوشبختانه اخیراً این امر در میان فیلسوفان تحلیلی نیز زیاد شده و برخی از فیلسوفان تحلیلی به این‌گونه امور نیز می‌پردازند. علی‌ای‌حال، به نظرم مهم نیست فرد در کدام سنت فلسفی بالیده است، مهم این است که اگر در کسوت یک فیلسوف فعالیت می‌کند، مستدل سخن بگوید. من نیز در کار و بار معرفتی و نظری خویش، جاهایی که در مقام اهل فلسفه سخن گفته و مقاله نوشته‌ام، کوشیده‌ام به قدر طاقت بشری مستدل سخن بگویم؛ فی‌المثل در کتاب‌هایی چون *سکوت و معنا، زبان و تصور جهان، عام و خاص در اخلاق، درس‌گفتارهایی در فلسفه اخلاق، امر اخلاقی، امر متعالی و شرح رساله منطقی-فلسفی ویتگنشتاین*. هرجا هم که به مسائل اگزیستانسیل پرداخته‌ام، ادب مقام را رعایت کرده‌ام. اگر به عقب بازگردم کمابیش همین مسیر را طی خواهم کرد؛ بویژه که در این مسیر در دام ویتگنشتاین افتادم

با این حال باید اذعان کنم که انتشار مقالات فنی فلسفی به تنهایی مرا اقناع نمی‌کند، از این رو به مباحث دیگر هم پرداخته‌ام؛ چه مواردی که معطوف به دغدغه‌های اگزیستانسیل است، مانند آنچه در مورد سهراب و فروغ نوشته‌ام و

جلساتی که طی سالیان اخیر برگزار کرده‌ام؛ چه کارهایی که متعلق به حوزه روشنفکری و رفرم دینی است؛ نظیر مقالاتی که در خصوص حجاب، ارتداد، رابطه دین و اخلاق و بازخوانی انتقادی آثار روشنفکران ایرانی نگاشته‌ام.

به عنوان سؤال آخر می‌خواهم خود را در موقعیتی فرض کنید که قرار است تمام کتاب‌های حوزه اندیشه معاصر از میان بروند. در این میان شما این حق انتخاب را دارید که تنها یک کتاب را از تمام آنها حفظ کنید. دراین‌صورت، انتخاب سروش دباغ کدام کتاب خواهد بود؟

این سؤال بسیار سختی است و من اجازه می‌خواهم چند کتاب را انتخاب کنم: *برادران کارامازوف* داستایوفسکی، در *باب حکمت زندگیِ* شوپنهاور، *مثنوی* مولوی، *دیوان حافظ*، *هشت کتاب* سپهری، *تولدی دیگر* فروغ فرخزاد، *گفت‌وگوهای تنهایی* علی شریعتی.

پس عمدتاً ادبیات را به اندیشه ترجیح می‌دهید؟

ترجیح که نه، اما به هر حال دغدغه‌های ادبی و اگزیستانسیلِ پررنگی دارم.

ساحل امن در جهان متلاطم[1]

عرفان برای انسان مدرن به چه کار می‌آید؟ آیا می‌توان برای همه نیازهای انسان از «عرفان» پاسخ گرفت؟

عرفان سابقه‌ای طولانی در سنت اسلامی‌ایرانی ما دارد اما برای انسان امروز عرفان چه کارکردی دارد؟ دکتر سروش دباغ، پژوهشگر دپارتمان مطالعات دینی در دانشگاه تورنتوی کانادا، تلاش کرده است در آثار « در سپهرِ سپهری» و« فلسفه لاجوردی سپهری»، طرحواره‌ای از عرفان مدرن ارائه دهد که در آن سالک بتواند بدون تأملات نظری فراوان به آرامش عرفانی دست یافته و زندگی خود را معنا بخشد. از نظر دباغ حجیت تجارب عرفانی در گرو سازگاری با شهودهای اخلاقی عرفی است.

دکتر دباغ، برای آغاز بحث می‌خواهیم بدانیم شما عرفان را چگونه تعریف می‌کنید و سنت‌های عرفانی را در چه دسته‌بندی قرار می‌دهید؟

عرفان به یک معنا، نگرشی معنوی به جهان است که برگرفته از آموزه‌های عرفا است. در ذیل سنت عرفان اسلامی‌ایرانی می‌توان سه سنت را از یکدیگر بازشناخت؛

---

[1] گفتگو از میثم قهوه چیان

«مکتب خراسان» با بزرگانی چون بایزید بسطامی و جلال‌الدین رومی، «مکتب بغداد» با بزرگانی مانند جنید بغدادی و شبلی و «مکتب شیراز» که با حافظ و سعدی شیرازی شناخته می‌شود. معنای دوم از عرفان، عرفان نهادینه شده و تصوف است. معنای سوم، عرفان نظری یعنی عرفان با صبغه فلسفی است و به طور مشخص با آثار محی‌الدین عربی شناخته می‌شود؛ در این معنا از عرفان، نگاهی عرفانی و فلسفی به هستی وجود دارد.

برای مشخص شدن دایره بحث و به اقتفای دکارت که می‌گفت: «تقسیم کن تا پیروز شوی» با عنایت به تفکیک فوق و با کنار نهادن نگاه دوم و سوم، بحثم را در این گفت‌وگو بر نگاه اول متمرکز خواهم کرد.

آیا عرفان به نیازهای خاص انسان امروز که محصول مدرنیته است، می‌پردازد یا به نیازهای جاودانی انسان پاسخ می‌دهد؟

پاسخ اولیه‌ام به پرسش شما مثبت است؛ یعنی «عرفان» اختصاصی به یک دوره مانند دوره سلجوقیان، صدر اسلام یا روزگار کنونی ندارد و به نیازهای ابدی و ازلی ما پاسخ می‌دهد که با انسانیت و تخته‌بند زمان و مکان بودن‌مان گره خورده‌اند. به تعبیر میگل اونامونو، انسان «درد جاودانگی» دارد و به زبان فلاسفه اگزیستانسیل نظیر کی‌یرکگارد، قصه رنج بردن از مقوماتِ «شدن» و تحقق یافتن انسان اصیل است. ما موجوداتی میرا و ناپایا هستیم و قصه رفتن، زوال و روی در نقاب خاک کشیدن در ذهن عموم انسان‌ها و البته با شدت و حدتی متفاوت خلجان دارد. قصه معنابخشی به زندگی، مختص به زندگی انسان امروز نیست و در گذشته هم این جریان وجود داشته و همین دلیل بالیدنِ سنت ستبرعرفانی در ذیل عموم ادیان و مذاهب است. عده‌ای تصور می‌کردند که با ظهور علم تجربی جدید، این نیازهای ما بالمره پاسخ خواهد گرفت، اما این‌چنین نشد و نیازهای ازلی و ابدی هنوز بی‌پاسخ مانده‌اند. از آنجا که قصه زوالِ انسانِ بی‌پایان است و محدودیت‌های امحا نشدنی و درد و رنج‌های او همیشگی و مقوم انسانیت اویند، ازاین‌رو، انسان در پی پاسخ دادن آن برمی‌آمده و میراثی تحت عنوان «عرفان» اعم از عرفان شرقی، بودیستی و غربی را پدید آورده است؛ این کارکرد عرفان به گذشته اختصاص ندارد. نکته دوم این است که آیا عرفان به همه نیازهای انسان پاسخ می‌دهد؟ که پاسخ منفی است. امور

متعارف زندگی مربوط به علوم متعارف بوده و جامعه نیازمند مدیریت و تمشیت امور است. در خصوص برخی گرفتاری‌های روحی و جسمی هم ما باید سراغ کارشناسان و متخصصان برویم، اما وقتی سراغ «درد جاودانگی»، «معنای زندگی» و پرسش‌هایی از این دست می‌آییم، پاسخ را می‌توان به‌نیکی در میان فرآورده‌های عرفانی اعم از سنتی و مدرن سراغ گرفت. به تعبیری که در سلسله مقالات «طرح‌واره‌ای از عرفان مدرن» آورده‌ام، چه سالکان مدرن و چه سالکان سنتی، به یک‌سری از سؤالات در خصوص دغدغه‌ها و نیازهای ابدی و ازلی پاسخ می‌دهند که با «انسانیت» ما گره خورده‌اند. در این میان، به مرزی میان عارفان و سالکان سنتی و مدرن قائل نیستم و تصور می‌کنم می‌توان از میراث همه این بزرگان استفاده کرد؛ هم از مثنوی معنوی مولوی و دیوان حافظ، هم از اشعار سپهری و آثار اکهارت توله و هم از کتاب‌های روان‌کاوی مانند اروین یالوم می‌توان بهره‌های فراوان برد.

عرفان دو جنبه یکی «سلوک و عمل» و دیگری «نظر و توصیف» دارد. شما از نزدیکی برخی رویکردها در روان‌شناسی و فلسفه سخن گفتید، به نظر می‌رسد عرفانی که شما مدنظر دارید بیشتر ناظر بر عرفان نظری است، آیا با این قضاوت موافقید؟

منکر نیاز به سلوک نیستم، مرادم این است که هم‌پوشانی قابل توجهی میان «عرفان»، «روانکاوی» و «فلسفه اگزیستانسیل» وجود دارد؛ به تعبیر منطقیون نسبت «عموم و خصوص من‌وجه» میان این مقولات وجود دارد؛ یعنی فصول مشترکی و فصول مفترقی با یکدیگر دارند. بنابراین می‌شود از همه این امور بهره برد و نظام معرفتی و نظری خویش را مرتب کرد و سامان بخشید. اگر فردی می‌خواهد سلوک معنوی مشحون از آرامشی داشته باشد در مقام عمل نیز باید نکاتی را به کار بندد. پس آنچه از آن به عنوان نگرش عرفانی یاد می‌کنم، هم سویه عملی و هم سویه نظری دارد، اما نه آنچنان که در عرفان نهادینه شده خانقاهی و تصوفی از آن سخن به میان می‌آید. من از نگرش و جهان‌بینی عرفانی‌ای سخن می‌گویم که آثار و لوازم عملی نیز بر آن مترتب است.

آیا می‌توان بدون داشتن سلوک و عمل، به امید «گزاره‌های عرفانی» بود که نگرش ما به دنیا را ایجاد می‌کنند؟ یا فرد باید ابتدا سالک باشد که بتواند از گزاره‌های نظری استفاده کند؟

اینکه فرد باید کاری در مقام عمل انجام دهد، درست است. باید ابتدا جهان‌بینی فرد اصلاح شود، سپس کارهایی از سالک صادر شود؛ این امور متوقف بر اراده و خواست انجام کار است. البته فرد در معیت و هم‌صحبتی و هم‌سخنی با کسی که تجربه بیشتری دارد، آرامش درونی بیشتری خواهد یافت. اگر نَفَس گرم کسی که در این راه تجربه بیشتری دارد بدرقه راه فرد شود، این فرآیند راحت‌تر طی خواهد شد. مولوی در جایی در مثنوی در خصوص چنین افرادی می‌گوید، «در درونشان صد قیامت نقد هست/ کمترین آنکه شود همسایه مست»؛ در دوران مدرن هم می‌شود از این آموزه استفاده کرد. از آنجایی که به بازخوانی انتقادی سنت عرفانی باور دارم، با رابطه مرید و مرادی هیچ بر سر مِهر نیستم؛ مراد من این‌گونه روابط نیست، بلکه نوعی تبدیل مزاج است که در آن فرد، آرامش و تحول احوال را کسب می‌کند و نصیب می‌برد.

آیا اساساً «تجربه عرفانی» به زبان عادی بشر قابل ترجمه است؟

باید دو مقام را از هم جدا کنیم. با توجه به تقسیم‌بندی‌ای که فلاسفه مسلمان انجام داده‌اند، ما یک «علم حضوری» و یک «علم حصولی» داریم. یک وقت است که شما در خصوص برخی تجارب خود که هنوز «صورت‌بندی زبانی» نشده‌اند و آنچه در ضمیر خودتان روی داده است، سخن می‌گویید. شما در اینجا مرتبه‌ای پیشا تصوری و پیشا تصدیقی دارید؛ آنات و لحظاتی که ارتکازات ذهنی و زبانی هنوز در قالب مفاهیم و عبارات نیامده است و نمی‌توان نفیاً و اثباتاً در این‌باره سخن گفت. وقتی که شما این تجارب را در قالب مفاهیم و عبارات می‌ریزید، بدل به «علوم حصولی» می‌شود و می‌توان به نحو بین‌الاذهانی در این خصوص سخن گفت. بتازگی در مقالهٔ «علم حضوری، حصولی و تجارب وحیانی»، با مدنظر قرار دادنِ «استدلال زبان خصوصی ویتگنشتاین»، استدلال کردم که علم حصولی روی علم حضوری می‌افتد. اگر بخواهیم از استدلال ویتگنشتاین علیه زبان خصوصی بهره بگیریم باید گفت، علم حضوری وقتی بدل به عبارات و مفاهیم می‌شود، در قالب علم حصولی می‌افتد

و دیگر از آن تجربه خصوصی نداریم. اگر زبان خصوصی را ممتنع بدانیم که من با این ایده همدل هستم، در این صورت ما دیگر تجربه خصوصی بیان ناشده نداریم؛ اینجا مرادم تجربه‌ای است که افاده معنا و معرفت کند. برهمین‌سیاق می‌توان در خصوص تجارب عرفانی سخن گفت. کسی ممکن است بگوید من تجاربی داشته‌ام که به زبان نمی‌آید و در قالب عبارات صورت‌بندی نمی‌شود. بسیار خوب! در این صورت دیگر این تجارب ارزش معرفتی نداشته، افاده معنا نمی‌کنند و محتوای صدق ندارند. هنگامی می‌توان درباره آنها سخن گفت که صبغه بین‌الاشخاصی و بین‌الاذهانی پیدا کند و جامه عبارات و مفاهیم به خود بپوشد. همه آنچه از عرفای ما باقی مانده، از سرزمین وجودی آنان خارج شده است، در ساحت احوال و نفس آنان نمانده و جامه الفاظ و عبارات پوشیده است. بنابراین، می‌توان راجع به آنها به صورت بین‌الاذهانی سخن گفت. گفتنِ اینکه عرفان از سنخ چیزهایی است که نمی‌توان از آنها خبر داد «معرفت‌بخش» نیست؛ باید از آن عبور کرده و به مباحثی برسیم که امکان طرح آن برای همگان وجود داشته باشد.

ملاک صدق در تجارب خصوصی که بین‌الاذهانی می‌شوند، چیست؟

متعلق تجارب عرفانی، خصوصی است؛ اما وقتی در قالب عبارات قرار می‌گیرد، وارد مِلک عمومی می‌شود. اگر کسی دندان‌درد داشته باشد، تا وقتی آن را بیان نکند، کس دیگری ورودی به این تجربه ندارد، اما وقتی این درد را در قالب عبارات می‌ریزد، همه می‌توانند درباره صدق و کذب آن نظر دهند، زیرا زبان ملک مشاع است و نه ملک طلق. برهمین‌سیاق، تجارب عرفانی هم می‌توانند به مثابه اموری معطوف به امر بی‌کران «صورت‌بندی زبانی» شوند. گزاره‌های عرفانی که محصول تجارب عرفانی‌اند، «حجیت معرفت‌شناختی اولیه» دارند، به شرط آنکه مانعی در میان نباشد، بدین معنا که با فهم اخلاقی عرفی ما منافات نداشته باشند. مثلاً اگر کسی بگوید تجربه عرفانی‌ای داشته‌ام که مطابق با آن می‌توانم دیگران را مورد آزار و اذیت جسمی و روحی قرار دهم! آنگاه، آن تجربه حجیت معرفت‌شناختی اولیه‌ای ندارد. کف تجارب عرفانی «شهودهای اخلاقی عرفی» است؛ اگر محصول و فرآورده‌های تجارب عرفانی متضمن نفی شهودهای اخلاقی و عرفی ما باشند، حجیت اولیه نخواهند داشت و فرو نهادنی‌اند. صحبت از «عرفان مدرن» کردید،

نسبت این عرفان با انسان امروز چیست؟ در مقالاتی که در دو مجموعه سپهرِ سپهری و فلسفه لاجوردی سپهری نگاشته‌ام، عرفان مدرن به روایت خویش را توضیح داده‌ام. عرفان مدرن یک سبک زندگی است که از مؤلفه‌های عملی و نظری توأمان برخوردار است. سپهری می‌گفت «بهترین چیز رسیدن به نگاهی است که از حادثه عشق، تر است.» درواقع عرفان جدید، نگاه و نگرشی است که شخص باید برگیرد و مطابق با آن سلوک نظری و عملی خود را سامان بخشد. آن‌طور که من می‌فهمم؛ آری گفتن به زندگی، در اخلاق «دیگری» محور شدن و مرگ‌آگاه شدن، از مقومات عرفان مدرن است که به آن پرداخته‌ام. سالک مدرن به مثابۀ یک «شهروند» کنش‌های مدنی خود را سامان می‌بخشد.

اگر شخص با همه اینها آشنا باشد، می‌تواند نحوه زیست خود را سامان بخشد، بدون اینکه تأملات بسیاری انجام دهد. البته انسان باید برای خودش وقت بگذارد، با خود خلوت کند و با بند از بند و تار از پود خود گشودن و به تماشای ضمیر نشستن، احوال خوشی را نصیب برد. قرار نیست که فرد در این عرصه لزوماً کاری نظری انجام دهد، سالک می‌تواند با رجوع به خود به شکوفایی خویش مدد رساند. عرفان مدرن با تنهایی معنوی، مرگ‌آگاهی، سهم بدن را پرداختن و به مقوله خدا و امر متعالی اندیشیدن سر بر می‌آورد. سالک مدرن، دل‌مشغول اینجا و اکنون خود است و با تنهایی معنوی خود کنار آمده و می‌کوشد رضایت باطن، شادی و آرامش را در وجود خود تجربه کند، به زندگی خود معنا دهد و نگذارد تشویش خاطر بر او غلبه کند. سالک مدرن لزوماً کسی نیست که از لحاظ جغرافیایی در جهان مدرن زندگی می‌کند و فی‌المثل ساکن اروپا و امریکای شمالی است، بلکه کسی است که ذهنش مدرن شده، نگرش او نسبت به ایده‌های مدرن گشوده شده و آنها را در نظام معرفتی خود جای داده است. ممکن است کسی در جهان مدرن زندگی کند، اما ذهنیتش همچنان سنتی باشد. اگر چنین افرادی اهل امور باطنی باشند، با عرفان سنتی سازگارتر هستند. در عرفان مدرن، انسان مجالی برای پرداختن به خویش فراهم می‌کند و باوجود جهان پرتلاطم و شلوغِ کنونی، می‌تواند ساحل امنی را تجربه کند و سلوک معنوی خود را این‌چنین رقم زند.

جهان جدید ما را از زیست معنوی دور کرده است[1]

ماجرای روشنفکری در ایران، ماجرای غریبی است. چراکه طی این سال‌ها فراز و نشیبی بسیار داشته و در این مدت آرا و اندیشه‌های گوناگونی به خصوص در دو ساحت سنت و تجدد طرح شده است. بدین لحاظ کمتر چهره ای از روشنفکران در ایران را می‌توان سراغ گرفت که به دنبال راه برون رفت از وضعیت و گونه‌های فکری در جامعه نبوده باشند. در این گفت‌وگو سعی شده نگاهی به اندیشه دکتر داریوش شایگان با هدف بررسی آرای وی داشته باشیم به گونه‌ای که حضور چنین تفکراتی طی چند دهه اخیر چه نتایج و دستاوردهایی برای جامعه ایرانی ما داشته و امروز ما باید به اندیشمندان جامعه چگونه ببینیم. دکتر دباغ در این گفت‌وگو بر این نکته اشاره دارد که شایگان نگاه جهان وطنی دارد و می‌گوید که به اقلیم روح باید پانهاد، اما این مهم که در ایران ۱۳۹۰ شمسی چگونه می‌توان به این اقلیم پانهاد، متوقف بر پالایش سنت دینی و عرفانی و مددگرفتن از دستاوردهای علوم انسانی جدید است. در همین راستا روشنفکران و اهالی اندیشه، باید به بازخوانی جدی مؤلفه‌های مختلف سنت اسلامی (کلام، فقه، فلسفه، عرفان...) همت بگمارند.

در تاریخ جریانات فکری در ایران، به‌ویژه در نیم قرن اخیر مواجهه ما با غرب از دو منظر شیفتگی یا غرب‌ستیزی بوده و راه حل میانه‌ای وجود نداشته یا رفتارهای میانه اندک و کم‌مایه بوده است. پیش از آنکه ما وارد منظومه فکری آقای شایگان در خصوص غرب شویم، نگاه شما نسبت به این

---

[1] گفتگو از منوچهر دین پرست, روزنامه اعتماد

مقوله چگونه است؟

در میان روشنفکران و متفکران در دوران معاصر ما، دو گونه مواجهه با غرب صورت گرفته است. مسئله را بدین‌گونه صورت‌بندی کنیم: از آغاز مشروطه به این سو که آغاز آشنایی ما با آموزه‌های مغرب‌زمین بوده است؛ برخی از روشنفکران ما تحت‌تاثیر گفتمان مسلط چپ بودند. به‌عنوان‌مثال، جلال آل‌احمد در نقد غرب قلم زد و کتاب غربزدگی را نوشت. او سعی کرد با استفاده از مفهوم غربزدگی که از فردید وام گرفت -هرچند که فردید از این کار او راضی نبود- نشان دهد که ما باید در برابر غرب قد علم کنیم و آن حس تحقیرشدگی و به حاشیه رانده شدن را جدی گرفته و درصدد جبران آن برآییم. شریعتی هم تقریباً چنین درکی از مواجهه با غرب داشت و با ایده‌های مدرنیستی چندان بر سر مهر نبود و از بازگشت به خویشتن سخن می‌گفت. در مقابل این طیف، برخی از روشنفکران هم یک‌سره با ایده‌های غربی بر سر مهر بودند.

تصور می‌کنم تعامل و رابطه دیالوگی با غرب برای ما سودمندتر باشد. نفی غرب به واسطه ساری و جاری بودن ریشه‌های این تفکر در فرهنگ ما ممکن و سودمند نیست. با گذشت ۱۰۵ سال از صدور فرمان مشروطه و سر بر آوردن نهادهای مدرن، این ایده‌ها در فضای جامعه و فکری و جمعی ما چه بخواهیم و چه نخواهیم ریزش کرده است. به‌علاوه در عصر انقلاب ارتباطات و الکترونیک، مرزها از میان برداشته شده و دیگر نمی‌توان به روی تحولات معرفتی و ارتباطات الکترونیک و بین‌المللی چشم بست و وقعی بر آنها ننهاد. محصولات مغرب‌زمین از طریق علم و فلسفه و هنر جدید ریزش کرده و فضای ذهنی ما را متوجه خود ساخته است.

از یک‌سو ما دارای سنتی هستیم که یکی از قوی‌ترین مولفه‌های آن دین است (من راجع به ایران ۱۳۹۰ شمسی سخن می‌گویم، اگر دربارهٔ زمان دیگری سخن گفته شود شاید پاسخ متفاوت باشد). تصور اینکه می‌توانیم سنت‌ها را یک شبه و یک ساله تغییر دهیم و یکی از مولفه‌های مدرن را جایگزین یکی از عناصر سنت کنیم، سهل‌انگارانه و خام‌اندیشانه، است. نقد توأم سنت و مدرنیته و رابطه دیالوگی میان آنها برقرار کردن بار ما را بار می‌کند. از دستاوردهای معرفتی و معیشتی جهان جدید، و تحولاتی که در حوزه‌های گوناگون علم و هنر و ادبیات فلسفه و

جامعه‌شناسی و صنعت صورت گرفته است، می‌توان بهره گرفت، ضمن اینکه دید نقادانه خود را زمانی که قرار است این محصولات بومی شده و در جامعه ما مورد استفاده قرار گیرند، نیز حفظ کنیم. درعین‌حال باید توجه داشت که این دستاوردها تا چه میزان برای جامعه ما کاربرد دارند.

از نظر من خوب است همچنان که بر سنت پافشاری می‌کنیم، در برابر جهان جدید گشوده باشیم و نقد توامان سنت و غرب را در دستور کار خود قرار دهیم و بر این روند و آیندهای فرهنگی و معرفتی، اگر بخواهم از تعبیر رالز استفاده کنم، « موازنهٔ متاملانه»[۱] ای حاکم باشد که ما را به تعامل راهگشایی رهنمون شود.

با توجه به توضیحی که داشتید، وارد بحث اصلی شویم و آن نگاه دکتر شایگان نسبت به غرب است. ایشان در کتاب *آسیا در برابر غرب* نگاه خودشان را نسبت به این مسئله بیان کردند، نخستین سؤال من در خصوص تفکر آقای شایگان این است که شما نگاه ایشان را جزو آن دسته از افراد می‌دانید که هم دل در گرو سنت داشتند و هم سعی کردند غرب را نقادانه به چالش بکشند؟

چنانکه درمی‌یابم، اگر بتوان از تعابیر شایگان متقدم و متاخر استفاده کرد، کتاب مهم *آسیا در برابر غرب* مربوط به دوران شایگان متقدم است. خودشان هم در مصاحبه‌ای گفته‌اند که کتاب چنان خوانده شده که ذیل گفتمان شرق-غرب قرار می‌گیرد، یعنی یک جور گفتمانی که در آن تفکری به نام تفکر غربی وجود دارد و ما در تقابل و تضاد با آن هستیم و تعامل و مناسبات ما با این تفکر به شکل رابطه با «دیگری» و «غیر» است. تصور می‌کنم شایگان متقدم چنان که از عنوان کتاب *آسیا در برابر غرب* نیز برمی‌آید، کم و بیش در پی به دست آوردن یک هویت ناب شرقی و ایرانی در برابر هویت غربی بود. این کتاب در آن دوران خیلی مورد اقبال قرار گرفت و خوانده شد. به‌عنوان‌مثال شما در فیلم *هامون* مهرجویی که یکی از فیلم‌های محبوب در سینمای پس از انقلاب است به صحنه‌ای برمی‌خورید که در آن حمید کتابی را برای خواندن به مهشید توصیه می‌کند و آن *آسیا در برابر غرب* است

---

[۱] reflective equilibrium

که جلدش هم در فیلم دیده می‌شود. این امر نشان می‌دهد که این کتاب علاوه بر دایره اهالی فلسفه، در حلقه‌های روشنفکری و جماعت کتابخوان نیز مورد اقبال قرار گرفته بود. بر این باورم که اگر *آسیا در برابر غرب* را در کنار سایر آثار داریوش شایگان در یک برهه زمانی در نظر بگیریم می‌توان به این جمع‌بندی رسید که شایگان متقدم در پی احراز و به دست آوردن یک هویت ناب در برابر هویت غربی است. من در مقاله‌ای تحت عنوان «ترنم موزون حزن» به این مسئله پرداخته‌ام که شایگان متاخر ـ که محدوده زمانی ۱۳-۱۲ سال اخیر را شامل می‌شودـ از این ایده و اندیشه فاصله می‌گیرد و از هویت چهل تکه سخن گفته و بر سیالیت هویت ایرانی تاکید می‌کند. گشوده بودن او به دیگر مولفه‌های هویت‌ساز و آشتی کردن با آنچه در جهان جدید می‌گذرد کاملاً در کتاب *افسون‌زدگی جدید* که حدودا ۱۰ سال پیش به فارسی ترجمه شد و چاپ رسید، مشهود است. چنان‌که آمد، شایگان متقدم را باید ذیل گفتمان شرق-غرب قرار داد؛ گفتمانی که در ذیل یک «دیگری» مطرح شده و فرد خود را به واسطه دیگری و در تقابل با آن تعریف می‌کند و تفاوت‌ها در آن نقش پررنگی دارد. اما زمانی که به سمت شایگان متاخر می‌آییم، از یک هویت سیال که شکل تعاملی و چهل تکه دارد، می‌توانیم سراغ بگیریم که با دنیای جدید بر سر مهر است و از مولفه‌های گوناگون آن سراغ می‌گیرد و در این خصوص بحث می‌کند که ما چگونه به انسان‌های چهل تکه در جهان جدید تبدیل شدیم؛ گویا که دیگر «غیری» در میان نیست.

به نظر می رسد بین دکتر شایگان که شما از آن شایگان متقدم کردید و نمونه آن *آسیا در برابر غرب* و شایگان متاخر که نمونه آن *افسون‌زدگی و هویت چهل تکه* تفاوتی اتفاق افتاده، آیا شما این تفاوت را یک سیر تکوینی می‌بینید یا اینکه تکامل و تجدیدنظری درآن صورت گرفته است؟

تجدیدنظر که صورت گرفته چنان‌که شما اشاره کردید. اما اگر بخواهم ارزش‌گذاری یا داوری کنم، چون زمانی که از مفهوم «تکامل» استفاده می‌شود یک نوع ارزش‌گذاری در این واژه نهفته است، تصور می‌کنم تکاملی صورت گرفته و نگاه شایگان پخته‌تر و جامع‌الاطراف-تر و گشوده‌تر شده است. داوری من این است که تحول آشکار است. به عنوان کسی که جریان‌های روشنفکری معاصر را دنبال

می‌کنم، چنین تحولی را در آثار و نوشته‌های ایشان می‌بینم. کتاب *آسیا در برابر غرب* و دیگر آثاری که دکتر شایگان در اوایل کار فکری‌شان نوشته‌اند، با کتاب *افسون‌زدگی جدید* تفاوت محسوسی دارد. البته برخی دیگر از کارهای قلمی ایشان که اوایل انقلاب نوشته شده‌اند، نظیر *نگاه شکسته* و *اسکیزوفرنی فرهنگی*؛ با فضای *آسیا در برابر غرب* فاصله دارد.

البته برخی از کارهای ایشان جنبه پژوهشی دارد. یعنی یک کار آکادمیک دانشگاهی بوده است و نمی‌شود آن را در سیر جریان روشنفکری در ایران محسوب کرد.

بله بخشی از آنها آثار محققانه و آکادمیک بوده، اما وقتی به کارهای روشنفکری ایشان می‌رسیم، چنین عبوری در اندیشه شایگان صورت گرفته است. تعبیر «هویت چهل تکه» از یک روحیه متساهلانه و متکثرانه پرده برمی‌دارد که در مقایسه با منظر *آسیا در برابر غرب*، نگاه گشوده‌ای نسبت به جهان جدید دارد. ممکن است عده‌ای بگویند شایگان در *آسیا در برابر غرب* بدون انکار هویت غربی، بر هویت شرقی ما تاکید کرده و درواقع مسئله بازگشت به خویشتن و دست کم نگرفتن خود را پی گرفته است؛ اما ما در دوره دوم فکری و به‌ویژه کتاب *افسون زدگی جدید* ایشان می‌بینیم، تاکید بر هویت خودی کمرنگ‌تر شده و در کنار سایر عناصر هویت‌ساز مورد بررسی قرار می‌گیرد.

به نظر می‌رسد دکتر شایگان در کتاب *آسیا در برابر غرب* و کتاب *افسون‌زدگی جدید و هویت چهل تکه* به رغم تفاوت‌هایی که شما ذکر کردید، بر یک مقوله تاکید دارد و آن مفهوم بحران است. این بحران را شما در چه چیزی می‌بینید؟ در *آسیا در برابر غرب* با آنکه محتوایش را بیشتر نقادی غرب تشکیل می‌دهد، اما به این مسئله نیز می‌پردازد که ما هم در یک بحران قرار داریم و در کتاب *افسون‌زدگی جدید و هویت چه ل‌تکه* سعی می‌کند به این بحران یک بعد جهانی بدهد. البته منظور من از بحران، واژه‌ای است که در بطن کتاب نهفته است. به نظر شما این بحران در باب معنویت یا بحرانی از جنس حقوق بشر، اخلاق، محیط زیست یا کرامت

انسانی است؟

در *افسون‌زدگی جدید و هویت چهل تکه*، شایگان از بحران یا مشکل جهان جدید یاد می‌کند و آن بحران یا مشکل معنویت است. مشکل «گفت‌وگو در فراتاریخ» به نظر ایشان از همین امر نشأت می‌گیرد. شایگان معتقد است، باید به دامن عرفان پناه برد و گفت‌وگو در فراتاریخ را برای پا نهادن به «اقلیم گم‌شده روح» انجام داد.

عرفان از چه جنسی و ناظر به چه تمدنی و از چه دینی منظور نظر دکترشایگان است؟

بر مبنای بحث شایگان، این عرفان صبغه فرادینی و فراتمدنی دارد. ایشان می‌گوید ابن‌عربی مسلمان با مایستر اکهارت مسیحی، در فراتاریخ می‌توانند سخن بگویند. فراتاریخ به این معنا که آنها پا به اقلیم گم‌شده روح می‌نهند و در آنجا می‌توانند با هم گفت‌وگو کنند. در مقاله «ترنم موزون حزن» کوشیده‌ام تا توضیح دهم این سخن شایگان قدری ابهام دارد؛ چگونگی پانهادن به اقلیم گم‌شده روح در جهان راززدایی شده کنونی، نیازمند تبیین معرفتی بیشتری است.

فکر نمی‌کنید که دکتر شایگان تا حدود نسبتاً زیادی متاثر از کربن هستند، کمتر به جنبه‌های ایرانی در کارشان پرداخته شده است و از این موضوع غفلت کرده‌اند؟

شایگان اساساً یک متفکر جهان‌وطنی است که دغدغه‌های جهانی و نه صرفاً ایرانی دارد.

یعنی می‌توان ایشان را جزو روشنفکران پست‌مدرن به حساب آورد؟

من نمی‌خواهم از این تعابیر استفاده کنم، هرچند که ایشان با ایده‌های پست‌مدرن هم‌دلی دارد.

چرا از این تعابیر احتراز می‌کنید؟

باید درباره این مسئله بیشتر تأمل کنم؛ چرا که ایشان به دستاوردهای مدرنیته هم، به دیده عنایت می‌نگرند. منظورم این است که شاید دلیل نپرداختن انحصاری شایگان به مسائل ایران، به خاطر نگاه جهان‌وطنی ایشان است و به خاطر همین

نگاه هم هست که در اروپا و به‌ویژه فرانسه، کاملاً شناخته شده است. درست است که شایگان متأثر از کربن است، اما تصور می‌کنم مشغله ذهنی ایشان ـ چنانکه در این خصوص شخصاً با ایشان هم صحبت کرده‌ام ـ مسئله معنویت در جهان جدید است؛ می‌توان از تعبیر بحران مورد نظر شما هم در اینجا استفاده کرد. اما مسئله او لزوماً ایران نیست، و فراتر از آن است. شایگان معتقد است که جهان جدید با وجود آنکه چیزهای زیادی به ما داده است، اما نتوانسته ما را در قدم گذاشتن در اقلیم گم‌شده روح یاری رساند. برای دستیابی به این امر ایشان از نیاز به گفت‌وگو در فراتاریخ سخن می‌گوید و این امر را تنها راه ادا کردن سهم دل عنوان می‌کند. شایگان بر این باور است که ما حق و سهم عقل نظری و عقل عملی را ادا کرده‌ایم و عقل ابزاری نیز در جهان جدید به غایت در جولان است؛ درحالی‌که حق دل را ادا نکرده‌ایم و پا به اقلیم روح نگذاشته‌ایم و این توازن از دست رفته دوباره باید به‌دست آید.

ما در دهه ۹۰ شمسی قرار داریم و تاکنون تعداد زیادی از روشنفکران ما چه در تعارض و چه همدلانه، در وادی سنت و مدرنیته نظر داده‌اند. الان ما در چه جایگاهی هستیم و تفکراتی مانند تفکر آقای دکتر شایگان، چه راهکاری برای نسل امروز ما دارد؟ فکر می‌کنید تفکرات ایشان برای جوانان امروز ما که در عصر دنیای ارتباطات فرهنگی و اینترنت زندگی می‌کنند، تا چه اندازه می‌تواند تاثیرگذار باشد و مورد بهره‌برداری فکری قرار بگیرد؟

فکر می‌کنم این بصیرت که ما از یک هویت ناب فاصله بگیریم و هویت سیال را به رسمیت بشناسیم، از ایده کسانی مانند شایگان و دیگرانی که بر این هویت سیال انگشت تاکید می‌نهند، برآمده است. حاصل چنین طرز تفکری این است که به جای آنکه مناسبات و روابط فرهنگی را ذیل گفتمان شرق‌ـ‌غرب صورت‌بندی کنیم، در دستاوردهای معرفتی و فرآورده‌های دیگر فرهنگ‌ها هم قویاً به دیده عنایت بنگریم و سعی کنیم با رویی گشاده، و نه با ذهنیتی از پیش معلوم، صحیح را از ناصحیح جدا کنیم. از نظر من دغدغه شایگان در جهان جدید، خیلی مهم و قابل احترام است. نمی‌خواهم بگویم که گفت‌وگو در فراتاریخ شدنی است؛ اما تفکر شایگان این نکته را به ما گوشزد می‌کند که باید در جهان جدید دل‌مشغول ساحت قدسی یا به

عبارتی زیستن معنوی هم باشیم. من از این حیث با دکتر شایگان کاملا همدل هستم و تصور می‌کنم این از آن سنخ دغدغه‌هایی است که نباید فرو نهاده شود.

آیا پروژه فکری دکتر شایگان در جهان ما قابل ادامه است و باید کامل‌تر شود، یا اینکه ما باید با عبور از این پروژه، وارد پروژه‌های جدیدتری شویم؟

من با ابعاد کلان پروژه شایگان موافقم، اما معتقدم اگر بخواهیم راهمان در بعد نظری هموارتر شود، به دیالوگ جدی‌تری با سنت و بخش‌های مختلف آن اعم از فقه و فلسفه و عرفان و تفسیر نیاز داریم. بازخوانی انتقادی سنت، از دیگر ملزومات راه ماست و این در راستای پروژه شایگان قرار می‌گیرد. اما همان‌طور که گفتم، پروژه شایگان بیشتر یک بعد جهان وطنی و کلان دارد. اگر بخواهیم این نگاه را انضمامی‌تر کنیم، باید این نگاه را در بازخوانی سنت خودمان نیز بکار بندیم و آن را پالایش کنیم و درعین‌حال دل‌مشغول زیست معنوی هم باشیم. شایگان از پالایش سنت کمتر سخن گفته و بیشتر بر هویت چهل تکه تاکید می‌کند. تصور میکنم در کنار پالایش و نقد سنت، باید دل‌مشغول معنویت در این جهان راززدایی شده هم باشیم، هرچند کاری است به غایت سخت. شایگان نگاه جهان وطنی دارد و می‌گوید که به اقلیم روح باید پانهاد، اما این مهم که در ایران ۱۳۹۰ شمسی چگونه می‌توان به این اقلیم پانهاد، متوقف بر پالایش سنت دینی و عرفانی و مدد گرفتن از دستاوردهای علوم انسانی جدید است. در همین راستا روشنفکران و اهالی اندیشه، باید به بازخوانی جدی مؤلفه‌های مختلف سنت اسلامی (کلام، فقه، فلسفه، عرفان...) همت بگمارند.

وجه اشتراک سهراب سپهری و علی شریعتی[1]

به‌تازگی انتشارات صراط دومین کتاب سروش دباغ درباره سهراب سپهری را با عنوان «فلسفه لاجوردی سپهری» منتشر کرده است که دباغ در آن تحلیلی نوین درباره آرا و اندیشه‌های سهراب سپهری ارائه کرده است. اگر مانند سهراب سپهری زیستن در کنار مردمان شرق و غرب، از ژاپن و چین و افغانستان گرفته تا لندن و پاریس را تجربه کنیم، ممکن است با سبک و سیاق‌های مختلفی از زندگی متجدد آشنا شویم و پرده‌های متفاوتی از اندیشه‌ها و تفکرات و مصنوعات انسان از منظر ما کنار زده شود، یا شاهد تخریب محیط زیست و آثار جنگ و شتاب‌های آنی تجدّد باشیم، اما در همه‌جا آسمان «آبی» است. در عصر جدید برای انسان سخت بوده است تا «سنّت و معنویت» را به راحتی با «تجدد و تکنیک» جایگزین کند یا بهتر بگویم اگر گاهی هم، چنین کرده خشنودی‌اش بی‌دوام و مبهم بوده است ولی کم نبوده‌اند کسانی که به چگونگی رهایی از مرحله سؤال در زندگی فکر کرده‌اند. دکتر سروش دباغ از جمله پژوهش‌گران فلسفی است که گسست میان سنّت و مدرنیته را حس کرده است و این دغدغه وی باعث شده تا در سیر سگال و سلوک نقد سهراب سپهری نسبت به زمانه جدید، قرابت ویژه‌ای را با خویش بیابد. او مدت زیادی است که با سهراب انس داشته و درباره شعرهای او تأمّل دارد. البته همان‌طور که خود عنوان می‌کند، مواجهه او با آثار سهراب سپهری از منظر یک منتقد ادبی که برای مثال بخواهد به بررسی تکنیک شعری سهراب بپردازد، نیست بلکه معطوف به «سویه‌های اگزیستانسیال و عرفانی و معنوی» اشعار او است. کتاب «فلسفه لاجوردی سپهری» عموماً مجموعه مقالاتی است که مؤلف در آن با خوانشی فلسفی و با

---

۱ گفتگو از علی‌رضا شیرازی‌نژاد، روزنامهٔ « ایران»

زبانی سلیس به واکاوی شعر و عرفان سهراب سپهری پرداخته است درباره این کتاب و پروژه شکل‌گیری و محتوا و مضمون آن با دکتر سروش دباغ هم‌صحبت شدیم.

آیا می‌توان از شعرهای سهراب به ساختاری فلسفی از اخلاق دست پیدا کرد؟

سپهری فلسفه نخوانده بود و فیلسوف نبود درعین‌حال، اندیشه‌های عمیق و دغدغه‌های اگزیستانسیل ژرفی در اشعار و *اطاق آبیِ* او به چشم می‌خورد. خوشبختانه توفیق داشته‌ام به عنوان یک دانش‌آموخته فلسفه که دغدغه‌های اگزیستانسیل گریبان او را رها نمی‌کند، تأمّلات بیست ساله‌ام درباره مضامین اشعار سپهری را در دو اثر *درسپهر سپهری* و *فلسفه لاجوردی سپهری* منتشر کنم. در این دو کتاب، روایت خویش از مقولات و مفاهیمی چون مرگ، غم، تنهایی معنوی، عشق، امر متعالی، فلسفه لاجوردی، هیچستان، رؤیا، ایمان و ... در اشعار سپهری را در جستارهایی جداگانه به بحث گذاشته‌ام. اگر قرار باشد سپهری را در زمره متفکران به شمار آوریم، می‌توان او را به برخی از فیلسوفان اگزیستانسیالیست نظیر یاسپرس تشبیه کرد که دغدغه‌های عمیق اگزیستانسیال در آثارشان موج می‌زند. درعین‌حال، می‌توان او را با رمان‌نویسانی چون تولستوی و داستایوفسکی قیاس کرد؛ چنان‌که برخی از محققان و پژوهشگران، این نویسندگان را در شمار متفکران اگزیستانسیالیست قلمداد کرده‌اند. در سنت ایرانی‌اسلامی نیز، می‌توان سپهری را با علی شریعتی و داریوش شایگان مقایسه کرد. ازهمین‌رو، یکی از مقالات *فلسفه لاجوردی سپهری*، «هبوط در هیچستان»، متکفل بحث تطبیقی میان *هشت کتاب* سپهری و «کویریات» علی شریعتی است. دو سال پیش در کلاس «درآمدی بر اگزیستانسیالیسم» در دپارتمان فلسفه دانشگاه تورنتو شرکت کردم. در آنجا افزون بر نیچه و هایدگر و یاسپرس و کامو و سارتر، استاد مربوطه چند جلسه هم به داستایوفسکی و ویکتور فرانکل پرداخت و آثارشان را به بحث گذاشت. بدین معنا، سپهری هم، نظیر فروغ فرخزاد و احمد شاملو دغدغه‌های ژرف اگزیستانسیال دارد و شاعری است در زمره متفکران اگزیستانسیالیست؛ همان‌طور که داستایوفسکی،

رمان‌نویسی است در عداد متفکران اگزیستانسیالیست و رمان‌هایش مملو از بارقه‌ها و اخگرهای اگزیستانسیل و عافیت‌سوز است.

بخش‌های کتاب «فلسفه لاجوردی سپهری» به این صورت دسته‌بندی می‌شوند که جستار نخست آن به بررسی مضامین دفتر شعر «ما هیچ ما نگاه» سپهری می‌پردازد و نویسنده از «فلسفه‌ای که لاجوردی رنگ است» سراغ می‌گیرد. سپس در جستار دوم، تصویری از احوال و تجارب اگزیستانسیال سهراب ارائه می‌کند که در دفتر شعر «زندگی خواب‌ها» آمده است. بازخوانی تطبیقی میان «کویریات» دکتر شریعتی و «هشت کتاب» سپهری در جستار سوم با عنوان «هبوط در هیچستان» آمده است و بر مفاهیم «عشق»، «عدم»، «تنهایی»، «آرامش سرد»، و «ترس‌انگیز بودن هستی» تأکید دارد. دباغ، شریعتی و سپهری را در زمره سالکان مدرنی قلمداد می‌کند که در جهان راززدایی شده کنونی همچنان دل‌مشغول ساحت قدسی‌اند و در پی جستن راهی به «اقلیم گمشده وجود». البته سروش دباغ در این کتاب دوری سهراب سپهری از سیاست را مورد انتقاد قرار می‌دهد و در توجیه این ادعای خود به «خبرنگار ایران» می‌گوید: «سپهری به رغم اشاراتی در دفتر «مسافر» و برخی از اشعار دفتر «حجم سبز» نظیر «و پیامی در راه»؛ چندان در آثار خود به مفهوم «دیگری» نپرداخته است. ازاین‌رو، از منظر میزان پرداختن به مباحث اخلاقی، نقصانی در کار او دیده می‌شود؛ چرا که اخلاق همان‌طور که لویناس آورده با «دیگری» و پرداختن به «دیگری» آغاز می‌شود.» وی در این مورد اضافه کرد: «در واقع سپهری به عنوان یک متفکر اگزیستانسیالیست، به نحو نظام‌مند و فراگیر به «دیگری» نپرداخته است. اگر میان اخلاق فردی و اخلاق اجتماعی تفکیک کنیم، می‌توان از «هشت کتاب» سهراب، بهره‌های سلوکیِ فردی و باطنیِ فراوان برد و از منظر سهراب به هستی نگاه کرد و لذت برد اما برای سامان بخشیدن به مناسبات و روابطِ اخلاقی در سپهر اجتماع و سیاست، سپهری سخن چندانی ندارد؛ ظاهراً این امور در زمره دل‌مشغولی‌های جدی‌اش نبوده است؛ دکتر سروش دباغ بیش از سه سال است که با درنگ و تتبع در باب «عرفان مدرن» که به زعم وی ذیل «دین‌داری تجربت‌اندیش» گنجانده می‌شود، در پی معنادهی به مفاهیم معنوی در عالم جدید است. برای مثال او در این کتاب در بیان نسبت «سالک مدرن» با

«سیاست» معتقد است سالک عصر جدید می‌تواند و «بایسته» است که در مقام عمل دل‌مشغول سیاست باشد و این امر هم‌عنان با سازوکار دموکراتیک و پاس‌داشت حقوق بشر است که حافظ‌وار اخلاق را بر صدر مناسبات و روابط میان انسان‌ها و نهادهای دینی می‌نشاند. عناوین جستارهای دیگر این کتاب بدین شرح است: «من چه سبزم امروز»، «سلوک عرفانی و امر سیاسی»، «مرگ در ذهن اقاقی جاری‌ست» و «مناسک فقهی و سلوک عرفانی» که در ادامه مقالات پروژه‌ای که وی آن را «طرح‌واره‌ای از عرفان مدرن» می‌خواند، ارائه شده‌اند. نویسنده در بخش‌های پایانی کتاب «سیمای زن در هشت کتاب سپهری» را مورد بررسی قرار داده و به تأمل در باب اصناف ایمان‌ورزی پرداخته است. مقالات این کتاب ناظر به ایماژهای شعر سهراب است که دباغ دیدگاهی هرمنوتیکی (تفسیر و تأویل متن) از آنها ارائه کرده است که با تأسی از نظم و میراث ماندگار معنوی سپهری، پنجره ذهن مخاطب را به نظرگاه اندیشه‌های نو درباره عرفان و سلوک عرفانی می‌گشاید.

خودسازی و تهذیب نفس نزد روشنفکران:
گذر از خودسازی به خودشناسی[1]

از مهم‌ترین مسائل قابل شناخت در نظام هستی، شناخت خود انسان است. «خودت را بشناس»، این کلام نام‌آشنای سقراط را از طلیعه نخستین صفحات دفتر معرفت و اندیشه سراغ داریم و با آن اُنسی خاطره‌انگیز برقرار کرده‌ایم. آنجا که طنین خودشناسی و توصیه به شناخت خویش، آدمی را متوجه مسئله‌ای مهم می‌کرد و نشان از آن داشت که آدمی به حقیقت وجودی خود بی‌اعتنا نبوده و همواره بدان می‌اندیشیده است. از آن‌رو که خودشناسی، مرز و جغرافیا نمی‌شناسد و به مثابه دغدغه‌ای سیال و فعال در میان کنش‌های فکری در جریان بوده و است، سراغ از اهمیت این مهم و کوشش‌های مرتبط به آن در دوران جدید گرفته‌ایم و از سروش دباغ، روشنفکر و پژوهشگر ایرانی حوزه دین، فلسفه و ادبیات، از نسبت این موضوع با کاروبار روشنفکرانه پرسیده‌ایم. مشروح این گفت‌وگو به شرح زیر می‌آید:

سابقه بحث از خودسازی و تهذیب نفس نزد جریان‌های روشنفکری مذهبی‌دینی به چه زمان بازمی‌گردد؟

در میان نواندیشان دینی، علی شریعتی کتابی تحت عنوان *خودسازی انقلابی* دارد. ایشان در آن کتاب دقیقا از همین ترمینولوژی استفاده کرده‌اند. افزون بر شریعتی، در دهه‌های ۳۰، ۴۰ و ۵۰ شمسی، گفتمان چپ اعم از چپ دینی و غیردینی، بر قصه خودسازی باطنی به معنای تهذیب نفس با انگیزه‌ها و غایت‌های متفاوت انگشت تأکید نهاده بودند. در میان مبارزان و انقلابیون چپ نیز قرار بود که شخصی برای مبارزه آماده باشد و هدف هم این بود که بر حکومت وقت فائق بیایند و آن را

---

[1] گفتگو ازمحمد حامد سلیمان‌زاده، روزنامهٔ «ایران»

به زیر بکشند. به همین سبب پاره‌ای از سیاسیون هم چه با پیشینه تربیتی دینی، چه غیردینی که مشغول به کار سیاسی بودند به خود سختی می‌دادند به این معنا که بدن را برای شکنجه‌های احتمالی آتی آماده کنند تا به طور کلی دربند جسم نباشند. مرادم این است که بیان کنم زمینه خودسازی به این معنا، در فضای روشنفکری و سیاسی دهه‌های پیشین خصوصاً پیش از انقلاب، بروز و ظهور داشت. با این فضا بود که مرحوم شریعتی نیز بی‌جهت نام کتاب خود را خودسازی انقلابی ننهاد و کوشید که از خودسازی و بازگشت به خویشتن و بهره جستن از سنت ستبر دینی معنوی به هر میزانی که بود، در راستای این هدف بهره بگیرد. اگرچه مفهوم «بازگشت به خویشتن» وی مفهومی مبهم بود اما به هر حال انتهای مفهوم خودسازی، طنین انقلابی‌سیاسی در آن دهه‌ها داشت. اگر شریعتی و برخی از رهبران سازمان مجاهدین از این تعبیر خودسازی استفاده می‌کردند، تماما ناظر به سویه‌های اجتماعی و سیاسی این مفهوم بود که به کار می‌بردند.

درباب مرحوم شریعتی، البته قصه بیش از این است و باید مسئله را بیشتر از این و به صورت جامع‌الاطراف دید. من در مقالاتی که در باب کویریات ایشان از جمله مقالات «می‌باش چنین زیر و زبر» و «هبوط در هیچستان» نگاشته‌ام، از سویه‌های مختلف و دغدغه‌های اگزیستنسیل (وجودی) شریعتی نیز پرده برداشته‌ام و کوشیده‌ام تا آن را به قدر مقدور تبیین کنم. انصافاً قصه تنها معطوف به انقلابی‌گری و حرکاتی شبیه به این نبود و ایشان یک خلوتی داشت. این خلوت از دغدغه‌های وجودی پر می‌شد و وقتی پای در جلوت می‌گذاشت، آن روح عصیان‌گر و انگیزه‌ای که جهان را زیروزبر کند، در او قوت می‌گرفت. از این حیث، شریعتی تحت‌تأثیر اقبال لاهوری بود؛ نوعی عرفان عصیان‌گرایانه با سویه‌های اجتماعی‌سیاسی را می پسندید. اما وقتی در خلوت با خود می‌اندیشید و دغدغه‌های خود را رصد می‌کرد، آن بی‌تابی‌های وجودی او سر بر می‌آورد؛ آن خودسازی، بیشتر ناظر به گفتمان دهه‌های ۴۰ و ۵۰ است که شریعتی نیز به اقتضای فضای گفتمانیِ آن دوران حرکت می‌کرد و خودش هم در شکل‌گیری این نوع گفتمان نقش مؤثری داشت و این‌گونه بود که از «خودسازی انقلابی» سخن به میان آمد و این بُعد از مفهوم خودسازی بیشتر پررنگ بود. وقتی سراغ سازمان‌های چریکی آن زمان هم می‌رویم،

به خوبی متوجه می‌شویم که آنان هم از خودسازی همین معنا را مراد داشتند، اما آن را در خدمت مقاصد سیاسی حزبِ متبوع خود قرار داده بودند.

بعد از انقلاب، چنانکه من در می یابم، قصه به نحو محسوسی تغییر کرد. البته در دهه‌های اولیه پس از انقلاب به دلیل جنگ ایران و عراق، فضا هنوز رنگ وبوی انقلابی‌گری دارد؛ به نحوی که فضای اجتماعی‌اقتصادی جامعه و مسائل دیگر مردم به کلی تحت‌الشعاع این مسئله قرار دارد. پس از پایان جنگ و روی کارآمدن دولت آقای هاشمی و دوران سازندگی، نوعی لیبرالیسم اقتصادی در دستور کار دولتمردان و کارگزاران سیاسی قرار گرفت و فضا متفاوت شد. می‌توان گفت از آن پس، مفاهیم ساخت‌وساز و توسعه بدل به ارزش محوری شد و طی آن، خودسازی به معنای اولیه آن که پیش از انقلاب حاکم بود، رو به کم‌رنگی رفت؛ در عین حال می‌توانیم بگوییم که در دهۀ ۶۰ صورت دیگری به خود گرفت و در میان روشنفکران هم منادیان و نمایندگانی داشت. کسانی که از کاربرد خودسازی، رفته‌رفته بر مفهوم خودشناسی انگشت تأکید می‌نهادند و در دهه‌های اخیر نیز این قصه رو به تزاید و تضاعف بوده است. امروزه نیز تأسی به سنت عرفانی، ازهمین‌حیث مد نظر برخی از نواندیشان دینی بوده ؛ اینکه ما از خودسازی که سخن به زبان می‌آوریم، در واقع، مراد همان خودشناسی است و خودشناسی هم با مبادی و مبانی انسان‌شناختی عجین است و از آنجاست که باید آغازید. فی‌المثل مولوی می‌گوید: «در زمین مردمان خانه مکن/ کار خود کن کار بیگانه مکن». یا آنجا که می‌گوید: «می‌گریزم تا رگم جنبان بود/ کی فرار از خویشتن آسان بود/ نه به هند است ایمن و نه در ختن/ آنکه خصم اوست سایه خویشتن».

بدین معنا، تأکید بر مواجه شدن با خود و عریان شدن در برابر نقاط قوت و ضعف خویشتن و از پی آن روان شدن است. این نگاه البته بعدها در دهه هشتاد و نود با ادبیات روان‌شناسی و آیین‌هایی چون یوگا در بین انسان‌هایی که دغدغه‌های معنوی داشتند، پی گرفته شد. به دوران بعد از انقلاب اشاره کنم. اگر بخواهم از میان اندیشمندان پس از انقلاب نام ببرم در آثار مصطفی ملکیان نیز این مسئله را می‌بینید. می‌بینیم که در اواخر دهه هفتاد و اوایل دهه هشتاد نیز این صنف مباحث خودکاوانه-خودشناسانه نیز در آثار ایشان پررنگ است. نوشتۀ «خود را بشناس»

یکی از عناوین مقاله ایشان است و تأثیر سنت معنوی دینی ما که البته اختصاص به دین اسلام هم ندارد، در آثار ایشان نمود بارزی دارد و در جای‌جای آثارشان مشهود است. به‌خوبی می‌توان فهمید که ما هرچه جلوتر آمدیم، این مسئله جایگاهش را بیشتر در میان آرای نواندیشان ما گشود و زمینه‌های ایجاد شده آن از قبل، به صورت دیگری ادامه یافت و رفته‌رفته آن گفتمان انقلابی پیشین به محاق رفت. مجتهد شبستری هم می‌توان گفت که از منظر دیگری به مسئله خودسازی نظر داشته است. آنجا که بحث از احوالات اگزیستنسیل (وجودی) و معنا بخشیدن به زندگی، در دهه‌های اخیر نزد ایشان در محوریت قرار داشته است. در گفت‌وگویی با ایشان در اواخر سال ۹۲ شمسی که تحت‌عنوان «در جست‌وجوی معنای معناها» منتشر شده است، بحث از معنابخشی و معناکاوی زندگی از مهم‌ترین دل‌مشغولی‌های ایشان بوده است؛ می‌توان این مباحث را با مقولۀ خودشناسی متناسب و متلائم کرد.

چنان‌که می‌بینید، این الگوها کاملاً با آنچه که پیش از انقلاب نام خودسازی انقلابی به خود گرفته بود، تفاوت بین و بارزی داشته است. با ارزیابی زمینه‌های مباحث افرادی چون شبستری، سروش، ملکیان به‌نیکی در می‌یابیم که گفتن از خود و خودشناسی، با آنچه که فی‌المثل مدنظر شریعتی، طالقانی و گروه‌های سیاسی چپ بود فاصله زیادی داشت.

به نظر می‌رسد سنت فلسفی آلمان و فلاسفه‌ای با مشرب چپ، بیش از دیگر سنت‌های فلسفی دل‌مشغول احوالات خودشناسی و قصه خود بوده‌اند. مشخصاً می‌بینیم که گفتمان اصالت نزد هایدگر و دیگر فیلسوفان قاره‌ای، از قضا درگیر این مسئله بوده است و این مفهوم در جهان‌بینی آنان پررنگ‌تر از مسائل دیگر جلوه کرده و نسبت بیشتری با مسئله خودسازی برقرار کرده‌اند. این‌طور نیست؟

درست است، اما بسته به اینکه شما این مسئله را با چه مسئله دیگری قیاس بگیرید، متفاوت است. اگر مرادتان در مقایسه با فلسفه تحلیلی است، همین‌طور است؛ چراکه توسعاً مباحث خودشناسی و اگزیستنسیل، در سنت فلسفه تحلیلی زیاد به بحث گذاشته نشده است. اما اگر با سنت عرفانی و میراث معنوی خودمان

قیاس کنید، خواهید دید که ما ریشه این مسئله را در آنجا می‌بینیم و مباحث خودشناسانه و خودکاوانه، آنجا نیز تفصیلاً به بحث گذاشته شده است. از اینجاست که می‌بینیم کسانی هم که لزوماً با سنت فلسفی آلمان آشنایی نداشته‌اند، اما از سنن عرفانی و معنوی ما بهره جسته‌اند، دل‌مشغول همین مسائل بوده‌اند.

با توجه به زیست روشنفکران در جهان جدید، میان خودسازی مدنظر روشنفکران با آنچه در سنت اسلامی‌عرفانی ما به‌عنوان تهذیب نفس شناخته می‌شود، چه نسبتی برقرار است؟

پاسخ‌ها به این سؤال می‌تواند متفاوت باشد؛ بنده قاعدتاً باید از دریچه نظرگاه و عقیده خود بدان نگاه کنم. اینجا از تعبیر قدما استفاده می‌کنم و بین این دو، نسبت و رابطه «عموم و خصوص من وجه» را برقرار می‌دانم. بدین معنا که برخی از مؤلفه‌های خودسازی مدنظر نواندیشان در جهان جدید با مؤلفه‌ها و معیارهای خودسازی در سنت عرفانی ما مشترک‌اند در عین اینکه با یکدیگر وجه افتراق نیز دارند. به عنوان مثال همین قصه «خود» که بحث ما راجع به آن در جریان است؛ در این خصوفص وقتی به میراث عرفانی خود رجوع می‌کنیم، انصافاً امروز هم سخنان بسیاری برای شنیدن وجود دارد که می‌توان از آن منابع استخراج کرد و در این دوران نیز به کار گرفت. نکاتی که فی‌المثل مولانا در باب خودشناسی و خودکاوی آورده است، امروزه نیز قابل‌استفاده و درخور توجه است. خود من طی سلسله مباحثی که ظرف سه سال اخیر تحت عنوان «پیام عارفان برای زمانه ما» در تورنتو داشته‌ام، توضیح داده ام که عارفان برای دوران ما نیز سخنان شنیدنی و قابل‌اعتنا داشته و دارند. مرادم این است که عرض کنم می‌توان در دل همین جهان «راززدایی شدهٔ» امروزی به تعبیر ماکس وبر نیز، سراغ از این نکات خودشناسانه گرفت و از آنها استفاده کرد. می‌توان روایتی از عرفان یا سلوک عرفانی را سراغ گرفت که فصل مشترکی با سنت عرفانی گذشته داشته و فصل مفترقی هم دارد. مثلاً می‌توان آن متافیزیک ستبر که در سنت گذشته به کار رفته است را لزوماً در نظر نگرفت، اما از نکاتی که در باب خودشناسی و احوالات آدمی مثل خشم، طمع و کنترل زبان مطرح شده، بهره جست و آموزه‌های مرتبط با آنها را امروزه در بحث خودشناسی به کار گرفت. از سوی دیگر، مسئله معطوف شدن به دیگری از نکاتی

است که به نحو نظام‌مند در سنت گذشتگان ما مورد تأکید قرار نگرفته است و این از وجوه افتراق است. من سعی کرده‌ام با تأکید بر آنچه در برخی از نوشته‌های مسیحیان یا پاره‌ای از متفکران اگزیستانسیالیست معاصر مثل گابریل مارسل یا دیگران آمده است، به نحوی نظام‌مند به این مسئله بپردازم. علی ای حال، به نظرم می‌شود از مابه‌الاشتراک و مابه‌الافتراق میان مقولهٔخودسازی در نگرش نواندیشان دینی و آنچه در سنت عرفانی ما تحت عنوان تهذیب نفس آمده، سراغ گرفت.

در برخی از نوشته‌هایم که از مفهوم «سالک مدرن» استفاده کرده‌ام و مصادیقی چون علی شریعتی، سهراب سپهری، داریوش شایگان و اقبال لاهوری را برای آن مفهوم بر شمرده‌ام، به همین مسئله چرداخته ام. یعنی کسانی که انسی با سنت گذشته ما داشته‌اند و درعین‌حال، دغدغه‌های معنوی پررنگی نیز داشته‌اند. بنابراین و با این توضیح، می‌توان از فصل مشترکی سراغ گرفت و سپس به بازخوانی و بازسازی انتقادی آن مواریث عرفانی و معنوی همت گمارد. احیاناً کسانی هم در دل جهان مدرن زیست می‌کنند، در همین مسئله مهم با گذشتگان تفاوت منظر داشتند؛ چراکه گذشتگان با علم و فلسفه جدید آشنایی نداشتند. اینها آن نکات افتراقی مسئله است، در عین اینکه مشترکات زیادی هم میانشان برقرار است.

نفس پرداختن به خود و اهمیت دادن به مقوله معنا بخشیدن به زندگی، تفقد احوال باطن، خود را جدی انگاشتن و در مقابل خود عریان شدن و بند از بند و تار از پود خویش گشودن بدون در نظر گرفتن آن متافیزیک ستبر عرفانی، از نکات اشتراک پرداختن به این مفهوم نزد نواندیشان و سنت عرفانی اسلامی ما بوده که امروزه نیز جاری و ساری است. روایت خود از این مسئلهٔ مورد پرسش شما را، تا کنون، در هفت مقاله تحت عنوان «طرح‌واره‌ای از عرفان مدرن» نگاشته‌ام که سه شماره از آن در اثر *درسپهر سپهری* منتشر شده؛ چهار شماره بعد نیز در *فلسفه لاجوردی سپهری* گنجانده شده، کتابی در انتظار اخذ مجوز است.

ایا خودسازی روشنفکران بنا بر جایگاه آنها به‌عنوان روشنفکر، اهمیت و ضرورتی دارد؟

اگر مرادتان در خصوص سلوک شخصی آنان است، طبیعی است که روشنفکران نیز مثل بقیه آدمیان می‌توانند دل‌مشغول این مسئله باشند. بله اگر به این مسائل

پرداخته باشند، البته که بهتر است اما لزوماً ضرورتی ندارد. یعنی چنانکه روشنفکری در میان مباحث و پروژه خود جایی را به این موضوع اختصاص نداده باشد، نمی‌توان پروژه و تلاش او را داخل در فعالیت روشنفکرانه ندانست؛ هر چند اگر باشد به‌مراتب بهتر است. بدیهی است که انسان حلیم‌تر، خودشناس‌تر و خودشناسانه‌تر، در عمل هم بهتر می‌تواند نقش مؤثرتری در تحکیم مناسبات میان انسانی و هر حوزه دیگری که به آن وارد می‌شود، ایفا نماید؛ اما اگر چنان نبود هم، عیاری از پروژه کاری وی کاسته نخواهد شد.

آیا خودسازی و تهذیب نفس روشنفکران در صورت اعتباردادن به آن از سوی آنان می‌تواند جنبه اجتماعی یافته و اثر جمعی داشته باشد یا امری است که صرفاً در حیطه شخصی افراد تعریف می‌شود؟ در همین رابطه، خودسازی روشنفکران چه تأثیری بر زیست اخلاقی و عمل اخلاقی جامعه می‌تواند داشته باشد؟

بله، البته می‌تواند اثر جمعی نیز بر آن مترتب باشد. علی‌الخصوص اینکه اگر کسی یک الگوی اخلاقی باشد؛ اما اگر کسی واقعاً دل‌مشغول جمعی کردن و پیاده‌سازی همه شمول فضائل اخلاقی باشد، می‌تواند سراغ اخلاقیون برود و لزوماً نباید آن را در روشنفکری سراغ بگیرد و از آن حتماً نشر این مسئله را طلب کند. انتظار اینکه روشنفکر چنین اقدامی را انجام دهد باید با کار و باری که او دارد، تنظیم شود و اگر معیار ما همان انسان متوسطی باشد که عرض کردم، ضعف پرداختن به مسائل اخلاقی نه الزاماً در طبقه روشنفکر که در سایر صنوف نیز دیده می‌شود.

حال آنکه ممکن است لزوماً، آنان هم عهده‌دار پرداختن به این مسئله نبوده و نباشند. می‌خواهم عرض کنم انتظارات از روشنفکری نیز مانند سایر صنوف، باید مطابق با کاروباری باشد که او برعهده گرفته است، نه چیزی بیش از این. البته اگر آن اوصاف در رفتار و اقدامات و اثرگذاری‌های آنان دیده شد که چه بهتر است و از همین طریق، برخی از آنان می‌توانند به‌مثابه الگوهای اخلاقی معروفی شناخته شوند.

در اینجا نکته دیگری هم هست که مایلم در انتهای گفت‌وگو بدان اشاره کنم. ببینید، موضوع این است وقتی روشنفکر گفت‌وگو می‌کند یا به طرح نظریه‌ای در

سطح اجتماع می‌پردازد، نفس پرداختن به این بحث و درانداختن آن گفت‌وگو و نظریه، خود می‌تواند واجد آثار و محصولات اخلاقی نیز باشد، می‌تواند نسبت به طرح آموزه‌هایی همت گمارد که خود آن آموزه‌ها و مسائل، واجد آثار و نتایج اخلاقی بر روی فرد و بالاخص جامعه باشد.

به عنوان مثال از آینده‌نگری و عدم مال‌اندوزی بحث کند یا اینکه از عدم توسل به خشونت و پرخاشگری سخن به میان آورد یا انسان را متوجه جایگاه خود کند، زندگی مصرفی و ماشینیزم را به نقد کشیده و در بیان آثار منفی سرمایه‌داری لجام‌گسیخته و دچار نشدن به آلیناسیون کوشا باشد. تمامی این مسائل و موضوعات طبیعتاً آثار و نتایج اخلاقی فراوانی بر آن مترتب خواهد بود و مخاطب می‌تواند میوه‌های مناسبی را از طرح این مباحث بچیند و بکار بندد. اینها همه از جمله مسائلی است که امروزه هم محل تأمل بوده و به طریقی بیان آنها توسط روشنفکر، آثار و نتایج مثبتی بر مقولهٔ خودسازی دارد. هرچه دایرهٔ نفوذ و شمول و تأثیر روشنفکر بر مخاطبان خود زیادتر باشد، این اثر نیز به همان میزان بیشتراست.

سیاحت در دنیای اسرار آمیز «حافظ»
شاعری که انتقام زندگی را از مرگ گرفت[1]

«یک دوره اسفار ملاصدرا، یک دوره اشارات ابن‌سینا، یک دوره از تفاسیر شریف قرآن مجید، همه اینها را که خواندید و فهمیدید تازه «دیوان حافظ» را خواهید فهمید». در این پاسخ مجمل از علامه حسن حسن‌زاده آملی به پرسش آیت‌الله شوشتری درباره دیوان حافظ می‌توان حدیث مفصل داستان فلسفه عشق و عرفان خواجه شمس‌الدین محمد حافظ شیرازی را خواند. با آنکه ۶۲۶ سال از درگذشت این شاعر نامی می‌گذرد اما میراث معنوی هنر شاعرانگی‌اش به قدری غنی است که محدوده مرزهای جغرافیایی، گویش‌های زبانی، مسلک‌های مذهبی و سیطره‌های فکری را درنوردیده و از او شاعری ساخته است که نام دیوان و محتوای غزلیاتش از ژاپن تا کانادا شنیده می‌شود و به قول دکتر حسن روحانی در نطق هفتاد و دومین مجمع عمومی سازمان ملل، «ما با حافظ جهان را فتح کرده‌ایم». پس اگر نیچه (فیلسوف آلمانی قرن ۱۹) او را نمونه عالی خرد «دیونوسوسی» برمی‌شمارد و خطاب به وی می‌سراید: «جهان از سرکشیدن می‌ای که تو (حافظ) در اندرون آن می‌اندازی، ناتوان است»، یا رالف والدو امرسون (فیلسوف و نویسنده امریکایی قرن ۱۹) مقالاتی در ستایش و شهد شیرینی که نشأت گرفته از اندیشه شعری و غزلیات حافظ است می‌نویسد، بیانگر همین مدعا است. با اینکه کشتی عرفانی حافظ، ما را به سر منزل مقصود هدایت می‌کند، اما به قول دکتر فتح‌الله مجتبایی در کتاب «شرح شکن زلف»، او صوفی خانقاهی و اهل ارشاد و دستگیری نیست و به هیچ سلسله و خانقاهی تعلق نداشته است. نه مرادی داشته و نه مریدی دارد؛ او انسان آرمانی، خود را کسی می‌داند که به چهار هنر، یعنی عاشقی، رندی، نظربازی

---

[1] گفتگو از علیرضا شیرازی‌نژاد، روزنامهٔ « ایران»

و فاش‌گویی آراسته باشد. در آستانه ۲۰ مهر، سالروز بزرگداشت حافظ با دکتر سروش دباغ، فیلسوف و پژوهشگر ادبی مقیم کانادا، درباره «اسرار کلام حافظ و نسبت سلوک عرفانی او با جهان امروز» گفت‌وگو کردیم. دکتر دباغ سالیان متمادی به «حافظ‌شناسی» پرداخته و در داخل و خارج کشور جلسات متعددی را به منظور واکاوی اندیشه‌های حافظ برگزار کرده است. او با صمیمیت همیشگی‌اش دعوت ما را برای انجام این بحث پذیرفت و آنچه در ادامه می‌خوانید ماحصل گفت‌وگوی تلفنی «ایران» با او است:

جناب دباغ، گفته می‌شود حافظ قرآن را در «چهارده روایت» قرائت می‌کرده است. منظور از این تعبیر چیست؟

خود حافظ در انتهای غزلِ *«زان یار دلنوازم شکریست با شکایت»*، که از شهرتی برخوردار است می‌گوید:

عشقت رسد به فریاد ار خود بسان حافظ

قرآن ز بر بخوانی در چهارده روایت

افزون بر این در چند جای دیگر هم در باب قرآن سخن گفته و اشارات قرآنی داشته است. اینکه حافظ می‌گوید «قرآن ز بر بخوانی در چهارده روایت»، به لحاظ تاریخی به لهجه‌های مختلفی اشاره دارد که قرآن به آن لهجه‌ها ثبت شده بود؛ چنان‌که تحقیقات و تتبعات تاریخی قرآن‌پژوهان هم این امر را نشان می‌دهد. اما بیش از هر چیزی بر انس و الفت حافظ با قرآن هم دلالت می‌کند؛ چنان‌که در باب «حافظ» نامیده شدن خواجه شمس‌الدین محمد هم دو نظر وجود دارد. عده‌ای می‌گویند این «حافظ» نامیده شدن، به سبب انس خواجه به دستگاه‌های موسیقی بوده است و عده‌ای هم گفته‌اند که وی حافظ قرآن بوده و به سبب تسلطش بر مضامین و آیات قرآن، حافظ نامیده شده که این قول اقوی است و شخصا با آن همدلی دارم.

درعین‌حال، با این سخن جناب بهاءالدین خرمشاهی، حافظ پژوه برجسته نیز بر سر مهرم که «نظم پریشان» به قول حافظ یا این «پاشانی» و «پریشانی» که ما در نظم قرآن می‌بینیم در ساختار *دیوان حافظ* هم هست و لذا ساختار *دیوان حافظ* با ساختار *قرآن* مجید قرابت دارد. «غزل پاشان» یا نامسنجم و غیرپیوسته، غزلی است

که ابیات آن به ظاهر دارای انسجام معنایی نیستند، بلکه در هر بیت مضمونی دیگر و مسأله‌ای متفاوت با مسأله طرح‌شده در بیت‌های دیگر مطرح می‌شود.

در انتهای غزلی که با مطلعِ «یک دو جامم دی سحرگه اتفاق افتاده بود» شروع می‌شود، می‌گوید:

حافظ آن ساعت که این نظم پریشان می‌نوشت

طایر فکرش به دام اشتیاق افتاده بود

این نظم پریشان و در دلِ پاشانی و پریشانی، نظم را سراغ گرفتن از نکاتی است که حافظ از آن یاد کرده و چنان‌که خرمشاهی به‌نیکی آورده، می‌توان استنباط کرد که از این حیث تلائمی میان ساختار قرآن و ساختار اشعار حافظ دیده می‌شود. همهٔ اینها بر انس و الفت حافظ با قرآن و تعبیر چهارده روایتی که شما اشاره کردید و در مورد حافظ تأکید شده است، دلالت دارد.

جامی به حافظ لقب «ترجمان‌الاسرار» می‌دهد. شعر حافظ حاوی چه بنیان‌ها و مؤلفه‌هایی است که آن را برازنده چنین ویژگی‌ای می‌کند؟

اینکه جامی گفته اشعار حافظ «ترجمان‌الاسرار» است، درست است؛ ولی من با روایت خودم می‌خواهم ذکر کنم که حافظ که از او با عنوان «لسان‌الغیب» یاد می‌شود احوال متفاوت و متلاطمی داشته و اسرار متنوعی را ذکر کرده است. اگر بخواهم تعبیر دیگری برای این اسرار به‌کار ببرم، تعبیر «اخگر» و «بارقه» را بهتر و رساتر می‌دانم؛ بارقه‌هایی که هم معطوف به حکمت زندگی و هم معطوف به ساحت قدسی و متافیزیکی است. اما آن نکته یا آن سرّی که در کلام حافظ موج می‌زند این است که وقت خویش را مغتنم بدار و به هر حال سعی کن که زندگی غنی و تجربه زیستی غنی در این دنیا داشته باشی؛ چون معلوم نیست که چه زمانی از این دنیا رخت بربندی، یعنی نوعی تبدیل «مرگ‌هراسی» به «مرگ‌آگاهی»، این یکی از نکات یا یکی از «اسرار کلام حافظ» است که «حکمت» دارد، حکمتی برای تنظیم امور در زندگی و کمک دادن به ما برای سامان دادن به زندگی کنونی. از دیگر نکته‌های قابل تأمل اشعار حافظ آنجایی است که در باب «غم» صحبت می‌کند و می‌گوید: غم مخور، یا غم اموری را بخور که می‌توانی درباره‌شان کاری کنی:

بشنو این نکته که خود را ز غم آزاده کنی

خون خوری گر طلب روزی ننهاده کنی

به من و شما و کثیری از مخاطبانش در این هفتصد سال می‌گوید که غم اموری را بخور که می‌توانی در آن دخل و تصرف کنی و اموری را که نمی‌توانی در آنها کاری کنی و حسرت‌هایی که برآورده شدنی نیست غمشان را مخور. حافظ می‌گوید این بخش را رها کن و به کاری بپرداز که می‌توانی در آن دخل و تصرف کنی و الا غم خوردن بیهوده است، طلب روزی ننهاده را مکن، چون این امر فقط خون دل و پریشانی و پشیمانی به همراه می‌آورد: «خون خوری گر طلب روزی ننهاده کنی!» و در بیت بعدی‌اش برای اینکه کمی آرامش را هم به همراه بیاورد و مخاطب را در فکر فرو ببرد می‌گوید که:

آخرالامر گل کوزه‌گران خواهی شد

حالیا فکر سبو کن که پر از باده کنی

یک نکته دیگر در باب مضامینی که از جنس اخگر و بارقه زندگی‌اند، عبارتست از دعوت به «بس بودن» و «قناعت کردن» در اشعار حافظ؛ یعنی قدر خود و برخورداری‌های خویش را دانستن. چنانکه در بیت آخر غزلی که با مطلع « گلعذاری ز گلستان جهان ما را بس» شروع کرده می‌گوید:

حافظ از مشرب قسمت گله بی‌انصافی است

طبع چون آب و غزل‌های روان ما را بس

حافظ می‌گوید من اگر حتی هیچ‌چیز نداشته باشم، ولی طبعی چون آب و غزل‌های روان که دارم. این نگاهی بسیار قابل تأمل است؛ حافظ ظاهراً تنگ‌دست بوده، زندگی فراخی نداشته و فرزندش را هم از دست داده بود. در این میان است که دعوت به بس بودن و قناعت می‌کند و می‌گوید: «بسا کسا که به روز تو آرزومند است!»؛ قناعت و خرسندی از تعابیری است که در اشعار حافظ دیده می‌شود:

در این بازار اگر سودیست با درویش خرسند است

خدایا منعمم گردان به درویشی و خرسندی

البته نمی‌گوییم من و شما حافظ بشویم، حافظ در تاریخ فرهنگ ما یکی بوده است، ما آن نبوغ شاعرانه را نداریم، طبعی چون آب و غزل‌های روان را نداریم؛ ولی هر یک چیزهای دیگری داریم که با آنها می‌توانیم به سنت حافظی تأسی کنیم و توانمندی‌ها و داشته‌ها و برخورداری‌های خود را ببینیم و به جای نداشته‌ها، داشته‌های خود را فهرست کنیم؛ هر چند که نداشته‌ها هم برای هر یک از ما فهرست بلندی است.

به لحاظ فلسفی، آرا و اندیشه‌های حافظ به کدام مکتب یا مشرب فلسفی نزدیک‌تر است؟

حقیقت این است که به سختی می‌توان گفت حافظ به کدام مکتب فلسفی نزدیک‌تر است، چرا که او از یک طرف شاعر بوده و تذوقات شاعرانه‌اش در کار بوده، از طرف دیگر به‌دلیل انجام کار فکری، یک متفکر به شمار می‌رود. حافظ شاعری است که در دوران پیشامدرن زندگی می‌کرد. او ابیات و اشعار عاشقانه دارد، اشاراتی به «اسطوره‌های دینی» دارد و قصه «گناه» و «هبوط» را در اشعار خود آورده است و به «قرآن» هم توجه داشته است. اما اگر بخواهیم بدون اینکه دچار خطای زمان‌پریشی شویم و حافظ را به قرن نوزدهم و بیستم بیاوریم، می‌بینیم که مؤلفه‌های خیامی نظیر «عطف نظر کردن به تردیدهای انسانی»، «به تصویر کشاندن تلاطم‌های روحی و وجودی» و اندیشیدن به مقوله‌هایی چون «مرگ» و «عشق» در شعر حافظ به وفور وجود دارند؛ مضامینی که سویه های اگزیستانسیالیستی پررنگی دارند. بر همین اساس، حافظ به معنایی که از درگیری‌های وجودی انسان حکایت می‌کند یک متفکر «اگزیستانسیالیست» است.

حافظ در باب فنا و زوالِ عالم بسیار اندیشیده است و به تعبیری که در برخی از نوشته‌های خود آورده‌ام، «مرگ‌آگاه» بوده است. همهٔ ما از رفتن و نماندن می‌هراسیم یا به تعبیری مرگ‌هراسی، نسبتی با ما دارد؛ اما وقتی حافظ می‌گوید:

هر وقت خوش که دست دهد مغتنم شمار

کس را وقوف نیست که انجام کار چیست

پیوند عمر بسته به مویی است هوش‌دار

غمخوار خویش باش غم روزگار چیست

از نوعی «مرگ‌آگاهی» سخن می‌گوید، اینکه وقت را مغتنم شمار. او با اینکه مرگ‌اندیش است، یعنی زوال عالم را خوب تجربه کرده بود، در عین حال ما را به استفاده بهینه از فرصت محدودی که در اختیار داریم، دعوت می‌کند؛ دعوت به اینکه باید انتقام مرگ را از زندگی گرفت. جهت تبیین مؤلفه‌های خیامی، در یکی از جلسات حافظ‌شناسی، کوشیدم قرابت میان حافظ و خیام را به تصویر کشم و ابیاتی از حافظ را که طنین خیامی دارند و بوی حیرت می‌دهند، شرح کنم. برای نمونه، وقتی حافظ می‌گوید:

چیست این سقف بلند ساده بسیار نقش

زین معما هیچ دانا در جهان آگاه نیست

حدیث از مطرب و می گو و راز دهر کمتر جو

که کس نگشود و نگشاید به حکمت این معما را

از هر طرف که رفتم جز وحشتم نیفزود

زنهار از ین بیابان وین راه بی‌نهایت

در دیوان حافظ، می‌توان چند تلقی از «خدا» را از یکدیگر تفکیک کرد؛ هم خدای «عرفانی»، هم خدای «ادیان ابراهیمی» و هم خدایی که از آن بوی «حیرت» به مشام می‌رسد. به‌نظر می‌رسد تلاطم‌های وجودی و اگزیستانسیلِ قوی ای در شعر حافظ موج می‌زند. افزون بر این، در اشعاری نظیر:

خرم آن روز کز این منزل ویران بروم

راحت جان طلبم وز پی جانان بروم

گرچه دانم که به جایی نبرد راه غریب

من به بوی سر آن زلف پریشان بروم

که حافظ، قصهٔ «رفتن» را بر «ماندن» ترجیح می‌دهد نیز نشانی از «تردید» وجود دارد: «من به بوی سر آن زلف پریشان بروم». همچنین، افزون بر تعبیر متعارف از این بیت حافظ :

از سر مستی دگر با شاهد عهد شباب

رجعتی می‌خواستم لیکن طلاق افتاده بود

که نرسیدن حافظ به «معشوق» دوران جوانی را برمی‌کشد، معتقدم می‌توان معنای دیگری را نیز‌در آن خواند. تو گویی که حافظ بر آن بوده تا به شاهدهای اهل شباب «فکری» بپیوندد، اما نمی‌شده است. این ابیات عناصر اگزیستانسیل دارند، متضمن «درد» و «رنج» وجودی اند؛ کسی می‌خواهد شاهدهای عهد شباب فکری را در آغوش بگیرد، اما نمی‌شود؛ چون «ذهن» و «زبان» و «ضمیر» او عوض شده است و دنیا را به نحو دیگری می‌بیند. او نوعی «تنهایی معنوی» اگزیستانسیل را نصیب برده است، که دیگر نمی‌تواند عادات مألوف ذهنی را، عاداتی که متعلق به دوران شباب فکری بوده‌اند و برای او امنیت خاطر به همراه می‌آوردند، بپذیرد، اکنون دیگر رجعت بدانها متصور نیست.

شما در کتاب «فلسفه لاجوردی سپهری» با توجه به گسست میان سنت و مدرنیته «طرح‌واره‌ای از عرفان مدرن» ارائه دادید. سلوک عرفانی حافظ چقدر می‌تواند سلوک مدرن به حساب آید و سلوک معنوی امروزمان را سامان بخشد؟

نخست متذکر شوم که من نگفته‌ام حافظ سالک مدرن است. در عین حال، شکاف سنت و مدرنیته برای من مسأله مهمی است و در هشت مقاله‌ای که تا کنون در دو اثر در *سپهر سپهری* و *فلسفه لاجوردی سپهری* تحت عنوان «طرح‌واره‌ای از عرفان مدرن» منتشر کرده‌ام، بر این موضوع تأکید داشته‌ام. در یکی از این مقالات، آورده ام که «سالک مدرن» با «امر سیاسی» و آنچه در پولیس و شهر می‌گذرد، نسبت دارد؛ نه اینکه «فعال سیاسی» باشد، بلکه دل‌مشغولِ امر سیاسی است. سپس توضیح دادم که در میراث عرفانی ایرانی- اسلامی، دو نفر از شعرای برجستهٔ متعلق به «مکتب شیراز»، یعنی حافظ و سعدی، به «امر اجتماعی» و آنچه که در جامعه

می‌گذشته، بسیار توجه داشته‌اند. این امر از مؤلفه هایی است که امروزه می‌توان جهت سامان بخشیدن به سلوک معنوی از آن بهره مند گردید. حافظ در روزگار خود به نیکی مسائل و تحولات جامعه را رصد می کرده است. او طعن های تندی بر «زهد ریائی» و «زهد واقعی» زده و به صراحت بیان کرده :

در میخانه ببستند خدایا مپسند

که در خانهٔ تزویر و ریا بگشایند

وی نسبت به اجرای اجباریِ احکام شریعت صراحتا انتقاد می کند و هنگامی که «شاه شجاع» بر جای پدر خود، امیر مبارز الدین تکیه می زند، این غزل معروف را می‌سراید:

سحر ز هاتف غیبم رسید مژده به گوش
که عهد شاه شجاع است می دلیر بنوش
شد آنکه اهل نظر بر کناره می‌رفتند
هزار گونه سخن در دهان و لب خاموش

در میانهٔ غزل به این بیت می‌رسیم که بیانگر سلوک حافظی است:

دلا دلالت خیرت کنم به راه نجات

مکن به فسق مباهات و زهد هم مفروش

حافظ «گناهان اخلاقی» را مهم‌تر از «گناهان فقهی» می‌دانسته؛ در اینجا نیز می‌گوید به فسق فقهی مباهات مکن. حافظ از تقابل «گناه اخلاقی» و «گناه فقهی» سخن می‌گوید و گناه اخلاقی را بر می کشد و برجسته می‌کند و در ریا و زهد طعن می‌زند.

به نظرم در روزگار کنونی، در جوامعی که مبتنی بر دولت- ملت است و در آن تفکیک قوا صورت گرفته و ساز و کار دموکراتیک و حقوق بنیادین بشر نهادینه شده، بدون اینکه دچار خطای زمان‌پریشی شویم، همچنان می‌توان از اخگر ها و بصیرت ها و آموزه های حافظی جهت سامان بخشیدنِ به نگرش و سلوک معنویِ خود، بهره های فراوان برد

فصل سوم

فرهنگ، جامعه و سیاست

روشنگرانِ جامعهٔ زمستان‌زده[1]

روشنفکران را باید ذهن بیدار جامعه دانست. قشری که به جامعه حرکت می‌دهد و جهت ظهور و بروزش را شاید نه تعیین، اما شکل می‌دهد. به‌ویژه آنکه برهه‌های تاریخی حساس، محل آمدوشد آنان است و نسبت به رخدادها واکنش نشان می‌دهند. در قرن سیزدهم خورشیدی، مشروطه، مهم‌ترین جلوهٔ آن است و بعد در سدهٔ حاضر که در سال‌های پایانی آن به‌سر می‌بریم، کودتای ۲۸ مرداد، نمود مبرهن آن است. این موضوع مهم را در گفت‌وگو با سروش دباغ، پژوهش‌گر گروه مطالعات تاریخی در دانشگاه تورنتو کانادا مورد بررسی قرار دادیم. او که از سال‌ها پیش، نقش جامعه‌شناختی و تاریخی نواندیشانِ دینی را مورد مداقه قرار داده است، اکنون از تأثیر انکارناپذیر آنان و از این واقعهٔ سرنوشت‌ساز سخن می‌گوید که متن کامل آن در پی می‌آید.

روشنفکری از آغاز سنت خود، همواره یک پای کنش‌های اجتماعی بوده است اما در تاریخ معاصر بعد از شکست‌هایی همچون ماه مه ۱۹۶۸ و فروپاشی اتحاد جماهیر شوروی، روشنفکران به سمت انزوا رفته‌اند. به نظر می‌رسد که این موضوع در رابطه با روشنفکران ما بعد از کودتای ۲۸ مرداد

---

[1] علی گل‌باز، روزنامهٔ «اعتماد»

هم مصداق دارد. جنابعالی تأثیر این انزوا را روی فکر و اندیشهٔ روشنفکران بعد از کودتا چگونه می‌بینید؟

با مدعای شما و آنچه بر روشنفکران ما پس از کودتا رفت، موافقم اما به تعبیر دقیق‌تر، شاید واژگان تنهایی، یأس و ناامیدی از انزوا مناسب‌تر باشد. اگر به آثار روشنفکران و سیاسیونِ ما در روزگار پس از کودتا نگاه کنید، کاملاً این تلخی و یأس و سَرخوردگی را می‌بینید. از جمله، بسیاری از شاعران، نویسندگان و مترجمان که در آن دوره تعلق خاطر پررنگی به چپ داشتند. از شاهرخ مسکوب گرفته تا حسن کامشاد، سیاوش کسرایی و کثیری دیگر. از مرور آثار آن‌ها می‌توان نوعی ازهم‌پاشیدگی و به انزوا رفتنِ توأم با یأس و تلخی را دریافت که در فضای روشنفکری کشور سایه گسترده بود. این فضا بیشتر مربوط به دههٔ سیِ شمسی است. در کنار اینها، نیروهای دینی و ملی که حول دکتر محمد مصدق گرد آمده بودند هم، از حکومت پهلوی دلِ خوشی نداشتند. از دههٔ چهل شمسی به بعد که به انقلاب بهمن ۱۳۵۷منجر شد، ماجرا در سطح اجتماعی، رنگ و بوی دیگری پیدا کرد که می‌توان به بحران غرب‌زدگی توأم با انقلاب‌گری و از سوی دیگر، تأکید بر هویت ملی و بر خویشتن اشاره کرد که در دستور کار روشنفکران و سیاسیون قرار گرفت. حدّ فاصل ده سال مانده به انقلاب، اوج دوران علی شریعتی در حسینیهٔ ارشاد است. از سوی دیگر، گفتمان جلال آل احمد، ستیز با تظاهرات مغرب‌زمین و «آنچه خود داشتیم ز بیگانه تمنا می‌کردیم»، بود که روایت غیرانقلابی این موضوع، در آثار احسان نراقی هم دیده می‌شد. گفتمانی که مشخصاً روشنفکران پس از مشروطه در دهه‌های بیست و سی در دستور کار داشتند، نوعی گشودگی نسبت به مغرب‌زمین و آشنایی با تظاهرات جدید تمدن غرب بود. ادبیات، فلسفه و سبک زندگی، رفته‌رفته در دهه‌های بعد، جای خود را به گفتمان مبتنی بر ستیز با مغرب-زمین می‌دهد و دفتر روشنفکری ورق دیگری می‌خورد. نمی‌گویم که تنها کودتا در این زمینه مؤثر بود اما به لحاظ تاریخی، ما شاهد روندی بودیم که در این دهه‌ها، در قیاس با آثاری که میرزا فتحعلی آخوندزاده و عبدالرحیم طالبوف می‌نوشتند، سمت و سویی دیگر یافت و یأس و انزوای بعد از کودتا جای خود را به ستیزه‌جویی با غرب و انقلابی‌گری داد.

از آنجاکه شما در شعر معاصر هم تحقیق و تفحص کرده‌اید، آیا میان شعر نیما یوشیج و مهدی اخوان ثالث در دوران پساکودتا قائل به تفاوت هستید؟ چه، به نظر می‌رسد شعر نیما توأم با یأس، کورسویی از امید دارد اما اخوان گویی در ناامیدی مطلق به سر می‌برد.

شعر «زمستان» اخوان ثالث، پس از کودتای ۲۸ مرداد سروده شده و از شهرتی برخوردار است:

سلامت را نمی‌خواهند پاسخ گفت،

سرها در گریبان است.

کسی سر بر نیارد کرد پاسخ گفتن و دیدار یاران را.

نگه جز پیش پا را دید نتواند،

که ره تاریک و لغزان است.

وگر دست محبّت سوی کس یازی،

به اکراه آورد دست از بغل بیرون؛

که سرما سخت سوزان است.

نفس، کز گرمگاه سینه می‌آید برون، ابری شود تاریک.

چو دیوار ایستد در پیش چشمانت.

نفس کاین است، پس دیگر چه داری چشم

ز چشمِ دوستان دور یا نزدیک؟

مسیحای جوانمرد من! ای ترسای پیر پیرهن‌چرکین!

هوا بس ناجوانمردانه سرد است... آی...

دمت گرم و سرت خوش باد!

سلامم را تو پاسخ‌گوی، در بگشای!

طنز روزگار است که دست کم در بارخی از اشعار مهدی اخوان ثالث، شاعری که تخلص‌اش «امید» بود، کمتر سویه‌ای از امید دیده می‌شود. همان‌طور که می‌بینیم، اخوان، فضای سیاسی تلخی را در این شعر به تصویر کشیده است. خصوصاً در اشعاری که حوالی کودتا سروده است، تلخی و یأس فراوانی دیده می‌شود ولی گویی سویه‌هایی از امید در اشعار نیما دیده می‌شود. مرادم این است که این احساس یأس و تلخیِ اخوان متأثر از فضای سیاسی سرد و زمستانی‌ای بود که در آن می زیست. به نظرم می‌توان گفت که درمجموع، نیما در آن برهه امیدوارتر بوده است.

به عقیدهٔ شما روشنفکران چگونه می‌توانند بار دیگر از این انزوا بیرون بیایند؟ زیرا گفته می‌شود آنان هستند که جامعه را حرکت می‌دهند.

در برههٔ منتهی به انقلاب، روشنفکران تأثیر بسزایی بر جامعه داشتند و اساساً در جوامع درحال‌گذار، تأثیرگذاری روشنفکران پررنگ‌تر است. در جوامعی که به لحاظ سیاسی رشد و توسعه چندانی نکرده‌اند، سخنان روشنفکران که در دوران‌گذار می‌زیند و در مقام تئوریزه کردن این دوران هستند، بسیار شنیده می‌شود. درعین-حال، حاکمان در مقام مهار آن‌ها از هیچ امری فروگذار نمی‌کنند اما به‌عنوانِ‌مثال، در جامعهٔ کانادا که من در آن زندگی می‌کنم، بسیاری از سازوکارهای دموکراتیک برقرار شده است و بسیاری از مردم از حقوق اولیهٔ خود برخوردار هستند و لازم نیست این موارد گفته شود. حاکمان هم با آن مشکلی ندارند و به روشنفکران دوران‌گذار احتیاج نیست. این موضوع به خاطرِ این است که نهادهای دموکراتیک در اینجا شکل گرفته و از سرکوب خبری نیست. اگر کشوری دوران‌گذار را سپری کرده باشد، در آن، روشنفکران از منظر دیگری با مردم و مخاطبان خود سخن می‌گویند.

پروژهٔ روشنفکری بعد از کودتای ۲۸ مرداد و جنبش منتهی به انقلاب ۱۳۵۷، چه رویکردی را در پیش می‌گیرد؟ بخشی از واکنش‌ها به کودتای ۲۸ مرداد طبیعی بود و در مواجهه با فضای سیاسی آن دوران، می‌توان فهمید که افراد بسیار تحت تأثیر تحولات آن دوران قرار گرفتند و کثیری از آرزوها پژمرده و پرپر شد. به لحاظ وجودی هم می‌شود فهمید که بسیاری از آنچه انتظار داشتند و می‌خواستند محقق نشد. آنان می‌دانستند

که به لحاظ امنیتی کار چندانی نمی‌شود کرد و قدرت حاکمه تمامی ساحت‌ها را در دست خود گرفته است. شبیه آن چیزی که امروزه در ترکیه اتفاق افتاده است و به دنبال کودتایی ناموفق، تصفیه‌حساب‌های فراوانی شکل گرفته است. در ۲۸ مرداد ۱۳۳۲ هم، کودتایی علیه حکومت قانونی شکل گرفته بود و تصفیه‌حساب‌های فراوانی که در پی داشت، قدرت عمل را از روشنفکران گرفت. سپس، رفته‌رفته تحت تأثیر فضای غرب‌ستیزی و نوعی مواجههٔ دیگری با مغرب‌زمین، از طریق ترجمهٔ برخی آثار و فضای ضداستعماری که در اروپا شکل گرفته بود، مناسبات دیگری به وجود آمد که این فضا در دههٔ اول بعد از مشروطه دیده نمی‌شود. گفتمان جدید روشنفکری، حدّفاصل اوایل دههٔ چهل تا اواخر دههٔ شصت شکل گرفت و هنوز هم در روایت رسمی قائلینی دارد که البته، در زمرهٔ روشنفکران به حساب نمی‌آیند و من مرادم بیشتر علی شریعتی و جلال آل احمد است. جالب است که در آن دوره کسی مانند فخرالدین شادمان کتابی با عنوان *تسخیر تمدن فرنگی* می‌نویسد. او طالب نوعی گفتمان است که نه از در ستیز درآمده بود و نه مانند احسان نراقی و داریوش شایگان بود؛ بلکه، نگاهی متوازن و متعارف را توصیه می‌کرد که کاملاً به محاق می‌رود و در میان کسانی که در آن دوره به دنیا آمده بودند، نامی از فخرالدین شادمان به گوش نمی‌رسد و صدای او تحت تأثیر فضای عمومی آن دوره که از جنس ستیز با مغرب‌زمین بود، از بین می‌رود. آیا می‌توان سویه‌هایی از تأثیر کودتا و رویدادهای حوالی آن را در طرح روشنفکری دینی پیدا کرد؟

بله، تأثیر آن را بر روشنفکری دینیِ قبل از انقلاب و بر چهره‌های شاخص آن، همچون علی شریعتی و مهدی بازرگان می‌توان رصد کرد. در آن دوره، به سبب کودتای ۲۸ مرداد، نوعی بدبینی نسبت به نظام سیاسی مغرب‌زمین در بین نیروهای ملی، سیاسی و روشنفکری وجود داشت. البته این قضیه، در وجود معقول و آرامی چون مهدی بازرگان بروز کمتری داشت اما نزد علی شریعتی بسیار پررنگ‌تر بود. بازرگان کتاب مهمی با عنوان *سازگاری ایرانی* نوشته است و در آن به نوعی، گیر و

گرفت‌ها را معطوف به «خود» می‌داند و به نکات قابل تأملی اشاره کرده است. بازرگان مشکل و دشمن اصلی ما را استبداد می‌دید و مسأله را از درون می‌نگریست و هیچ‌وقت گفتمان شدید ایدئولوژیک نداشت. هرچند، اعتراض خود را داشت و با کودتا مخالف بود و هزینهٔ آن را هم پرداخته بود ولی از ریشه‌های درونی و فرهنگی داخلی غافل نبود. ولی شریعتی به نوع دیگری، نگاه غرب‌ستیزی، استعمار و استحمار را برجسته کرده است. وقتی به شریعتیِ حسینیهٔ ارشاد می‌رسیم، این گفتمان غرب‌ستیزی، پررنگ می شود؛ درحالی‌که در همان موقع بازرگان این‌چنین نبود، به رغم اینکه هر دوی آن‌ها از کودتای ۲۸ مرداد زخم خورده بودند. بدین معناست که می‌توان گفت کودتا بر نحلهٔ نواندیشی دینی پیش از انقلاب و بر دو چهرهٔ برجستهٔ آن، شریعتی و بازرگان، هریک بسته به پیشینهٔ معرفتی و ایدئولوژیکی خود تأثیر گذاشته است.

مدرنیته و مدرنیزاسیون بر سر ما آوار شد[1]

بنده برای طرح اولین سؤال و برای تبیین حال و احوال انسان ایرانی در جهان رازززدایی شده، مطابق با تعبیر شما در کتاب *ترنم موزون حزن* از سه مفهوم و تعبیر داریوش شایگان که عبارتند از؛ مرقع‌کاری ایدئولوژیک، مرقع‌کاری بازیگوشانه و گفت‌وگوی فراتاریخی، استفاده می‌کنم. از نگاه شما چرا داریوش شایگان معتقد است می‌توان از مرقع‌کاری بازیگوشانه به سوی گفت‌وگوی فراتاریخ رفت؟ اسباب و لوازم این گذار چیست؟

درباب سؤال شما، داوریِ شایگان این است که ما در عصر تکنولوژیک زندگی می‌کنیم و برای اینکه بتوانیم از مرقع‌کاری‌های ایدئولوژیک به سوی پذیرش هویت چهل‌تکۀ خود حرکت کنیم نیک است که به سمت مرقع‌کاری بازیگوشانه رویم و کثرت بالفعل را به رسمیت شناسیم تا در فراتاریخ به گفت‌وگو بپردازیم. درهمین‌راستا، داریوش شایگان از چهار شخصیتِ ابن عربی از سنت اسلامی، مایسله کارت از سنت مسیحی، تسه چوانگ از سنت شرقی و... نام می‌برد و معتقد است که هرچند این اشخاص تخته‌بند زمان خود بوده‌اند، اما توانسته‌اند پای در اقلیم گمشدۀ روح بگذارند و در فراتاریخ با یکدیگر گفت‌وگو کنند. دل‌مشغولی شایگان این است

---

[1] گفتگو از مجله «روشنگر»

که برای سامان بخشیدن به تجارب باطنی و به اقتضای به رسمیت شناختن هویت چهل‌تکهٔ خود، به سمت گفت‌وگوی در فراتاریخ تلاش کنیم و به‌رغمِ مدرن بودن و به رسمیت شناختن مدرنیته، سلوک خود را سامان بخشیم. در کتاب *ترنم موزن حزن* و سلسله نشست‌های شایگان‌شناسی ملاحظات انتقادی خود را نسبت به تعبیر شایگان یعنی، گفت‌وگوی فراتاریخ آورده‌ام. شایگان به مثابهٔ روشنفکری که دل‌مشغول امر معنوی است، راه‌کاری متناسب با به رسمیت شناختن گفت‌وگوی در فراتاریخ اقامه کرده است و می‌خواهد از معنویت در این جهان راززدایی شده پاس‌داری کند و بگوید که می‌توانیم نسبت به عصر تکنولوژی و تعلقات مترقی در روزگار کنونی گشوده باشیم و در اقلیم گمشدهٔ وجود پای گذاریم.

جوامع اروپایی با اقبال و پذیرش مدرنیته، درحقیقت به دنبال معانی و اصالت‌های ازدست‌رفته بودند. انسان ایرانی در تحقق این تفکر به دنبال چه می‌گشت؟ چرا گذار از جامعهٔ سنتی به جامعهٔ متجدد برای ما الزامی شد؟

به یک معنا، فرآیند مدرنیته و مدرنیزاسیون مانند سایر اقصا نقاط عالم بر سر ما آوار شد. هرچند، در عداد پدیدآورندگان مدرنیته نبوده‌ایم (یا به تعبیر شایگان در ضیافت مدرنیته نبوده‌ایم) اما در جمعِ جوامع پیرامونی، با امواج مدرنیته و مدرنیزاسیون دست‌وپنجه نرم کرده‌ایم و این قصه، قصهٔ ما نبود و مدرنیته جهان را بر صورت خویش ساخته است. روشنفکران ما نیز در مواجهه با مدرنیته ادوار مختلفی داشته‌اند. به اختصار، در ابتدا نوعی گشودگی و پذیرش در روشنفکران نسل اول قابل مشاهده است. کسانی چون ملکم خان، آخوندزاده، مستشارالدوله و تقی‌زاده با گشودگی به فرآوردهٔ مدرنیته و مدرنیزاسیون روی آوردند. در فضای پس از کودتای ۲۸ مرداد و در دههٔ ۴۰ و ۵۰ شمسی گفتمان مسلط، نوعی غرب‌ستیزی شد و به نوعی از در تخالف و تقابل با فرآورده‌های مدرنیته درآمدند. همچون فردید که «غرب‌زدگی» را مطرح ساخت و آل احمد با روایت سیاسی ـ اجتماعی خود آن را بسط داد. علی شریعتی نیز از الیناسیون، استعمارزدگی و فرهنگ بازگشت به خویشتن سخن گفت و نُرم فضای روشنفکری ما به‌نحو اغلبی بدین سو حرکت کرد. سخنان کسانی چون فخرالدین شادمان که از تبادل فرهنگی و تسخیر تمدن فرنگی سخن می‌گفتند، به محاق رفت و به جایی نرسید. این مواجهه به تعبیر آشوری ازسرِ

کین توزی و نفی جدی مدرنیتهٔ غربی بود. پس از اتمام دههٔ اول جمهوری اسلامی می‌توان گفت که نوع دیگری از تلقی و درک از مدرنیته و مدرنیزاسیون در ساحت نظر و عمل سر برآورد. گفتمان لیبرال از مدرنیته و چپ نو(نوعی چپ نو که ریشه در مکتب فرانکفورت داشت) در این طبقه‌بندی کلان است. چنان‌که من می‌دانم مرحلهٔ سوم پخته‌تر است و ما بر اثر رابطهٔ مرحله اول و دوم در اینجا ایستاده‌ایم و مناسبات خود را با جهان جدید و مدرنیته بدین شکل تعریف می‌کنیم. تمام این مباحث ناظر بر تحولات عالم روشنفکری است. اما در فضای سیاسی کشور، امروزه میل گسترده‌ای از غرب‌ستیزی در میان سیاسیون و برخی از نیروهای سیاسی و انقلابی وجود دارد. بدین سخن، بحثم را در حوزهٔ روشنفکران به مثابهٔ چشمان نقاد و بیدار جامعه صورت‌بندی کرده‌ام. قشری که نسبت ارگانیکی با قدرت سیاسی نداشته‌اند.

در ابتدای سخن فرمودید: «مدرنیته بر سر ما آوار شد». بنده معتقدم کاستی‌های نظام سیاسی و ساختار اجتماعی از یک‌سو و ناکارآمدی نهاد مذهب در ترمیم چالش‌های موجود و مشکلات عدیدهٔ جامعهٔ ایرانی، روشنفکران ایرانی را به اقبال به سوی مدرنیته کشاند تا مرحمی بر دردهای موجود باشد و گسست‌های قابل مشاهده را پر کنند. آیا به این موضوع معتقد هستید؟

بله، همین‌طور است. به یک معنا مشروطه، یکی از بروز و ظهورهای سیاسی مدرنیته و مدرنیزاسیون در میان ما بود. هرچند ما از طریق دارالفنون با علوم تجربی و پزشکی جدید در حد آن زمان آشنایی پیدا کردیم، اما بروز مشروطه به سبب نقصان‌هایی بود که در نظام سیاسی خود در آن روزگار داشتیم. رفته‌رفته نیز روشنفکران ما به فکر گسترش و ترجمهٔ سیاسی آن افتادند.

در تحقق مدرنیته و اندیشهٔ نوسازی در ایران، مذهب را باعث توسعه می‌دانید یا مانع؟

از منظر نواندیشان دینی ، مذهب به‌عنوان فربه‌ترین مؤلفهٔ سنت، نباید مانع و رادع توسعه انگاشته شود. بلکه شرط اول و ضروروی در این میان، بازخوانی انتقادی

سنت فرهنگی ما خواهد بود. کاری که در مغرب‌زمین نیز رخ داد و بخش‌هایی از سنت، پالایش جدی شد. بدین سخن، بازخوانی انتقادی سنت دینی در این میان، راه ما را هموار می‌کند و فی‌المثل، می‌توان نشان داد که دین‌داری یعنی، روایت‌هایی از دین‌داری و مشخصاً، روایتی اخلاقی و انسانی از سنت دینی، مانع توسعه نیست و می‌توان در این مسیر، توسعه را رقم زد. بدین معنی، به توسعهٔ همه‌جانبه و متوازن اشاره دارم و آنچه که امروزه به توسعهٔ پایدار مشهور است. توسعه‌ای که در آن دل‌مشغول توسعهٔ سیاسی و بازخوانی انتقادی از سنت دینی باشیم. تحقق این امر نیز مؤلَف از مؤلفه‌های مختلف است. رفرم دینی نیز یکی از مؤلفه‌های تحقق توسعهٔ پایدار در ایران‌زمین است.

آن‌طورکه از سخنان شما در بازخوانی سنت دینی دریافتم، مبین این جمله است که: «ما در این راه کاستی‌های بسیار زیادی داشته‌ایم». بیایید سخن را از آنچه که باید باشد، به‌سوی آنچه که گذشته است، متمایل کنیم. در این میان، تجربهٔ تاریخی بیان‌گر کدام وضعیت است. سنت دینی ما باعث تحقق مدرنیته بوده است یا خیر؟

تجربهٔ تاریخی مبین مشکلاتی در این میان است. آن‌چنان‌که در مغرب‌زمین بوده است. با تأمل در رفرم دینی لوتر تا عصر رنسانس و نوزایی دینی و تحولات حاصله، تجربهٔ مغرب‌زمین ازاین‌حیث نیکو خواهد بود. نمی‌گویم نعل به نعل آنان زنیم بلکه، از تجربه‌های حاصله درس بگیریم و راه‌های رفته را دوباره نپیماییم و به توسعهٔ پایدار و همه‌جانبه بیندیشیم. با توجه به اینکه مدرنیته فرآیندی است که در زمینه و زمانهٔ خودش می‌روید و آن‌چنان‌که گفته‌ام مدرنیتهٔ ایرانی باید مدنظر ما باشد. عده‌ای که ازسرِ تخالف با مدرنیته و مدرنیزاسیون برآمده‌اند و در مقام واکنش نسبت به آن حرکت کردند، به بنیادگرایی دینی رسیده‌اند. عده‌ای نیز مسئله‌هایشان در جنبه‌های عملی و در مقام زندگی فردی بروز و ظهور پیدا می‌کند. به‌عنوان مثال، نحوهٔ استفادهٔ دین‌داران از تکنولوژی جدید از این قبیل است. در یک سرِ طیف، بنیادگرایی دینی و در طیف دیگر دین‌داری سنتی قابل مشاهده است. مسئلهٔ دین‌داری سنتی نیز بر سر فرآورده‌های تکنولوژی و مدرنیته است که با این فرآورده‌ها در سطح جامعه چه باید کنیم؟ رفرم دینی هم، پاس مقام نظر را دارد هم، پاس

مقام عمل را. در این حال می‌کوشد که به فرآورده‌های معرفتی جهان جدید تأمل کند و خصوصاً دل‌مشغول تحقق نهادهای مدرنیستی باشد. بدین نهج، رفُرم دینی فرآیند تحقق مدرنیته و مدرنیزاسیون را هموار می‌کند و توجه صرف به سویه‌های عملی آن بدون توجه به عالم تئوری و نظر نارواست.

سخنان بخش اول شما را می‌توان در پیشنهاد ریچار رورتی به کشورهای جهان‌سوم خلاصه کرد که می‌گوید: «در مسیر سکولاریزاسیون و رفُرم دینی به مطالعهٔ روند موفقیت‌ها و شکست‌های تجارب کشورهای دموکراتیک به‌جایِ تاریخ فلسفهٔ غرب بپردازند. ازاین‌حیث که مسبب عبرت‌آموزی است.

بله؛ روایت خوبی است. آن را باید برای عبرت‌آموزی و تجربه کردن مدنظر قرار بدهند. البته که مدرنیزاسیون یک فرآیند بومی است و از کشوری به کشوری دیگر تغییر می‌کند.

دقیقاً همان تعبیری است که شما در کتاب _ترنم موزون حزن_ از آن به‌عنوان مدرنیته‌ها یاد کرده‌اید.

بله، دقیقاً.

در تلقی لیبرال از مدرنیته، فرهنگ غربی جزء اساسی مدرنیته معرفی می‌شود و نتیجه می‌گیرند که فرهنگ‌های غیرغربی با مدرنیته ناسازگار هستند. اما در تلقی رادیکال از مدرنیته که ذیل اندیشه‌های مارکس، برمن و... بسط یافت، چون موقعیت مادی می‌پندارد که روایت «بومی‌تر» از مدرنیزاسیون را مسبب می‌شود. حال، تلاش نواندیشان دینی در ساخت شکل بومی مدرنیته چقدر کارساز بوده است؟ نقاط قوت و ضعف آن در کجاست؟

نواندیشی دینی متقدم که با کسانی چون نخشب، بازرگان و شریعتی شناخته می‌شود، در مقتضیات زمینه و زمانهٔ خود بوده‌اند. به‌گونه‌ای که بازرگان دل‌مشغولِ سازگاری بخشیِ میان علم و دین بود. شریعتی نیز دل‌مشغول انسان خودآگاه، آزاد و

مسئول بود که در برهه‌ای، این موضوع با انقلاب بهمن ۵۷ گره خورد. شریعتی با تأثیر از ادبیات استعمار، نوعی استعمارستیزی در کارهایش پررنگ بود. این امر نیز به دلیل نواندیشی و دل‌مشغولی با تحولات عصر جدید است. سخن از سازگاری اسلام با دموکراسی و لیبرالیسم، اتفاق خوبی است که در روایت بومی‌تر از مدرنیزاسیون در آثار نواندیشان دینی متأخر در دو ـ سه دههٔ اخیر رخ داده است. با برکشیدن این بحث به یک معنا، می‌توان میان دین‌داری، دموکرات بودن و پاس‌داری از حقوق بشر و فرآورده‌های مدرنیته و مدرنیزاسیون آشتی و سازگاری سراغ گرفت. اما اینکه در جامعهٔ ما و در مقام عمل این امر محقق شده است یا خیر، پرسش مهیبی است که مؤلَف از مؤلفه‌های مختلف می‌باشد. داوری بنده این است که ناظر بر بعد معرفتی، تلاش نواندیشانِ دینیِ ایرانی در ساخت شکل بومی از مدرنیته، با عنایت به الهیات بدیلی که اقامه کرده‌اند و با اشاره به بازخوانی انتقادیِ سنتی که از آن‌ها شاهد بوده‌ایم، در ذیل یک نظام صورت گرفته است. به‌عنوان یک مؤلفه از مؤلفه‌های مهم درباب تحقق نسبت میان سنت پسِ پشت ما که مؤلفهٔ دینی باشد، ازاین‌حیث، نواندیشان دینی گام‌های نیکویی برداشته‌اند. بازخوانی انتقادی فقه، مباحث معرفتِ دینی، نسبت میان عقل و وحی، علم و دین و مباحثات الهیاتی و کلامی در معنای اخص کلمه، تماماً قوام‌بخش یک روایت بومی از مدرنیته و نسبت میان دین و دنیای جدید است.

منوط به گفتهٔ شما، اثر *ایمان و آزادی* از مجتهد شبستری ازاین‌حیث مورد توجه است.

بله. *نقدی بر قرائت رسمی از دین* آقای شبستری، همچنین *مدارا و مدیریت* و *بسط تجربهٔ نبوی* عبدالکریم سروش، آثار ره‌گشایی در این میان است.

شما در طی مصاحبه‌ای در کتاب *ترنم موزون حزن* فرمودید که مدرنیته یک پروژهٔ ناتمام است. (عاریه از سخن هابرماس) مدرنیته و اندیشهٔ تحقق آن در ایران چگونه به اتمام می‌رسد؟

اینکه مدرنیته به تمام وعده‌های خود عمل نکرده است، سخن به‌حقی است. در قرن بیستم با روایتی از مدرنیزاسیون که با کاپیتالیسم عنان‌گسیخته همراه است،

مواجهیم. نکاتی همچون: آلیناسیون انسان، به رسمیت شناختن فرهنگ‌های مختلف و محدودیت‌های عقل که در مکتب فرانکفورت بیان می‌شود، باید در مدرنیته‌شناسی ما و تحقق آن در ایران مدنظر قرار گیرد. در مقاله‌ای تحت عنوان «عقل همیشه قاصر» که در اثر *درباب فلسفهٔ تحلیلی؛ با محوریت ویتگنشتاین* من به‌زودی منتشر می‌شود، با توجه به محدودیت‌های امحاء نشدنی عقل با عنایت به مفهوم نحوهٔ زیست، سعی کرده‌ام توضیح دهم که چگونه تخته‌بند زمان و مکان هستیم و به تعبیر ویتگنشتاین با بازی‌های زبانی مواجه هستیم. یکی از بصیرت‌های پست-مدرنیسم این است که نقصان‌های ناتمام بودن پروژهٔ مدرنیته (مدرنیته‌ای که از عقل جهان‌شمول سراغ می‌گیرد)، را دیده است و توضیحات خوبی ارائه کرده است (در اینکه به‌مثابهٔ موجود متعقل نیستیم). سویه‌های دیگری همچون احساسات، عواطف، انگیزه‌ها در ما وجود دارد. به همین خاطر انسان، موجودی تماماً عقلانی نیست. چنین ایده‌های خوبی در پست‌مدرن‌ها اعم از، مکتب فرانکفورت و دیگران دیده می‌شود که برای قید زدن به آن عقل جهان‌شمول است. در *ترنم موزون حزن* آورده‌ام که نباید مختصات جغرافیایی، فرهنگی و معرفتی را فراموش کنیم. کسانی چون هابر ماس و اصحاب مکتب فرانکفورت وقتی این سخنان را در مغرب‌زمین می‌گفتند که سنت مدرنیستی صد ـ دویست ساله‌ای، با توجه به وجود نهادهای مدرنیستی برقرار بود. چون این موارد در میان ما بدل به نهاد و سنت نشده‌اند، بیش از هر چیزی باید دل‌مشغول تحقق نهادهای مدرنیستی باشیم. درباب صورت‌بندی مسائل‌مان هنوز در اول راه هستیم و عصر روشنگری، عصر مدرنیزاسیون و تحقق نهادهای مدرنیستی را به‌طور کامل نداشته‌ایم. بر همین اساس، یادمان باشد که نخواهیم این درخت و باغچه را خیلی هرس کنیم. اجازه دهیم نشو و نما گیرد و مسئله‌هایمان را متناظر با مختصات فرهنگی، اقلیمی، اقتصادی و معیشتی که در آن زیست می‌کنیم، صورت‌بندی نماییم.

انسان مدرن چگونه می‌تواند از وضعیت نابسامان معنوی رهایی یابد؟ آیا در گفت‌وگوی فراتاریخ قابل تحقق است؟

طرح این پرسشِ شما یکی از دل‌مشغولی‌های فکری و نظری بنده بوده است. در طی پنج سال اخیر، در سلسله مقالاتی با عنوان طرح‌واره‌ای از عرفان مدرن،

کوشیده‌ام از منظر خود بدان پاسخ دهم. هفت مقاله از این سلسله مقالات تحت تأثیر و تلقی رأی من از شعر و عرفان سپهری بوده است و در دو اثر در سپهر سپهری و *فلسفهٔ لاجوردی سپهری* منتشر شده است؛ پاسخم بدان مثبت است. کوتاه سخن اینکه، باید سهم عقل و سهم دل را پرداخت. با برساختن مفهوم سالک مدرن کوشیده‌ام تنهایی معنوی، سرشت سوزناک هستی و مواجهه با این مقولات را توضیح دهم. فکر می‌کنم تحقق این امر متصور باشد. پاسخی که سالک مدرن به زمینه و زمانه‌ای می‌دهد که در آن زندگی می‌کند و از گفت‌وگو در فراتاریخ استفاده نمی‌کنم و به‌طور کلی، ملاحظات انتقادی خود را کمابیش در *ترنم موزون حزن* آورده‌ام. به‌رغمِ اذعان به بصیرت‌های این سنخ نوشته‌های داریوش شایگان، از عرفان مدرن به روایت خودم سخن می‌گویم و از مؤلفه‌های مختلف آن که در این مقالات از آن پرده برگرفته‌ام. با توجه به وضعیت نابسامان معنوی انسان مدرن، می‌توان به بازخوانی انتقادی عرفان سنتی هم همت گمارد که درباب آثار سالکان مدرنی چون سهراب سپهری، اکهارت توله، علی شریعتی و محمد مجتهد شبستری به آن اشاره کرده‌ام. به‌طورکلی، می‌توان به آثار عرفان سنتی اشاره کرد و به بازخوانی انتقادی آن همت گمارد و از سالکان مدرن مدد گرفت تا به وضعیت معنوی انسان مدرن سامان بخشید.

میشل فوکو در نوشته‌ای می‌گوید: «بسیاری در غرب و برخی در ایران امیدوارانه فرارسیدن لحظه‌ای را انتظار می‌کشند که سکولاریزاسیون دوباره رواج یابد. آن الگوی خوب و کهنی که ما همواره از انقلاب سراغ داریم، محقق شود. من اما با خود می‌اندیشم که این راه بی‌نظیر غریبی که ایرانی‌ها آغاز کرده‌اند و در آن به‌منظورِ مقابله با تقدیر دشوارشان و هرآنچه قرن‌ها بوده‌اند، چیزی کاملاً متفاوت را جست‌وجو می‌کنند، آنان را تا کجا خواهد برد؟» این چیز کاملاً متفاوت را چه تعبیر می‌کنید؟ حقیقتاً داستان ما و مدرنیته، ما را به کجا خواهد برد؟

پرسش دشواری را مطرح کردید و طبیعتاً نمی‌توانم پیشگویی کنم. به قول مارکوزه «تاریخ شرکت بیمه نیست». طبعاً، سخنان میشل فوکو را باید ناظر به حضورش در ایران و انقلاب ۵۷ در نظر گرفت. اتفاقاً چندی پیش، در دانشگاه تورنتو

در جلسه‌ای، از کتاب یکی از اساتید ایرانی دربارهٔ فوکو رونمایی شد. نویسندهٔ کتاب نیز به تفصیل رأی خود راجع به «معنویت سیاسی» در آثار فوکو و پس از سفرش به ایران و رصد تحولات آن را توضیح داد که فوکو چه معنایی از امر سیاسی را در روزگار انقلاب ایران سراغ می‌گرفت؛ نوعی نوعی روایت مبتنی بر رها شدن (به‌رغمِ اینکه فرد نمی‌دانست وقتی در برابر گلوله قرار می‌گیرد، چه سرنوشتی در انتظار او خواهد بود). انقلاب ایران قصهٔ درازآهنگی است و قدمتی حدوداً چهل ساله یافته است. تحولاتی چون تسخیر سفارت آمریکا، جنگ ایران و عراق، روی کار آمدن دولت سازندگی، دولت توسعه‌گرای خاتمی، دولت اصول‌گرا و پوپولیست احمدی‌نژاد و اعتدال حسن روحانی را از سر گذرانده است . تحولاتی که یکی پس از دیگری در عرصهٔ سیاست، فرهنگ، اقتصاد و دیانت سربرآوردند. بخش‌هایی از آنچه رخ داده، برگشت‌ناپذیر است. رشد و ظهور طبقهٔ متوسط شهری که بخش مهمی از جمعیت جوان کشور ما را تشکیل می‌دهد، امروزه در شبکه‌های اجتماعی و در انتخابات متعددی نشان داده است که دست‌کم در عرصهٔ سیاست، به سیاست‌های رسمی که پاره‌ای از زمامداران دنبال می‌کنند، هیچ عنایتی ندارند. به‌رغمِ بادهای ناملایمی که می‌وزد، در میان‌مدت می‌توان به نوعی مدرنیزاسیون بومی در کشور امیدوار بود. انقلاب پدیده‌ای بود که کسی نمی‌خواست و نمی‌دانست چگونه رخ می‌دهد. انقلاب شد، چون خصلت تحولات اجتماعی این‌چنین است. بر همین محور نیز، کتاب‌های بسیاری نوشته شده است. انقلاب ایران که در اوخر قرن بیستم رخ داد، کن‌فیکون‌کننده بود. حال ما هستیم و عواقب خواسته و ناخواستهٔ یک انقلاب. شایگان که ذکری از وی در این مصاحبه رفت، در *انقلاب مذهبی چیست؟* می‌کوشد که نشان دهد ایده‌ها و آرای شریعتی در این میان مهم بوده است. هرچند این امر، موضوعی پارادوکسیکالی است چون با مذهب نمی‌توان انقلاب کرد. به قول حکمای مسلمان معتقدم که ادله و دلیل یک پدیده، وقوع آن پدیده است. اینکه انقلابی تحت عنوان دین در کشور ما صورت گرفته است نشان می‌دهد که این پدیده رخ داده است؛ با همهٔ تحلیل‌هایی که می‌توان از چرایی آن و خصوصاً لف‌ونشر آن در این تاریخ حدوداً چهل ساله به دست داد. با تجربهٔ جنگ و انقلاب، عموم مردم رغبتی برای پرداخت هزینهٔ کلان ندارند و توسعهٔ روبه‌ازدیاد طبقهٔ متوسط شهری،

در میان‌مدت با تمام مخالفت‌ها و انتقادات، به نوعی توسعه و مدرنیزاسیون از درون منجر می‌شود. هرچند، زمان آن را نمی‌دانم. تصورم این است که ما در یک سطح کلان دو گونه نیرو در کشور داریم: نیروهای تحوّل‌خواه و به زبان سیاسی امروز اعتدال‌گرا و نیروهایی که سنتی یا بنیادگرا هستند. در این دو طیف که در مقابل آن (توسعه و مدرنیزاسیون از درون)، با هم صف‌آرایی کرده‌اند، نوعی توازن و تقارن وجود دارد. علی‌ای‌حال، به نظرم در میان‌مدت به این سمت بچرخد و ما با نوعی مدرنیته و مدرنیزاسیون که با توسعهٔ پایدار هم‌عنان است، مواجه شویم. باید از تجربهٔ تاریخی درس بگیریم و این مسیر را گام‌به‌گام پیش رویم. تصورم این است که با عنایت به قشر مهم طبقهٔ متوسط شهری، عناصر معیشتی و روندهای برگشت‌ناپذیر در میان‌مدت به اینجا برسیم، امری که در حال رخ دادن است. با توجه به تجربهٔ زیست مردم و آنچه در مغرب‌زمین و کشورهایی که مسیر توسعه را طی کرده‌اند نشان می‌دهد، ما افتان‌وخیزان و دو گام به پیش و یک گام به پس، آن مسیر را طی خواهیم کرد.

شما در کتاب *ترنم موزون حزن* آورده اید: «مباحث تئوری و نظریانی توسط نظریه‌پردازان ایران به حد کافی گفته شده است و آنچه مهم است این است که این نظریات باید در ساختار سیاسی نهادینه شود». طبق استناد به این گفته آیا اولویت نهادها و سازوکارهای دموکراتیک را که علی میرسپاسی مطرح می‌کند، بر بحث‌های نظری موجه می‌دانید؟

هرچند مقدم نمی‌دانم، اما به نوعی رابطهٔ تعاملی و دیالکتیکی میان اینها قائل هستم. دوست گرامی، دکتر میرسپاسی در مقام عمل و نهادسازی به اقتفای ریچارد رورتی تأکید ویژه دارند. با عنایت به بصیرتی که در کلام ایشان وجود دارد و از نیازهای جامعهٔ کنونی ما حکایت دارد، اما به نوعی رابطهٔ تعاملی و دوسویه میان نظر و عمل مطمح‌نظر دارم. بدین صورت که به قصهٔ تحقق نهادها و چگونگی آن بیندیشیم. چنان‌که پاره‌ای سؤال‌های نظری دراین‌باب وجود دارد؛ فی‌المثل، رابطهٔ میان سبک زندگی دین‌دارانه و سبک زندگی عرفی و نسبتش با آموزه‌های دموکراتیک و حقوق بشری از این قبیل است. تصورم این است که بُعدی نظری هم دارد؛ به‌رغمِ اینکه کارهای نظری خوبی محقق شده، اما همچنان به برخی گره-

گشایی‌های نظری احتیاج داریم، نه اینکه امور را به سویه‌های عملی آن تأویل کنیم. در نظر گرفتن مؤلفه‌های جامعه‌شناختی، اقلیمی، روان‌شناختی و معشیتی و ایجاد نوعی تعامل، بار ما را بار می‌کند و پیش می‌برد. به زبان دیگر، ربط و نسبت و بَرهم-کُنش دوسویهٔ نظر و عمل است که ما را در این مسیر پیش می‌برد و مثمرثمر واقع می‌گردد. در گفت‌گویی با جناب میرسپاسی، همچنین گفت‌وگویی که در *ترنم موزون حزن* آمده است، از ایدهٔ خود دفاع کرده‌ام؛ صورت منقح آن عبارست از برگرفتن رابطهٔ دیالکتیکی و دوسویه میان نظر و عمل؛ مطابق با این روند باید پیش رفت.

پس می‌توان گفت: در این زمانه باید تئوری‌های صورت‌بندی شده را از ساحت نظر به جنبه‌های عملیاتی منتقل کرد. با عنایت به اینکه، مباحث نظری به حد مکفی گفته شده است و آنچه مورد نیاز است این است که؛ در ساحت عمل نیز مورد ارزیابی قرار گیرند.

بله، کاملاً موافقم و اندیشیدن درباب موانع تحقق آن‌ها که سویه‌های عملی پررنگی نیز دارد. به تعبیری، می‌توان گفت که اولویت‌ها تغییر می‌کند و فارغ از سویه‌های نظری و عملی آن نیستیم. اکنون اگر سویه‌های عملی محقق نشده است، در مؤلفه‌های عملی چون آموزش تأمل می‌کنیم (که نسبت وثیقی با معیشت و تربیت دارد) و چگونگی نهادینه شدن این سیاست‌ها در آموزش و پروش، دانشگاه‌ها و... که در این بخش‌ها باید سیاست گزاری کرد. هنگامی که این موارد با کوچک-ترین نهادهای جامعه نسبت داشته باشد، توجه بر جنبه‌های عملی آن پررنگ می-نمایاند. با عدم تحقق حاجات اولیه، بسیاری از این امور مورد توجه قرار نمی‌گیرد. فی‌المثل، زمانی که آمار شاخص‌های زندگی در کشورهای اسکاندیناوی یا برخی از شهرهای کانادا و آمریکا بالاست، به این معنا، مقولهٔ معیشت و سامان بخشیدن به آن و برآوردن حاجات اولیه نسبت وثیقی دارد با اینکه مدرنیته و مدرنیزاسیون در جان و زندگی شهروندان بنشیند و محقق شود.

جناب دکتر سروش دباغ بسیار خوشحال شدیم، از وقتی که برای ماهنامهٔ «روشن‌گر» دانشگاه شیراز اختصاص دادید. موفق و سر بلند باشید.

ممنون از شما که مجال این گفت‌وگو را فراهم کردید. آرزوی سلامتی برای شما و مخاطبان ماهنامهٔ «روشن‌گر» دارم.

افتاده در چالهٔ روشنفکری جهان سومی

گفت‌وگوی سروش دباغ با داریوش آشوری[1]

اگر بخواهیم به‌اجمال از تطور روشنفکری ایرانی صحبت کنیم، به نظرمی‌رسد که تأمل در تحول فکری آقای داریوش شایگان بتواند نقطهٔ شروع خوبی باشد. ایشان در کتاب *آسیا در برابر غرب* که گویا تحت تأثیر کربن و فردید بودند، سخنانی را دربارهٔ غرب مطرح کردند که بعدها به مرور تطور پیدا کرد و به کتاب‌هایی همچون *انقلاب مذهبی چیست*، *نگاه شکسته*، *اسکیزوفرنی فرهنگی* و در نهایت به *افسون‌زدگی جدید* رسید. از یک نگاه غرب‌ستیزانه که تبدیل به یک دگم در زمانی شد تا نگاهی متکثر و پلورال که در *افسون‌زدگی جدید* می‌بینیم، به نوعی سرنوشت روشنفکری ایرانی بوده است. این تطور و تحول را شما چگونه تحلیل می‌کنید؟

من با آقای شایگان از اوایل دههٔ چهل، که از اروپا به ایران آمد، آشنا شدم و میان‌مان رابطهٔ دوستانه و خانوادگی برقرار شد. با توجه به آشنایی نزدیکی که با ایشان و همچنین با فردید داشته‌ام، می‌توانم بگویم که شایگان زیرِ نفوذِ فکری فردید نبود، بلکه هر دو، در اصل، از یک سرچشمهٔ فکری آب خورده‌اند که هانری کربن و

---

1. هفته نامهٔ «شهروند» شهریورماه ۱۳۹۰.

گرایشِ او به تشیع و تصوف در اندیشهٔ اسلامی و ایرانی باشد. فردید در ایران در نیمهٔ دههٔ ۱۳۲۰ با کربن آشنا شد و از گرایشِ فکری او تأثیر پذیرفت، اگرچه هرگز اقرار نکرد. درحقیقت، می‌توان گفت که بیزاری کربن از دنیای مدرن و شیدایی او برای اندیشهٔ دینی و عرفانی مسیحی و اسلامی قرونِ وسطی، سرچشمهٔ اصلی پیدایشِ ایدهٔ «غرب‌زدگی» نزدِ فردید و ایده‌های شایگان در *آسیا در برابرِ غرب* است. شایگان در اروپا با اندیشه‌های ایران‌شناسانِ فرانسوی ستایش‌گرِ فرهنگِ ایرانی آشنا شد. این نکته‌ای است که او در درآمدِ کتابِ *روحِ ایران*[1] نوشته است. این مجموعه مقاله‌ای است از آن ایران‌شناسان که حدود شصت سال پیش، تا آن‌جا که به خاطر دارم، به همتِ پرویز خانلری منتشر شده بود و بیست‌واندی سال پیش به همتِ شایگان، و با درآمدی از او، بار دیگر در پاریس از نو چاپ شد.

پیش از آنکه شایگان در دههٔ ۱۳۴۰ به ایران بازگردد، با کربن و اندیشه‌های او آشنا بود و در پاریس تز دکتری خود را دربارهٔ *مجمع‌البحرین* داراشکوه و پیوندِ عرفانِ هندی و ایرانی، با کربن گذرانده بود. شایگان از همان زمان تحت تأثیر کربن بود و دل‌بستگی فراوانی به مباحثِ عرفانی داشت و از جمله، چنان‌که بارها گفته است، در رفت و آمد به ایران همراه با حسین نصر با علامه طباطبایی، استاد عرفانِ اسلامی، نشست و برخاست داشت. همچنین، کربن در مجمعِ «اُرانوس» با کارل گوستاو یونگ دوستی و هم‌سخنی داشت و شایگان گمان می‌کنم از راهِ او به یونگ و مکتبِ روان‌شناسی‌اش دل‌بسته شد که در پی تجلیاتِ رازناکِ روانِ آدمی، از جمله ارتباط با عالم غیب، بود. یکی از اولین کارهای منتشر شدهٔ شایگان به فارسی مجموعه مقالاتی دربارهٔ اسطوره‌شناسی به روایتِ مکتبِ یونگ است. تا آنجا که می‌دانم، آشنایی او با فردید و هم‌نشینی با او، از جمله در میهمانی‌های ماهانهٔ منزلِ مرحوم جهانبگلو در سال‌های نیمهٔ اول دههٔ پنجاه بود. ازآن‌جاکه ریشهٔ فکری مشترکی داشتند و هر دو شیفتهٔ فکرِ عرفانی بودند، در این رفت و آمدها، گفت‌وگوهای هم‌دلانه‌ای میان‌شان درمی‌گرفت. اما، رویدادِ انقلاب آن دو را به دو جهت یکسره جدا از هم و رویاروی هم کشاند. فردید که با انقلابِ اسلامی هم‌سو شده بود و آن را در جهتِ رویاهای تاریخی خود می‌دید، با مزاجِ تندِ گزافه‌گرایی که داشت، بدان

[1]. L'âme de l'Iran

سویی رفت که می‌دانید اما طبعِ فکری و شیوهٔ زندگی شایگان او را به آن راه مقابل کشاند و شیفتگی به اندیشهٔ باطنی عرفانی در او جای خود را به گرایش‌های عقلی اندیشهٔ مدرن داد اگرچه هرگز از وسوسه‌های یادِ خوشِ روزگارِ زندگی در فضای اندیشه‌های کُربنی آزاد نشد و کتابی هم دربارهٔ کربن و در ستایشِ عالمِ فکری او نوشت.

کتاب *آسیا در برابرِ غرب* یک سال پیش از انقلاب منتشر شد. این کتاب با دسته‌بندی فرهنگ‌های جهان به دو گروهِ آسیایی و غربی و نسبت دادنِ معنویتِ الهی به نخستین و نیهیلیسم به دیگری، در ذهنیتِ روشنفکری ما در ردهٔ غرب‌زدگی آل احمد و کتاب‌های شریعتی و همچنین، «*شفاهیاتِ*» فردید، قرار گرفت. با تمام کوششی که او در کتاب‌های بعدی‌اش برای گذر از دیدگاهِ شرق‌ستای آن کتاب و نزدیکی به دیدگاه مدرن کرد، نامِ او در نبردهای فکری این دوران برای بسیاری در کنارِ نام علی شریعتی و آل احمد و فردید و رضا داوری ماند. یک علتِ آن هم این است که تمام کتاب‌های بعدی به زبانِ فرانسه نوشته شدند و در فرانسه منتشر شدند و امکانِ ترجمه و نشر به فارسی نداشتند، مگر کتابِ آخرین‌اش. ازنظرِ کنونی من، *آسیا در برابر غرب*، همچون همهٔ کتاب‌ها و گفتمان‌های همانندِ آن، فرآوردهٔ دورانی از پرورش و گسترشِ فضای جهانِ‌سومی است که در آن ضدیت با غرب از دو جهت رشد می‌کند، یکی رشدِ ناسیونالیسمِ ضدِ استعماری و دیگری زیرِ نفوذِ مارکسیسم ـ لنینیسم و انقلابی‌گری چپ. به همین دلیل «بازگشت به خود» و اصالتِ بومی و شرقی خود، در آن دوران، یکی از گرایش‌های قوی ایدئولوژیک در جهانِ‌سوم است که نمودِ ایرانی‌اش را خیلی خوب می‌شناسیم.

به همین دلیل، گرایش‌های «اصالت‌طلب»، از نوعِ گرایشِ فردید و شایگان هم اگرچه می‌کوشیدند در فضای فرهنگی و بحثِ فرهنگی بمانند، سرانجام طنینِ سیاسی قوی پیدا کردند. درحالی‌که آن «معنویتِ شرقی» که اینان در طلب آن بودند، در پی عالمی دیگر و آدمی دیگر، همیشه با سیاست و عالمِ قدرت سیاسی فاصله داشت و آن را خوار می‌شمرد. از حق نباید گذشت که، *آسیا در برابر غرب*، با تسلطی که شایگان بر زبان‌های فرانسه و انگلیسی دارد و آشنایی او با منابعِ فکری در غرب، از نظرِ بارِ فکری اندیشه‌گی و پژوهشی نسبت به کتاب‌های همانند خود در

زبانِ فارسی در روزگارِ انتشار آن بسیار مایه‌دارتر و جدی‌تر بود. زیرا آن کتاب‌ها، از نوعِ غرب‌زدگی آل احمد یا کتاب‌های شریعتی چیزی جز پرخاش‌جویی‌های رُمانتیکِ روشنفکری جهانِ‌سومی نبودند که از دلِ کین‌توزی[۱] بیرون می‌آمدند. این کتاب را آن زمان من ویرایش کردم و خیلی از آن خوشم آمد زیرا از راهِ آشنایی با فردید و هم‌چنین، شایگان زیرِ نفوذِ مایه‌های فکرِ کُربنی آن بودم. اما اندیشیدن به مسائل شرق و غرب و شکافتنِ مفهومِ جهانِ‌سوم از آن دیدگاه، مرا به یک نارسایی پایه‌ای در همهٔ اندیشه‌هایی رساند که با مفهومِ «فرهنگ» و دسته‌بندی فرهنگی قوم‌ها و ملت‌ها ذیلِ گونه‌های آن، می‌خواهند به سراغِ فهمِ رویارویی «شرق» و «غرب» بروند.

زیرا «فرهنگ» یک مفهومِ بنیادی انسان‌شناسی (آنتروپولوژی) مدرن بر پایهٔ انسان‌باوری (اومانیسم) است. با این مفهوم می‌توان دین و عرفان را در قالبِ علومِ انسانی به اُبژهٔ علمی بدل کرد که آن‌ها را فرآوردهٔ ذهنیت (سوبژکتیویته) جمعی انسانی می‌داند اما از این در، راهی به عوالمِ معنوی جهانِ خداباور و هستی‌محورِ گذشته نیست. از راهِ کربن و شور و شیدایی او برای *حکمت‌الاشراقِ* سهروردی تنها می‌توان عرفان را به مادهٔ درسی دانشگاهی و جُستارمایهٔ پژوهشِ علمی بدل کرد اما با آن نمی‌توان مرشد شد و «خانقاه» بنا کرد. برداشتنِ دیوار میانِ خانقاه و دانشگاه هم، چنان‌که او و شاگردانش خواستند بکنند، حاصلی بیش از برداشتنِ دیوارِ میانِ حوزهٔ علمیه و دانشگاه ندارد که شاهد پیامدهای آن هستیم. در روزگارِ مدرن این دانشگاه است که خانقاه و حوزهٔ علمیه را در خود جذب می‌کند نه عکس آن. به همین دلیل، رنگ و لعابِ پرمایهٔ فیلولوژیک به «معنویتِ شرقی» زدن، چنان‌که دیدیم، آن را از سرنوشتِ سیاسی شدن و جبهه‌گیری به سودِ این رژیم و آن رژیم یا بر ضدِ این رژیم و آن رژیم نرهاند. آل احمد و شریعتی از بُن روشنفکرِ طغیانی جهانِ‌سومی بودند یعنی، گیر کرده در کشاکش میانِ رسوبِ تاریخی جهانِ «شرقی» رو به فروشد و جهانِ برآیندهٔ تازندهٔ مدرن. این دو نقشِ تاریخی خود را از این جهت بازی کردند. درواقع، بی‌آنکه بدانند، با زیرورو کردنِ سنّت به نامِ بازگشت به آن، راهِ

۱. Ressentiment

مدرنیتِ فکری را گشودند. اما شوقِ شایگان و فردید و رضا داوری به فلسفه نتوانست ایشان را از فروافتادن در چالهٔ سرنوشتِ سیاسی روشنفکری جهانِ‌سومی برهاند.

کتابِ بعدی شایگان به زبانِ فرانسه با عنوانِ *انقلابِ دینی چیست*، کمابیش در همان مایه‌های *آسیا در برابرِ غرب* است و همچنان دچارِ غمِ غربتِ جهانِ معنوی گم‌شدهٔ شرقی است. اما در کتابِ بعدی به زبانِ فرانسه که عنوانِ *نگاه شکسته* دارد، وی می‌کوشد به آسیب‌شناسی پدیدهٔ درهم‌آمیزی نگرش‌های «شرقی» و «غربی» بپردازد و نامِ «روان‌پارگی فرهنگی»[۱] بر آن می‌گذارد و البته، این آسیب‌شناسی یکسره از راهِ مفهوم‌های تاریخی و از جمله روان‌پزشکی مدرن است.

البته، شایگان در کتاب *انقلاب مذهبی چیست*؟ مفهوم ایدئولوژیزه شدن سنت را برای توضیح نابسامانی و به تعبیر ایشان اسکیزوفرنی فرهنگی خودمان وضع می‌کند. نقدی که البته در سال‌های بعد، در فضای روشنفکری ایرانی هم عمومی شد. درواقع، او در مقام آسیب‌شناسی معتقد است که ایدئولوژیزه شدن سنت، آب در هاون کوبیدن است و نمونهٔ مورد مطالعهٔ او در این آسیب‌شناسی نیز پروژهٔ دکتر شریعتی است. به نظر می‌رسد که این برداشت با آنچه شما توضیح دادید، متفاوت است؟

شایگان مفهوم ایدئولوژی را البته به همان معنایی به کار می‌بَرَد که شریعتی به کار می‌بُرد. ایدئولوژی به معنای گفتمانِ بسیج‌گر سیاسی برای دگرگونی انقلابی، بیشتر یک مفهومِ لنینی است. هنر شریعتی این بود که برای تبدیلِ دین به ایدئولوژی به این معنا، به یاری زبان‌آوری (رتوریکِ) خاص خود، به اسطوره‌های سنّتی شیعی، رنگِ اسطوره‌های انقلابی مدرن بزند. در فضای فکری لنینیستی، ایدئولوژی به این معنا، علمِ تاریخ است و شناختِ چون‌وچراناپذیرِ سازوکارِ رهایی‌بخشِ آن. اما یک مفهومِ دیرینه‌ترِ ایدئولوژی نیز هست که به مارکس و *ایدئولوژی آلمانی* او برمی‌گردد. مارکس با برقرار کردنِ رابطهٔ علّیتی میانِ نظر و کردارِ اجتماعی در انسان و بنیادِ طبقاتی و تاریخی بخشیدن به نظر، ایدئولوژی را در آن کتاب به معنای نظرِ فریبکارانه و «آگاهی دروغین» در برابرِ علم به کار می‌برد. صورتِ پخته‌تر

---

[۱]. schizophrénie culturelle

و پرورده‌ترِ این مفهوم از ایدئولوژی را در مفهوم گفتمان (دیسکور) نزدِ میشلِ فوکو می‌توان یافت که میانِ آن‌چه که به عنوانِ نظر و نظریه و باور و ایمان می‌شناسیم، از سویی، و ساختارِ سیاسی و اقتصادی و اجتماعی و فضای تاریخی، و زورآوری‌ها و خواسته‌های ناگزیرِ آن‌ها، از سوی دیگر، رابطه برقرار می‌کند.

به نظر می‌رسد که کربن به نوعی تجربهٔ دینی ـ عرفانی نابِ باور داشت که بری از هر سود و غرضِ شخصی و تنها برای بندگی خدا و رستگاری روح باشد. به همین دلیل، با رهیافتِ علومِ انسانی مدرن به دین هیچ میانه‌ای نداشت که آن را گونه‌ای ایدئولوژی به معنای مارکسی یا حاملِ گفتمان‌ها به معنای فوکویی می‌دانند. او زیرِ نفوذِ هایدگر و مفهومِ او از ذاتِ انسان در مقامِ «دازاین» یا در- جهان - بودن، علومِ انسانی مدرن را از فهمِ ذاتِ تجربهٔ اصیلِ دینی ناتوان می‌دانست که سلوکِ معنوی و اخلاقی در جهتِ اتصال و ارتباط با وجهِ پنهانِ هستی و خداست. این حرف، البته، می‌تواند در قلمروِ تجربهٔ باطنی انسان‌های خاص معنادار باشد (و من خود چنین کسانی را در زندگی شناخته‌ام و برای مثال می‌توانم از عزت‌الله سحابی نام ببرم). اما فراموش کردنِ معنای جامعه‌شناختی دین به عنوانِ نهادِ ریشه‌دار و استوارِ اجتماعی و رابطهٔ پیچیدهٔ آن با دیگر نهادهای تولید کنندهٔ قدرت و ثروت، و به زبانِ دینی، درهم‌تنیدگی شگفتِ «نفسِ امّاره» و ایمان در اکثریتِ مؤمنان، سببِ بدفهمی بُعدِ اجتماعی و تاریخی آن می‌شود. و این همان چیزی است که در فهمِ کربن از دین و به پیروی از او، در شایگان غایب است. درحقیقت، ایدئولوژیک شدنِ دین به معنایی که شایگان با بیزاری از آن یاد می‌کند و شریعتی را مسئولِ آن می‌داند، از استعدادِ ذاتی «ایدئولوژیکِ» دین همچون گفتمانِ تاریخی برمی‌آید که، در شرایطِ خاصی، چنان‌که دیدیم، می‌تواند از ایدئولوژی (یا گفتمانِ) حاملِ سنت و پاس‌دارِ آن به ایدئولوژی انقلابی با رنگ‌وروی لنینی هم تبدیل شود.

و سخن گفتن از «هویت چهل تکه»، آیا به نوعی صدای ضرورت تکثر و پلورالیسم در روشنفکری ایرانی لبود؟

به‌هرحال، با انقلاب، به ویژه با عنوانِ «اسلامی»، جامعهٔ ایران تکان عظیمی خورده است و نشانه‌های این تکان نه تنها در فضاهای روشنفکری که در همهٔ فضاهای همگانی، در حرکتِ فرهنگی طبقهٔ متوسط و شاید شگفت‌تر از همه جا، در حوزه-

های علمیه پدیدار است. پلورالیسمی که از آن نام می‌برید و تحولِ گفتمان‌ها در این مدت بسیار مهم است. پس، جای شگفتی نیست که ذهنِ شخصِ هوشمندِ دانشوری چون داریوشِ شایگان هم از این فضای تازه نقش پذیرفته، آن را در نوشته‌های خود بازتاب داده باشد. روشنفکران دینی ما هم امروز هوادارِ کثرت‌باوری‌اند.

از سخنان شما چنین استنباط کردم که پایه‌های روشنفکری شایگان و پاسخ‌های او را، چه زمانی که به دنبال فرهنگ شرقی بود و چه زمانی که از ایدئولوژیزه کردن سنت انتقاد می‌کرد و چه زمانی که به هویت *چهل تکه* رسید، چندان محکم نمی‌دانید. حال آنکه در نگاه من حرکت شایگان در این سال‌ها از *آسیا در برابر غرب* تا *هویت چهل تکه* به نوعی نمونهٔ بارز گذار روشنفکری ایرانی است؛ به‌طوری‌که به نظرم می‌توان امروزه با ایده‌های شایگان متأخر هم‌دلی کرد و از آن‌ها بهره برد.

یک نکته را در مورد شایگان باید گفت که تاکنون کسی نگفته است و خودِ او هم بر زبان نیاورده. و آن این است که او هم، از دنیای روشنفکری ایرانی هست و هم، نیست. به همین دلیل، دامنهٔ بازتابِ نوشته‌های او از دایرهٔ گروهی از سرامدانِ روشنفکری فراتر نمی‌رود و، برخلافِ کسانی چون فردید و شریعتی، سازندهٔ فضای فکری خاصی هم نبوده است. نخستین مشکل در مورد او این است که شایگان با آنکه ازنظرِ شهروندی، ایرانی است، نه به فارسی که به زبانِ فرانسه می‌نویسد. زیرا او درس‌خواندهٔ فرنگ است و از کودکی به مدرسهٔ فرانسوی رفته است و نوشتن به فارسی برای او دشوار است. ایده‌های کتابِ *آسیا در برابرِ غرب* از شایگان است اما اگر من چند ماه وقت بر سرِ ویرایش و پرداختن و روشن کردنِ زبانِ آن صرف نکرده بودم، گمان نمی‌کنم که چنین بازتابی می‌داشت. سایر کتاب‌هایش را هم دیگران از زبان فرانسوی ترجمه کرده‌اند. درحقیقت، خطابِ شایگان به خوانندهٔ فرانسوی است و حرف‌های او به فارسی چندان فهم‌پذیر نیست، زیرا مرجع‌های آن‌ها، از جمله دربارهٔ اسلام و تصوف، کتاب‌های فرانسوی و بیش از همه کتاب‌های کربن است. او در تجربه‌های فکری و سیاسی ما نسلِ روشنفکرانِ مبارزِ جهانِ‌سومی شرکت نداشته است و بحران‌ها و سرخوردگی‌ها و شکست‌های این نسل را تجربه نکرده است. شایگان را بیشتر باید در ردهٔ خاصی از روشنفکری آکادمیکِ فرانسوی جای داد که

به شرق‌شناسی دل‌بستگی داشته است و هانری کربن از نمایندگانِ برجستهٔ آن است.

شایگان ایران را بسیار دوست دارد و از زندگی در فضای آن، البته، در میانِ طبقهٔ مرفهِ مدرن، لذت می‌برد. اما این عشق به ایران در او با ترکیبِ ویژه‌ای از فرهنگِ ایرانی و فرانسوی شکل گرفته است. آموزشِ زبانِ فرانسه از کودکی و گذراندنِ روزگارِ نوجوانی و جوانی در فضای دبیرستانی و دانشگاهی انگلستان و سوییس و فرانسه و برخوردِ او با شیفتگی برخی ایران‌شناسانِ فرانسوی مانندِ هانری ماسه و رنه گروسه و، بالاتر از همه، هانری کربن سببِ آشنایی او با لایه‌های ظریف و زیبای هنری و عرفانی فرهنگِ ایرانی و شیفتگی به آن شده است. اما او وجهِ زمخت و سختِ این فرهنگ، از جمله، فقرِ مادی در آن را تجربه نکرده است. با توجه به این نکته‌ها، شایگان را ناگزیز یک روشنفکر و نویسندهٔ بومی ایرانی نمی‌توان شمرد بلکه آمیزهٔ دورگهٔ ایرانی ـ فرانسوی است. غرب‌ستیزی شایگان در کتابِ نخستین‌اش نیز از سنخِ شورشگری و شوریدگی سیاسی ضدِ استعماری و انقلابی روشنفکرانِ بومی، از نوعِ آل احمد و شریعتی نیست؛ بلکه، از نوعِ شرق ـ شیفتگی فرانسویانی چون رنه گنون و هانری کُربن است که با احساسِ غربتی نسبت به فضای گم‌شدهٔ جامعهٔ دین‌بنیادِ اروپای مسیحی، بر ضدِ نیهیلیسمِ مدرن شوریده‌اند و با خیالِ بازیافتنِ آن جهانِ گم‌شده روانهٔ شرق شده‌اند؛ البته بی‌آنکه بتوانند بفهمند که در «شرق» چه طوفان‌ها و زلزله‌های عظیمی از برخورد «معنویتِ شرق» با غرب و «نیهیلیسمِ» آن در راه است.

از نمونهٔ شایگان که بگذریم، تجربه‌های موفق و قابل اعتنای روشنفکری معاصر و پس از انقلاب از نگاه شما چه کسانی بوده‌اند؟

در تحلیلِ تاریخِ دورانِ مدرن‌مان، من معتقدم که ما از نیمه‌های سدهٔ نوزدهم، زیرِ فشارِ کولونیالیسمِ اروپایی، از زهدانِ جهانِ «شرقی»، یا، به‌عبارت‌دیگر، جهانِ سنّتی‌مان به بیرون پرتاب شدیم و واردِ زندگی در فضای جهانی شدیم که به حکمِ نیروهای زورآورِ آن ناگزیر می‌بایست مدرن و صنعتی شود یا به حاشیه و زائدهٔ جهانِ مدرنِ صنعتی بدل شود و این سرنوشتِ تمامی مردمان و سرزمین‌های کرهٔ زمین است، چنان‌که می‌بینید. اگر از محدودهٔ این دیواری که به دور خودمان

کشیده‌ایم و نام آن را ایران گذاشته‌ایم، بیرون بیاییم و از چشم‌اندازِ تاریخِ جهانی به خودمان بنگریم، به گمانِ من، فهمِ روشن‌تری از وضعِ کنونی‌مان و تاریخِ نه چندان دورِ پشتِ سرمان پیدا می‌کنیم. یکی از جنبه‌های اساسی این نگرش، فهمِ روشن‌تری از آن چیزی است که در جهانِ ما روشنفکری نام گرفته است و من هم خود را در نسبت با آن می‌فهمم و می‌سنجم.

روشنفکری در جهان ما، در اصل، یک پدیدهٔ بومی نیست که همچون روشنفکری سدهٔ هفدهم و هجدهمِ اروپا از دلِ شورش بر قرونِ وسطای ما بیرون آمده باشد. روشنفکری پدیده‌ای است که به دنبالِ جهان‌گیر شدن کولونیالیسم اروپایی و تمدنِ مدرن، جهان‌گیر می‌شود و تمامی سامان‌های کهنِ سیاسی و اقتصادی و فرهنگی را در سراسرِ کرهٔ زمین از هم می‌پاشد. آنچه در ایران روی داده، هم بخشی از این داستانِ جهانی است. پدیدهٔ روشنفکری در شکلِ میانه‌رو خود می‌تواند خود را با فضای فرهنگی بومی سازگار کند و آن را آرام آرام دگرگون کند و فضای تازه‌ای از ترکیبِ آن دو پدید آورد که سنّت و مدرنیت بتوانند در آن، در فضای مشترکی در حالِ دادوستد با یکدیگر زندگی کنند، آن‌چنان‌که چندان از هم بازشناختنی نباشند. روشنفکرانی مانندِ محمدعلی فروغی تا مهندس بازرگان، هم، در زندگی سیاسی و هم، فرهنگی، ازاین‌دست بودند. اما روشنفکری افراطی انقلابی از نوع لنینیست می‌خواهد ایده‌های خود را به‌زور بر همه‌چیز تحمیل کند و همه‌چیز را به‌زورِ اسلحه و بسیجِ انقلابی زیرورو کند که حاصلِ فاجعه‌بارِ آن را برای بسیاری از جامعه‌های بشری دیده‌ایم. اما در زیرِ فشار و نفوذِ ایدئولوژی‌های انقلابی، سنت نیز می‌تواند انقلابی شود. برای آن، کاتالیزورهای ایدئولوژی‌ساز از نوعِ شریعتی می‌توانند نقشِ تاریخ‌ساز داشته باشند. البته، سنت با انقلابی شدن، بنیانِ خود را نیز زیر و زبر می‌کند و در آن، بحران ژرف پدید می‌آورد.

اما میان‌کُنشِ[۱] این دو قطب در ایران پدیدهٔ دیگری را به وجود آورده که به نظرِ من اصیل و بسیار اثرگذار بوده است و این همان جریانی است که خود را «روشنفکری دینی» می‌نامد و در جست‌وجوی تعادل و دادوستدِ خلاق میانِ سنت و مدرنیت است. چهره‌های برجستهٔ این جریان در عالم اندیشه همچون مصطفی ملکیان،

[۱]. Interaction

عبدالکریم سروش و محمد مجتهد شبستری در این جهت کوشا و اثرگذار بوده‌اند. همچنین، بازوی سیاسی این جریان که بیشتر در کار روزنامه‌نویسی بوده است نیز به رغمِ همهٔ آسیب‌هایی که دیده، در رشد دادن به فرهنگِ سیاسی و اجتماعی دینی و سازگار کردنِ آن با فضای زندگانی مدرن نقشِ ماندگاری داشته است. در دورانِ پس از انقلاب، روشنفکری سکولار اگرچه از صحنهٔ سیاسی پس رانده شده اما از نظرِ فرهنگی در بازسازی فضای ذهنی خود و بخشِ فرهیخته‌تر جامعه نقشِ مؤثر داشته است. به نظرِ من، درکل، روزگارِ نمود و نمایش تک‌چهره‌ها و تک‌خال‌ها گذشته است و نباید در پی آن‌ها بود. آنچه اکنون مهم است حرکت‌ها و جریان‌هاست.

آیا می‌توان مدعی شد که در جامعهٔ ما روشنفکران دینی در مقایسه با روشنفکری سکولار، قدرت تولید گفتارشان به معنای فوکویی و به آن لحاظ که مخاطب بیشتری دارند، افزون‌تر است و گفتاری که تولید می‌کنند، چون در ارتباط قوی با سنت دینی است، می‌تواند مخاطبان بیشتری را در جامعهٔ کنونی ایران پوشش دهد؟

من به روشنفکری دینی و معنادار بودن این مفهوم کاملاً باور دارم و آن را برای جامعهٔ ایرانی بسیار مهم می‌دانم. در تأثیرگذاری سیاسی و آینده‌سازی آن هم شکی ندارم. آن‌هایی که سنت را خوب می‌شناسند، این توانایی را دارند که با تولید گفتمان‌های تاثیرگذار در لایه‌های پهناورتر اجتماعی نفوذ کنند و از دل آن نیروی سازنده‌ای را بسیج کنند که بتواند با برقرار کردن تعادل، جامعه را از بحرانِ ترسناکی که گرفتارِ آن است، بیرون آورد.

آیا میان پروژهٔ فکری خودتان و روشنفکری دینی نسبتی می‌بینید؟

من هم البته با کار فرهنگی خود، از جمله، کارِ بازسازی زبانی خود، می‌کوشم که به کلِ جریانِ فکری و فرهنگی جامعهٔ روشنفکری، چه اهلِ دیانت و جز آن، مددی برسانم. می‌بینم که روشنفکری دینی نیز به کارهای من بی‌توجه نیست و با برخی از ایشان هم روابط دوستانه دارم.

اگر بخواهم در ادامه به کار روشنفکری خود شما در سالیان اخیر بیشتر بپردازم، باید بگویم که شما در کتاب *زبان‌باز*، *رابطهٔ زبان و مدرنیت*، دربارهٔ محدودیت‌های زبان فارسی در هضم مفاهیم مدرن نکاتی را طرح کرده‌اید و همچنان روی آن پروژه کار می‌کنید. چه ارتباطی میان کار روشنفکری در کشوری همچون ایران و چنین توجهی به زبان فارسی می‌بینید و از چه زمانی این دو در ذهن شما با هم پیوند خوردند؟

قضیهٔ زبان از زمان‌های خیلی دور، از دوران جوانی، از وسوسه‌های ذهنی من بوده است. آنچه سبب شد به صورت جدی به این امر بپردازم، برخورد با یک مرد استثنایی و دانشور درجه یک، غلام‌حسین مصاحب بود که پروژهٔ *دایرةالمعارف فارسی* را در موسسهٔ فرانکلین اداره می‌کرد و من این شانس را داشتم که در زمان دانشجویی در دانشکدهٔ حقوق، برای دستیاری او در این پروژه استخدام شوم. اندیشه‌های دکتر مصاحب برای دایرةالمعارف‌نویسی و روشِ او برای واژه‌سازی علمی در من، که بسیار جوان بودم، تأثیرگذار بود. در همان سال‌ها استادِ دیگر من، خلیلِ ملکی، که رهبرِ سیاسی فرهیختهٔ اهلِ مطالعه‌ای بود، به مسائل ایران از دیدِ مسائلِ اقتصادی و سیاسی کشورهای نوخاستهٔ جهانِ‌سومی، که تازه در اروپا، به ویژه در فرانسه، مطرح شده بود، توجه پیدا کرد. ذهنِ من هم به سوی این‌گونه نگرش به مسائل‌مان کشیده شد. دربارهٔ توسعهٔ اقتصادی و اجتماعی مطالعه می‌کردم و در حوزهٔ دانشجویی حزبی هم به تدریس این مسائل برای رفقای خودمان می‌پرداختم.

اما به دلیل گرایش همیشگی به شعر و ادبیات و دل‌بستگی به فلسفه و جامعه‌شناسی، بعد فرهنگی مسأله ذهن مرا به خود مشغول کرد. دست زدن به ترجمه سبب شد که بُعدِ زبانی آن یعنی، توسعه‌نیافتگی زبانی، در ذهن من شکفت و پروردن و بارور کردنِ زبانِ فارسی در حوزهٔ علومِ اجتماعی از اندیشه‌گری‌های اصلی‌ام شد. با کارهای آغازینی که در نیمهٔ اول دههٔ پنجاه در این زمینه کردم؛ یعنی، گردآوری و انتشارِ *واژگانِ علومِ اجتماعی*، رفته‌رفته این پرسش برایم پیش آمد که زبان‌های غربی مکانیزم‌های توسعهٔ واژگانی زبان‌های خود را چگونه فراهم کرده‌اند و زبان‌هایی هم‌چون زبان ما چرا هم‌چون دیگر جنبه‌های زندگی مدرن، باید به دنبال آن زبان‌ها بدوند. درواقع، مطالعه دربارهٔ تحول تاریخی‌ای که با پیدایش

مدرنیت در جهان رخ داده، یعنی انقلاب علمی و انقلاب صنعتی در قرن نوزدهم، مرا به این سمت کشاند که بدانم زبان انگلیسی چگونه از عهدهٔ فراهم کردنِ مایهٔ زبانی برای این‌همه دستاوردهای روزافزونِ علمی و صنعتی و دیگر جنبه‌های زندگانی مدرن برمی‌آید. از این راه دریافتم که میان جهشِ علمی ـ تکنولوژیک دنیای مدرن و شیوهٔ برخوردِ انسان با زبان در آن فضا رابطهٔ سرراست در کار است. در دنیای سنتی انسان در کار زبان اختیاری ندارد و فروگرفته در آن است اما در دنیای مدرن انسان هم‌چنان‌که برای چیرگی بر طبیعت به آن دستیازی علمی و تکنولوژیک می‌کند، به مایهٔ زبانی‌ای نیز برای آن نیاز دارد که در اختیار او باشد. ازاین‌رو، رهیافتِ علمی و تکنولوژیک به زبان برای توسعهٔ واژگان نیز یکی دیگر از ابعادِ مدرنیت است.

به تقابل میان انسان مدرن و سنتی اشاره کردید و اگر تسلط بر زبان از ویژگی‌های بشر جدید است، احتمالاً زبان‌آرایی و استفاده از آرایه‌های ادبی در زبان گذشتگان مدنظر شما نیست؟

آنچه من در قضیهٔ *زبان‌باز* دنبال می‌کنم، بیش از آنکه رو به سوی جنبه‌های فلسفی زبان داشته باشد، به مسائل کاربردی زبان توجه دارد. قراردادانگاری زبان پایهٔ این‌گونه رفتار با زبان است. در این رهیافت، تکیه‌گاهِ معنایی برای برآوردن نیازهای ترم‌شناختی، چندان زبان طبیعی و بستر تاریخ و فرهنگ نیست؛ بلکه، قراردادی است که اهل علم برای مفاهیمی که در حوزهٔ کار خود به آن نیاز دارند، می‌بندند. کوشش من این بوده است که تا جایی‌که ترکیب‌سازی و مشتق‌سازی در این زبان اجازه می‌دهد، از توانایی‌ها و استعداد ادبی زبان فارسی نیز برای گسترشِ میدانِ واژگانِ علومِ انسانی در آن بهره‌گیری کنم. ادبیات کلاسیک فارسی، خودآگاه و ناخودگاه، به من الهام و الگوهای زبانی داده است. اما به تجربه دریافتم که تکیه به زبانِ طبیعی و میراثِ ادبی آن کافی نیست و نمی‌تواند به گسترهٔ عظیمِ نیازهای زبانیِ مدرن پاسخ دهد. ازاین‌رو، به تجربه‌هایی در زمینهٔ کاربردِ پیشوندها و پسوندها و ستاک‌های واژگانی ازیادرفته و کهن نیز دست زده‌ام. این گرایش با پیشاهنگی زبانی آقای شمس‌الدینِ ادیب سلطانی و محمد حیدری ملایری رو به پیشرفت است و به واژه‌سازی‌های فرهنگستانِ کنونی زبان نیز راه یافته است.

راه‌کارهای کلان به دست دادید یا معادل‌سازی کرده‌اید یا آمیزه‌ای از این دو را انجام داده‌اید؟

آمیزه‌ای از این دو را انجام داده‌ام. در *فرهنگ علوم انسانی* که ویرایشِ دوم آن بیست‌وهفت هزار ترمِ این حوزه را در بردارد، صدها ترکیب و مشتق فارسی وجود دارد که خود ساخته‌ام. در درآمدی پنجاه صفحه‌ای نیز روشِ کار خود را بازگفته‌ام.

اگر بخواهم مثالی هم از حوزهٔ فلسفه بزنم، همان‌گونه که می‌دانید، هم‌چنان برای یکی از مهم‌ترین مفاهیم فلسفی یعنی «سوژه» و «ابژه» معادل فارسی خوبی وجود ندارد. برخی سوبژکتیو و ابژکتیو را «عینی» و «ذهنی» ترجمه کرده‌اند که چنان‌که می‌دانیم وفادار نیست و یا برخی دیگر واژه‌های «انفسی» و «آفاقی» را پیشنهاد کرده‌اند که حتی رهزن‌تر به نظر می‌رسد. واژهٔ «متافیزیک» هم چنین وضعیتی دارد و برای آن معادل «مابعدالطبیعه» را گذاشته‌اند که چنان‌که باید افاقهٔ معنا نمی‌کند. پژوهش شما آیا شامل این فقر واژگانی و به تعبیر دقیق‌تر فقر معنایی هم می‌شود؟ آیا می‌توان توضیح داد که چرا هم‌چنان نتوانسته‌ایم برای برخی از این واژه‌ها معادل پیدا کنیم؟

زبان فارسی سرمایهٔ کلان ادبی کلاسیک دارد. در حوزهٔ فلسفهٔ حوزوی و عرفان نظری هم زبانِ اصطلاحاتی وجود دارد که در جاهایی برای ترجمهٔ متن‌های مدرن هم می‌توانند به کار آیند. اما در جاهایی غیرممکن است. زیرا بنیادِ مفهوم برای ذهنیتِ دیرینهٔ ما ناآشناست و ترجمه به آن زبان و اصطلاحات، همچنان که اشاره کردید، مایهٔ بدفهمی می‌شود. سوژه و اُبژه نمونه بسیار خوبی است. وقتی من جلد هفتم *تاریخِ فلسفهٔ* کاپلستون را ترجمه می‌کردم، متوجه شدم که معادل دقیقی برای این دو کلمه نداریم و سوژه و ابژه را در جوار ذهن و عین به کار بردم. این کار سبب شد که سوژه و اُبژه، به صورتِ دو واژهٔ وام‌گرفته از زبانِ فرانسه، رفته‌رفته در ترجمه‌ها جاافتاد. باری، این دو مفهوم متعلق به بستر تمدنی دیگر است که به همه چیز از افقی دیگر جز افق تمدنِ گذشتهٔ ما نگاه کرده است. یعنی، افق انسان‌باور آن‌ها که در آن عقل بشری خودمحور و خودمختار است. سوژه و ابژه از دل تحولِ

اساسی تاریخِ فرهنگی غرب درآمده است و به نظر من هیچ اشکالی ندارد که ما این کلمات را که نمی‌توان معادلی برای آن‌ها یافت، همان‌گونه بپذیریم. درست همان‌طور که در عالم زندگی روزانه واژه‌هایی همچون تلفن و تلویزیون و رادیو را پذیرفته‌ایم، در عالم نظری نیز باید برخی کلمات را بپذیریم.

این سخن شما با گفته‌های پیشین‌تان کمی تفاوت دارد. اگر زبان باز و گشوده باشد، شاید داستان منحصر به سوژه و ابژه نماند. آیا باید همه جا سپر بیاندازیم و عیناً همان واژگان را استفاده کنیم؟ همچنین، از واژه‌سازی صحبت شد. اما آیا نباید مکانیسم معقول و قابل قبولی برای این مقصود در نظر داشته باشیم. مثلاً، ساختن واژه‌هایی از سنخ «ترافرازنده» توسط مترجمان را چگونه ارزیابی می‌کنید؟

معنا به صورت مستقل و شفاف در کلمه نهفته نیست؛ بلکه، چنان‌که زبان‌شناسان و منطق‌دانان مدرن، همچون فرگه، گفته‌اند، در جمله و متن است که کلمه معنای خود را نمایان می‌کند. کاربرد دائمی کلمه و تکرار آن در متن‌ها و تبدیل شدن آن به یک مفهوم مشترک در یک حوزهٔ کاربردی است که به کلمه معنا می‌بخشد. امروزه، برای مثال، در حوزهٔ فلسفه در زبان فارسی بسیاری واژه‌ها را به کار می‌بریم که معنی آن‌ها زیرِ نفوذِ واژه‌های زبان‌های اروپایی دیگرگون شده است و با معنای قدیم یکی نیست. دربارهٔ «ترافرازنده» هم که مثال آوردید، این واژه را آقای ادیب سلطانی ساخته است. اگر دربارهٔ آن توافق شود و بسامدِ کاربردی پیدا کند، شاید بتواند بارِ معنایی ترانساندانس را به خود بگیرد اما هنوز کلمهٔ شفافی نیست. مثلِ واژهٔ «گفتمان» که من ساختم. اوایل بر سر آن بسیار جنجال شد و به معنای نادرست هم به کار رفت و از آن فعل «گفتمان کردن» هم ساختند. اما اکنون بر اثرِ کاربرد در حوزهٔ فلسفه، جامعه‌شناسی و علوم سیاسی بار معنایی درست خود را در برابرِ دیسکور در فرانسه یا دیسکورس در انگلیسی یافته است.

در ادامه می‌خواهم نکاتی هم دربارهٔ ترجمه که یکی از دل‌مشغولی‌های شما در کار روشنفکری‌تان بوده است، بپرسم. ترجمهٔ آثار فیلسوف مشهور آلمانی، نیچه و همچنین، کتاب *شهریار* ماکیاولی در کارنامهٔ شما به چشم

می‌خورد. پیش از آنکه دربارهٔ رابطهٔ نگاه فکری شما با آن‌ها بحث کنیم، لطفاً از چگونگی آشنایی‌تان با نیچه و ماکیاولی برایمان بگویید.

با ماکیاولی به خاطرِ علاقه‌ام به فلسفهٔ سیاسی، از نوجوانی آشنا شده بودم. البته، با همان بارِ بدنامی که در ادبیات مارکسیستی با او همراه بود. ترجمهٔ *شهریار* از محمودِ محمود را هم در نوجوانی خوانده بودم. اما تجربه‌های انقلاب سبب شد که به‌درستی و تیزبینی او درباب‌ِ چگونگی شکل‌گیری و فروپاشی قدرتِ سیاسی و معنای رفتارِ انسانی در این قلمرو هشیارتر شوم. این‌گونه بود که تصمیم به ترجمهٔ *شهریار* گرفتم.

اما برخورد با نیچه شاید حاصل یک پیشامد بود. در سنِ هفده ـ هجده سالگی با دو رفیقِ شاعر هم‌نشین بودم که یکی از آن‌ها پان‌ایرانیست بود و از راهِ همان گرایش‌های حزبی با آثار نیچه آشنا بود؛ با *چنین گفت زرتشتِ* نیچه، که نخستین بار، حمید نیر نوری سالیان پیش، آن را ترجمهٔ کرده بود و ما را هم با آن آشنا کرد و این کتاب به محفل ما راه یافت و مدتی با آن «حال» می‌کردیم؛ بی‌آنکه مطلب چندانی از آن به‌درستی درک کنیم. اما چند سال پس از آن که من ترجمهٔ انگلیسی آن را پیدا کردم و خواندم، این کتاب سخت به من چسبید و مرا رها نکرد و می‌توانم بگویم که برایم سرنوشت‌ساز شد و سالیانِ درازی را بر سرِ آن گذاشتم. به دنبالِ آن، تاکنون، سه کتابِ دیگر از او را هم ترجمه کرده‌ام.

فصل مشترک نیچه و ماکیاولی که شاید چندان هم برای عامه خوش‌نام نباشند این است که به مقولهٔ قدرت بسیار اندیشیده‌اند. چرا نیچه و ماکیاولی و چرا قدرت؟ چه ربطی با ایده‌های فکری شما دارند؟

اندیشه‌گرانِ بزرگ آنانی هستند که به حوزه‌های ممنوع، به جاهایی که دیگران جرأت نزدیک شدن به آن را ندارند، نزدیک می‌شوند. ماکیاولی و نیچه از دلیرترین اندیشه‌گرانِ تاریخِ بشرند و همین مورد، یکی از دلایلِ جاذبهٔ فراوان‌شان برای من است. من برای فهمِ جهانِ خود و مسائل آن، بسیار از آن‌ها آموخته‌ام. با ماکیاولی، پرسش از ماهیت قدرت سیاسی و چگونگی به دست آوردن و به کار بردنِ آن، به مفهومِ محوری در علم سیاست بدل شد و درواقع، علمِ سیاستِ مدرن پایه‌ریزی شد.

نیچه این مفهوم را توسعه داد و حتی آن را متافیزیکی کرد. فوکو، به دنبالِ نیچه، آن را دنبال کرد و وجهِ محوری آن را در همهٔ مناسبات انسانی شناخت و وصف کرد. رابطهٔ قدرت و گفتمان در اندیشهٔ او بحث بسیار دقیق و ظریفی است که ریشه در اندیشهٔ نیچه دارد و دنبالهٔ بحثِ خواستِ دانش و خواستِ قدرت در کتاب *فراسوی نیک و بدِ* نیچه است.

من هم، چنان‌که اشاره کردم، از کندوکاوهای این اندیشه‌گرانِ بزرگ در کارِ فهمِ جهانِ خود و مسائل آن بسیار بهره برده‌ام. از جمله، در تحلیلی از داستانِ «فارسی شکر است» از محمدعلی جمال‌زاده، نشان داده‌ام که در صحنهٔ زندان، آن کشاکشِ زبانی میانِ آن «آخوند» و آن جوان فُکُلی فرنگی‌مآب، می‌توان ردّ پای جابه‌جایی روابط قدرت در جامعهٔ ایرانی در آستانهٔ مشروطیت را دید. یعنی این‌که، یک ساختار قدرت با زبانِ خاص خود دارد می‌رود و ساختار قدرت تازه‌ای با زبان خاص خود می‌آید. مدرنیته زبانِ خود را به همراه می‌آورد و بر پایهٔ این زبان، ساختارِ قدرت خاصِ خود را پایه‌ریزی می‌کند. مقالهٔ دنبالهٔ آن دربارهٔ «زبانِ تجدد» هم همین بحث را دنبال می‌کند. گمان می‌کنم همین اندازه برای نشان دادنِ چندوچونِ رابطهٔ من با این اندیشه‌گرانِ بزرگ بس باشد.

در جایی خوانده بودم که خلیل ملکی نیز به هنگام ترجمهٔ *چنین گفت زرتشت* بر شما ایراد گرفته بود که چرا به سراغ نیچه رفته‌اید. شما با تمایلات سیاسی که داشته‌اید و دارید، گمان می‌کنید که نیچه و فلسفهٔ آلمانی چه گرهی می‌تواند از کار سیاست در ایران بگشاید. این نقد را البته جامعه‌شناسانی چون دکتر میرسپاسی نیز نسبت به رواج فلسفهٔ آلمانی و هایدگری در ایران مطرح کرده‌اند و گفته‌اند که تبلیغ فلسفهٔ آلمانی می‌تواند به یأس اجتماعی در ایران دامن زند حال‌آنکه ما محتاج امیدیم. نظر شما چیست؟

نیچه برای من در آن دوران آغازین، دریچه‌ای برای گریز از فضای تنگِ ذهنیتِ سیاسی حاکم بر فضای روشنفکری آن دوران بود. روی آوردنِ من به نیچه برای بسیاری مایهٔ حیرت بود زیرا همه، چیزی بیش از پیش‌داوری‌هایی که از حزبِ توده

و ادبیات چپ دربارهٔ او شنیده بودند که انگ پیامبرِ فاشیسم را به او زده بود، نمی‌دانستند.

ولی من معنای این‌جور نسخه‌پیچی‌های آقای دکتر میرسپاسی و برحذر داشتن ما از فلسفهٔ آلمانی و تجویز پراگماتیسم آمریکایی ویلیام جیمز و جان دیویی را نمی‌فهمم. به نظر می‌رسد که کار جهان، از جمله، انتخاب فلسفه، آن‌قدر هم اختیاری نیست که ایشان گمان می‌کنند.

از این بحث عبور کنیم. آقای آشوری! به نظر می‌رسد که شما در کتاب *عرفان و رندی در شعر حافظ* که از کارهای مهم و بحث‌انگیز در حوزهٔ حافظ‌پژوهی است، از تفسیر ادبی ابیات حافظ فراتر رفته‌اید و با مدد گرفتن از «هرمنوتیک اسطوره» به تحلیل گفتمانی نظام اندیشه‌گی حافظ همت گمارده‌اید. از کجا ذهن شما معطوف به این قضیه شد؟ مؤلفهٔ محوری گفتمان حافظی چیست؟

آنچه راهبر من به یافتنِ ریشهٔ اندیشهٔ حافظ در اسطورهٔ آفرینش به روایتِ قرآن و تأویلِ صوفیانهٔ آن شد، همان اندیشهٔ تاریخی آلمانی است که آقای میرسپاسی ما را از آن پرهیز می‌دهند. پرسشِ اساسی من این بود که حافظ ازنظرِ تاریخی در چه زیرمتنی از اندیشه به سر می‌برده تا بتوان با پژوهش در آن باره گفت که، بنا به منطقِ پژوهشِ تاریخی، او چه چیزهایی را می‌توانسته بگوید و چه چیزهایی را نمی‌توانسته. یافتنِ رابطهٔ میان‌متنی دیوانِ حافظ با بزرگترین اثرِ تأویلی صوفیانهٔ قرآن در زبانِ فارسی، یعنی *کشف‌الاسرار* میبدی و همچنین، متنِ بسیار مهم صوفیانهٔ دیگر، یعنی *مرصادالعبادِ* نجم‌الدینِ رازی و انسان‌شناسی و خداشناسی و فرشته‌شناسی درج شده در آن‌ها رهنمونِ من به این تفسیرِ هرمنوتیکی برای یافتنِ معنا و منطقِ متن در دیوانِ حافظ شد. مؤلفهٔ محوری گفتمانِ حافظ، که پرسیده‌اید، بر اساسِ همین نسبتِ سه سویهٔ انسان ـ خدا ـ فرشته بنا به روایت قرآنی از رویدادِ ازلی و پیامدهای آن، یعنی ارتکابِ گناهِ ازلی و هبوط است.

علاوه براین، در سنت عرفانی ما، چه نسبتی میان گفتمان مکتب شیراز، به گفتهٔ شما، که حافظ و سعدی مهم‌ترین نمایندگان آن هستند و گفتمان

مکتب خراسان با بزرگانی چون ابوسعید ابی‌الخیر و بایزید بسطامی، است؟ تفاوت و تشابه این دو گفتمان عرفانی در چیست؟

آنچه من مکتبِ فارس یا مکتبِ شیراز، در برابرِ مکتبِ خراسان در تصوف، خوانده‌ام، از نظرِ بنیادین دنباله و ادامهٔ همان مکتبِ خراسان و سنّتِ تأویلی شاعرانهٔ آن است که، به گمانِ من با ابوسعیدِ ابوالخیر آغاز و با مولوی به نقطهٔ کمال می‌رسد. این مکتب، با همهٔ شورِ شاعرانه‌اش، با فرهنگِ مریدپروری خانقاهی و زهدپرستی آن ارتباطِ پایدار دارد. اما آنچه در مکتبِ شیراز می‌بالد که سعدی و حافظ نمایندگانِ بزرگِ آن هستند، پروبال دادن به بُعدِ عرفانِ رندانه در این فرهنگ و آزاداندیشی و آزادمنشی شاعرانهٔ قوی‌تر با طردِ شطح و طاماتِ صوفیانه در پرتو آن است. به همین دلیل، این دو هیچ‌یک خانقاه‌دار و مریدپرور نبوده‌اند و سرسلسلهٔ حلقهٔ رندان در فرهنگِ ایرانی‌اند.

آقای آشوری! شما دوره‌های مختلف سیاسی در ایران را از دور و نزدیک تجربه کرده‌اید. آیا اکنون به نسبت شرایط، به فضای روشنفکری ایران خوش‌بین هستید و تراز آن را مثبت ارزیابی می‌کنید؟

بله، به نظر من گفتمان سیاسی ضد امپریالیستی قبل از انقلاب، جای خود را به گفتمان سنت و مدرنیته داده است که بیشتر بار فلسفی و نظری دارد و از مباحث ستیزه‌گری دور شده است. این گفتمان مسائلِ ما را درست‌تر طرح می‌کند و سبب بازاندیشی تاریخ و تمدن و فرهنگ ایرانی از دیدگاهی مدرن‌تر شده است. این مباحث نشانهٔ بلوغ و پختگی فکری بیشتر در جامعهٔ ماست. جامعهٔ ما برای انجام دیالوگ میان روشنفکران لائیک و مذهبی نیز بلوغ بیشتری یافته است و فضاهای بستهٔ گذشته شکسته شده است. از سوی دیگر، زبان فارسی هم تحول مهمی یافته که جنبشِ پرانرژی ترجمه، نقش بسزایی در آن دارد. به رغمِ تمامی کارهای بی-ارزشی که صورت گرفته، کارهای استوار و دقیقی هم به دست افراد شایسته و دانشور انجام شده است. می‌توانم بگویم که من درمجموع، به آیندهٔ فضای فرهنگی جامعهٔ ایران خوش‌بینم اگر بتواند بن‌بست‌های سیاسی خود را به صورت عاقلانه و شایسته‌ای حل کند.

جنبش‌های روشنفکری خصم دموکراسی‌اند

گفت‌وگوی سروش دباغ با علی میرسپاسی

دو شماره پیشتر در بخش کتابخانه اندیشه پویا، نقدی را به قلم مهرزاد بروجردی خواندید بر کتابی از علی میرسپاسی، استاد دانشگاه نیویورک، که به تازگی به زبان انگلیسی منتشر شده‌است. سروش دباغ نیز که اکنون به تحقیق در دپارتمان «مطالعات تاریخی» دانشگاه تورنتو مشغول است و «اخلاق تطبیقی» و «اسلام و حقوق بشر» تدریس می‌کند، کتاب جدید میرسپاسی (دموکراسی در ایران مدرن: اسلام، فرهنگ و تغییرات سیاسی) را بهانه گفت‌وگویی با این جامعه‌شناس ایرانی قرار داده است که در ادامه می‌خوانید.

مخاطبان ایرانی از طریق چهار کتاب شما یعنی «دموکراسی یا حقیقت»، «اخلاق در حوزه عمومی»، «تاملی در مدرنیته ایرانی» و «روشنفکران ایرانی؛ روایت‌های یاس و امید» با نگاه و اندیشه شما آشنا شده‌اند. به تازگی نیز کتاب «دموکراسی در ایران مدرن» شما به زبان انگلیسی منتشر شده است که بهانه گفت‌وگوی ماست. شما دیشب در شهر تورنتو درباره نسبت اندیشیدن و سیاست سخنرانی کردید و اشاره کردید که در بحث اندیشیدن و سیاست تحت تاثیر مایکل والتزر و کتاب او *تفکر*

سیاسی[1] هستید ؛حال آنکه پیش از این بیشتر از نسبت اندیشه خودتان و ریچارد رورتی سخن می‌گفتید. بنابراین شاید بهتر باشد که برای شروع این گفت‌وگو و به عنوان مقدمه، تفاوت سیاست و امر سیاسی را از نگاه خودتان توضیح دهید؟

دولت-ملت‌های مدرنی در چهارصد سال اخیر همراه با رشد تکنولوژی و علم و صنعت و شهرنشینی شکل گرفته‌اند و بعد از شکل‌گیری دولت-ملت‌های مدرن است که جوامع پیچیده شهری شکل می‌گیرند. ابتدا در اروپای غربی شاهد شکل‌گیری این جوامع بودیم اما امروزه در همه نقاط دنیا چنین جوامعی شکل گرفته‌اند و این پدیده محدود به یک منطقه خاص جغرافیایی، مثلا اروپا و آمریکا نیست و با جهانی‌شدن دیگر نمی‌توان از غربی بودن این مسیر سخن گفت. اما همتی لازم است تا درباره چگونگی ساخته شدن هستی سیاسی این جوامع و سازماندهی این جوامع سیاسی اندیشه کند. مایکل والتزر که مهم‌ترین تئوری‌پرداز فلسفه سیاسی در آمریکا است در اثر *چگونه سیاسی بیاندیشیم* در این زمینه به چند مسئله مهم اشاره می‌کند که به صورت خلاصه چنین است: حوزه سیاسی در جوامع مختلف، حوزه‌ای مستقل است، همان‌گونه که حوزه اقتصاد و فرهنگ و دین به عنوان حوزه‌ای مستقل وجود دارند. سیاست، ادامه اقتصاد و بخشی از دین یا فرهنگ جامعه نیست. سیاست همچون دین و اقتصاد و...بخش نسبتاً مستقلی است که هستی مستقل از خود دارد. والتزر در این کتاب میان سیاست و امر سیاسی تفاوت قایل می‌شود. او بحث می‌کند که تا پیش از به وجود آمدن دموکراسی در جوامع، با پدیده‌ای به نام سیاست مواجه بودیم. معنای سیاست در آن جوامع چگونگی کسب و حفظ قدرت یا نابود ساختن قدرت بوده است. تا قبل از دموکراسی نوع اندیشیدن درباره سیاست، آشکارا به معنی رابطه قدرتی بوده و لذا نگاه پیچیده‌ای درباره سیاست در جوامع وجود نداشت. البته این بحث والتزر مختص جوامع پیشامدرن نیست و در قرن بیست و یکم هم هنوز می‌توان نمونه چنین جوامعی را دید. نکته اساسی کتاب والتزر این است که با تشکیل دولت - ملت‌ها و پیدایی جوامع مدرن، به سیاست به عنوان یک

---

[1] Thinking Politically

حوزه کاملاً مستقل توجه می‌شود. و مهم‌تر اینکه سیاست به عنوان قدرت صرف به حساب نمی‌آید. بدین ترتیب در نظر او سیاست[۱] به امر سیاسی[۲] تبدیل می‌شود. امر سیاسی به معنای تنظیم رابطه میان شهروندان و نیز رابطه آنها با دولت است. در نظر والتزر برای اولین بار مسئله اساسی سیاست، تفاهم و تعامل شهروندان تعریف می‌شود. امر سیاسی در نگاه او عرصه همکاری و به توافق رسیدن و همیاری و اجماع شهروندان است. به اعتقاد او حوزهٔ فلسفه، حوزه‌ای قدیمی است که کمکی به اندیشه سیاسی امروز نمی‌کند. والرز می‌گوید که امر سیاسی هیچ‌گاه مسئله اصلی فلسفه نبوده‌است. او معتقد است اندیشه سیاسی رابطه‌ای با خیرخواهی و تعاون آدمیان ندارد و تنها درپی تعیین نیکی و بدی است. خلاصه اینکه نوع اندیشه سیاسی ربطی به امر سیاسی ندارد. اما یک مسئله بحث‌برانگیز دیگر نیز در نگاه والتزر وجود دارد. او می‌گوید شاعرها هم کمکی به امر سیاسی نمی‌کنند. منظور او از شاعرها، هنرمندان به صورت کلی است. او می‌گوید شاعر و هنرمند، درصدد است که از طریق شعر و هنر، هستی یگانه تازه‌ای بیافریند که تا پیش از آن در جامعه وجود نداشته است. والتزر این آفرینش را می‌ستاید اما معتقد است که شعر کمکی به توافق و همراهی شهروندان نمی‌کند. بحث والتزر این است که اگر دل‌شوره فکری ما دموکراسی و آزادی‌خواهی و ایجاد جامعه آزاد و عادلانه است، بایستی تفکر ما به گونه‌ای باشد که به توسعه و تحقق امر سیاسی کمک کند نه اینکه شعر بگوییم و فلسفه ببافیم که با همه زیبایی و ماهیتی که دارند کارکرد کلی‌شان در جهت تعاون جامعه نیست. والتزر مشخصاً روی سخن‌اش با فیلسوفان و شاعران است و در مقابله با آن‌ها نظر خود را درباب امر سیاسی بسط می‌دهد. توجه به این نگاه از دو حیث برای ما ایرانی‌ها سودمند است. اول اینکه معنای فولکوریک سیاست در کشور ما به معنی تنبیه بوده و مثلاً در دوره قاجار اگر می‌گفتند فلانی سیاست شد، معنی‌اش این بود که فلانی تنبیه شد. بنابراین در حافظه تاریخی ایرانیان، سیاست معنایی منفی دارد که شهروندان را چه به صورت فیزیکی و چه غیرفیزیکی محدود و تنبیه می‌کرد و لذا شهروندان از آن گریز داشتند. بحث والزر که من هم به آن معتقدم این

---

[۱] Politics

[۲] The political

است که اگر قبول کنیم سیاست در جامعه مدرن، حوزه مستقلی است لذا از آن گریزی نیست. در چنین جامعه‌ای سیاست‌گریزی مخرب خواهد بود و مانع ایجاد آبادانی و آزادی و زندگی شرافتمندانه خواهد شد. دوم اینکه: اگر قبول کنیم امر سیاسی یک حوزه مستقل است، بایستی در رابطه با سیاست به گونه‌ای متفاوت از اندیشه فلسفی و اندیشه ادبی و اندیشه دینی بیاندیشیم. چراکه ملزومات اندیشه سیاسی ملزومات متفاوتی است. والتزر می‌گوید تفاوت اساسی امر سیاسی با سیاستِ به معنای قدرت این است که امر سیاسی دینامیسم اصلی ایجاد وفاق و اجماع و هم‌گرایی در فضایی است که اساس آن رقابت تعریف شده و گریزی هم از آن نیست.

والتزر وقتی می‌گوید فیلسوفان بیشتر راجع‌به خوبی و بدی سخن گفته‌اند مرادش فیلسوفان اخلاق است یا فیلسوفان سیاست؟ فصل مشترک میان فلسفه اخلاق و فلسفه سیاست این است که هر دو با واکنش‌های هنجاری افراد سروکار دارند. در اخلاق می‌پرسیم که چه باید و چه نباید کرد و در سیاست و امر سیاسی هم می‌پرسیم چه کسی باید حکومت کند و چگونه باید حکومت کرد. والتزر اصولاً کوشش کسانی مثل هابز را چگونه تبیین می‌کند؟ مواجهه کلاسیک افلاطون و ارسطو را با سیاست و امر سیاسی چگونه تعریف می‌کند؟ حتما والتزر توضیحی برای این پرسش‌ها دارد اما با آنچه اکنون شما گفتید احساس می‌کنم ابهامی در بحث پرداختن به امر سیاسی و امر اخلاقی وجود دارد. می‌توان با تفکیکی که شما برای تعریف امر سیاسی قایل شدید موافقت کرد اما تصور من این است که با تاکید بر امر سیاسی و مبتنی بر خوانش شما از رورتی، آنچنان‌که در اثرتان به زبان فراسی دراین‌باب نیز مشهود است شما می‌خواهید کفایت تفکر فلسفی را اعلام کنید و بگویید که دیگر زمان نهادسازی و بازخوانی تجربه‌ها است. آیا اشکالی دارد اگر کسی بگوید که امر سیاسی محتاج برخی بحث‌های نظری هم هست؟ اگر کنش سیاسی مهم است می‌توان

مدعی شد که به ایده‌ها در این نگاه جفا می‌شود و گویی هرکه از ایده سخن می‌گوید آب در هاون می‌کوبد....

مراقب باشیم یک سوءتفاهم ایجاد نشود. من نگفتم که والتزر می‌گوید فیلسوفان می‌توانند یا نمی‌توانند راجع به امر سیاسی صحبت کنند. مسئله فیلسوف بودن یا نبودن نیست و هرکسی می‌تواند راجع به هرچیزی صحبت کند. والزر، بحثی که مارکس در نوشته‌های اولیه خود تحت عنوان ایدئولوژی آلمانی طرح کرده بود را نقل می‌کند. طبق نظر مارکس، فلسفه با برتری دادن به یکسری ایده‌هایی که خود ساخته است و برتری بخشیدن آن به جهان واقعاً موجود، هیچ‌گاه این امکان را پیدا نمی‌کند که به حقیقت روابط اجتماعی موجود دسترسی پیدا کند و چون همیشه تصور فیلسوفان از جامعه خود، آلوده به افکارشان هست هیچ‌گاه نمی‌توانند بفهمند روابط اجتماعی و روابط قدرت و روابط اقتصادی در جامعه چگونه است و لذا قادر به بهبود وضع اجتماعی نیستند. والتزر نتیجه می‌گیرد که عملاً دیدگاه فلسفی و از نظر مارکس متافیزیکی همیشه به خدمت اهل قدرت می‌آید چراکه فلسفه اجازه نمی‌دهد روابط اجتماعی واقعی دیده شود. هم بحث مارکس و هم بحث والزر این است که اندیشیدن به شکل فلسفی، اندیشیدن راجع به نیکی و بدی است. رورتی هم همین نظر را دارد. اتفاقاً هم والتزر را برخی فیلسوف سیاسی می‌دانند و هم رورتی در دپارتمان فلسفه تدریس کرده است. هر دوی این متفکرین کتاب‌های متعددی در زمینه فلسفه نوشته‌اند. بحث اساسی که نباید با بحث‌های دیگر مخلوط شود این است که اگر همت فکری ما این است که جامعه سیاسی‌ای آزاد و آباد ایجاد کنیم که در آن مردم روابط خود را براساس همیاری و خیرخواهی تنظیم می‌کنند، ساختن این جامعه و نوع اندیشه کردن درباره آن نه فلسفی است و نه مبتنی بر شعر و ادبیات. ولی فیسوفان هم اگر بخواهند می‌توانند سیاسی بیاندیشند و هیچ تضادی در این زمینه وجود ندارد کمااینکه یک عالم دینی هم می‌تواند سیاسی بیاندیشد. ولی اگر یک فیلسوف سیاست را ادامه فلسفه بداند، والتزر با او مشکل دارد. اتفاقاً تخصص اصلی والتزر و بهترین کتاب‌هایش راجع‌به احساس و دین و سیاست است. والتزر معتقد است که اگر قبول کنیم که سیاست حوزه مستقلی است و اندیشیدن سیاسی، اندیشیدنی خاص هست، دین و شعر و فلسفه می‌تواند

آن را تلطیف کند. یک مثال برای روشن شدن بحث می‌زنم. تحصیلات دانشگاهی من عمدتاً جامعه‌شناسی بوده است ولی خیلی به تاریخ علاقمند هستم و برخلاف اینکه همیشه محکوم هستم که فردی ضد فلسفه هستم اما به فلسفه علاقمند هستم. از یک طرف در کتاب‌ها و مطالبی که می‌نویسم از تاریخ و فلسفه استفاده می‌کنم اما اگر در حوزه جامعه‌شناسی متنی می‌نویسم با اعتقاد به اندیشیدن جامعه‌شناسانه آن را می‌نویسم. معتقدم اندیشیدن جامعه‌شناسانه با اندیشیدن فلسفی و تاریخی متفاوت است. همچنان‌که نوع نگاه یک تاریخ‌دان به علم جهانی متفاوت از نوع نگاه یک جامعه‌شناس است. بنابراین بحث من این نیست که حوزه اندیشیدن سیاسی و فلسفی را با هم آشتی بدهیم یا ندهیم بحث من این است که برای تحقق و گسترش دموکراسی حوزه مستقلی در جامعه وجود دارد به نام حوزه سیاسی که اندیشه کردن درباره آن مستقل از اندیشه کردن درباره حوزه‌های دیگر است و به محض اینکه امر سیاسی ادامه سیاست تعریف شود، به جای دموکراسی، انواع دیکتاتوری‌ها در جامعه شکل خواهد گرفت.

این قبول که امر سیاسی حوزه‌ای مستقل است، اما اگر یک متفکر راجع‌به سیاست سخن بگوید و نظریه‌پردازی کند آیا مخل امر سیاسی می‌شود؟ می‌خواهم بدانم مثلا که کارکرد متفکری همچون هابز در انگلستان قرن هفدهم چیست؟

اتفاقاً والتزر در این زمینه حرف دارد. بخش اعظم کتاب او نگاه انتقادی به اندیشه سیاسی است. والزر می‌گوید نوعی از اندیشه سیاسی قبول می‌کند امر سیاسی مستقل است و اندیشیدن راجع‌به امر سیاسی یعنی اندیشیدن راجع به رابطه صلح‌آمیز و تعاون شهروندان. به اعتقاد او اما سنت اندیشیدن درباره سیاست که جامعه‌ای لیبرال، فردگرا و نسبتاً خشک را به وجود آورد، باید متوقف شود. دستاورد چنین جامعه‌ای که مبتنی بر اندیشه سیاسی لیبرالیسم است البته فاشیسم نیست اما در این جامعه نیز درباره یکسری از آرزوها و آمال بشری یا سکوت می‌شود یا اصولاً آنها را از حوزه سیاست خارج می‌کنند. والزر در این رابطه منتقد لیبرالیسم افراطی است و معتقد است که با قبول دموکراسی و قبول این نکته که امر سیاسی امری مستقل است می‌توان دموکراسی را غنی کرد و اصولاً تفکر والتزر منتقد

لیبرالیسم افراطی است. مثلاً شاید در حوزه اندیشه اقتصادی قبول کنیم که انسان‌ها حق انتخاب شغل و مالکیت خصوصی دارند ولی با توجه به معیارها و حساسیت‌های جامعه شاید باید قبول کرد که برای ایجاد عدالت، مالکیت خصوصی را از طرق مختلف محدود کنیم. این محدودیت هیچ اشکالی ندارد و شاید به نفع دموکراسی باشد حتا اگر مغایر با اندیشه سیاسی یا اندیشه اقتصادی باشد. این‌جاست که سیاست از امر سیاسی فاصله می‌گیرد.

برای ملموس‌تر شدن مسئله بحث را انضمامی و منحصر به ایران و کتاب تازه شما یعنی «دموکراسی مدرن در ایران» می‌کنم. شما در این کتاب به زندگی سیاسی چند تن از سیاسیون اصلاح‌طلب ایرانی همچون تاج‌زاده، هادی خانیکی، علی‌رضا علوی‌تبار، عباس عبدی و رضا تهرانی پرداخته‌اید و مبتنی بر تلقی خودتان توضیح داده‌اید که چگونه آنها از اسلامیست بودن به دموکرات بودن رسیده‌اند. اشاره شده که آنها تحت تاثیر شریعتی و دیسکورس دهه ۵۰ شمسی و نقش سیاسی رهبری آیت‌الله خمینی تحت تاثیر اسلام سیاسی بودند و بعدها در عمل و به صورت تجویزی نگاه خود را تغییر دادند. نوشته‌اید که این چند نفر مشکلات و ناکارآمدی‌های عملی را در درک پیشین خود از سیاست دیدند و با موانع مواجه شدند و در نتیجه درک تازه‌ای یافتند. موضع شما این است که اساساً موانع عملی باعث شد که آنها تغییر جهت بدهند. اگر کسی نگاه والتزری به امر سیاسی را بپذیرد و بخواهد تجربه عملی آنها را با دغدغه‌های نظری آنها هم پیوند دهد شما چه پاسخی دارید؟ اگر کسی بخواهد هم سهم نظر را بپردازد و هم سهم عمل را و درحین اینکه به امر سیاسی مستقل از سیاست باور دارد اما معتقد باشد که ایده‌ها هم اهمیت دارند چه؟

پیشنهادی که شما می‌دهید مثبت است. من همیشه آدم‌هایی که شرور هستند را اگر کمی هم متواضع باشند می‌پذیرم و دوست دارم. اما شما استدلال می‌کنید که یکسری از جوان‌های ایرانی قبل و در جریان انقلاب از فعالین سیاسی و دینی و ایدئولوژیک بودند. من ایدئولوژیک بودن آنها را این‌طور می‌بینم که آنها آدم‌هایی

بودند که یکسری ایده‌ها و ارزش‌ها و آمال و آرزوهای زیبایی در فکر داشتند و چندان هم توجه نداشتند که در دنیای واقعاً موجود چه می‌گذرد و قصدشان هم این بود که دنیای واقعاً موجود را با هر وسیله‌ای، ناروا‌داری، نفی، نابودی و ندیدن، تغییر دهند. اگر ما در ایران می‌خواهیم آزادی و دموکراسی بیاوریم نمی‌توان امکانات و محدودیت‌های جامعه را ندید و نسخه‌ای ایدئولوژیک پیچید که هیچ ارتباطی با واقعیات جامعه نداشته باشد. بحثی که من در مورد این پنج نفر در ایران کردم این است که آنها ایدئولوژیک و معتقد به تقدم ایده و اتوپی بودند اما در تجربه شخصی و نیز حوادث بعد از انقلاب، کم کم غیرایدئولوژیک‌تر شدند. قبول کردند که دنیایی واقعی وجود دارد که چندان ارتباطی با آنچه درباره آن فکر می‌کردند، ندارد.

فقط همین بود؟ چگونه قبول کردند؟ فقط تجربه عملی بود؟ فکرشان هم تغییر نکرد؟

این آدم‌ها به دلیل اعتقاد به یک ایدئولوژی دیگر تغییر نکردند. آنها در اثر تجربه واقعی جامعه ایران بعد از انقلاب و متاثر از آن تغییر کردند.

اگر بخواهم از تعابیر منطقیون استفاده کنم به نظرم یک جور «مغالطه کنه و وجه» اینجا صورت گرفته است. یک وجه ماجرا این است که موانعی را در عمل دیدند و ایدئولوژیک بودن آنها تقلیل یافت. اما به نظر من نگاه آنها هم تغییر کرد. واقعاً چه شد که عباس عبدی از تسخیر سفارت آمریکا به اصلاح‌طلبی رسید؟ به نظر شما فقط مشکلات و موانع استقرار اسلام سیاسی باعث شد او تغییر نگاه بدهد؟

البته فقط این پنج نفر نبودند که عوض شدند. میلیون‌ها نفر از مردم ایران که فکر می‌کردند به صرف برخورداری از یک نگاه و تصور، جامعه‌ای ایده‌آل و آزاد و آباد ایجاد خواهد شد. اما آنها در تجربه عملی زندگی خود عوض شدند و به این نتیجه رسیدند که بایستی متواضع‌تر باشند و به واقعیات بیشتر توجه کنند. اگر صحبت شما راجع به این پنج نفر درست باشد اما نمی‌توانید بگویید که میلیون‌ها نفر از مردم ایران ایدئولوژی خود را تغییر دادند. شما می‌گویید که برخی از سیاسیون اصلاح‌طلب اوایل انقلاب تحت تاثیر ایدئولوژی شریعتی بودند و به مرور ایدئولوژی

آنها عوض شد و به نگاه دیگری رسیدند. من می‌گویم این‌طور نیست چراکه همیشه آن چیزی که شناخت افراد را از جهان موجب می‌شود، ایدئولوژیک است. مارکس بحث جالبی دارد. کار انسان فقط کار فیزیکی نیست. هر عمل و تجربه انسان بازتابی است از تفکر او. وقتی من می‌گویم که تجربه ده سال اول انقلاب باعث تغییر جهت این دوستان شده، به این معنی نیست که آنها در حین این تجربه کتابی هم نخوانده باشند. آن چیزی که اساسی است و شیشه ایدئولوژی آنها را می‌شکند این است که آنها به روشنی می‌بینند که چه اتفاقی افتاده است، در عمل و نه در نظر. بنابراین بحث شما کماکان در ادامه بحث‌های ایدئولوژیک است درحالی که بحث من، دعوت به تجربه زندگی واقعاً موجود است.

درباره مفهوم ایدئولوژی اینجا خلطی صورت گرفته است. ایدئولوژی از نظر من به معنای ایده و نگاه است. پنج نفری که شما در کتاب از آنها نام بردید اگر بگویند که مبتنی بر تجربه زیسته خود در ایده سیاسی‌شان تجدیدنظر کرده‌اند، امکان‌پذیر نیست؟ آقای علوی‌تبار در نشریهٔ «مهرنامه» در یادداشتی نوشته‌اند که از یک جایی به بعد احساس کردند بدون اصلاح فکری نمی‌توانند خود را از اقتدارگرایان جدا کنند و اهمیت روشنفکری دینی در همین بود. آن‌ها تجدیدنظر کردند و متوجه شدند که رابطه دین و فرهنگ و سیاست را به گونه‌ای دیگر باید فهم کنند. آنها دهه شصت رابطه سیاست و دیانت را یک جور می‌فهمیدند و بعد مبتنی بر تجربه زیسته خود به گونه‌ای دیگر این رابطه را فهم کردند.

این که بحث من است و من با این بحث موافق هستم. شما می‌گفتید که تغییر صورت گرفته در ایران یک تغییر ایدئولوژیک است. بدین معنا که آنها ابتدا شناختی از جامعه ایران و سیاست و دین داشتند که به مرور نظریاتشان تغییر کرد. من این نگاه را ایدئولوژیک می‌دانم. اما اگر بگویید که بنا بر تجربه زیست، تعریف‌شان از امر سیاسی را تغییر دادند یک بحث دیگر است. شما این بحث و بحث من را با هم خلط کرده‌اید.

من اما معتقدم که ماجرا برهم‌کنش و تعامل است.

من نمی‌دانم برهم‌کنش به چه معناست.

معتقدم تجربه زیسته به آنها تلنگر زد و مبتنی بر آن درک خود را از دیانت و سیاست تغییر دادند.

اختلاف من و شما این است که شما تجربه را صرفاً امری فیزیکی می‌بینید. این‌طور نیست. مارشال برمن به شکل بسیار زیبایی در کتاب «تجربه مدرنیته» می‌گوید که مدرنیته هیچ پیش‌شرط نظری و نقشه‌ای ندارد و مبتنی بر ایده و ایدئولوژی شکل نمی‌گیرد.

ایده و ایدئولوژی دو چیز مجزا از هم هستند و شما این دو را به جای هم به کار می‌برید. به نظرم خلطی که در کتاب شما هم هست از همین‌جا آغاز می‌شود.

به نظر من فرقی ندارد و اختلاف نظر من و شما در همین است. مارشال برمن می‌گوید آنچه که مدرنیته را به وجود می‌آورد، تجربه مدرنیته است. او تجربه مدرنیته را چنین توصیف می‌کند: اول اینکه انسان‌ها در تعیین سرنوشت خود دخالت کنند. دوم اینکه در این تعیین سرنوشت ذهنیت آنها هم حضور داشته باشد. و سوم اینکه جهانی را می‌خواهند که با خواسته‌های قلبی و امیال آنها هم بخواند. برمن بر این تعریف نام تجربه مدرنیته را می‌گذارد. اختلاف من و شما این است که شما از سنت متافیزیکی می‌آیید که معتقد است فاصله عمیقی میان عمل و دنیای فیزیکی با دنیای بالاتر وجود دارد و باید اینها را آشتی داد. بحث من اما این است که لطفاً متافیزیک را رها کنید چراکه همه چیز در تجربه وجود دارد.

من در فلسفه ویتگنشتاینی‌ام و ویتگنشتاین متاخر از آبای سنت پراگماتیسم است...

اما تجربه زندگی شما ویتگنشتاینی نیست...

یعنی چی که در تجربه زندگی‌ام ویتگنشتاینی نیستم؟

شما هم از سنت خاص فکری و فرهنگی ایران می‌آیید که خیلی شبیه دوستانی است که ما راجع‌به آن‌ها صحبت کردیم. شما از سنت یوتوپیایی می‌آیید که سیاست را ادامه دین می‌داند.

اما نگاه من چنین نیست...

منظورم این است که شما لزوماً از سنت ویتگنشتاینی نمی‌آیید. اینکه شما کتاب‌های ویتگنشتاین را خوانده‌اید و در سنت فلسفه تحلیلی کار کرده‌اید، حاشیه ماجرا است. تجربه زیستهٔ شما مهم است.

شما برچسب متافیزیکی بر افراد می‌زنید. به فرض که یکی معتقد باشد نظر و عمل با هم متفاوت هستند، آیا این یعنی متافیزیکی بودن؟ شما به فاصله میان نظر و عمل می‌گویید ایدئولوژی.

دقت کنید که ما در حوزه امر سیاسی صحبت می‌کنیم و صرفاً هم یک بحث آکادمیک نمی‌کنیم. در بحث آکادمیک هزاران سال است که نظریات متفاوتی طرح می‌شود و مثلاً درباره تفاوت آرای ارسطو و افلاطون سمینارهای متعددی برگزار شده و می‌شود. در بحث سیاسی اما تا نتوانیم به توافق برسیم نمی‌توانیم دموکراسی ایجاد کنیم. اگر شما معتقد باشید که امر سیاسی ادامه یک نوع ایدئولوژی است و من معتقد باشم که امر سیاسی ادامه ایدئولوژی نیست اصلاً نمی‌توانیم در این زمینه گفت‌وگو کنیم. پیشنهاد من این است که هیچ لزومی ندارد که ما ایدئولوژی خود را کنار بگذاریم، می‌توانیم ایدئولوژی خود را داشته باشیم و از آن دفاع هم بکنیم اما باید قبول کنیم که عرصه سیاسی عرصه‌ای مستقل است، مستقل از ایدئولوژی ما.

من با شما هم‌داستان هستم. اما به نظرم شما از نقش «نظر» غافل می‌شوید و دائماً می‌گویید «عمل»، درحالی‌که تجربه، در معنای موسع می‌تواند جمع نظر و عمل باشد.

من منظورم این نیست که فیلسوفان نمی‌توانند در عرصه سیاست حضور داشته باشند، بحث من این است که اندیشیدن فلسفی با اندیشیدن سیاسی تفاوت دارد. همان‌چیزی که در ابتدا توضیح دادم و کتابم را نیز بر همین اصل بنا کرده‌ام.

اگر قرار باشد در ایران امروز این امر نهادینه شود، چه مسیری باید طی شود؟

اگر قبول کنیم که مسئله اصلی امر سیاسی است و باید پرسش کرد که چگونه باید درباره امر سیاسی اندیشید، دیگر در سیکل معیوب که آیا باید ابتدا فرهنگ سیاسی داشته باشیم و بعد دموکراسی که در ایران جا افتاده، نمی‌افتیم. در سیکل اولویت توسعه فرهنگی و توسعه سیاسی نمی‌افتیم. اگر قبول کنیم که مسئله اصلی امر سیاسی است دیگر در دام یاس‌خوانی دشمنان دموکراسی نمی‌افتیم. اگر این‌گونه بیاندیشیم اسلحه توطئه‌اندیشی و توهم توطئه از دست دشمنان دموکراسی خارج می‌شود.

چگونه چنین اتفاقی می‌افتد؟ خودبه‌خود در عمل؟ بدون هیچ تلاش نظری؟

به نظر من هرکسی که باور داشته باشد مسئله دموکراسی، ایجاد وفاق و تعاون و همبستگی مردم ایران است دیگر نمی‌تواند مدعی شود که کسانی که خواهان ایجاد رابطه بهتر میان گروه‌های مختلف ایرانیان هستند در راه خواست بیگانگان و امپریالیسم قدم برمی‌دارند. از طرف دیگر اگر قبول کنیم که حوزه سیاسی مستقل است، پرسش‌های دیگری برایمان طرح می‌شود از جمله اینکه ملزومات ساختاری و فکری حوزه مهم امر سیاسی که دموکراسی را ایجاد می‌کند چیست؟ تقریباً اکثر کسانی که درباره ملزومات دموکراسی کار می‌کنند از جمله والزر و رورتی معتقدند که فضای ایجاد شده در جوامعی که به سمت برقرای دموکراسی می‌روند سه مشخصه دارد: اول اینکه همبستگی ملی و مدنی ایجاد می‌شود و آدم‌ها به یکدیگر اعتماد پیدا می‌کنند. درنتیجه اعتماد متقابل است که آنها امیدوار می‌شوند و چون امیدوار می‌شوند انرژی آنها چندبرابر می‌شود و خیرخواهی یکدیگر را می‌خواهند و به یکدیگر کمک می‌کنند.

این توصیف شما نسبتی با پوپولیسم ندارد؟ برخی سیاسیون در ایران همین حرف را می‌زنند و از آرزوی ایجاد وفاق میان مردم سخن می‌گویند.

جنبش‌های سیاسی‌ای وجود دارند که کیفیت اساسی آنها پوپولیسم است و جنبش‌های سیاسی‌ای هم وجود دارند که کیفیت اصلی آنها نخبه‌گرایی است. نظر شخصی من این است که جنبش‌های نخبه‌گرایانه و به خصوص جنبش‌هایی که از روشنفکران متاثر هستند، اغلب خصم دموکراسی‌اند. دموکراسی نوعی جنبش پوپولیستی است اما نه لزوماً فاشیستی و ضد دموکراسی. جنبش‌های پوپولیستی هم بی‌نهایت متنوع هستند. در جنبش‌های پوپولیستی محافظه‌کار و فاشیستی اساس بسیج اجتماعی بر امید و هم‌بستگی و خیرخواهی نیست بلکه مبتنی بر درست کردن دشمن و ایجاد ترس و تنفر از دشمن است.

اما در شرایط گذار به دموکراسی، این دموکراسی پوپولیستی بدون پشتوانه نظری می‌تواند امیدی یوتوپیک و کاذب هم باشد.

مثلاً رتوریک طالبان یا رتوریک حزب نازی آلمان را نگاه کنید. آنها همیشه با اینکه دشمن می‌خواهد چنان و چنین کند شروع می‌کنند. حرف شما درست است که جنبش‌های پوپولیستی برخی خصایص یوتوپیایی هم دارند اما خطر زمانی است که اساس بسیج اجتماعی آنها ایجاد ترس و تنفر باشد. چیزی که به آن پوپولیسم دموکراتیک می‌گوییم، همیشه براساس امید و اعتماد تولید می‌شود. توجه به این تفاوت بسیار عظیم است.

خب این ایجاد پوپولیسم دموکراتیک نیازمند یک پیش‌زمینه فرهنگی نیست؟ در جوامعی مثل جامعه ما که دوران گذار را طی می‌کند می‌توان به ایجاد پوپولیسم دموکراتیک دل بست؟

به نظر من در اکثر جوامع و به خصوص آنهایی که نهادهای دموکراتیک و قوی و ماندگاری ندارند هم عناصری که براساس آنها همبستگی ملی و امید و اعتماد ایجاد شود وجود دارد و هم عناصری که انسان‌ها را با توسل به ترس و تنفر بسیج کند. من چند سال قبل در کتاب *حقیقت یا دموکراسی* که در ایران منتشر شد نوشتم که فاصله اینکه امید و همبستگی و اعتماد ملی به دموکراسی برسد یا یاس و بدبینی به نهیلیسم و از طریق نهیلیسم به دشمنی و نفرت برسد خیلی زیاد نیست. اگر دقت کنید می‌بینید که در قرن ۱۹ و ۲۰ امید زیادی می‌رفت که اولین انقلاب

سوسیالیستی دنیا در جامعه آلمان صورت پذیرد. انقلاب انجام شد و شکست خورد. آن شکست و شکست جنگ بین‌المللی اول باعث شد که هیتلر بتواند مردم را در تنفر از اروپا و فرانسه بسیج کنند. این نکته را نیز نباید از نظر دور داشت که دموکراسی با نخبه‌گرایی میانه‌ای ندارد.

ایده شما گفتمان آقای احمدی‌نژاد را چگونه نقد می‌کند؟ وقتی او هم از اجماع و وفاق و همبستگی سخن می‌گوید، سودای پوپولیسم دموکراتیک را در دل برخی زنده می‌کند.

نگفتم که دموکراسی بر اثر رتوریک یکسری رهبران سیاسی به وجود می‌آید. حوزه تجربه بشری حوزه اصلی ایجاد دموکراسی است. اگر دقت کنید پوپولیسم آقای احمدی‌نژاد به نحو زیرکانه‌ای مبتنی بر دشمنی طبقاتی است. در جامعه ایران تفاوت طبقاتی بسیار زیاد است و آقای احمدی‌نژاد بسیار هوشمندانه دشمنی طبقات پایین جامعه را علیه قشر مرفه پررنگ می‌کند. مثلاً عمده کردن نقش آقای هاشمی رفسنجانی در این رتوریک، سمبلیک است. احمدی‌نژاد در یک سخنرانی خود گفت که تمام پول مملکت دراختیار سیصد نفر است. من این رتوریک را هم‌دلانه و مبتنی بر همبستگی ملی نمی‌دانم.

رئیس‌جمهور عصر اصلاحات که چنین نمی‌کرد، چرا او نتوانست موفق باشد یا دست کم نتوانست رتوریک خود را نهادینه کند؟

اتفاقاً فکر می‌کنم آقای خاتمی حتی وقتی به لحاظ سمبولیک درباره ایران و ایرانی صحبت می‌کرد، برای ایرانی ارزش قایل بود. او لبخند می‌زد و به عنوان رییس‌جمهور ایران سعی می‌کرد خود را در بهترین و دوستانه‌ترین شکل نشان دهد. این رفتار محبوبیت زیادی برای خاتمی ایجاد کرد. اما مسئله این است که یک رهبر نمی‌تواند با لبخند، دموکراسی ایجاد کند. ایجاد دموکراسی منوط به ایجاد و شکل‌گیری یکسری نهادهای اجتماعی است. به هرحال قابل کتمان نیست که میزان وفاق و دموکراسی اجتماعی مردم ایران در زمان خاتمی یک دنیا بیشتر از امروز بود. اما این اول ماجرای رسیدن به دموکراسی است.

استالین مخوف، باشد برای کفارهٔ گناهانم
گفت‌وگوی سروش دباغ با حسن کامشاد[1]

سال‌ها قبل، هنوز دانشجوی داروسازی بودم که با نام «حسن کامشاد» آشنا شدم، وقتی کتاب‌های تاریخ چیست؟، دنیای صوفی و دریای ایمان را با ترجمهٔ روان و دلنشین او خواندم، لذت بردم. بعد از این کتاب‌ها، ترجمه‌هایش از استالین مخوف، ویتگنشتاین، پوپر و ماجرای سیخ بخاری، سرگذشت فلسفه و... را با لذت بیشتری خواندم و از آن‌ها آموختم. نام حسن کامشاد گوشهٔ ذهنم ثبت شده بود تا اینکه تابستان ۱۳۹۰ ایامی که لندن بودم. توفیقی برای ملاقاتی چندباره با او دست داد. در این دیدارهای گاه‌به‌گاه، حسن کامشاد از خاطرات تلخ و شیرین گذشته برایم روایت می‌کرد و از دیدارها و نشست‌ها و برخاست‌هایی که با اهالی فرهنگ نام‌آشنای معاصر نظیر محمدعلی موحد، ابراهیم گلستان، داریوش شایگان، فروغ فرخزاد، سهراب سپهری و... داشته است. خاطراتش دلنشین بود و من از خلال خاطرات دریافتم که نزد او شاهرخ مسکوب منزلت دیگری دارد؛ یک‌بار نیز هنگام سخن گفتن از مسکوب چشمانش تر شد و آسمان ضمیرش بارانی. از مصاحبت با ایشان در آن ایام حقیقتاً وقتم خوش شد و بهره بردم و در همان روزها بود که دکتر کامشاد عزیز از سرِ لطف، مجلد دوم خاطرات خود را پیش از انتشار، در اختیارم گذاشت. آن را با لذت خواندم؛ مجلد اول را نیز در تهران خوانده بودم و همین بهانه‌ای شد برای گفت‌وگو با حسن کامشاد، گفت‌وگویی ناظر به فعالیت‌های درازآهنگ و ماندگار فرهنگی‌اش. سرانجام، در یک روز گرم تابستانی، به منزل زیبا و باصفای او در شمال لندن رفتم و با هم گفت‌وگو کردیم؛ گفت‌وگویی که دو ساعت به درازا انجامید. آنچه در زیر می‌آید، متن ویراسته شدهٔ آن گفت‌وگوست.[2]

---

[1]. نشریهٔ «اندیشه پویا» اردیبهشت و خرداد ۱۳۹۱
[2]. تهیه و تنظیم: سیاوش سرقینی

آقای دکتر کامشاد جلد اول خاطرات شما در تهران منتشر شد. گویا جلد دوم خاطرات‌تان را که هنوز منتشر نشده، به دوست دیرینه‌تان شادروان «شاهرخ مسکوب» تقدیم کرده‌اید. اگر ممکن است در آغاز گفت‌وگو از سیر تحصیلات‌تان بگویید که گویا، فصل مشترک دوستی‌تان با مرحوم مسکوب نیز بوده است، تا در ادامه به آثار منتشرشدهٔ شما و برخی حاشیه‌های آن‌ها بپردازیم.

همان‌طور که در جلد اول خاطراتم، حدیث نفس، گفته‌ام، آشنایی من با شاهرخ مسکوب از کلاس ششم ادبی در اصفهان آغاز شد و از همان زمان دوست نزدیک شدیم. بعد از گرفتن دیپلم، به اتفاق هم به تهران رفتیم و هر دو وارد دانشکدهٔ حقوق شدیم. سال‌های دانشکده را با هم گذراندیم و از آن پس، دوست صمیمی و معاشر و مأنوس هم باقی ماندیم. مسکوب بعد از گرفتن لیسانس گرایش به چپ پیدا کرد و عضو حزب توده شد. من به شرکت نفت رفتم و مدت یک سال در آبادان و سپس در مسجدسلیمان و اهواز کار کردم. این را هم بگویم که تا آن زمان، جز اینکه تا حدودی کتاب خوانده بودم و دلبستگی اندکی به ادبیات پیدا کرده بودم، هیچ‌گونه ادعای ادبی یا احیاناً نویسندگی نداشتم و خود را صرفاً یک کارمند شرکت نفت می‌دانستم و در پی آن بودم که تلاش معاشم را ادامه دهم. سال‌های بعد همان‌گونه که در کتاب خاطراتم آمده است، پس از مدتی لاس زدن با حزب توده، عضو آن حزب شدم و حتی در فعالیت‌های حزبی شرکت جستم. واقعهٔ ۲۸مرداد زندگی ما را زیرورو کرد. شرکت نفت در اهواز یک خانهٔ درندشت به من داده بود و مسئول تشکیلات حزب در خوزستان که در اختفا می‌زیست با من زندگی می‌کرد. خانه محل رفت‌وآمد سران حزبی شده بود. روز ۲۸مرداد برحسب تصادف، من و شاهرخ در مرخصی به سر می‌بردیم و در اصفهان بودیم. در اهواز اوباش به تحریک شهربانی به منزل ما ریختند و آنجا را به آتش کشیدند و بسیاری از وسایل، کتاب‌ها و چیزها را از بین بردند یا چاپیدند و با خود بردند. البته، دیگر نمی‌توانستم به اهواز برگردم، به ناچار به تهران آمدم و آنجا به کمک ابراهیم گلستان که با مدیر امور اداری شرکت نفت، حسن رضوی، دوستی داشت و خودش هم به همین ترتیب از آبادان به تهران منتقل شده بود، در ادارهٔ تهران به کار ادامه دادم. اوضاع هر روز

دشوارتر می‌شد. رفقا و دوستان ما، یکی پس از دیگری بازداشت و روانهٔ زندان می‌شدند و من می‌دیدم که حلقه تنگ و تنگ‌تر می‌شود و به‌زودی سراغ من هم خواهند آمد. یکی از روزهایی که به اداره رفته بودم و مانند هر روز اصلاً مطمئن نبودم که شب به منزل برگردم، ابراهیم گلستان آمد و به شوخی یا جدی گفت: «حسن کامشاد! در این اوضاع و احوال اگر کسی به تو بگوید مایلی بروی به انگلستان و در دانشگاه کمبریج زبان و ادبیات فارسی تدریس کنی، چه جوابی می‌دهی؟» فکر کردم که یکی از همان مسخرگی‌های معمول گلستان است و گفتم: خواهش می‌کنم بگذار به کارم برسم. تا غروب چندین بار این حرف را تکرار کرد و دردسرتان ندهم، دست آخر به دیدن استادی از دانشگاه کمبریج رفتم که آمده بود برای شرکت در، به‌گمانم، جشنوارهٔ ابوعلی‌سینا. پس از گفت‌وگویی مفصل مرا پسندید و شوخی‌شوخی من از انگلستان و کمبریج سر درآوردم. یکی از چیزهایی که شاید کمک کرد، این بود که وقتی در ادارهٔ آموزش شرکت نفت در مسجدسلیمان بودم، به کارآموزان تازه‌استخدام ایرانی، زبان انگلیسی درس می‌دادم و به پرستاران انگلیسی‌زبان، فارسی. ضمناً، باز به شرحی که در خاطراتم آمده است، کتابی هم به نام *همشهری تام‌پین* ترجمه کرده بودم. البته، پنهان نماند که انگلیسی چندانی نمی‌دانستم و کتاب را به کمک *لغت‌نامهٔ* حییم کلمه به کلمه ترجمه کرده بودم و بدیهی است که ترجمهٔ موفقی نبود. کاش یک روز نسخه‌ای از آن را پیدا کنم و بخوانم و به ریش خود بخندم. به‌هرحال، بخت یاری کرد و من سر از کمبریج درآوردم. در کمبریج که تدریس می‌کردم، متوجه شدم که مدرسان می‌توانند درعین‌حال درس هم بخوانند و چون لیسانس داشتم، به‌عنوان دانشجوی دکترای پژوهش در زبان و ادبیات فارسی قبول شدم. مشوق اصلی‌ام همان پروفسور لیوی بود که مرا استخدام کرد و خودش هم استاد زبان فارسی بود. عنوان رساله‌ام «نویسندگی_خلاق نوین در زبان فارسی» بود. پس شروع کردم به پژوهش در این رشته و در حین تدریس، تحصیل هم کردم. یکی از کلاس‌هایی که می‌رفتم، کلاس ای.اچ.کار بود. نویسندهٔ کتاب *تاریخ چیست؟* که سال‌ها بعد ترجمه‌اش کردم. او تاریخ تدریس می‌کرد و من مرتب در کلاس‌هایش شرکت می‌کردم.

جالب است که رسالهٔ دکترای شما تحت عنوان «پایه گذاران نثر جدید فارسی» بعد از ۴۵ سال در۱۳۸۴ در ایران چاپ شد. چرا همین‌که رساله تمام شد و به ایران بازگشتید، به فکر چاپش نیفتادید؟

من آن روزها (و این روزها) خیلی به خودم باور نداشتم. دو سال بعد از اینکه تز را نوشتم و برای رشتهٔ دکتری تصویب شد، انتشارات دانشگاه کمبریج اظهار علاقه کرد که آن را چاپ کند و در سال۱۹۶۷ به انگلیسی انتشار یافت. راستش، فکر نمی‌کردم که این کتاب در ادبیات معاصر فارسی جایی داشته باشد و یا کار باارزشی از آب درآمده باشد. این را بدون مضایقه می‌گویم. الان از اینکه چرا این کار را نکردم، پشیمانم. زیرا در سال ۱۹۵۹ که بازگشتم و بعد از آن، این کتاب به انگلیسی چاپ شد، اگر آن را به فارسی ترجمه می‌کردم، حتماً برای آن زمان تازگی داشت. نویسنده‌هایی که در آن کتاب بدآن‌ها پرداخته بودم، از صادق چوبک و جلال آل‌احمد گرفته تا حجازی و صادق هدایت و دیگران، هنوز خیلی شناخته شده نبودند. یکی از چیزهایی که ضمن تحقیق کشف کردم و در این کتاب آورده‌ام این است که مترجم اصلی *سرگذشت حاجی‌بابای اصفهانی*، میرزاحبیب اصفهانی بود، شاعری که در ترکیهٔ عثمانی زندگی می‌کرد، درحالی‌که پیش از آن، مترجم کتاب را شیخ‌احمد روحی‌کرمانی معرفی کرده بودند. برای اولین بار بود که در نامه‌های ادوارد براون در کمبریج، تصادفاً به نامه‌ای از خود شیخ‌احمد به براون برخوردم که میرزاحبیب اصفهانی *سرگذشت حاجی‌بابای اصفهانی* را به فارسی ترجمه کرده است و او اجازه خواسته بود که آن متن را به انگلستان بفرستد تا براون امکان چاپش را فراهم آورد. این نامه را در رساله‌ام آورده‌ام. اگر آن موقع به صرافت افتاده بودم این «کشف» را، مثلاً برای مجلهٔ «سخن» بفرستم، سری میان سرها درمی‌آوردم! بعدها، مجتبی مینوی و جمال‌زاده و دیگران گفتند اولین کسی که این موضوع را کشف کرد، ما بودیم. کریم امامی متوجه این ماجرا شد و در کتابش نوشت اولین کسی که این موضوع را کشف کرد، حسن کامشاد بود که در کمبریج در فلان سال، در رسالهٔ تحصیلی‌اش، دربارهٔ آن نوشت و آن را چاپ کرد. آنگاه، با ۴۵ سال تأخیر، دو تن از استادان دانشگاه سبزوار کتاب را به فارسی ترجمه کردند. نسخه‌ای از آن را دوستان برای من فرستادند و وقتی نگاه کردم دیدم که عجب دسته گلی به آب داده‌اند!

سرتاپا اشتباه. چیزهایی نوشته بودند که اصلاً به نوشتهٔ من ربطی نداشت. از این ترجمه بسیار ناراحت شدم و ناگزیر نشستم و کتاب را خودم ترجمه کردم که به نام *پایه گذاران نثر جدید فارسی* منتشر شد. به تعبیری، ترجمه‌ام از کتاب خودم را در واقع مدیون آن دو استاد دانشگاه‌ام!

اگر موافق باشید در ادامهٔ روایتی که از چاپ این اثرتان داشتید، به ترجمه‌های دیگرتان بپردازیم. به نظر می‌آید که کتاب‌های حوزهٔ تاریخ نقش پررنگی در کارنامهٔ ترجمه‌ای شما دارد و در میان ترجمه‌های شما، کتب تاریخی و ژورنالیستی نسبت به کتاب‌های حوزهٔ ادبیات که رشتهٔ تحصیلی شماست، دست بالا را دارد. *آخرین امپراتور و ایران*، *برآمدن رضاخان، برافتادن قاجار و نقش انگلیسی‌ها* نوشتهٔ سیروس غنی، *در خدمت تخت‌طاووس* نوشتهٔ برنارد لوئیس و *قبلهٔ عالم* که به سرگذشت ناصرالدین‌شاه قاجار می‌پردازد، از جمله ترجمه‌های شما هستند که همگی تاریخی‌اند. چرا به ترجمهٔ کتب تاریخی متمایل شدید؟ چه شد که به سروقت تاریخ رفتید؟

بله، رشته تحصیلی‌ام ادبیات بود و جالب است که بگویم من و شاهرخ مسکوب و مصطفی رحیمی از انشانویس‌های خوب کلاس ششم ادبی بودیم و همیشه با یکدیگر رقابت داشتیم. همان‌طور که اشاره کردم، سال‌هایی که در ایران بودم، در شرکت نفت سرگرم کار بودم و کارهای پرمسئولیتی به عهده داشتم و خیلی با کتاب و ادبیات و نوشتن سروکار نداشتم. تا بعد از انقلاب که بازنشسته شدم. روز اول بازنشستگی، وقتی از خواب بیدار شدم، یادم آمد که دیگر به اداره نمی‌روم. اولین بار بود که در زندگی بیکار بودم و می‌دانستم با خود چه کنم. همسرم بیش از هرکسی، از همان روزهای اول نگرانم بود که اگر همین‌طور بنشینم و طاق را تماشا کنم، نمی‌توانم به زندگی ادامه بدهم، جنون به سرم می‌زند. ناهید بیش از من کتاب می‌خواند و از قضای روزگار، آن روزها داشت *امپراتور* را می‌خواند که دربارهٔ «هیلا سلاسی» و تاریخ حبشه است و از جهان سوم و آفریقا نیز در آن صحبت شده است. گفت: «چرا این کتابِ خیلی جالب را ترجمه نمی‌کنی»؟ من سابقهٔ ترجمهٔ چند

کتاب را در ایران داشتم اما آن‌ها را تفریحی و پشت میز اداره، در فراغتی که احیاناً پیش می‌آمد، انجام داده بودم؛ از جمله، *تاریخ چیست؟*، تامپین، و مردم چین. حالا می‌دیدم که در تمام روز فراغت دارم. کتاب را خواندم و پسندیدم و شروع کردم به ترجمه‌اش. به این ترتیب، اگر فهرست آثار مرا نگاه کنید، به جز دو سه کتاب اول، تمامی، دستاورد سال‌های بازنشستگی است. از سن پنجاه وشش، هفت سالگی تا امروز که هشتاد وشش سال دارم. در مورد چرایی ترجمهٔ کتاب‌های تاریخی، واقعیت این است که علاقه به تاریخ چیزی بود که در کمبریج پیدا کردم. اما در بعضی از موارد هم در حقیقت، کتاب دوستانم را به فارسی ترجمه کرده‌ام. اولین کتاب تاریخی که ترجمه کردم، *در خدمت تخت‌طاووس*، خاطرات «پرویز راجی» آخرین سفیر شاهنشاهی ایران در لندن است. این کتاب، خاطرات وی در دوران اشتغالش در سفارت بود که بعد از اینکه بیکار شد، برای چاپ به انگلیسی آماده کرده بود. من با او زمانی‌که در کمبریج درس می‌خواندیم، دوست شده بودم. کتاب را به من داد و دیدم در واقع، منبعی تاریخی است و بسیاری از اطلاعاتش در جای دیگری وجود ندارد. گفت: می‌ترسم این کتاب در ایران توسط کسی که اطلاعات کافی ندارد، ترجمه شود و آن‌طور که باید حق مطلب ادا نشود. من کتاب را پسندیده بودم و آن روزها هم می‌خواستم خودم را سرگرم کنم. گفتم: «ترجمه‌اش می‌کنم، به شرط اینکه نام من پشت جلد کتاب نیاید، چنان‌که گویی، خودت کتاب را نوشته‌ای». به - این ترتیب، کتاب در لندن چاپ شد. آقای راجی متن فارسی را به خرج خودش چاپ کرد و بین دوستان پخش کرد تا سال‌ها بعد که در ایران هم چاپ شد. کتاب *برآمدن رضاخان* نوشتهٔ سیروس غنی، ترجمهٔ دیگر بود. سیروس غنی دوست خیلی نزدیک من است، او هم کتابش را به انگلیسی نوشته بود. وقتی متن انگلیسی در حال چاپ بود، به من گفت: «همان‌طور که کتاب راجی را به آن شکل ترجمه کردی، ممکن است به من هم چنین لطفی کنی؟» باز، تا حدی به خاطرِ رودربایستی دوستانه و تا حد زیادی هم به خاطرِ آنکه نوشته‌اش را خوانده، پسندیده بودم، نشستم و ترجمه‌اش کردم که خوب از کار درآمد و چند بار هم تجدید چاپ شده است. یکی دو سال از انتشار این کتاب گذشته بود که یک شب، که ازقضا، شاهرخ مسکوب از پاریس آمده بود و داشتیم شام می‌خوردیم، تلفن زنگ زد و آقایی که

خودش را «امانت» معرفی کرد، گفت: «من استاد تاریخ در دانشگاه ییل هستم و کتابی به انگلیسی به نام *قبلهٔ عالم* نوشته‌ام که تز تحصیلی‌ام در آکسفورد بوده است. کتاب را با مقدار زیادی منابع جدید تکمیل کرده‌ام و در آمریکا چاپ شده است. دو ترجمهٔ شما از تاریخ معاصر را خوانده‌ام و مایلم که اگر ممکن است کتاب مرا هم ترجمه کنید». گفتم: «متأسفانه، کتاب شما را ندیده‌ام و اولین شرطم این است که کتاب به دلم بنشیند تا بتوانم ترجمه کنم». گفت: « ترتیبی می‌دهم که فردا یک نسخه از کتاب به دست شما برسد». کتاب به دستم رسید و آن را خواندم و خیلی خوشم آمد. فردای آن روز تماس گرفتم و گفتم با کمال میل کار را شروع می‌کنم. ولی این کتاب همان‌طور که در خاطراتم گفته‌ام، بیش از هر کتاب دیگری به من دردسر و زحمت داد چون نقل قول‌های زیادی از منابع دورهٔ قاجار داشت که طبعاً باید اصل را پیدا کرد. متن‌ها و نقل‌های قاجاری زیاد بود و ناچار باید زبان ترجمه را با زبان آن‌ها هم‌خوانی می‌دادم. ازاین‌رو، نثر ترجمه سنگین و شبیه به نثر دورهٔ قاجار شد. اگر پس از نقل‌قول‌ها که بیشتر متعلق به دورهٔ قاجار بود و نثر ثقیل و کهنه داشت، ناگهان نثر جدید به کار می‌بردی، برای خواننده بسیار زننده می‌نمود. این بود که زبان ترجمهٔ آن کتاب با سایر ترجمه‌های من متفاوت است. بعد از ترجمهٔ این کتاب‌های تاریخی و دلبستگی که به تاریخ پیدا کردم، با نوشته‌های برنارد لوئیس آشنا شدم. به نظر من کار بزرگ او کتاب *خاورمیانه دو هزار سال تاریخ* است و بنابراین، دست به ترجمهٔ آن زدم. تکیهٔ اصلی کتاب روی دولت عثمانی است و تعداد زیادی اصلاحات ترکی و چیزهایی مربوط به تاریخ عثمانی در آن آمده است که من که با زبان ترکی آشنا نبودم، صلاحیت ترجمهٔ آن‌ها را نداشتم. بنابراین، در یکی از سفرهایم به آمریکا برای رفع مشکلاتی که در ترجمهٔ کتاب داشتم، با کمک یک دوست که با برنارد لوئیس آشنایی داشت، وقت ملاقاتی گرفتم و به دیدار او رفتم. متأسفانه، دیدار ما خیلی دوستانه برگزار نشد؛ به این ترتیب که نخست قرار بود من به دفتر او در دانشگاه بروم، وی یک ساعت دیر آمد و من آنجا نشستم و با منشی‌اش صحبت کردیم. وقتی هم که آمد، خیلی دستپاچه بود و عجله داشت و می‌خواست زود سروته قضیه را هم بیاورد. ناگهان به نظرم رسید که بگویم چهل و پنج سال پیش من در کنفرانس‌های مستشرقین با شما شرکت کردم، آن زمان شما

در دانشگاه لندن فارسی درس می‌دادید، من در دانشگاه کمبریج. یک دفعه جا خورد و قیافه‌اش عوض شد و تازه نشست روی صندلی و به منشی دستور قهوه داد. گفتم: «یک ثلث کتاب را که ترجمه کردم متوجه شدم، مشکلاتی داریم». مقداری از مشکلات همان یک ثلث را که ترجمه کرده بودم نگاه کرد و چندتایی را بلافاصله جواب داد. دربارهٔ بقیه گفت که باید مطالعه کنم و جواب بدهم و قرار شد در تماس باشیم. همچنان که ترجمهٔ کتاب پیش می‌رفت، باز مشکلات جدیدی پیدا می‌شد و اینها را به صورت نامه برای او می‌فرستادم. آن سال‌ها آقای لوئیس مشاور پرزیدنت بوش در امور خاورمیانه شده بود و مدام در حال سفر به کشورهای عربی و اسرائیل بود یا در دفتر کارش در کاخ سفید مشغول مشاوره و مشورت بود. بنابراین، هیچ‌کدام از نامه‌های مرا جواب نداد و همین‌طور کار عقب ماند. تا اینکه از طریق دوست دیگری که او هم در امور ترکیه و تاریخ عثمانی تخصص داشت، مشکلاتم را حل کردم. اما خود کتاب یکی دو تا مشکل اساسی داشت. مثلاً، دو جا نشان یادداشت در متن داده شده بود اما یادداشتی در آخر کتاب نیامده بود. هرچه نامه نوشتم، بی‌پاسخ ماند تا اینکه آخرین بار نوشتم دارم این کتاب را چاپ می‌کنم و آنجا خواهم نوشت که این کتاب این دو ارجاع را داده، ولی شرحی دربارهٔ آن‌ها نیاورده است. این بار فوراً نامه‌ای نوشت که بله، حق با شماست. این دو ارجاع اشتباه شده است و مربوط به کتاب دیگری است و خواهش کرد وقتی کتاب چاپ شد، دو جلد برایش بفرستم تا به ناشرش برای دریافت حق تألیف خبر دهد، که فرستادم. به‌هرحال متأسفانه، آب ما هیچ‌گاه به یک جو نرفت و آن مدتی هم که در تماس بودیم، همواره توأم با سوتفاهم بود.

از مهم‌ترین کتاب‌هایی که البته پیش از انقلاب در حوزهٔ تاریخ ترجمه کردید، کتاب *تاریخ چیست؟* نوشتهٔ ای.اچ.کار در سال ۱۳۴۹ بود. اشاره کردید که با نویسندهٔ شهیر کتاب در کمبریج آشنا شده بودید. کتاب اقبال نسبتاً بلندی داشت و بختیار بود و چنان‌که بعد از انقلاب شنیدیم، مرحوم مطهری عنایتی خاص به آن داشتند و دکتر سروش هم در درس‌های تاریخ فلسفهٔ خودش از این کتاب استفاده می‌کرد و خواندنش را به دانشجویان توصیه می‌کرد. چه شد که به فکر ترجمهٔ این کتاب افتادید؟

اشاره‌ای کردم که در کمبریج در کلاس‌های ای.اچ.کار شرکت می‌کردم و از جمله درس‌گفتارهایی که داشت، یکی همین کتاب *تاریخ چیست؟* بود. بنابراین، علاقه‌مند بودم و کتاب را می‌شناختم و با نویسنده‌اش آشنایی داشتم. علیرضا حیدری مدیر انتشارات خوارزمی که دوست من بود، اصرار و تشویق می‌کرد که این کتاب را ترجمه کن چراکه ما در ایران هنوز فلسفهٔ تاریخ نمی‌دانیم. ترجمهٔ این کتاب را پشت میز اداره شروع کردم و ترجمهٔ بدی هم از آب درنیامد. ولی موفقیت‌های بعدی این کتاب مدیون حسن نظر و استقبال خوانندگان بود. به یاد دارم در سفری به ایران در اصفهان سمیناری بود و دوستان من از جمله داریوش شایگان در آن شرکت داشتند. در اصفهان به هتل عباسی و سمینار رفتم. داریوش مرا به آقای مهاجرانی که آن زمان وزیر ارشاد بود، معرفی کرد. به محض اینکه گفت حسن کامشاد، ایشان بلند شد و به گرمی با من دست داد و گفت: «کتاب *تاریخ چیست؟* شما را چهل سال پیش که طلبه بودم، زیر همین گنبد مدرسهٔ چهارباغ اصفهان خواندم و هنوز مطالب آن یادم هست و از مطالب آن استفاده می‌کنم.

کتاب‌ها مثل آدم‌ها خوشبخت و شوربخت‌اند. برخی از کتاب‌ها خوشبخت‌اند و میان خوانندگان توفیق پیدا می‌کنند. کتاب *تاریخ چیست؟* ازاین‌دست کتاب‌هاست که پدر شما هم به آن التفات داشتند و یکی دو بار که خدمت ایشان رسیدم، این را گفتند. در یکی از سفرهای تهران به آقایی برخوردم که در حوزهٔ علمیهٔ قم تحصیل کرده بود و گفت: «کتاب شما را خوب می‌شناسم برای اینکه استاد مطهری در کلاس‌های حوزوی، *تاریخ چیست؟* را مورد بحث قرار می‌دادند. بدین‌ترتیب که ما بخش‌هایی از کتاب را مطالعه می‌کردیم و بعد سر کلاس بحث می‌کردیم و اضافه کرد که در دو مورد از کارهای استاد مطهری نیز از این کتاب نام برده شده است. آقای امانت هم در اولین دیدارمان گفت: «شاید باور نکنی ولی یکی از انگیزه‌هایی که تاریخ خواندم و رشتهٔ تاریخ را انتخاب کردم و دکتری گرفتم و حالا هم تاریخ تدریس می‌کنم، این بود که کتاب *تاریخ چیست؟* را خوانده بودم». این دیگر خیلی شگفت‌آور بود! به‌هرحال، *تاریخ چیست؟* از کتاب‌های خوش‌اقبال بود.

از دیگر کارهایی که در میان ترجمه‌های شما دیده می‌شود، ترجمهٔ کتاب *استالین مخوف* است. می‌دانیم که شاهرخ مسکوب، دوست عزیز و دیرینهٔ

شما پس از افشاگری خروشچف در ۱۹۵۶ در مورد جنایت‌های استالین از کل حزب توده و فعالیت‌های سیاسی برید. شما هم در برهه‌ای از زمان، تعلق خاطری به حزب توده داشتید. آیا می‌شود گفت که ترجمهٔ این کتاب به نوعی انتقاد از گذشتهٔ خودتان نیز بود و با عنایت به تجربه‌ای که پشت سر داشتید، به ترجمهٔ این کتاب همت گماردید، به خصوص برای آشنایی نسل بعدی با آنچه در میان ما موسوم به میراث چپ بود؟

لغتی که خودم به کار می‌برم کفاره است، کفارهٔ گناهان گذشته. *استالین مخوف* نیز داستانی دارد. آقای مارتین ایمیس نویسندهٔ کتاب پدرش هم نویسنده‌ای قابل و مشهور و عضو حزب کمونیست انگلستان بود و تقریباً تا نیمه‌های عمرش را با آن حزب و با افکار چپ گذراند. پسر می‌خواهد آن سال‌های زندگی پدر و برخورد او را در خانواده و دوستانی را که می‌آمدند و بحث‌هایی را که داشتند، توصیف کند. سپس، جنایت‌هایی را که استالین مرتکب شد، شرح می‌دهد. استالین مطابق آن‌چه که در پشت کتاب آمده است، شش‌میلیون تن را در شوروی به کشتن داد. وقتی در مورد جنایت‌هایش از او پرسیدند، پاسخ داد: «کشتار از حدی که گذشت، دیگر کشتار نیست آمار است». کتاب را که ترجمه می‌کردم، مدام بغض در گلو و اشک در چشم داشتم. یادم آمد من و دوستان هم‌دوره، اولین روز که وارد دانشکدهٔ حقوق شدیم، جوانی بالای پلکان سرسرا نطق می‌کرد و می‌گفت: «دنیا چه بخواهد و چه نخواهد به سوی کمونیسم می‌رود»... و ما چند جوان اصفهانی به هم نگاه کردیم که کمونیسم چیست، وقتی سر درآوردیم، توده‌ای شده بودیم. آن روزها اگر دانشجو و تحصیل‌کرده‌ای به حزب توده نمی‌پیوست، حتماً ریگی به کفش داشت، یا فرزند فلان‌الدوله بود، یا به جایی وابستگی داشت! دانشگاهیِ عادی طبقهٔ متوسطِ کتاب‌خوانده و تا حدی فهمیده، محال بود به حزب توده کشیده نشود. آنگاه، ۲۸ مرداد فرا رسید و شاهرخ به زندان افتاد. بسیاری از افراد کادر مرکزی حزب در زندان اعتراف کردند و با پلیس همکاری کردند، درحالی‌که مسکوب تا آخرین روز شکنجه‌ها را تحمل کرد. آخرسر شکنجه‌گر به او گفته بود: «چه چیزی را می‌خواهی ثابت کنی؟ رهبران و بالادستی‌های تو همه چیز را اعتراف کرده‌اند و تو هنوز داری حاشا می‌کنی»؟ وقایع مجارستان که پیش آمد و خروشچف به جنایات استالین

اعتراف کرد، من در کمبریج از تعجب شاخ درآوردم، حیرت کردم که بهترین سال‌های عمر را برای چه کسی تلف کردیم. روز مرگ استالین من به دستور حزب دوره می‌گشتم و در حوزه‌های حزبی، نوحهٔ کمونیستی می‌خواندم. صفحهٔ انترناسیونال می‌گذاشتیم و او را نیایش می‌کردیم و حالا با واقعیاتی جدید روبه‌رو شده بودم. متنبه می‌شدم و افسوس خوردم که جوانی‌ام صرف چه موجودی شد. کتاب *استالین مخوف* را که خواندم، دیدم نویسنده خواسته انتقام پدر را بگیرد، فکر کردم من هم می‌توانم با ترجمهٔ کتاب اندکی از کفارهٔ گناهان گذشته‌ام را بدهم و داغ دلی خالی کنم. من زودتر از مسکوب از حزب توده بریدم یعنی، وقتی‌که از ایران خارج شدم. پس از اینکه به کمبریج رسیدم و اوضاع و احوال دانشگاه و محیط و درس را دیدم، به کل دنیای حزب توده و فعالیت و کارهایش برایم بیگانه و ناآشنا شد. پنج سال آنجا ماندم که مصادف با اتفاقات بعد از ۲۸مرداد بود، وقتی به ایران برگشتم، اینجا هم دنیای دیگری شده بود. خلاصه، شاهرخ از زندان که درآمد، دیگر توده‌ای نبود و من هم از تهران که خارج شدم، دیگر توده‌ای نبودم.

علاوه بر حوزهٔ تاریخ، شما در طول سال‌های مترجمی‌تان به سَروقت آثار فلسفی هم رفتید. چهار ترجمهٔ شما که به ترتیب در ایران چاپ شده‌اند و موفق هم بوده‌اند؛ یعنی، *دنیای سوفی* نوشتهٔ یوستین گُردر، *دریای ایمان* نوشتهٔ دان کیوپیت، *ویتگنشتاین، پوپر و ماجرای سیخ بخاری* نوشتهٔ دو روزنامه‌نگار و *سرگذشت فلسفه* نوشتهٔ برایان مگی بوده‌اند. چه شد که به فکر ترجمهٔ کتاب *دنیای سوفی* افتادید؟ من پیش از اینکه به طور تخصصی فلسفه بخوانم، به خاطرِ علاقه‌ام به فلسفه، دنیای سوفی را خوانده بودم. اما پس از پایان تحصیلات رسمی فلسفه، هنگام تدریس فلسفهٔ کانت، در میان منابعی که در کلاس به دانشجویان معرفی می‌کردم، همین کتاب *دنیای سوفی* و آن بخش از کتاب دربارهٔ کانت بود. منابع زیادی دربارهٔ فلسفهٔ کانت خوانده‌ام اما نویسندهٔ این کتاب درعین سادگی، مطالب را به‌خوبی بیان کرده است. چه‌طور شد که به فکر ترجمهٔ این کتاب افتادید؟

دنیای سوفی را وقتی به انگلیسی ترجمه شد و به چاپ رسید، خواندم. نثر شیوا و سادهٔ نویسنده و اینکه بحث‌های مغلق فلسفی را به زبان خیلی خودمانی و امروزی و ساده بیان کرده است، برای من عجیب تازگی داشت. مجذوب کتاب شدم و به فکر ترجمه‌اش افتادم. پیش از آن با فلسفه سروکار نداشتم و کتاب فلسفی ترجمه نکرده بودم. اما این کتاب به نظرم یک رمان آمد، رمانی که با زبان شیرین فلسفی نوشته شده بود. نخست در آلمان و سپس در فرانسه و انگلیس و آمریکا و همه جا بحث دربارهٔ این کتاب درگرفت و جزء پرفروش‌ترین کتاب‌های این کشورها شد. نویسندهٔ آن یک آموزگار فلسفه در کشور نروژ بود. کتاب به فارسی ترجمه شد و اکنون، به چاپ پانزدهم و شانزدهم رسیده است و خواننده‌های آن هم عموماً نسل جوان هستند. ترجمهٔ *دنیای سوفی* تاحدی در من علاقهٔ فلسفی ایجاد کرد. کتاب دوم *دریای ایمان* بود که پیش از انتشار به صورت یک‌سری برنامه از تلویزیون بی.بی.سی به طور هفتگی پخش می‌شد و من از روز اول یکی از بینندگان برنامه بودم و سخت تحت تأثیر این استاد الهیات دانشگاه کمبریج و مطالبی که می‌گفت، قرار گرفتم. سلسلهٔ گفت‌وگوها که تمام شد، کتاب را منتشر کردند. قبلاً اعلام شده بود که در نخستین روز انتشار، پروفسور دان‌کیوپیت در بی.بی.سی کتاب را برای خریداران امضا می‌کند. من نخستین کسی بودم که در صف خریداران ایستاده بودم. خود را به کشیش کلیسای انگلستان و استاد الهیات دانشگاه کمبریج معرفی کردم و گفتم من هم با این دانشگاه سروکار داشته‌ام و کتاب‌هایی ترجمه کرده‌ام و علاقه‌مندم این کتاب را هم به فارسی ترجمه کنم. اولین سخنی که استاد بی‌درنگ گفت این بود که شما باید بروید و با بی.بی.سی بابت حق ترجمه و حق طبع، قرارداد ببندید و بعد، دست به ترجمه بزنید. قدری جا خوردم، کشیش کلیسا، استاد دانشگاه اما اولین چیزی که به ذهنش رسید، پول بود و مادیات! در دل به ریش او خندیدم که نمی‌داند در ایران چه خبر است، ما حق کپی نداریم، بااین‌حال، هرچه را که خواسته‌ایم ترجمه کرده‌ایم و آب از آب تکان نخورده. به هرحال، وارد بحث نشدم و راهم را کشیدم و رفتم. یک بار دیگر هم در یکی از سفرهایم به کمبریج، یکی از آشنایان که استاد دانشگاه بود و با کیوپیت اشنایی داشت، خواست به اصطلاح ما را آشتی دهد. دست مرا گرفت و به اتاقم در کالج برد. آن زمان درگیر ترجمه بودم. اما

علی‌رغم توضیحاتم، جز پول حرفی نزد و گفت: «این کاری که می‌کنید، بدون اجازه و غیرقانونی است و باید با ناشر من ،بی.بی.سی، صحبت کنید. اما بی.بی.سی اعتنایی به این شندرغازها نداشت و من به ترجمه ادامه دادم.

چنان‌که در مجلد دوم خاطرات شما آمده است، گویا از دیدار با کیوپیت و اساساً مواجهه‌تان با وی چندان خرسند نبودید. کتاب در تهران چند بار چاپ شد و قدری هم بحث‌انگیز بود؛ حتی، سمیناری هم در سازمان گفت‌وگوی تمدن‌ها به مناسبت انتشار آن برگزار شد. پس از آن، کتاب دیگری هم از کیوپیت تحت عنوان *عرفان پس از مدرنیته*، چند سال پیش در قم منتشر شد.

وقتی ترجمهٔ این کتاب به مرحلهٔ چاپ رسید، در همان روزهای نخست، یکی از رجال با ناشر تماس گرفت و تهدید کرد که این کتاب کفرآمیز و مانیفست الحاد است و باید جمع‌آوری شود. ناشر هم از بیم اینکه کتاب را توقیف کنند و از بین ببرند، نسخه‌های آن را از کتاب‌فروشی‌ها جمع کرد. اما بعد از مکاتبات و رفع سوتفاهم‌ها کتاب دوباره توزیع شد و بسیار زود جا باز کرد، به‌خصوص در قم.

در دیدارهایی که با جان هیک، دیگر فیلسوف دین مشهور معاصر، در بیرمینگام داشتم، چند بار که ذکر کیوپیت به میان آمد، هیک به تلویح و تصریح می‌گفت هروقت کیوپیت به دیدنم می‌آید، بیش از هر چیز، راجع به خودش و کارهای خودش صحبت می‌کند و مجال چندانی به مخاطب نمی‌دهد تا سخنی بگوید. تلویحاً اشاره می‌کرد که پس از چاپ این کتاب یعنی، *دریای ایمان* موقعیتی برای او فراهم آمد که تصویرش از خودش کم‌وبیش عوض شد. فکر می‌کنم آنچه شما نقل کردید، با این تصاویر کمابیش متناسب و سازگار است.

من هم با اینکه برخوردهای کوتاهی با وی داشتم و شاید حق قضاوت نداشته باشم اما ایشان را آدم خودخواهی یافتم. استاد دانشگاه کمبریج، عالم الهیات و کشیش، همه به جایِ خود، اما به هرحال کسی که خوانندهٔ کتاب شماست یا قصد ترجمهٔ آن را دارد یا حتی به دیدن شما آمده است، کمی مبالی آداب بودن، زیان

ندارد. ایشان با بی.بی.سی قرارداد بست و این سری برنامه‌ها را تهیه کرد و برای تهیهٔ آن‌ها به دور دنیا سفر کرد و کتاب هم کتاب موفقی از آب درآمد و ترجمه‌های گوناگونی از آن شد. اینها همه به طور حتم وضع اقتصادی ایشان را از یک استاد دانشگاه و کشیش تغییر داد. من نمی‌دانم این پول چه خاصیتی دارد که وقتی از حدی تجاوز کرد، انسان‌ها را این‌گونه تغییر می‌دهد.

بگذریم و بپردازیم به دیگر اثر شما در حوزهٔ فلسفه که البته رویکردی ژورنالیستی هم دارد: کتاب *ویتگنشتاین ـ پوپر و ماجرای سیخ بخاری*.

این کتاب هم مثل کتاب‌های دیگر وقتی در انگلستان منتشر شد، خیلی سروصدا به پا کرد و مورد تحسین و تأیید قرار گرفت. کتاب را خواندم و خیلی خوشم آمد، خصوصاً به این دلیل که بخشی از آنچه در کتاب می‌گذرد، در مورد کمبریج است. درست در کالج و کریدوری که من سال‌ها، بارها و بارها هر هفته گذارم به آنجا می‌افتاد و شاید به آن اتاق هم رفته بودم. ولی مهم‌تر از همه این بود که من با کارهای پوپر آشنایی مختصری داشتم، با ویتگنشتاین کمتر. ابتکار این دو روزنامه‌نگار هوشمند انگلیسی که یک برخورد پنج دقیقه‌ای بین این دو فیلسوف را به موضوع بحث کتابی تبدیل کرده‌اند، بسیار جالب است. ماجرا این است که هنگام درگرفتن بحث، زمستان بوده است و ویتگنشتاین سیخ بخاری را برمی‌دارد و پوپر را تهدید می‌کند. بعدها بعضی از حاضران گفتند که تهدید نبوده بلکه ویتگنشتاین حین صحبت فقط سیخ را در هوا تکان می‌داده است. به هرحال، به این بهانه این دو روزنامه‌نگار کتابی نوشتند و زندگی، خانواده، آثار و فلسفهٔ این دو فیلسوف را با زبانی بسیار شیرین و ساده به بحث گذاشتند. از خواندن کتاب لذت بردم و هوس کردم همچون تجربه‌های دیگرم، این لذت را با دیگران تسهیم کنم. کتاب بعدی این دو روزنامه‌نگار راجع به مسابقهٔ جهانی شطرنج بین دو قهرمان روس و آمریکایی بود. رونمایی این کتاب تصادفاً در کتاب‌فروشی محلهٔ ما انجام شد. من در آن جلسه شرکت کردم و بعد از پایان کار نزد دو نویسنده رفتم و گفتم فلان کتاب شما را ترجمه کرده‌ام. بسیار شگفت‌زده شدند و به اصرار مرا به کافهٔ مجاور دعوت کردند و قول گرفتند که دو نسخه از ترجمهٔ کتاب را برایشان بفرستم. مطابق معمول، سؤال-

هایی دربارهٔ کتاب داشتم، نکاتی برایم مبهم مانده بود که طی مکاتبه به تمام سؤالاتم جواب دادند.

***سرگذشت فلسفه* نوشتهٔ برایان مگی، آخرین ترجمهٔ شما در حوزهٔ فلسفه بود. چنان‌که در جلد دوم خاطرات شما آمده است، از نحوهٔ مکاتبه و تعامل او با چاپ و ترجمهٔ این کتاب به زبان فارسی هم چندان راضی نبودید و دوست قدیمی‌تان پرویز راجی هم که امروز ذکرش رفت، در این میان مداخله کرد و حتی نزدیک بود نامهٔ تندی به برایان مگی بنویسد. بد نیست درباب این کتاب و برخورد راجی و خودتان با او توضیحاتی بفرمایید.**

بله، پرویز راجی از وقتی‌که از سفارت برکنار شد، زندگی ساده‌ای پیش گرفت و در گوشه‌ای، باعلاقه مطالعه می‌کرد و گاه و بیگاه مقاله‌ای برای نشریات انگلیسی می‌نوشت و زندگی می‌گذراند. از جمله موضوعاتی که به آن علاقه‌مند شد، فلسفه است. گاه و بی‌گاه با من بحث می‌کرد. اگر چیزی برایش لاینحل بود و به عقل ناقص من می‌رسید، می‌پرسید. یک روز تلفن کرد و گفت: «من جواب خیلی از سؤالات فلسفی‌ام را با خواندن یک کتاب پیدا کردم». آن کتاب *سرگذشت فلسفه* نوشتهٔ برایان مگی بود. وقتی پرویز راجی سفیر ایران در انگلستان بود و برایان مگی نمایندهٔ پارلمان از حزب کارگر در مجلس عوام، در مهمانی‌های سفارت شرکت می‌کرد و چون اهل کتاب بود و دانشگاهی و خوب صحبت می‌کرد، توجه راجی را جلب کرده بود. در آن زمان، هیئت‌هایی از پارلمان انگلستان دو سه بار از ایران دیدن کردند و مگی جزء این هیئت‌ها بود. پس با راجی دوستی پیدا کرده بود. من هم به لحاظ کارم در انگلستان و دوستی‌ام با پرویز راجی ، بعضی اوقات به این مهمانی‌ها دعوت می‌شدم و با برایان مگی آشنایی مختصری پیدا کرده بودم. به هرحال، کتاب مگی را خریدم و خواندم و سخت تحت‌تأثیر قرار گرفتم. لابد توجه کرده‌اید در چند کتابی که من دربارهٔ فلسفه ترجمه کرده‌ام، فلسفه از زبان والای حکیمانه به زبان امروزی مردم‌پسند درآمده است. دیدم این کتاب هم چنین حال و هوایی دارد؛ بنابراین، به فکر ترجمه‌اش افتادم. کتاب اصل انگلیسی، بسیار نفیس چاپ شده است و با عکس‌های زیادی همراه است و حواشی و کناره نویسی هم دارد. فکر کردم شاید بتوان عکس‌ها را به دست آورد و به ناشر ایران کمک کرد. به راجی گفتم و او

نامه‌ای به مگی نوشت. نامه خیلی دوستانه و خودمانی بود. نامهٔ دوستی به دوست دیگر، یکی سفیر اسبق و دیگری نمایندهٔ اسبق. جواب مگی یک کارت‌پستال بود که پشت آن نوشته بود: آقای مترجم با ناشر تماس بگیرند، ترتیب حق‌الزحمه را بدهند و قراردادی ببندند. این کارت و نحوهٔ برخورد مگی با راجی گران آمد و جواب بسیار تندی تنظیم کرد که شما ممکن است چندین مدرک دکترا و فوق دکترا و استادی و... داشته باشید، اما بهتر است یک مدرک هم در مبادی آداب بگیرید. دیدم کار دارد به جاهای باریک می‌کشد خواهش کردم نامه را نفرستد. بعدها معلوم شد اصلاً احتیاجی به آن نامه نگاری نبوده و کتاب به همت نشر نی به بهترین صورت به چاپ رسید.

در مجلد دوم خاطرات‌تان اشاره کرده‌اید که بخشی از نوشته‌های شاهرخ مسکوب و نوشته‌هایی از او درباب شاهنامه نزد شماست. اگر درباب آثار منتشر نشدهٔ شاهرخ مسکوب و اینکه در چه وضعیتی هستند هم توضیحاتی بفرمایید، خوب است. مثلاً، چندی پیش نوشته‌ها و خاطرات او دربارهٔ مادرش را با عنوان *سوگ مادر* منتشر کردید. ماجرای این کتاب چه بود؟

در روزهای آخر زندگی شاهرخ من در ایران بودم. ناگهان خبر دادند که او روزهای آخر زندگی‌اش را می‌گذراند، خودم را به پاریس رساندم. روزهای آخر در بیمارستان سفارش‌هایی داشت که در گوش من زمزمه کرد؛ نگران کارهایش بود، *ارمغان مور*، آخرین اثر خود را برای چاپ به تهران فرستاده بود اما بازخوانی و غلط‌گیری نشده بود. خواست امور این کتاب و بقیه کارهایش را به عهده بگیرم که گفتم خیالت راحت باشد. بعد، راجع به *شاهنامه* و حاشیه‌نوشت‌هایش اشاره کرد. مسکوب در جوانی هنگام مرور *شاهنامه*، در حواشی صفحات، یادداشت‌هایی نوشته بود. سال‌ها بعد در فرانسه هم بر شاهنامهٔ چاپ مسکو حواشی نوشت. می‌گفت اگر روزی کسی حواشی دوران جوانی و حواشی سالیان بعد از اقامت در فرانسه را مقایسه کند، به سیر تحول فکری او دربارهٔ شاهنامه و فردوسی پی می‌برد. این کار را به راهنمایی آقای شفیعی‌کدکنی و کوشش خانم بهفر شاهنامه‌شناس انجام دادیم و کتاب اکنون در دست چاپ است. شاهرخ خاطراتش را در دو جلد با عنوان *روزها*

در *راه* نوشت که در پاریس منتشر شد. ولی خاطرات جوانی و دانشجویی و گاه‌گاه بازیگوشی چاپ نشده است. اینها در حدود هشت، نُه کتابچه است اما مطالبش خیلی شخصی و بیشتر مسائل خانوادگی، عشقی، روابط با دوستان نزدیکش است که نمی‌دانم با آن‌ها چه باید کرد. خودش این نوشته‌ها را نگه داشته است؛ پس، منطقاً حرفی نداشته که روزی روزگاری منتشر شوند. ولی آن روز به نظر من نرسیده، چون کسانی را که در قید حیات‌اند متأثر می‌کند. ازاین‌رو، دست نگه داشتم. البته، بخش‌هایی را که برای مادرش نوشته بود، از میان خاطرات منتشر نشده بیرون کشیدم و به نام *سوگ مادر* در تهران منتشر کردم.

به سفرها و رفت‌وآمدهایی که با شاهرخ مسکوب داشته‌اید، اشاره کرده‌اید. جایی اشاره می‌کنید که او بسیار احساساتی بود، رابطهٔ نزدیکی با طبیعت و نهال و درختی در نزدیکی منزل‌شان، داشت. شیفتهٔ تابلوها و مناظری می‌شد که در موزه‌ها یا در طبیعت می‌دید. به نوشته‌ای از دفترچهٔ خاطرات خود او اشاره کرده‌اید که چه‌بسا انسان معاصر رابطه‌ای با هنر برقرار کند که انسان پیشامدرن با متافیزیک کلاسیک یا با آموزه‌های دینی گذشته برقرار می‌کرد. در این مجلد از خاطرات شما، شاهرخ مسکوب حضور پررنگی دارد.

بله، در جلد دوم بخش قابل توجهی مربوط به شاهرخ است و سفرهایی که با هم کردیم. او عاشق طبیعت بود، و دیدِ او از طبیعت و توصیف‌هایش از طبیعت، در زبان فارسی کم‌نظیرند. شور و شوقی استثنایی برای سیر و تماشای طبیعت داشت. شاهرخ سی سال آخر زندگی‌اش را با سختی گذراند، در پانزده سال آخر، در پستوی یک دکهٔ عکاسی زندگی می‌کرد و نیمی از روز را جلوی دخل می‌ایستاد و مشتری راه می‌انداخت. من جای دیگری هم گفته‌ام که این موضوع برای فرهنگ ایران تأسف‌بار است. بعد از ظهرها که می‌خواست نفسی بکشد، به باغ لوکزامبورک در همان نزدیکی می‌رفت. در باغ قدم می‌زد و دربارهٔ کارهایش و چیزهایی که می‌خواست بنویسد، فکر می‌کرد. نیمکتی آنجا بود و درختی روبه‌روی آن و شاهرخ این درخت را درخت خودش می‌دانست و در فصل‌های مختلف که درخت شکوفه می‌داد، برگ زرد می‌کرد و دوباره سبز می‌شد، دگرگونی و رنگ‌به‌رنگ شدن درخت را تماشا می‌کرد. یکی دو جا در خاطراتش از «درخت من» صحبت می‌کند.

نوشته‌های زیادی در یک کتابچه از شاهرخ پیدا کردم که تماماً توصیف طبیعت است. تکه‌تکه است و معلوم است که می‌خواسته کتابی راجع به شکار و طبیعت بنویسد و بیش از این نمی‌خواهم در اینجا صحبت کنم چون تمام اینها در جلد دوم خاطراتم به تفصیل آمده است.

اشاره کرده‌اید که پس از مرگ شاهرخ، شما هم به سروقت درختی که با آن نجوا می‌کرد، رفتید و چند قطره‌ای هم اشک فشاندید.

بله، روزهای سختی بود، روزهای بیمارستان و درگذشت شاهرخ و تدارک حمل جنازه به ایران و تشییع دوستان و هنرمندان و روشنفکران. روز مرگ او به سوی باغ لوکزامبورک رفتم، در راه با آنکه هفت، هشت سال بود سیگار را ترک کرده بودم، جلوی یک مغازهٔ سیگارفروشی بی‌اختیار یک پاکت وینستون با کبریت خریدم. رفتم پای آن درخت، سیگاری آتش زدم و اشکی هم به یاد شاهرخ ریختم.

به‌عنوان آخرین سؤال، می‌خواستم بپرسم به‌رغمِ آنکه نثر فارسی شما خوب و دلنشین است، چرا کمتر به فکر نوشتنِ مستقل از ترجمه افتادید؟

حقیقت را بگویم، من از «دلنشینی» نثر خود تا این اواخر بی‌خبر بودم ولی از بس گفتند و نوشتند، دارد کم‌کم باورم می‌شود. ابتدای صحبت هم گفتم، من همواره به خودم بی‌اعتقاد بوده‌ام و یکی از دعواهایی که زنم با من دارد این است که خودم را کم ارزیابی می‌کنم. نه، به فکر نوشتن کتاب یا اثر مستقلی نبوده‌ام. انگلیسی‌ها اصطلاحی دارند که «در خودم کتابی نمی‌بینم». بیشتر ترجمه کردم و آن هم ترجمهٔ کتاب‌هایی که از خواندن‌شان لذت برده بودم و می‌خواستم دیگران را در لذتم شریک کنم. کتاب نوشتن و آفریدن، مایه لازم دارد که من در خودم سراغ نداشتم. یا اگر هم بوده، جرأت و جسارت بیانش را به خود ندادم. این را با اخلاص تمام می‌گویم.

شاملو دو دوزه‌باز بود

گفت‌وگوی سروش دباغ با رضا براهنی [1]

با زندگی شخصی‌تان گفت‌وگویمان را شروع کنیم. طفولیت شما با دوران حکومت «پیشه‌وری» در آذربایجان هم‌زمان بود. از دوران کودکی تان بگویید.

در سال ۱۳۱۴ به دنیا آمدم و شش سالم بود که جنگ جهانی دوم شروع شد و آمدن ارتش شوروی را دیدم و اشغال چندساله ایران را در همان سال‌ها تجربه کردم. سپس حکومت پیشه‌وری را دیدیم و همه‌ی این‌ها بر آینده من تأثیر گذاشت. اخیراً شعری گفتم درباره‌ی پدرم که یک کاگر بود، حدود سال‌های ۱۳۲۴ یا ۱۳۲۵، همین‌طور ایستاده بود و عکس یک آدم با ریش و سبیل را نگاه می‌کرد و چون خودش سواد خواندن نداشت از بچه‌اش می‌پرسد که این کیست؟ بچه‌اش هم می‌گوید که من درست نمی‌توانم بخوانم ولی گویا آنجا نوشته لنین. و بعد پدر می‌پرسد که آن مرد دیگر کیست که کنار او با سبیلی بیشتر شبیه جاهلان تبریز ایستاده؟ بچه هم می‌گوید استالین است. بله، چشم باز کردیم و به عنوان یک بچه

---

[1] نشریهٔ «اندیشه پویا»

جنگ جهانی را دیدیم و روزگار فقر و کارگری آن دوره را. تقریبا همه در خانه کار می‌کردند. ما نیز از همان شش ـ هفت سالگی کار می‌کردیم و درعین‌حال درس هم می‌خواندیم. من مدرسه خوبی رفتم؛ مدرسه‌ی پرورش که یکی از ممتازترین مدرسه‌های شهر بود. یک روز پدرم من و برادرم را به یک کارخانه چای می‌برد تا در آنجا کار کنیم؛ یک آقایی که هیچ‌گاه قیافه‌اش را فراموش نکرده‌ام، آقای قدکوتاهی که بعد معلوم شد قوم و خویش دور پدرم است، پرسید که اینها را کجا می‌بری؟ پدر گفت می‌برم سر کار. او گفت: نه خیر، نمی‌برید سر کار! و به همین ترتیب ما را برد به یک مدرسه‌ی عالی، مدرسه‌ی پرورش. من و برادرم ۹ سال در آنجا بدون پرداخت شهریه درس خواندیم و شاگردان خوبی هم شدیم. برادر من شاگرد اول بود و من هم تا حدی شاگر خوبی بودم. وقتی رسیدم به سال اول متوسطه آن زمان اِسِنشال انگلیسی درس می‌دادند. من در طول حدود چهار پنج ماه اول، هر سه اسنشال را خواندم. تقریبا تا متوسطه یادگیری زبانم خیلی خوب بود. درعین‌حال در روزنامه‌ی مدرسه هم می‌نوشتم که هر ماه درمی‌آمد.

از خاطرات تلخ دوران فرقه دموکرات چه در ذهن دارید؟

تلخ و شیرینش را نمی‌دانم. من در دوره‌ی فرقه دموکرات درسال ۱۳۲۴ ده ساله بودم. فرقه دموکرات یک سال بر سر کار بود و در طول این یک سال زبان ترکی را زبان رسمی کرده بود. یادگیری فارسی برای من بسیار مشکل بود، چرا که افراد خانواده ما هیچ‌کدام سواد نداشتند و ما نخستین نسل از خانواده‌مان بودیم که سواد می‌آموختیم. در خانه همیشه ترکی حرف می‌زدیم و معلم‌ها هم گاهی وقتی گرفتاری پیدا می‌کردیم مسائل را به ترکی ترجمه می‌کردند. آن یک سال فرصتی شد که در مدرسه هم به ترکی درس خواندیم. ما متعلق به آن دوره هستیم که یک سال به ترکی درس خواندیم و هیچ‌وقت سمپاتی نسبت به زبان ترکی را از دست ندادیم. پس از سقوط فرقه، همه چیز به حالت سابق برگشت کمی هم با شدت و حدت بیشتر. تاکه تلقین‌های فرقه دموکرات را از ذهن‌ها بیرون بریزند. البته به نظر من نتوانستند. چرا که فرقه در طول آن یک سال تبریز را آسفالت کرد و بسیاری کارهای دیگر انجام داد و بدین‌ترتیب شما همیشه پیشه‌وری را می‌دیدید که این جا و آنجاست.

برای تحصیل راهی فرنگ شدید؟ چرا ادامه تحصیل در ترکیه را انتخاب کردید؟ همان علاقه به زبان ترکی شما را به استانبول کشاند؟

برنامه‌ریزی خاصی نکرده بودم. لیسانس انگلیسی‌ام را گرفتم و می‌خواستم برای ادامه تحصیل به انگلیس بروم. باید با اتوبوس می‌رفتم. وقتی به استانبول رسیدم از آنجا خیلی خوشم آمد. سری به دانشگاهش زدم و به دپارتمان زبان انگلیسی‌اش. دیدم جلسه‌ای هست و همین که وارد شدم یکی به من گفت بنشین و من هم نشستم. داشتند درباره ادبیات صحبت می‌کردند. من هم به انگلیسی حرف‌هایی زدم. جلسه تمام شد، آنها پا شدند رفتند و من ماندم. استادی بود و به من گفت شما چرا نمی‌روید. گفتم که شنیده‌ام استادهای امریکایی و انگلیسی در اینجا زبان درس می‌دهند و می‌خواستم بدانم اینجا درس خواندن چطور است. پرسید که شما انگلیسی را کجا آموخته‌اید؟ گفتم وقتی آمریکایی‌ها آمدند ما با آنها انگلیسی صحبت می‌کردیم و من خودم زبان را یاد گرفتم. خلاصه کنم که به من گفتند اگر اینجا بمانی بلافاصله تو را می‌بریم به دوره‌ی پی‌اچ‌دی. درنتیجه من فوق لیسانسم را در عرض همان دو ساعت و بحث‌هایی که به انگلیسی کرده بودم گرفتم. در آنجا دکترا گرفتم و برگشتم. دومین ایرانی بودم که دکترای ادبیات انگلیسی گرفته بود. اولین نفر دکتر صورت‌گر بود و دومین نفر من بودم. اولین فکری که کردم این بود که در دانشگاه تهران استخدام بشوم. به من گفتند که باید مسئله‌ی سربازی‌تان را حل کنید. رفتم تا این مسئله را حل کنم که مرا فرستادند به سلطنت آباد، برای ۱۸ ماه. آنجا که بودم یک نفر عجیب به دردم خورد. به این خاطر که مرا گذاشته بودند در آشپزخانه. گاهی گوشت‌ها را می‌دزدیدند و سر چهارراه پاسداران یا همان چهارراه سلطنت آباد سابق به چلوکبابی‌ها می‌فروختند. در نتیجه بچه‌ها گفتند براهنی را بگذارید برای نگهبانی و من همیشه نگهبان آشپزخانه بودم. تا اینکه سربازی‌ام تمام شد و برای تدریس به دانشگاه تهران رفتم.

پس حالا فارسی زبان اولتان بود و انگلیسی زبان دومتان؟

این را هم بگویم که در ترکیه ازدواج کردم و همسر اول من یونانی بود و و بنابراین شروع کردم به یادگیری ریشه‌های یونانی و مدتی سعی می‌کردم که یونانی صحبت کنم. دختری هم از او دارم و حالا در آمریکاست و *رازهای سرزمین من* را به

انگلیسی ترجمه می‌کند. او یونانی، ترکی، فارسی می‌داند و انگلیسی‌اش هم درجه یک است. بنابراین ترکیه برای من یک زبان یونانی هم به ارمغان آورد، اما زبان اول من ترکی بود و زبان دومم فارسی و زبان سومم انگلیسی و زبان چهارمم فرانسه.

پس با پایان تحصیلات دانشگاهی علاقه‌تان معطوف به ادبیات و زبان انگلیسی بود.

البته در ترکیه با یک دانشجوی دوران دکترای فلسفه دوستی داشتم و یادم هست که کتابی درآمده بود با نام *اگزیستانسیالیسم از کیرکگور تا سارتر*. ما این کتاب را با هم خواندیم. کتابی جیبی بود و آنجا برای نخستین بار من در بیست و دو سه سالگی در ترکیه با نام کیرکگور و هایدگر آشنا شدم. پس از آن کم و بیش هرچه سارتر نوشته بود را خواندم. هر آن چه یاسپرس نوشته بود را هم خواندم. کتابخانه تبریز من پر بود از این کتاب‌ها.

از اولین تجربه‌های نوشتن تان بگویید؟ به چه زمانی برمی گردد؟ از چه کسانی متاثر شدید؟

نگارش اولین رمانم، زمانی بود که در ترکیه بودم. به زبان انگلیسی نوشتم ولی ولش کردم. اما اولین داستانم را در ۱۳ یا ۱۴ سالگی در مدرسه نوشتم. روحیه ادبی من در دوران مدرسه شکل گرفت. یکی از بهترین معلم‌ها که نوع ایستادن و شعر خواندن و همه چیز او عجیب روی من تأثیر گذاشته و بسیار هم خوش‌قیافه بود فردی به نام دکتر «منوچهر مرتضوی» بود که گویا اخیراً فوت کرده است. سنش هم خیلی بیشتر از ما نبود و زمانی که به ما درس می‌داد دوره‌ی دکتری را می‌گذراند و شاگرد فروزان‌فر بود. او تأثیر مستقیمی روی من داشت و من اولین نوشته‌ها و شعرهایم را به او نشان دادم. از شعر نیمایی خوشش نمی‌آمد. وقتی شعر می‌خواند، به خصوص وقتی که از حافظ می‌خواند، همه کلاس که حدود ۱۵۰ نفر بودند مدهوش شعر خوانی او می‌شدند. همیشه فکر کرده‌ام در شعر خواندن و شعر گفتن جاذبه‌ای وجود دارد و تا انسان جذب آن لحظه‌ی شاعری نشود نمی‌تواند کاری کند و این برای من مجسم لحظه شعر خواندن مرتضوی بوده. وقتی شعرهای حافظ را می‌خواند حالت چشم‌هایش عوض می‌شد و همه مبهوت می‌شدند. ما ادبیات

انگلیسی می‌خواندیم و زبان فارسی برای‌مان اهمیتش درجه‌ی دوم بود. با این همه زبان فارسی مرتضوی برای ما یک استثنا بود.

پیش‌تر اشاره کردید به هایدگر و آشنایی‌تان با فلسفه. یکی از کسانی که در فضای فرهنگی ما مشهور است و گفته می شود که هایدگر را به ایرانیان معرفی کرده یا دست کم در باب ایده‌های او سخن گفته «فردید» است. با طرح ایده‌هایی چون غرب‌زدگی و مفاهیمی چون حوالت تاریخی و نیست‌انگاری. شما در رمان آواز کشتگان توصیف طنزآمیزی از"دکتر فیلسوف" داده بودید که همان احمد فردید است. در سال ۱۳۵۳ و پس از انتشار تقریر فردید در مورد صادق هدایت با عنوان "سقوط هدایت در چال هرز ادبیات فرانسه"، نیز در مجله نگین مقاله‌ای مفصل با عنوان " صادق هدایت و دکتر فردید" نوشتید و انتقادات تندی از فردید کردید. چه شد که به او پرداختید؟

زاویه پیدا کردن با آدم‌ها بخشی از کسب وکار من است. تا زمانی که با آدم‌ها زاویه پیدا نکنم نمی‌توانم درباره‌شان بنویسم. اتفاقاً من از فردید خیلی خوشم می‌آمد. آدمی بود که در ابتدا دو سوم حرف‌هایش را حتی شما و آدم‌های عادی نمی‌توانستید بفهمید. تکلف و درعین‌حال مقداری هم گرفتگی بیان داشت. او هیچ راه دیگری نداشت جز نوع حرف زدنی که داشت. راه‌های دیگری برای تشخص بلد نبود و چون بلد نبود به آن صورت حرف می‌زد. مثل آدمی که نمی‌داند چه می‌گوید! موقعی که او را مجبور می‌کردید که بنویسد، شاهکار بود. خیلی کم می‌نوشت یا دیکته می‌کرد تا دیگران بنویسند. در بعضی موارد مثلاً وقتی که می‌خواست بگوید حوالت تاریخی، شما در ابتدا نمی‌فهمیدید چه می‌گوید و هرچه این کلمه را تکرار می‌کرد باز هم نمی‌فهمیدید چه کلمه‌ای گفته و برای همین یک بار مجبورش کردم که بنویسد. آن موقع بود که تازه متوجه شدم می‌گوید حوالت تاریخی. مثل گنگ خواب‌دیده بود و عالم در مقابلش تمام کر بود. جالب بود؛ فرق می‌کرد. البته او یک چیز بود و آل احمد چیز دیگری. حتی اگر آل احمد از او تاثیر هم گرفته باشد.

چه تصویری از آل احمد مگر در ذهن دارید؟ چه چیزی متفاوتش می کرد؟

آل احمد به‌صراحت حرف می‌زد. البته من هیچ وقت تحت تأثیر نثر آل احمد قرار نگرفتم گرچه نثر بسیار خوبی داشت. آل احمد انسان شجاع و شریفی بود. برخلاف برخی دیگر مثلاً شاملو که ژست شجاعت می‌گرفت اما نه به اندازه‌ی او شجاع بود و نه شریف. آل احمد هرگز در برابر قدرت سرش را خم نکرد و با قدرت از روبه‌رو مخالفت می‌کرد در حالی که شاملو را این طور ندیدم. حتی شاید علت اجتنابم از همراهی و همکاری با شاملو همین بود. گرچه از شعرش خوشم می‌آمد ولی بعدها نظرم درباره او عوض شد. اما اگر از نثر و نوشتن فردی بخواهم تعریف کنم، صادق چوبک است. من با او سال‌ها دوست بودم. خیلی منزه بود و دقت عجیب و غریبی در نوشتن داشت. قصه‌های کوتاه چوبک به مراتب بهتر از داستان‌های هدایت است. هدایت نوعی زاویه باز می‌کند، با خودش و با آدم‌های محیط خودش. چوبک آن زاویه را ندارد. چوبک یک نفر را روبه‌رویش قرار می‌دهد و دقیقاً انگار تصویر او را از زبان می‌گیرد و بعد یک جدال قراردادی درست می‌کند، درحالی‌که در هدایت جدال‌ها هیچ کدام قراردادی نیست.

در مهر ماه سال ۵۰ شهریار اقدام به برگزاری کنگره‌ی شعری در تبریز کرد که شما و بسیاری دیگر از شاعران مطرح آن روزگار در آن کنگره حضور پیدا نکردید و بعدها هم نامه‌ای در همین خصوص به شهریار نوشتید. دلیل شرکت نکردن شما در آن برنامه چه بود؟ می‌خواستید علیه شهریار و شعر سنتی بشورید؟

من از اواخر دوره دوم مدرسه شروع کرده بودم به نوشتن و کارهایم را به شهریار نشان می‌دادم. دیدار با شهریار یک دیدار معنوی بود. بعدها ما اختلاف‌هایی داشتیم؛ شهریار فقط غزل می‌گفت و من هم به عنوان شاعری نوپرداز شناخته شده بودم و کارم به او نمی‌افتاد. اما با احترام برخورد می‌کرد و بسیار با پرنسیپ بود. موقعی که غزل می‌خواند به طور کلی حالش عوض می‌شد و مجذوب صدای دورگه‌ی دودی خودش بود. برای من هم جالب بود. درخصوص این کنگره که می‌فرمایید مشکل

شخصی در کار نبود. شهریار یک آدم سنتی بود. هیچ شعری در زبان ترکی به زیبایی حیدربابای شهریار نیست، اما شعر نو او افتضاح بود. البته اگر من به آن کنگره نرفتم دلیلش اینها نبود. نخیر، آن کنگره دولتی بود و من در هیچ برنامه دولتی شرکت نکرده‌ام و نمی‌کنم. من شنیدم اما به یقین نمی‌دانم که شهریار دیداری هم با فرح داشت. دو سه نفر دیگر را هم می‌شناسم که مورد حمایت بودند، حتی به صورت مادی. یکی شان احمد شاملوست که نوشته‌اند از فرح پول گرفته بود. البته نمی‌گویم موضعشان عوض شد، ولی شما در کار آل احمد دودوزه‌بازی نمی‌بینید. نیما و هدایت هم اشخاصی هستند که شرف ادبیات معاصر ایرانند.

یعنی می‌خواهید بگویید که شاملو دودوزه‌بازی داشت؟ چرا اینقدر علیه او بدگویی می کنید؟

شاملو رسماً دودوزه باز بود. نمی‌توان این همه سال به سلطنت فحش داد و از حکومت پول گرفت. این غیرممکن است.

همچنان ضدیت شما با دستگاه پهلوی نمایان است. چه وقتی از شهریار صحبت می‌کنید و چه حتی در منکوب کردن شاملو. شاید بنا بر تجربه زندان و هجرت‌تان در عصر پهلوی طبیعی باشد. در خاطرات علم آمده که خود شاه درباره فعالیت‌های شما و اینکه چرا دستگیر نمی‌شوید اشاره‌هایی کرده است. سال پنجاه بازداشت شدید که ظاهراً به دلیل نوشتن مقاله‌ی «فرهنگ حاکم، فرهنگ محکوم» در روزنامه اطلاعات بود.اوایل دهه ۵۰ هم مهاجرت کردید حال آنکه در آن برهه طیف روشنفکران مهاجر چندان زیاد نبودند. ماجرا چه بود؟ ریشه‌های این مخالفت‌ها از کجا درمی‌آمد؟

بخشی از مشکل اصلی ما در دوران پهلوی موضوع آذربایجان بود، بخش دیگر هم تعلقات روشنفکری بود. سیستمی بود که اجازه نمی‌داد زبان‌هایی که به صورت میلیونی هستند تأثیرات و تحصیلات خودشان را داشته باشند. ما از زبان فارسی دفاع عملی کردیم، بدین معنا که فارسی را یاد گرفتیم. من معتقدم که باید فارسی آموخته شود اما از طرفی زبان مادری هم نباید فراموش شود. این مشکل اول ما با حکومت پهلوی بود.سال ۵۰ تازه از آمریکا برگشته بودم. آن زمان در آمریکا در دو

دانشگاه تگزاس و یوتاو درس داده بودم. همان‌طور که اشاره کردید وقتی که برگشتم نوشته فرهنگ حاکم، فرهنگ محکوم در روزنامه اطلاعات گرفتاری پیش آورد. طبیعی هم بود. چرا که من موضوع زبان‌هایی که در ایران صحبت می‌شود را پیش کشیده بودم. گفته بودم که اگر این حق را به زبان‌های مختلف ندهند در نخستین حرکت اغتشاشی که در مملکت پیدا شود حالت گریز از مرکز پیدا خواهد شد. که البته چندین بار هم دیدیم، در جنگ اول و دوم، در دوران فرقه‌ی دموکرات، این حالت گریز از مرکز ایجاد شد. هیچ چیز بدتر از این نمی‌شود. مقاله را در روزنامه اطلاعات نوشتم و بلافاصله از دانشگاه که بیرون آمدم مرا دستگیر کردند و رسماً بدترین شکنجه‌ها را به من دادند.

اگر مایلید قدری در مورد شکنجه‌ها در زندان بگویید و علاوه بر این چنان‌که به انگلیسی هم پیش‌تر نوشتید، گویا در زندان دکتر علی شریعتی را ملاقات کردید. اگر در این‌باره کمی توضیح دهید بسیار خوب است چون خاطرات شما به زبان انگلیسی منتشر شده است.

در زندان بازجوی من شخصی بود به نام دکتر رضوان که البته او شکنجه‌ام نکرد. گرچه هنگام شکنجه ایستاده بود و تماشا می‌کرد. به بازجوی خودم گفتم که شنیدم دکتر شریعتی هم اینجاست. من در سلول انفرادی بودم و نمی‌دانم ایشان هم در انفرادی بود یا نه. گفتم چرا نمی‌گذارید که لااقل ما با هم باشیم؟ موقعی که ما را برای بازجویی می‌بردند چشم‌بند می‌زدند اما موقعی که آنجا بودیم چشم‌بند را برمی‌داشتند. من نشسته بودم که یک نفر دیگر را آوردند با چشم بند. و بعد همان دکتر رضوان گفت که چشم‌بند ایشان را بردارید. من دکتر شریعتی را ندیده بودم و نمی‌دانستم موضوع چیست. تا این که ما را به هم معرفی کردند. من دکتر شریعتی را تا آن روز ندیده بودم گرچه یکی از دانشجوها پیامی از طرف ایشان فرستاده بود و من به حسینیه ارشاد رفته بودم اما پیدایش نکرده بودم. البته مقاله‌ها و نوشته‌هایش را خوانده بودم. می‌دانستم که تحت تأثیر آل احمد است و آل احمد زمانی که مشهد رفته بود او را دیده بود. شروع کردیم به صحبت و خواستیم که ما را پیش هم بیندازند. این کار را نکردند و من باز هم گفتم که در سلول انفرادی هستم و کسی پیش من نیست. اگر شما فکر می‌کنید که مانعی ندارد چرا نمی‌گذارید که پیش

دکتر شریعتی بروم یا او پیش من بیاید. گفتم سلول من سلول کوچکی است و اگر سلول او بزرگتر است بهتر است که مرا به آنجا ببرید. بعد از مدتی انگار رفتند و با حسین‌زاده و ثابتی مشورت کردند و یک روز آمدند گفتند که وسایلت را بردار و رفتم پیش دکتر شریعتی. دو نفر دیگر هم به جز دکتر شریعتی در سلول بودند. علی شریعتی خاطره خوب آن زندان بود و پرویز ثابتی خاطره بدش. به هنگام شکنجه در زندان حسین‌زاده و دکتر رضوان در اتاق شکنجه بودند و یکی هم کابل می‌زد. چهار نفر آدم بودند در آن اتاق شکنجه. یک تخت آهنی بود و پاهایتان را می‌بستند و با کابل می‌زدند. من دو سه بار عملاً از حال رفتم و مدت‌ها نمی‌توانستم راه بروم. یک بار تقریباً بیست روز پس از شکنجه درحالیکه هنوز نمی‌توانستم خوب راه بروم ثابتی را دیدم. بعضی از کابل‌هایی که به کف پاهایم زده بودند برگشته بود و خورده بود به بالای پا. درد داشتم. مرا نزد ثابتی بردند. دید که من ناراحت راه می‌روم. دست درازی داشت. دستش را دراز کرد و به حسین‌زاده گفت خدمتش رسیدید؟ و او گفت بله، بسیار مُکمَل. آدم‌هایی که شکنجه‌ام داده بودند هم نشسته بودند. من از ثابتی پرسیدم که مشکل چیست؟ چرا به من نمی‌گویید؟ گفت شما می‌خواهید ایران را تجزیه کنید. گفتم آقا زبان مادری یک عده چیز دیگری است و ربطی به تجزیه ندارد. شما می‌گویید فارسی یاد بگیری و من هم که یاد گرفتم. شما چرا ترکی ما را یاد نمی‌گیرید؟ میلیون‌ها آدم ترکی صحبت می‌کنند. توضیح دادم که این یادگیری درواقع اساس یک نوع دموکراسی را می‌گذارد. و از حالت گریز از مرکز جلوگیری می‌کند و همه را زیر یک سقف قرار می‌دهد. من غیر از این چیز دیگری ننوشتم و هیچ وقت کسی فکر نکرده این خیانت به مرزهای ایران است. من همیشه با مادرم ترکی حرف زدم. مادر من اصلاً فارسی بلد نبود.

شرح خاطرات زندان و شکنجه‌هایی که شدید در کتاب «*آدمخواران تاجدار*» به زبان انگلیسی آمده است. انتشار این خاطرات چه واکنش‌هایی برانگیخت؟ یادتان هست؟

این اولین بار بود که چنین چیزی درباره‌ی دوران شاه به زبان انگلیسی درمی‌آمد. به خصوص این که آن را راندم هاوس چاپ کرد و وینتج هم در قطع جیبی درآورد. وینتج کتاب‌هایی را که برجسته شناخته می‌شدند به صورت جیبی چاپ می‌کرد.

البته این کتاب برجسته‌ای هم نبود اما به صورت جیبی کمی قطور چاپ شد و بعداً به ۱۰ یا ۱۲ زبان ترجمه شد.

نویسندگان ایرانی در آن سال برای دستگیری شما چه واکنشی نشان دادند؟

در اعتراض دوستانم در آمریکا یک اعلامیه دادند و کازینسکی رئیس انجمن قلم آمریکا هم نامه‌ای نوشته بود. کازینسکی نویسنده اروپای شرقی بود که از آنجا به آمریکا رفته و رئیس انجمن قلم آمریکا شده بود. بعدها کتابی نوشت با نام *پرواز را به خاطر بسپار* که خیلی معروف شده و جایزه‌ی پلیتزر را هم برد و برنده‌ی جایزه نشنال بوک اوارد هم شد. خانم من این کتاب را به فارسی ترجمه کرده است. او نامه‌ای نوشته بود خطاب به شاه یا فرح یا نخست‌وزیر و گفته بود که من به عنوان رئیس انجمن قلم آمریکا از شما می‌خواهم براهنی را هر چه زودتر آزاد کنید. دکتر رضوان که بازجوی من بود این را به من نشان داد و گفت این ارمنی کیست که از شما دفاع می‌کند؟ من گفتم ارمنی نیست و رئیس انجمن قلم آمریکاست. مدت‌ها بعد فرح، کازنسکی را به ایران دعوت کرد و او هم دعوت فرح را پذیرفت. وقتی که برگشت با من صحبت کرد. اما او گرفتاری دیگری پیدا کرد. معلوم شد آن کتاب معروفی که نوشته و خانم من هم ترجمه‌اش کرده بود متعلق به کس دیگری بوده و ایشان تقلب کرده بود و برای همین با گاز خودکشی کرد.

سال ۴۷ یکی از نخستین پایه‌گزاران کانون نویسندگان ایران بودید. جمع شدن طیف به آن گستردگی در کنار هم از کجا ناشی می‌شد؟ طیفی که از نسل‌های مختلف و گرایش‌های سیاسی متفاوت تشکیل شده بود. پیشنهاد اولیه‌ی تشکیل این کانون از طرف چه کسی بود؟

پیشنهاد اولیه به نظر من از داخل بحث‌های کافه فیروز بیرون آمد. آل احمد می‌آمد به کافه فیروز و آنجا می‌نشستیم صحبت می کردیم. به کافه نادری هم می‌رفتیم اما جلال آنجا نمی‌آمد. یک کافه‌ی دیگری هم بود آن طرف‌تر نرسیده به سبلس که گاهی هم می‌رفتیم آنجا می‌نشستیم. به مرور این بحث پیش آمد که چرا ما دور هم جمع نمی‌شویم. اول هم نمی‌دانستیم که نام دور هم نشستن‌ها چه

می‌شود. تقریباً شش هفت نفر در ابتدا در مورد چنین جمعی بحث و گفت‌وگو کرده بودند. به یاد دارم که آل احمد و ساعدی و سیمین دانشور بود، من هم بودم و یکی دو نفر دیگر هم بودند. شهرستانی‌ها هیچ یک هنوز نبودند به دلیل اینکه بحث هنوز به آنجاها نکشیده بود. مساله تشکیل کانون در همین جلسات مطرح شد. با اینکه من و چوبک با هم بودیم اما هیچ‌گاه مسئله‌ی کانون میان ما مطرح نشد. البته کلاً چوبک حاضر نبود عضو چیزی شود و آل احمد هم از این بابت عصبی بود. اگرچه همیشه می‌گفت او دو پیراهن بیشتر از ما در قصه‌نویسی پاره کرده اما از نظر سیاسی قبولش نداشت.

انگیزه چه بود از جمع شدن این طیف مختلف از نویسندگان؟ یک فعالیت سیاسی بود یا ادبی؟

سانسور داشت قدرت می‌گرفت. اما در مقابل هم روشنفکران در حال به دست گرفتن قدرت فکری بودند. البته در کانون برخی بودند که نقش عجیب‌غریبی داشتند و نمی‌شد جدی‌شان گرفت مانند کسرایی، سایه و به‌آذین. این‌ها همیشه می‌خواستند که کانون نویسندگان ایران بخشی از انجمن‌های روسی شود. ما ایستادیم جلوی آن‌ها و این ایستادن اتفاقاً به ضرر ما تمام شد. برای اینکه فکر کردند ما مخالفت با سوسیالیسم می‌کنیم، در حالی‌که هیچ‌کدام از این سه چهار نفر کوچک‌ترین اطلاعی از مارکسیسم نداشتند. بی‌سواد بودند. به‌آذین به نظر من آدم مطلقاً خرفتی بود و بدتر از او سایه و کسرایی بودند که از او پیروی می‌کردند. کسرایی توده‌ای بود و اگرچه قرار است در جریان توده ملیت‌ها فرقی با هم نداشته باشند و تساوی برای پرولتاریا اتفاق بیفتد اما آرش کمانگیر را نوشت که به نظر من شعر فوق‌العاده بدی‌ست و زاییده پان‌فارسیسم است. فکرش را بکنید که یک نفر تیری بیندازد و از بالای تمام رودخانه‌ها و کوه‌ها بگذرد و بعد برود بخورد به چشم یک ترک. در حالی‌که یک سوم جمعیت ما را هم ترک‌ها تشکیل می‌دهند. در ایران یکی از مشکلات حزب توده این بود که سه چهار روشنفکر سرشناس توده‌ای شده‌اند یعنی به‌آذین، کسرایی، سایه و تنکابنی. اما یکی از دیگری کم‌سوادتر و خرفت‌تر بود.

در آن سال‌ها بسیاری از روشنفکران ایرانی گرایش علنی نسبت به حزب توده داشتند و حتی اعضای اصلی کانون نویسندگان هم عضو حزب توده بودند. گرایش به چپ طبیعی بود. نقد شما امروزی است یا آن زمان هم از همین زاویه منتقد چپ‌روی آن‌ها بودید؟

من هیچ‌وقت خودم را غیرچپی تلقی نکردم. اما چپ توده‌ای نبودم. من شاید جزو اولین آدم‌ها در بین ایرانی‌ها بودم که مارکسیسم را خیلی خوب خواندم. اما اغلب توده‌ای‌ها مارکسیسم را نخوانده بودند. ترجمه‌ای که از مانیفست دادند آنقدر بد بود که من ترجمه دیگری از آن کردم. دقیقاً انگار که یک محضردار ترجمه‌اش کرده بود. مارکس شاعر بوده و شعر هم می‌گفته است. بعد آنچه به تور ما خورد سه چهار آدم عقب‌مانده بودن به عنوان مترجم و شارح مارکس. از به‌آذین جز عقب‌ماندگی چیزی ندیدم. تا به حال ندیدم سایه یک جمله‌ی مختلط به کار برد. اصلاً بلد نیست. کسرایی آدم بی‌سوادی بود. چطور می‌شود آدم مارکسیست باشد و برود یک قهرمان عهد بوق را انتخاب کند که قرار است از این طرف تیر بیندازد به طرف آن یکی. کجای این آدم توده‌ای ست؟ من درباره‌ی شاملو این همه مطلب نوشته‌ام. ولی تجدید نظر را ضرورت می‌دانم. هنوز هم ما شاعری بزرگتر از نیما و فرخزاد نداریم. به دلیل اینکه این‌ها یک چیزهایی را معرفی کردند که اشخاص دیگر معرفی نکردند. این زبان مردانه‌ی وحشتناکی که مردها درست کرده‌اند برای خودشان و از این بالا تمام زن‌ها را نگاه می‌کنند که تبدیل‌شان کنند به شئ دوست‌داشتنی واقعاً مشمئزکننده است. زن اول باید به شئ تبدیل شود و بعد عاشقانه تلقی شود. شاملو وقتی آیدا را می‌نویسد آیدا آن پایین است. وقتی با زن حرف می‌زند زن را پایین می‌گذارد و حرف می‌زند. همیشه عشق تبدیل می‌شود به تحقیر طرف مقابل. یعنی او مال من است و من هرکاری بخواهم می‌توانم با او بکنم. در تمام مدت هر زمانی که رفتم پیش شاملو احساس می‌کردم آن جوششی که باید به‌طورکلی در او وجود داشته باشد نیست. شعر عاشقانه‌ای که یک رابطه فاعلیت و مفعولیت داشته باشد افتضاح‌ترین نوع شعر می‌شود، حال آنکه در نیما این حالت نیست. در فروغ فرخزاد این حالت نیست.

البته پاره‌ای از عاشقانه‌های شاملو هم خیلی لطیف است مثل «مرا تو بی سببی نیستی/ به راستی صلت کدام قصیده‌ای ای غزل؟ /ستاره‌باران جواب کدام سلامی به آفتاب از دریچه تاریک؟» و درعین‌حال زندگی شخصی او با آیدا هم این‌طور نیست. او خود را خیلی مدیون آیدا می‌دانست. در شعر فروغ هم در دفتر «تولدی دیگر» و همچنین دفتر «دیوار» پاره‌ای تعابیر صریح درباره مناسبات و روابط جسمی وجود دارد. چرا قطبی می‌کنید مقایسه این دو شاعر را؟

فروغ شاعری است که جنسیت را پیش می‌کشد. به نظر من پیش کشیدن خود جنسیت حتی اگر جنسیت انحرافی هم باشد یک نوع امتیاز است. مشکل این است که شما یک زنی را ببینید و بعد از چهره او تعریف کنید، این، که شعر گفتن نیست. فروغ در مقایسه با شاملو، شجاعتی نشان می‌دهد که اصلاً در شاملو سراغش را نمی‌شود گرفت.

شما درجایی سپهری را هم بچه بودای اشرافی نامیده‌اید. خاطرتان هست که شاملو هم قضاوت تندی درباره سپهری کرد و گفت من نمی‌توانم بگویم آب را گل نکنید وقتی که در چهارراه پایین‌تر کسی را سر می‌برند. شما هم منتقد شاملو هستید و هم منتقد سپهری اما گویا در انتقاد از سپهری با او هم‌نظرید. البته سپهری به این انتقادهای امثال شاملو اعتنا نمی‌کرد و هیچ‌کدام را پاسخ نمی‌داد و سلوک در جمع نبودن را اختیار کرده بود. اما پس از انقلاب شعر او از اقبال بلندی برخوردار شد و در دهه‌ی اخیر بارها هشت کتاب او تجدید چاپ شده است. از فروغ تعریف کردید حال آنکه او و سپهری با هم دوست بودند و شعر هر دوشان مملو از ایماژ است و وقتی فروغ شعر «ایمان بیاوریم به آغاز فصلی سرد » را می‌سرود سپهری هم در کار سرایش «مسافر» بود و پس از آن هم «حجم سبز» را سرود. درعین‌حال فروغ در مصاحبه‌ای با سیروس طاهباز که حوالی سرایش دفتر «شرق اندوه» سپهری صورت گرفته، هم زبان شاعرانه و هم نگرش معنوی سپهری به جهان را تمجید می‌کند و می‌گوید؛ دنیای سپهری برایش از جذاب‌ترین

دنیاهاست. فرم شعر فروغ و سپهری قرابت‌هایی دارد . چرا نقدتان به سپهری که می‌رسد تیز است؟

فروغ و سپهری به نظر من دو آدم متفاوت بودند. درست است که فرخزاد هم در وزن رمل مخبون (فاعلاتن فعلاتن فعلاتن) چند تا شعر دارد که به طور کلی وزن ساده‌ای‌ست. خود من و نیما هم چند شعر در این وزن داریم که وزن به نسبت ساده‌ای است. فروغ تعدادی از شعرهایش را در «تولدی دیگر» یعنی همان شعر "همه هستی من آیه‌ی تاریکی ست..." در همین وزن گفته است. اما آنچه که در مورد شعر سپهری نگرانم کرده محتوای شعر اوست و نه فرمش. محتوا به نظر من خیلی ساده اندیشانه‌ست. اینکه عرفان تا این حد پیچیدگی‌های خودش را پشت سر بگذارد که یک نفر مثل سپهری به صورت خیلی عامیانه مفاهیم عرفانی را در اوزان خیلی ساده و گاهی هم در یک وزن مرکب بیان کند مورد انتقاد است. این با شعر فروغ فرق می‌کند. وقتی که من سپهری را می‌خوانم فکر می‌کنم که این آبکی‌ست. عرفان یک پیچیدگی دارد که نمونه بسیار عالی آن در شعر غزل مولوی و غزل حافظ است. در سپهری همچون بودا همیشه یک نوع ریاضت دیدم اما فاقد پیچیدگی. در پاسخ به سوالتان باید اضافه کنم که مسئله ماندگار بودن و این حرف‌ها نیست. خیلی‌ها هستند که ماندگارند. فروغ می‌گوید «همه هستی من آیه‌ی تاریکیست / که تو را در خود تکرارکنان / به سحرگاه شگفتن‌ها و رستن‌های ابدی خواهد برد / من در این آیه ترا آه کشیدم آه / من در این آیه تو را / به درخت و آب و آتش پیوند زدم». موقعی که شما این را نگاه می‌کنید کاملاً با آن تجربه سپهری متفاوت است. گیرایی سپهری در این است که عرفان را ساده‌اندیشانه بیان می‌کند. یعنی او فکر می‌کرد با این کلمات شما وارد یک دنیای عجیب و غریب عرفانی می‌شوید. هنر سپهری بیان معنا است به وسیله کلمات آشنا که کمی ساییدگی عارفانه هم دارد. من خودم شعر عرفانی می‌خوانم و خیلی هم لذت می‌برم. ولی یک غزل مولوی را با هیچ‌چیز عوض نمی‌کنم، برای اینکه می‌دانم رستاخیز کلمات در وجود مولانا به چشم می‌آید. شعری شعر است که تفسیرپذیری پایان‌ناپذیر داشته باشد.

به نظرم دست کم بخش‌هایی از «صدای پای آب»، «مسافر»، «حجم سبز» سپهری هنرمندانه سروده شده‌اند، و طنین عرفانی آنها مخاطب را تکان می‌دهد و به وجد می‌آورد؛ سر ماندگاری این اشعار و اقبال بدان‌ها، چه در میان مخاطبان متعارف و چه برخی منتقدان ادبی نیز همین است، بگذریم. از همه انتقاد کردید حالا از آثار خودتان بگویید. در پایان توضیح دهید که کدام اثرتان را بیشتر از بقیه دوست دارید؟

من *روزگار دوزخی آقای ایاز* را بیشتر دوست دارم. هم جلد اولش را هم جلد دومش را. ایازها را از تمام رمان‌هایی که تا حال نوشته‌ام بیشتر دوست دارم. وقتی *روزگار دوزخی آقای ایاز* را نوشتم یک بخشش را دادم آل احمد بخواند. گفت این را که نمی‌توانی در ایران چاپ کنی. در آمریکا چاپ کردم. برای اینکه یک بار برای اولین و آخرین بار من ایاز را کاراکتر قرار دادم در مقابل سلطان محمود. در نتیجه تمام سلطنت را بردم درون این ارتباط. در جلد اول ایاز حرف می‌زند. در جلد دوم محمود حرف می‌زند. در جلد سوم منصور حرف می‌زند. در نهایت ایاز و محمود، منصور را قطعه‌قطعه می‌کنند. یعنی تفکر را قطعه‌قطعه می‌کنند. تفکر را قطعه‌قطعه کردند.

پله‌های کنجکاوی[1]

دکتر سروش دباغ که چند سالی است در حوزه ادبیات معاصر کار می‌کند، در مقاله‌ای با عنوان "ناتوانی دست‌های سیمانی" به شرح و توصیف دغدغه‌های اگزیستانسیالیستی و یا وجودی فروغ فرخزاد پرداخته است. محمدرضا واعظ نیز در مقاله‌ای با عنوان "خوانشی اگزیستانسیالیستی از فروغ فرخزاد، خوانشی حداقلی" به خوانشی اگزیستانسیالیستی از زیست‌جهان فروغ پرداخته است. در این گفت‌وگو در ابتدا دربارۀ برخی از مباحث مهم این دو مقاله بحث می‌شود. همچنین، در ادامه دربارۀ برخی از مهم‌ترین مؤلفه‌های اگزیستانسیالیستی شعر فروغ گفت‌وگو شده است و این مسئله مورد واکاوی قرار گرفته است که آیا اصولاً تفاوتی میان توصیف صرف دغدغه‌های وجودی یک شاعر و یا نویسنده با هنگامی که به خوانشی اگزیستانسیالیستی از او می‌پردازیم وجود دارد و یا نه.

در مقالۀ "خوانشی اگزیستانسیالیستی از فروغ فرخزاد، خوانشی حداقلی"[2] اینجانب، همان‌طور که در جریان هستید، با وام‌گیری از محمود نیکبخت احوال وجودی فروغ را به سه مرحله تقسیم کرده‌ام. الف. دوران

---

[1] گفتگو از محمدرضا واعظ شهرستانی
[2] محمدرضا واعظ شهرستانی، مقالۀ "خوانشی اگزیستانسیالیستی از زیست‌جهان فروغ فرخزاد، خوانشی حداقلی"، ماهنامۀ اطلاعات حکمت و معرفت، شمارۀ ۱۱۹، اسفند ۱۳۹۴.

سرگردانی و شک، ب. دوران آگاهی و امید و ج. دوران ناامیدی و رهایی[۱]. چنین مرزبندی‌ای در نوشته‌های شما دربارهٔ فروغ به‌صراحت بیان نشده است، اما توصیف دغدغه‌های اگزیستانسیل فروغ در مقالهٔ "ناتوانی دست‌های سیمانی"[۲] شما، گویای این نکته است که شما نیز موافق با چنین تقسیم‌بندی‌ای برای تطور احوال اگزیستانسیل در زیست‌جهان فروغ فرخزاد هستید. با صحبت‌های من موافقید؟

همان‌طور که اشاره کردید من با تقسیم‌بندی سه مرحله‌ای شک و سرگردانی، آگاهی و امید و ناامیدی و رهایی به شکلی که شما عنوان کردید در آثار خود سخن نگفته‌ام، اما از تعبیر فروغ متاخر و فروغ متقدم استفاده کرده‌ام. در حقیقت، شاید بیشتر دو حالت یا دو دوران را در او پررنگ دیده‌ام. می‌شود گفت فروغ دوران متقدم با دوران سرگردانی و شک عجین است و آگاهی و امید مطابق با تقسیم بندی من، دوران فروغ متاخر است. و یا به تعبیر شما، سه دفتر اول به دوران سرگردانی و شک اختصاص دارد («اسیر»، «دیوار» و «عصیان»)؛ دفتر «تولدی دیگر»، دوران آگاهی و امید و دفتر «ایمان بیاوریم به آغاز فصل سرد» دوران ناامیدی و رهایی است.

اگر من با لسان خود بخواهم بحث را توضیح دهم، باید بگویم برخی از دغدغه‌های الهیاتی و اموری که شخص را به خود مشغول می‌دارد، از جمله مسائلی اند که در دورهٔ نخست پررنگ‌اند. برای مثال، مجادله‌ای که فروغ با خدا دارد و با او کشتی می‌گیرد و دغدغه‌های خود را بر آفتاب می‌افکند.

علاوه براین، نوعی نگاه جنسیتی و دغدغه‌های زنانه در شعر او دیده می‌شود. از همان دفتر «دیوار» که می‌گوید: «گنه کردم گناهی پر ز لذت/ کنار پیکری لرزان و

---

[۱] این تقسیم‌بندی از کتاب *از گمشدگی تا رهایی محمود نیکبخت همراه با کمی تغییرات وام گرفته شده است* .محمود نیکبخت در آن‌جا دوران زندگی فروغ را به سه بخش الف. دوران گمشدگی و ناآگاهی، ب. دوران خودیافتگی و آگاهی و ج. دوران از خودگذشتگی و رهایی تقسیم کرده است. نویسنده نیز در مجموع با این تقسیم‌بندی هم‌دل است و به منظور همسو کردن هرچه بیشتر این تقسیم‌بندی با هدف اصلی این مقاله با اعمال تغییراتی در آن، به شرح احوال وجودی فروغ و تطور آن در طی این سه دوره خواهد پرداخت.

[۲] سروش دباغ،" ناتوانی دست‌های سیمانی"، کتاب *فلسفهٔ لاجوردی سپهری*، انتشارات صراط، تهران ۱۳۹۴.

مدهوش» تا طعنی که در او می‌زند و می‌گوید: «بگذار زاهدان سیه دامن/ رسوای کوی و انجمنم خوانند/ نام مرا به ننگ بیالایند/ اینان که آفریده‌ی شیطانند».

همین‌طور برخی از اشعار فروغ طنین حافظی هم دارد که به برخی از آن‌ها استشهاد کرده است. به گواهی اشعار او می‌توان فهمید که دستِ کم آن ایام با حافظ آشنا بوده است. برای مثالی جایی در دفتر «عصیان» استشهادی از حافظ می‌آورد و اشاره‌ای به شعر حافظ در آخرش دارد که: «ماییم، ما که طعنه زاهد شنیده‌ایم/ ماییم ما که جامه تقوا دریده‌ایم/ زیرا درون پیکر فریب/ زین راهیان راه حقیقت ندیده‌ایم.../ هرگز نمیرد آنکه دلش زنده شد به عشق / ثبت است بر جریده عالم دوام ما». و یا در تعابیری که می‌گوید بگذار مرا سیه‌کار بخوانند، نوعی ملامت‌گری پیشه می‌کند. برای مثال، در دفتر «دیوار» بعد از سرودن شعر «گناه»، مطعون می گردد و مطرود خانواده (پدر) قرار می‌گیرد. در هر حال، در احوال او تلاطم‌هایی را می‌شود سراغ گرفت؛ در دفتر «اسیر» می‌بینیم جاهایی با خدا مناجات می‌کند و می‌گوید از این منجلابی که گرفتار شده‌ام ای کاش به درآیم. در دفتر «دیوار» به نوعی بی‌باکی و ملامتی بودن خود را نشان می‌دهد: این که بگذار مرا رسوای زمانه بخوانند و کسانی که داغ مُهر به پیشانی آن‌ها دیده می‌شود، بگذار هر طعنی که می‌خواهند به من بزنند. این همان ملامتی‌گری است که در او رخنه کرده است.

در دفتر «عصیان» مجادله با خدا به اوج می‌رسد و مسئله شرور، مسئله جبر و اختیار، گریبان فروغ را رها نمی‌کند. جایی استشهاد دیگری به حافظ می‌کند و می‌گوید: «حافظ آن پیری که دریا بود و دنیا بود/ بر تو بخشیدیم این لطفِ خدایی را/ من که باشم تا به جامی نگذرم از آن/ بر «جویی» بفروخت این باغ بهشتی را/ چیست این افسانهٔ رنگین عطرآلود/ تو بزن بر نام شومم داغ زشتی را». می‌دانیم که شعر فوق اشاره صریح دارد به شعر حافظ که «پدرم روضه رضوان به دو گندم بفروخت/ من چرا ملک جهان را به جوی نفروشم» و این تعبیر جوی را فروغ در گیومه گذاشته که مؤید طنین حافظانه شعر است.

در دوران دوم که شما از آن به دوران «آگاهی» تعبیر می‌کنید، می‌شود دست کم قبول کرد شعری مثل «تولدی دیگر» در دفتر «تولدی دیگر» و برخی دیگر از

اشعار، موید معنای آرزو و امید در فروغ است. من اسمش را گذاشته‌ام «ایمان آرزومندانه».[1] در کل، در این دوران فروغ، یعنی به تعبیر من دوران فروغ متاخر و به تعبیر شما دوران آگاهی و امید، مسائل فراجنسیتی می‌شود و برخلاف سه دفتر نخست، نگاه جنسیتی یا نگاه شاعرانه و زنانه به زندگی پیرامون در او کم‌رنگ می‌شود و یک نگاه انسانی یعنی اعم از جنسیت مرد و زن در شعرش دیده می‌شود و موج می‌زند.

در حقیقت، این تفاوت نگاه در فروغ نشانگر رشد فکر و شخصیت اوست.

بله، دقیقاً. همان‌طور که اشاره کردید این رشد او را نشان می‌دهد. به خصوص دو دفتر اول را اگر ازاین‌حیث مشاهده کنید شعرهایی کاملاً زنانه‌اند که در جایگاه خودش خوب است، اما می‌خواهم بگویم از اینها عبور می‌کند.

از دفاتر «اسیر» و «دیوار» که بگذریم از آن هوا و هوس زنانه در او دیگر خبری نیست.

بله، با اینکه هنوز کاملاً جوان است و این مسیر پرتلاطم که به انتها می‌رسد در حالی است که فروغ تازه در اوج جوانی قرار دارد.

نکتهٔ دومی که در دوران فروغ متاخر می‌توان به آن اشاره کرد این است که دغدغه‌های الهیاتی یا آن نوع چالش‌ها و اموری که با آن‌ها دست به گریبان است به محاق می‌رود، نه اینکه حل شود، منحل می‌شود و مسائل دیگری جای آن‌ها را می‌گیرد و دیگر فروغ با خدا کشتی نمی‌گیرد، دیگر از جبر و اختیار و گناه خبری نیست! اصلا گناه یک واژه دینی است. شما بسامد واژه گناه را در دو دفترآخر در قیاس این واژه در سه دفتر نخست ببینید. این‌جاست که می‌بینیم مقولاتی مثل گناه و ثواب به معنای دینی کلمه یا جبر و اختیار و شر و عدالت به محاق رفته و بدل شده به مسائل دیگر. این را اگر بخواهیم بگوییم اعم از دورانی است که توام با امید است. فکر می‌کنم این دو خصوصیتی که برشمردم اعم از این دو دوره است و می‌توانم با آقای نیکبخت و شما به این معنا هم‌دل باشم که از دوران‌های مختلف

---

[1] برای دسته بندی انواع ایمان و توضیح ایمان آرزومندانه نگاه کنید به: سروش دباغ، "پاکی آوازِ آب‌ها: تأملی در اصناف ایمان‌ورزی"، مجلهٔ آسمان، دورهٔ جدید، شمارهٔ ۳۱.

در شعر فروغ سراغ بگیریم. همانطور که گفتم من از فروغ متقدم و متاخر یاد می‌کنم و این دو مرحلهٔ به تعبیر شما «آگاهی و امید» و «ناامیدی و رهایی» را ذیل فروغ متأخر می‌گنجانم.

اتفاقاً در اینجای بحث به نقطهٔ مهمی رسیدیم که می‌خواستم به آن اشاره کنم و در مورد آن گفت‌وگو کنیم. در مقالهٔ "خوانشی اگزیستانسیالیستی از فروغ فرخزاد، خوانشی حداقلی" من بر این باور بوده‌ام که با توجه به مهم‌ترین ویژگی مکتب اگزیستانسیالیسم که «تقدم وجود بر ماهیت» است، می‌توانیم به خوبی از جاری و ساری بودن این اصل در طی دوران زندگی فروغ و تطور احوال اگزیستانسیل او سراغ بگیریم و از او خوانشی اگزیستانسیالیستی و در ابتدا حداقلی داشته باشیم. به‌عبارت‌دیگر، تطور احوال اگزیستانسیل فروغ نشان‌دهندهٔ آن است که فروغ پس از آن که وجود می‌یابد، به سرنوشت از پیش تعیین شده برای خود بسنده نمی‌کند و سعی می‌کند با جسارت، آگاهی و اختیار، ماهیت خویش را، خود بسازد. آیا با توجه به صحبت‌هایی که داشته‌ایم با این ادعا در مجموع موافقید؟ از طرف دیگر، شما همواره علاقمند بوده‌اید که به بحث از دغدغه‌های اگزیستانسیالیستی افراد بزرگ حوزه هنر و ادب بپردازید، دغدغه‌هایی مثل درد، رنج، تنهایی، مرگ و مسائلی از این دست. به نظر شما چه تفاوتی می‌توانیم قائل شویم میان توصیف صرف دغدغه‌های وجودی یک هنرمند، فیلسوف و یا شاعر با هنگامی که به خوانشی اگزیستانسیالیستی از فرد مورد نظر می‌پردازیم؟ به‌عبارت‌دیگر، وقتی شما دارید دغدغه‌های وجودی فروغ، سپهری یا مولانا را بیان می‌کنید آیا ضرورتاً بر این باور هستید که از این افراد می‌توان خوانشی اگزیستانسیالیستی نیز داشت؟ و یا اینکه دغدغه اصلی شما صرفاً بیان چنین دغدغه‌های وجودی است و نه لزوماً داشتن خوانشی اگزیستانسیالیستی؟ برای مثال در مقاله "ناتوانی دست‌های سیمانی" به بیان دغدغه‌های اگزیستانسیالیستی فروغ پرداختید و اگرچه به داشتن خوانشی اگزیستانسیالیستی از فروغ اشاره

نکرده‌اید ولی می‌توان برداشت کرد که شما به تطور وجودی درباره فروغ قائل هستید. اگر بخواهم مقصودم را واضح‌تر بگویم، منظور من این است که در مقالهٔ «خوانشی اگزیستانسیالیستی از فروغ فرخزاد، خوانشی حداقلی" مقصود من اعم از بیان صرف دغدغه‌های وجودی فروغ است؛ درواقع قصد من چنین بوده که بعد از مطرح کردن این دغدغه‌ها با توجه به تزی که ژان پل سارتر داشته یک خوانش اگزیستانسیالیستی درباره فروغ داشته باشم و بگویم یک چنین اصلی در مورد فروغ کاملاً قابل صدق و کاربردی است. می‌خواهم بدانم که آیا شما نیز به تفاوتی میان خوانش اگزیستانسیالیستی از فروغ فرخزاد و بیان صرف دغدغه‌های وجودی او قائل هستید؟

به نظرم تفاوت چندانی ندارد. با شما هم‌دلم، یعنی آن مولفه‌ها و عناصر اگزیستانسیالیستی باید باشد تا مبتنی بر آن‌ها بتوان خوانش اگزیستانسیالسیتی هم از او به دست داد. من وقتی که از دغدغه‌های اگزیستانسیال یاد می‌کنم همان‌طور که گفتید از سپهری، فروغ، داستایوفسکی و دیگران، به گواهی آثارشان، خوانشی اگزیستانسیالسیتی به دست دهم. چند سال پیش وقتی آمده بودم دانشگاه تورنتو، در یک کلاس فلسفی شرکت می‌کردم که کلاس خیلی خوبی بود. استاد مربوطه در آن دوره، هم به داستایوفسکی پرداخت و هم آراء ویکتور فرانکل، سارتر و کامو را به بحث گذاشت. او می‌گفت بنا بر یک صورت‌بندی می‌توانیم برخی از این نهیلیست‌ها را اگزیستانسیالیست بدانیم و لزومی ندارد که حتماً فرد تحصیل‌کردهٔ فلسفه باشد تا او را اگزیستانسیالیست قلمداد کنیم. با این حساب، می‌شود هم از فروغ و هم از سپهری، خوانشی اگزیستانسیالیستی به دست داد و این دو شاعر را متفکر اگزیستانسیالیست قلمداد کرد. یعنی با توضیحی که عرض کردم هم کامو و داستایوفسکی، متفکران اگزیستانسیالیست قلمداد می‌شوند، هم فروغ و سپهری دو متفکر اگزیستانسیالیست بومی ما به حساب می آیند. نمی‌گویم که دیگران اگزیستانسیالیست نیستند و نمی توان خوانشی اینگونه از آن‌ها به دست داد. درباره این دو نفر عرض می‌کنم و این را هم اضافه می‌کنم که تلاطم‌های وجودی و قبض و بسط‌ها و روند و آیندها و نوسان کردن بین تیرگی و روشنی در فروغ پررنگ‌تر است. وقتی به اشعار فروغ میرسیم، با متفکری مواجهیم که زیر و زبرها و احوال گوناگونی

را از سرگذرانده؛ بدین معنا با خوانش اگزیستانسیالیستی از او موافقم؛ می‌توان گفت دغدغه‌های اگزیستانسیالیستی در اشعار فروغ پررنگ است.

بحث به جای جالبی رسید. از واژه متفکر برای فروغ استفاده کردید و متفق‌القول هستیم که فروغ در کتاب‌های اول و دوم نگاهی زنانه و شاعرانه دارد و متعاقباً در کتاب سوم عصیان می‌کند و در کتاب چهارم نگاه فراجنسیتی پیدا می‌کند. با توجه به اینکه در دفتر تولدی دیگر فروغ زوال و ناپایداری را محوریت اصلی اندیشه خود قرار می‌دهد و به طور کلی ما با فروغی در دفاتر آخر روبه‌رو هستیم که صاحب اندیشه و نگرشی مشخص در مورد زندگی و جهان پیرامون است، آیا می‌توانیم فروغ را به عنوان یک شاعر فیلسوف قلمداد کنیم و یا نه؟

فیلسوف که نه، نمی‌توانیم بنامیم. در دهه‌های اخیر این چنین قلمداد شده که فیلسوفان کسانی قلمداد می‌شوند که تحصیلات فلسفی رسمی، دست کم در یک مقطع از مقاطع دانشگاهی داشته‌اند. مثل خیلی از فلاسفه اخیر که phd گرفته‌اند یا مثل هایدگر یا ویتگنشتاین که دکتری افتخاری به آن‌ها اهدا شده است و در دانشگاه تدریس کرده‌اند. فلاسفه این چنین هم نباشند حداقل در مراحلی دست کم به طور جدی فلسفه خوانده‌اند و یا کار فلسفی کرده‌اند. به این معنا فروغ نمی‌تواند فیلسوف قلمداد شود، اما متفکر هست. همان‌طور که می‌دانید متفکر اعم از فیلسوف است. برای مثال در دوران معاصر ما شریعتی که ادبیات خوانده بود و دکتری ادبیات داشت، برخلاف رای رایج که فکر می‌کنند جامعه‌شناسی هم خوانده بود، متفکر بود چون یک سری مفاهیم را برساخت، چون ذهن نقادی داشت و پاره‌ای نکات را صید می‌کرد و با ذهن نقاد و هوش سرشاری که داشت در عبارات و مفاهیمی آن‌ها را صورت‌بندی می‌کرد. به این معنا فروغ هم متفکر است؛ متفکری که ژانر شعر را انتخاب کرده در مقابل ژانر مقاله و سخنرانی که شریعتی از آن بهره می برد. به این معنا هم شریعتیِ ادیب یا دکتری ادبیات متفکر است و هم فروغ شاعر و این به گواهی آثارشان است ولی خوب فیلسوف نبوده‌اند. سپهری هم همین‌طور. من در مصاحبه‌ای که به مناسبت انتشار *فلسفه لاجوردی سپهری* داشتم، گفتم که سپهری یک متفکر اگزیستانسیالیست است؛ متفکری که دغدغه‌های اگزیستانسیالیستی

پررنگی دارد. وقتی راجع به غم، مرگ، تنهایی، عشق، راجع به فلسفه لاجوردی به تعبیر من و خوانشی که من از او دارم، راجع به امر متعالی به‌تفصیل و راجع به این مقولات سخن گفته، دغدغه‌هایی که عموم متفکران اگزیستانسیالیست به آن پرداخته‌اند، آن هم با ذکر نکات بدیعی به روایت من، می‌شود او را یک متفکر اگزیستانسیالیست نامید. متفکری که ژانر شعر را انتخاب کرده است. فروغ هم ژانر شعر را انتخاب کرده، داستایوفسکی هم ژانر رمان را انتخاب کرده. اینها نمونه‌های بومی اگزیستانسیالیت هستند.

می‌خواهم به مولفه امید در شعر فروغ بپردازم و نظر شما را به صورت دقیق در مورد مؤلفه امید در فروغ متقدم و متاخر به زبان و تعبیر شما یا همان تقسیم‌بندی سه مرحله‌ای که ما از آن صحبت کردیم بدانم؟

همان‌گونه که شما اشاره کردید و اخوان ثالث هم در مورد دفتر «تولدی دیگر» اشاره می‌کند، این دفتر در واقع تولدی دیگر در شعر نو و شعر پارسی بود؛ دست کم در پاره‌ای از اشعار این دفتر، به ویژه شعر «تولدی دیگر» همان‌گونه که شما ذکر کردید، سوسوهای امید وجود دارد و می‌شود از این منظر به مؤلفۀ امید در نگاه و ضمیر فروغ رسید. شاید از این شعر، از حیثی قابل تامل‌تر درباب احوال اگزیستانسیالیستی، شعر «آیه‌های زمینی» باشد. ازاین‌حیث من این شعر را دوست دارم و فکر می‌کنم که می‌شود نوعی به تعبیر من ایمان آرزومندانه را در اشعار فروغ سراغ گرفت. در آن شعر فروغ از نوعی نقب زدن به روشنایی سخن می‌گوید در آن هنگام که مضامین قبلی شعر تلخی و ناامیدی‌ست. در انتهای شعر، گویی که یک کورسویی از امید را می‌بینند یا تجربه می‌کند و یا دست‌کم متصور می‌شود. به این معنا می‌شود نوعی نگاه امیدوارانه یا به تعبیر من آرزومندانه را در شعر فروغ سراغ گرفت و از آن سخن گفت.

بسیار موافقم که کاربرد ایمان آرزومندانه برای این مرحله از زیست‌جهان فروغ کاربرد مناسب و به‌جایی است اما پیش از این که به این مسئله بپردازیم می‌خواهم بحث‌مان در مورد مفهوم امید در زندگی فروغ را به پایان برسانیم و نیاز است که نکتۀ دیگری را طرح کنم. می‌توان تفسیری

دیگری هم در مورد مؤلفهٔ امید در اشعار فروغ داشت؛ تفسیری که بیان‌گر آن است که تنها هنگامی که فروغ غرق در خیالات خود می‌شود، امیدوار است، اما به خاطر جهان‌بینی‌ای که داشته، جهان‌بینی‌ای که سیاهی و تاریکی در آن غالب بوده و اعتقاد به زوال در آن محوریت داشته است، این امید را نمی‌توانیم در زندگی واقعی فروغ و در زیست جهان فروغ ببینیم و تنها در عالم خیال هست که می‌توان از چنین امیدی در فروغ سراغ گرفت. نظر شما در این‌باره چیست؟

تصور من این است که اگر ما دفتر «تولدی دیگر» را در نظر بگیریم، پرتوهایی از امید در این دفتر دیده می‌شود و موج می‌زند. حال این‌که این قصه معطوف به ذهن اوست و به تعبیر شما در عالم خیال در حال آرزو کردن است من نمی‌دانم. از مافی‌الضمیر فروغ نه من و نه هیچ‌کس دیگر که درباب آثار فروغ مطالعه کند، خبر ندارد. به تعبیر فیلسوفان زبان خصوصاً ویتگنشتاین متاخر، ما زبان خصوصی نداریم و کسی دسترسی ویژه به احساسات و به افکار دیگری ندارد. ما درباب فروغ نمی‌توانیم چنین چیزی را بگوییم. در حقیقت، فروغ از دردها و رنج‌های اگزیستانسیالیستی و از احوال خوش وجودی خود در این اشعار پرده برگرفته است. می‌کوشم قرائتم، قرائتی عینی باشد؛ یعنی مبتنی باشد بر آنچه منتشر شده است؛ حال اینکه او شخصیتی مایوس داشته و به همین خاطر صرفاً در عالم خیال و در حال آرزو کردن است، نمی‌دانم. درباب این شخصیت‌ها این چنین قضاوت کردن، فکر می‌کنم کار صائبی نباشد.

دقیقاً، در حقیقت، مطابقِ نظریه ادبی رولان بارتر مرگ مولف، شما بیشتر نگاه عینی به شعر فروغ دارید.

بله، به این معنا، بعد هم اگر قرار باشد به احوال آن‌ها هم استشهاد کنیم می‌خواهم بگویم این شخصیت‌های شوریده، احوالشان اینقدر زیر و زیر می‌شود و بالا و پایین دارند که پاره‌ای از اوقات واقعاً این مرزهای میان درون و برون درنوردیده می‌شود.

اگر بخواهیم این‌گونه به این موضوع نگاه کنیم و نگاه عینی‌تر داشته باشیم، آیا مؤلفهٔ امید، چیزی است که به صورت عینی از شعر فروغ برداشت شود و

یا صرفاً یک پرسش است؟! همان چیزی که در شعر آیه‌های زمینی تکرار می‌شود: «آیا این سیاهی و زوال نقبی به نور خواهد زد و راه به جایی خواهد برد؟» می‌خواهم بدانم اگر با نگاه شما به صورت عینی به شعر فروغ نگاه کنیم، می‌توانیم عنوان چنین چیزی را امید بگذاریم؟ چیزی که در شعر آیه‌های زمینی و چند شعر دیگر فروغ در دفتر تولدی دیگر برداشت می‌شود و یا نه صرفاً یک پرسش است؟ یک پرسش است همراه با شک بسیار؟

به نظر من یک پرسش همراه با تمناست. دست کم می‌شود نوعی تمنا و آرزو را در آن دید. من این‌گونه فکر می‌کنم؛ تمنایی که با امید یا مایوس نشدن و ناامید نشدن گره خورده است. تمنایی همچون: «آیا شکوه یاس تو هرگز/ از هیچ سوی این شب منفور/ نقبی به سوی نور نخواهد زد؟»

نوعی تمنا، تردید و درنگ است؛ به عبارت دیگر، من از شعر «آیه‌های زمینی» و برخی دیگر از اشعار دفتر «تولدی دیگر»، قصه را تمام نشده می بینیم و در می یابم. با تفسیرِ «در عالم خیال آرزو کردن» از این نظر مخالفم که نمی‌دانم اشعار شاعری مثل فروغ را تا چه میزان میتوان اینگونه ارزیابی کرد. از طرفی نمی‌گویم فروغ احوالش مانند سهراب و مولوی است و همه چیز را خوب و روشن می‌بیند. این‌گونه نیست؛ بدین نکته توجه دارم و سعی می‌کنم قرائت ام، خوانشی روش‌مند و موجه باشد. با سپهری فاصله دارد، سهراب می‌گوید: « آنوقت من مثل تابشی از استوا گرم/ تو را در سرآغاز یک باغ خواهم نشاند.». این تصویری از ایمان است و همان‌گونه که پیشتر آورده ام، ایمانِ سهراب، ایمان از سر طمانینه است نه از جنس ایمان شورمندانه مولانا، البته اگر کل *هشت کتاب* را در نظر بگیریم. اما این تلاطم‌هایی که همراه با زیر و زبر شدن و این سو و آن سو شدن است در فروغ بسی بیشتر و بیشتر موج می‌زند و ما می‌توانیم نوعی ایمان آرزومندانه را دست کم در این دفتر فروغ سراغ بگیریم. نوعی تمنا، تلاش و جست‌وجو و آرزوی اینکه چنین سوالی سربرلد. داوری من از این قرار است.

اتفاقاً در مقاله "خوانشی اگزیستانسیالیستی از فروغ، خوانشی حداقلی" به این نقل قول شما در مقالهٔ "ناتوانی دست‌های سیمانی" ارجاع داده شده است: "با اینکه تمناهای معنوی در فروغ موج می‌زند از تجربه‌های کبوترانه در این جهان رازز‌دایی شده نصیب چندانی نبرد و نشد که او سلم و آرامش را به چنگ آورد". به قول خود او"آیا دوباره من از پله‌های کنجکاوی خود بالا خواهم رفت تا به خدای خوب که در پشت بام خانه قدم می‌زند سلام بگویم[۱]؟"

من در پایان مقالهٔ خود سعی کرده‌ام به برخی از مطابقت‌های مکتب فلسفی ـ ادبی اگزیستانسیالیسم از نظر ژان پل سارتر، با مجموعهٔ اشعار فروغ در پنج دفتر او به‌خصوص دو دفتر آخر بپردازم.

مهمترین چیزی که آنجا اشاره شده این است که یک اثر ادبی اگزیستانسیالیسم اثری است که سعی می‌کند بدی‌ها را نشان دهد تا به دگرگونی بپردازد و آن تاثیرگذاری مثبت را داشته باشد، اگرچه با نشان دادن بدی‌ها. من سعی کردم این مؤلفه اگزیستانسیالیستی شعر فروغ را در مجموعه آثار او نشان دهم و اینکه فروغ نیز تمام سعی و تلاش خود را کرد تا بدی‌ها و زشتی‌های جهان را از عالم درون تا عالم برون به ما نشان دهد و بتواند این تاثیرگذاری را داشته باشد و آن را مقایسه کرده‌ام با مکتب ناتورالیسم، که در آن صرفاً بدی‌ها نشان داده می‌شود و این نشان دادن بدی‌ها هدفی ندارد و نمی‌خواهد تاثیرگذاری داشته باشد و نهایتاً می‌تواند به پوچ‌گرایی منجر شود، بدون آنکه بخواهد یک تاثیرگذاری اجتماعی مثبتی را داشته باشد. همچنین در این زمینه، کسانی هستند که از شعر فروغ تفسیری پوچ‌گرایانه دارند و آن را ناتورالیستی می‌دانند تا تفسیری اگزیستانسیالیستی. همان اختلاف نظری که در مورد کامو هم دیده می شود.

---

[۱] شعر «پنجره»، دفتر «ایمان بیاوریم به آغاز فصل سرد».

به عبارت دیگر، تفسیر دیگری وجود دارد که مدعی است فروغ فرخزاد هم مثل خیلی افراد دیگر که در مکتب ناتورالیسم نوشته یا سروده‌اند، صرفاً به نشان دادن بدی‌ها و زشتی‌ها پرداخته تا اینکه نشان دهد که جبری در جهان هست و امور را به پیش می‌برد؛ انسان اختیاری ندارد و آزادی اراده‌ای وجود ندارد؛ نهایتاً این جبر است که باعث این زشتی‌ها و بدی‌ها شده است. دقیقاً، این ادعا در مقابل مولفه اصلی اگزیستانسیالیسم قرار دارد که در مجموعه آثار ادبی خود می‌خواهد آن را بیان کند. اگزیستانسیالیسم بر این باور است که اگر زشتی و بدی هست به خاطر آزادی اراده‌ای است که انسان داشته و این اراده آزاد می‌تواند متوجه این بدی‌ها و زشتی‌های جهان شود و در جهت تغییر و دگرگونی آن گام بردارد.

حقیقتش درباب آنچه که گفتید باید بیشتر درنگ کنم تا پاسخ شسته و رفته ای بدهم؛ اکنون که حافظه‌ام را مرور می‌کنم و با در نظر داشتن اشعار دفتر « ایمان بیاوریم به آغاز فصل سرد»، قدری با این روایت که فروغ فقط قصد بازگویی بدی‌ها و زشتی‌های جهان پیرامون را داشته و عنصر اراده در او کمرنگ بوده است موافق نیستم. اجازه دهید در جهت نقد این روایتی که شما فرمودید، یعنی نوعی نگاه غیراگزیستانسیالیستی به این معنا که متضمن نوعی جبرگرایی است، فقراتی از اشعار مختلف دفتر «ایمان بیاوریم به آغاز فصل سرد» را بخوانم. البته تلخی‌ها و سردی‌هایی وجود دارد؛ از همین عنوان دفتر و اولین شعر این دفتر که شعر بلندی است می‌شود چنین چیزی را استشمام کرد و تلخی را دید. ملاحظه می‌کنید شعر «پنجره» را: « یک پنجره برای دیدن/ یک پنجره برای شنیدن» ؛ تا می‌آید به اواسط شعر:

« من از

میان ریشه‌های گیاهان گوشتخوار می‌آیم

و مغز من هنوز

لبریز از صدای وحشت پروانه‌ای است که او را

در دفتری به سنجاقی

مصلوب کرده بودند...

دریافتم، باید، باید، باید

دیوانه‌وار دوست بدارم...

از آینه بپرس

نام نجات دهنده‌ات را

آیا زمین که زیر پای تو می‌لرزد

تنهاتر از تو نیست؟

پیغمبران، رسالت ویرانی را

با خود به قرن ما آوردند ؟......

ای دوست، ای برادر، ای هم‌خون

وقتی به ماه رسیدی

تاریخ قتل عام گل‌ها را بنویس.»

تا به انتهای شعر می‌رسد :

«آیا دوباره من از پله های کنجکاوی خود بالا خواهم رفت

تا به خدای خوب که در پشت بام خانه قدم می زند سلام بگویم؟ ...

حرفی به من بزن

آیا کسی که مهربانی یک جسم زنده را به تو می‌بخشد

جز درک حس زنده بودن از تو چه می‌خواهد؟

حرفی به من بزن

من در پناه پنجره‌ام

با آفتاب رابطه دارم.»

ببینید در اینجا ختم شدن شعر به آفتاب و هم‌چنین اشاره به اینکه من در پناه پنجره‌ام و به خدایی که در پشت بام خانه قدم می‌زند سلام بگویم، متضمن نوعی

ایمان آرزومندانه است؛ همچنین رابطه برقرار کردنِ با آفتاب، با سردی و تلخی و پوچی، نسبت مستقیمی ندارد. از آن روشن‌تر در مقابل آن خوانش جبرگرایانه، شعر «دلم برای باغچه می‌سوزد» است که نوعی عزم و اراده در آن است؛ اینکه من دلم می‌خواهد کاری بکنم و فکر می‌کنم که می‌شود باغچه را به بیمارستان برد و قلب باغچه در زیر آفتاب ورم کرده است.

همان‌گونه که مستحضرید، برخی از شارحان، به این عنصر و نگرش چپ در شعر فروغ اشاره کرده اند (تحت تاثیر برادرش و محیطی که در آن زندگی می کرده)؛ از این اشعار نوعی امیدواری مستفاد می‌شود. به برادرش هم اشاره می‌کند: «برادرم به فلسفه معتاد است/ برادرم شفای باغچه را در انهدام باغچه می‌بیند». در دفتر «تولدی دیگر» نیز می توان مصادیقی از این نگرش یافت؛ نظیر شعر « عروسک کوکی» که اشاره می‌کند باید کاری کرد و نباید مثل عروسک‌های کوکی به جهان پیرامون نگاه کرد. شعر «دلم برای باغچه می‌سوزد» متمضن حسّ مسئولیت پذیری دربارهٔ اموری است که پیش چشم ما ویران می‌شود و از بین می‌رود. پس از آن شعر «کسی که مثل هیچکس نیست» در می رسد که سوسوهای امیدوارانه در آن به خوبی دیده می‌شود. برخی گفته بودند که آیا فروغ در این شعر درباب امام غائب شیعیان سخن می‌گوید؟. در این شعر از قول مادرش می‌گوید: «و اسمش آنچنان که مادر/ در اول نماز و در آخرنماز صدایش می کند/ یا قاضی‌القضات است/ یا حاجت‌الحاجات است». تصورنمی کنم، مراد فروغ تاکید بر امام غائب شیعیان باشد، در عین حال، امیدوار بودن به آینده از دل این شعر مستفاد می‌شود؛ کسی که قرار است بیاید و خیلی از کارها را انجام دهد.

در ادامه، در شعر «تنها صداست که می ماند» از کسانی که از نظر او بر مدار صفر سفر کرده‌اند، فاصله می‌گیرد. «در سرزمین قد کوتاهان/ معیارهای سنجش/ همیشه بر مدار صفر سفر کرده‌اند/ چرا توقف کنم؟... / من از سلالهٔ درختانم/ تنفس هوای مانده ملولم می‌کند/ پرنده‌ای که مرده بود به من پند داد که/ پرواز را بخاطر بسپارم.» و در آخر می‌گوید: «مرا تبار خونی گل‌ها به زیستن متعهد کرده است/ تبار خونی گل‌ها می‌دانید؟»

استشهادهای متعددی به اشعار دفتر آخر کردم تا بگویم با خوانش جبرانگارانه و پوچ‌گرایانه از این دفتر هم‌دلی ندارم. البته قبول دارم که برخی از تلخی‌ها و خصوصاً سردی در این دفتر و به خصوص در شعر اول موج می‌زند، اما در مجموع اینکه ما باید سپر بیندازیم و هیچ‌کاره‌ایم و قدم از قدم نمی‌توانیم برداریم، این گونه تصور نمی‌کنم. در مقابل نوعی مسئولیت پذیری که دلمان باید برای چیزی بسوزد و نوعی القای امید که کسی از راه می‌رسد، برای فروغ وجود دارد. تصور می‌کنم مسئولیت‌پذیری، تعهد، امید و نشستن در پناه خورشید، مولفه‌هایی است که با آن پوچ‌گرایی که بدان اشاره کردید، سازگاری ندارد.

تا حدود زیادی با شما موافقم. فقط برخی از اشعار دفتر آخر وقتی خوانده می‌شود، مولفه‌هایی از ناامیدی را به خواننده منتقل می‌کند و اینجاست که من را با این پرسش روبه رو می‌کند که آیا می‌توانیم همچنان فروغ را در دفتر «ایمان بیاوریم به آغاز فصل سرد» یک اگزیستانسیالیست بدانیم؟ یک اگزیستانسیالیستی که همیشه باید امیدوار باشد و با جسارت و آزادی اراده در جهت تغییر و تاثیرگذاری گام بردارد. اگر از مسئولیت اجتماعی که فروغ در دفتر «ایمان بیاوریم به آغاز فصل سرد» از آن حرف می‌زند، بگذریم که من نیز با آن موافقم و در مقاله به وضوح به آن اشاره کرده‌ام، اما از اواخر دفتر تولدی دیگر به بعد و به خصوص در دفتر ایمان بیاوریم به آغاز فصل سرد شعرهایی سروده شده‌اند که یک مقدار ما را به این سمت می‌برد که گویا فروغ امیدواری قبل را ندارد و خودش را به شرایط موجود راضی می‌کند و سعی می‌کند خودش را رها سازد. به همین خاطر من مرحله آخر را، البته همچنان با شک، مرحله ناامیدی و رهایی دانستم.

شعرهایی مثل شعر:

نمی‌توانستم دیگر نمی‌توانستم/ صدای پایم از انکار راه برمی‌خاست/ و یأسم از صبوری روحم وسیعتر شده بود/ و آن بهار، و آن وهم سبزرنگ/ که بر دریچه گذر داشت، با دلم می‌گفت/ نگاه کن/ تو هیچگاه پیش نرفتی/ تو فرو رفتی.»

و یا: من/ پری کوچک غمگینی را/ می‌شناسم که در اقیانوسی مسکن دارد/ ودلش را در یک نی‌لبک چوبین/ می‌نوازد آرام، آرام/ پری کوچک غمگینی/ که شب از یک بوسه می‌میرد/ وسحرگاه از یک بوسه به دنیا خواهد آمد.

و یا شعر «کسی که مثل هیچکس نیست» که شما به آن اشاره کردید و شعر معروف ابتدایی دفتر «ایمان بیاوریم به آغاز فصل سرد» که شعر محوری و هم‌نام این دفتر می‌باشد و نهایتاً آخرین شعر او یعنی شعر «پرنده مردنی است» با این مضمون که: « پرواز را به خاطر بسپار/ پرنده مردنی است.»

می‌خواهم بدانم نگاه فروغ به مؤلفۀ امید در این اشعار و از اواخر دفتر «تولدی دیگر» به بعد نسبت به گذشتۀ او چه تفاوتی کرده است؟ آیا می توانیم بگوییم که همچنان ما با یک فروغ امیدوار روبرو هستیم؟ با فروغی که امیدواری اگزیستانسیالیستی در او موج می‌زند و همچنان می‌خواهد با این امیدواری به تاثیرگذاری و تغییر بپردازد؟ اینجا هنوز برای من مبهم است و هرچقدر با خود کلنجار می‌روم، در این مورد شک دارم که فروغ مرحلۀ آخر فروغ امیدوار است یا نه؟ فروغی که بتوانیم قاطعانه بگوییم یک اگزیستانسیالیست است؟

من قرائت خودم را عرض می‌کنم و کسانی می‌توانند با رای من موافق یا مخالف باشند. ملاحظه بفرمایید، به نکاتی که گفتید عنایت دارم، در عین حال تاکید می کنم نه اینکه فروغ در دفتر آخر امیدوار است، اما فکر می‌کنم از پارادایم اگزیستانسیالیسم همچنان خارج نشده و بین امیدواری و ناامیدی نوسان دارد؛ اگر تعبیر نوسان را به کار می‌برم جهت بدست دادن تلقیِ روشن‌تر و جامع‌الاطراف‌تر از فضای اشعاراوست.

در شعر اولِ دفتر آخر، «ایمان بیاوریم به آغاز فصل سرد» که با «و این منم/ زنی تنها/ در آستانه فصلی سرد/ در ابتدای درک هستی آلودۀ زمین ...»، آغاز می شود؛ تعبیر مشهور « ناتوانی دست‌های سیمانی» القای ناتوانی و عجز و یاس می‌کند. در ادامه همین شعر، تصویری که فروغ از باد به دست می‌دهد، تلخ و سرد است: «در کوچه باد می‌آید/ این ابتدای ویرانی‌ست/ آن روز هم که دست‌های تو ویران شدند

باد می‌آمد..../ ما مثل مردگان هزاران هزار ساله بهم می‌رسیم و آنگاه خورشید بر تباهی اجساد ما قضاوت خواهد کرد/ من سردم است، من سردم است و انگار هیچ‌گاه گرم نخواهم شد».

به این مضامین که مشخصاً در شعر اول این دفتر بسیار به کار رفته، عنایت دارم. با عنایت به همین امر، اصطلاح «نوسان کردن» را اختیار کرده ام. فروغ میان این ناامیدی و عجز و یاس از یک طرف و نوعی تعهد و مسئولیت و احیاناً در پناه پنجره بودن و با آفتاب رابطه داشتن و در پی کسی که مثل هیچکس نیست بودن و دل برای باغچه سوزاندن، از طرف دیگر در حال نوسان کردن است. در کل به نظر من با در نظر گرفتن آنچه گفتم فروغ همچنان در پارادایم اگزیستانسیالیسم است، زیرا مولفه‌هایی را که عنوان کردم فرو ننهاده و تلخی و جبرگرایی را برنکشیده است. بدین معنا با خوانشی که متضمنِ نوعی پوچی و تلخی و تسلیم شدن در برابر تقدیر و دعوت به بالا بردن دست‌ها به علامت تسلیم شدن و عدول و خروج از پارادایم اگزیستانسیالیسم باشد، هم‌دلی ندارم و فکر می‌کنم می توان به نحو دیگری م فروغ و مشخصاً دفتر «ایمان بیاوریم به آغاز فصل سرد» را خواند.

نکته آخر اینکه فروغ یک شاعر بود و این نوع احوالات در شاعران دیده می‌شود و اختصاصی به فروغ ندارد. حتی در شاعر بزرگی مثل حافظ نوعی احوال متغیر دیده می‌شود. مثلاً در جایی می‌گوید: «جام می و خون دل هریک به کسی دادند/ در دایره قسمت اوضاع چنین باشد/ در کار گلاب و گل حکم ازلی این بود/ کاین شاهد بازاری وان پرده‌نشین باشد». در اینجا بوی جبر اندیشی از حافظ به مشام می رسد؛ نظیر تلخی و یاسی که در اشعار ابتدایی دفتر «ایمان بیاوریم به آغاز فصل سرد» دیده می‌شود. از سوی دیگر، همین‌شاعر شیرین سخن می‌گوید: «بیا تا گل برافشانیم و می در ساغر اندازیم/ فلک را سقف بشکافیم و طرحی نو دراندازیم».

کسی که جایی می‌گوید جام می و خون دل را هریک به کسی دادند در اینجا می گوید بیا تا گل برافشانیم و می در ساغر اندازیم، فلک را سقف بشکافیم و طرحی نو دراندازیم؛ این سخنان با هم نمی‌خواند و از احوال متغیر شاعر پرده بر می گیرد. فروغ هم اینگونه بوده؛ شاعران و کسانی که تیپ‌های رمانتیکی دارند احوال متغیر و گوناگونی دارند ؛ نباید این مؤلفه را از نظر دور داشت.

یکی دیگر از مولفه‌های اصلی اگزیستانسیالیسم مفهوم وانهادگی و تنهایی است که ژان پل سارتر در کتاب *اگزیستانسیالیسم و اصالت بشر* به خوبی به آن اشاره کرده است. در این زمینه، برخی از اشعار فروغ به هنگام مواجه با آن‌ها متبادرکنندهٔ تنهایی و وانهادگی است؛ گویی انسان به این جهان پرتاب شده است و در نتیجه در پهنه هستی در برابر طبیعت و آسمان تنهاست و هیچ‌گونه قدرت ماورایی وجود ندارد که بتواند به آن تکیه کند. برای مثال شعر «دلم گرفته است/ دلم گرفته است/ به ایوان می‌روم و انگشتانم را بر پوست کشیده شب می‌کشم/ چراغ‌های رابطه تاریک‌اند/ چراغ‌های رابطه تاریک‌اند/ کسی مرا به آفتاب معرفی نخواهد کرد ...». همین طور شعر «من سردم است/ من سردم است/ و انگار هیچ‌وقت گرم نخواهم شد/ ای یار، ای یگانه‌ترین یار/ مگر آن شراب چند ساله بود......». در حقیقت، به هنگام مواجه با اشعاری از این دست، می‌توانیم در آن‌ها تنهایی و وانهادگی اگزیستانسیالیستی را بخوانیم. شما با چنین خوانشی موافق هستید؟

مخالفتی ندارم، بله می‌شود چنین مولفه‌های اگزیستانسیالیستی را در شعر فروغ سراغ گرفت و برکشید. درحقیقت، این احوال، متضمن نوعی تنهایی وجودی است و از مقتضیات نوسان کردنِ بین امیدواری و گرم دیدن هستی و سردی و سرما را تجربه کردن است. به همین سبب است که می‌گویم او در نوسان بوده؛ این نوسان کردن و زیر و زبر شدن از مقتضیات وجودی فروغ و احوالات وجودی اوست که در دفتر «ایمان بیاوریم به آغاز فصل سرد» به وضوح دیده می‌شود.

قناعت و معیشت[1]

ما در این مصاحبه می‌خواهیم در ابتدا نگاه دکتر سروش در مقاله‌ی «صناعت و قناعت» را بررسی کنیم و بعد به تغییر نظر ایشان درباره‌ی تکنولوژی بپردازیم و سپس نگاه روشن‌فکری دینی در این‌باره را به بحث بنشینیم. حالا می‌توان به‌طور خاص از مقاله‌ی صناعت و قناعت آغاز کرد و سنجش شما از این مقاله را شنید و گفت‌وگو را شکل داد.

شما ابتدا درک و تلقی خود را از مقالهٔ «قناعت و صناعت» مختصراً بفرمائید. ایده اصلی‌ای که در آن مقاله مطرح شده این است که پایه اخلاق مبتنی بر قناعت است و از طرف دیگر تکنولوژی بر اساس تکاثر و ایجاد نیاز و خواست بیشتر است که پیشرفت می‌کند. اگر بخواهم با مثالی از خودم توضیح بدهم این‌طور می‌شود که در حال حاضر بنگاه‌های اقتصادی با تبلیغات و ایجاد یک سری نیازها در مشتری، سعی می‌کنند کالاهای خود را به فروش برسانند و هرچقدر این نیازها و تفاخرِ مردم نسبت به کالاهایی که می‌خرند بیشتر باشد موتور آن بنگاه‌ها بیشتر می‌چرخد و

---

[1] گفتگو از مهدی خلیلی

تکنولوژی‌های بیشتری تولید می‌شود. خود دکتر سروش مثال‌های بیشتری در مقاله دارند و می‌گویند چرا اصلا به سمت تکنولوژی‌های پیشرفته‌تر و پیچیده‌تر حرکت کنیم و چرا به سمت سادگی برنگردیم؟ سادگی که با اخلاق و همین صفت قناعت ارتباط بیشتری دارد. به نظر می‌رسد که بر این اساس به نوعی توسعه تکنولوژی زیر سوال می‌رود. می‌توانم صحبت‌هایم را این‌طور تکمیل کنم؛ می‌توان در آن مقاله دید که ایشان تکنولوژی را به صورت خاص در مورد تکنولوژی‌های سخت در نظر می‌گیرند اما اگر یک مقدار در مفهوم تکنولوژی تفکر کنیم و تکنولوژی را در معنی نرم آن نیز در نظر بگیریم بخش عظیمی از برساخته‌های دنیای غرب ذیل تکنولوژی قرار می‌گیرد حالا اگر ما قائل شویم که این برساخته دنیای غرب، یعنی همان تکنولوژی با مبانی اخلاقی تضاد دارد به نحوی بخش عظیمی از غرب را هم زیر سوال می‌بریم و نفی می‌کنیم. ایشان در آن دوره مفهوم «اکل میته» را نیز به کار می برد البته بعداً در مقالات و مراحل بعدی از مفهوم «گزینش» استفاده می‌کند ولی به شکل خاص در آن مقاله به گونه‌ای اکل میته را مطرح می‌کنند و در این فکر است که توسعه تکنولوژی را به نوعی نفی کند و به سمت تکنولوژی‌های ساده‌تر بروند و در کل به شکل خلاصه توسعه تکنولوژی را زیر سوال ببرند.

بله، مقاله «قناعت و صناعت» که در *تفرج صنع* منتشر گشته، پس از بازدید از یک نمایشگاه در کشور ژاپن نوشته شد. اگر بخواهم به لحاظ فلسفی تلقی عبدالکریم سروش از تکنولوژی را صورت‌بندی کنم، به نظرم قرابتی دارد با بحث‌هایی که هایدگر و دیگران مطرح کرده‌اند درباب اینکه تکنولوژی متضمن نوعی آلیناسیون و از خود بیگانگی است. مایی که قرار بود بر تکنولوژی سوار شویم و تکنولوژی خادم ما باشد از جایی به بعد مخدوم تکنولوژی شدیم؛ این وابستگی زیاد نوعی آلیناسیون را به‌همراه می‌آورد. در وهله نخست تصور می‌کنیم که تکنولوژی، مرکب است و ما راکب‌ایم، این درست هست اما همه قصه نیست، از جایی به بعد ما هم به مثابهٔ یک مرکب برای تکنولوژی درمی‌آییم. این مطلبی است که از آن تحت

عنوان آلیناسیون یا از خود بیگانگیِ مترتب بر به کار بستن تکنولوژی، سخن به میان آمده است. الان در مقام تبیین این امر نیستم که آیا فی‌المثل آنچه هایدگر از آن تحت عنوان ذات تکنولوژی سخن به میان می‌آورد موجه است یا نه؛ اما می‌خواهم بگویم این بخش قرابتی دارد با آنچه دکتر سروش در مقاله «صناعت و قناعت» به بحث گذاشته است. البته ایشان از این ادبیات و مفاهیم استفاده نکرده است و بیشتر در یک سیاق اخلاقی - عرفانی بحث را تقریر کرده اما اگر بخواهیم مساله را تنسیق و صورت‌بندی فلسفی بکنیم، این‌چنین می‌شود. از سوی دیگر قصه قناعت و کف نفس پیشه کردن و مشتهیات نفسانی را حداقلی کردن هم از توصیه‌ها و مقومات این مقاله است. تصور می‌کنم راه‌کارهایی که در «قناعت و صناعت» مقاله داده شده، به کار سیاست‌گذاری و برنامه‌ریزی کلان و مدیریتی برای جامعه نمی‌آید. در طول تاریخ نیز سخنان عرفا نهایتاً به نحو حداقلی و نه حداکثری در جامعه پیاده شده و اکثریت مردم به یک معنا گوششان به تمام توصیه‌هایی که عرفا و علما اخلاق کرده‌اند، بدهکار نیست، و قوام دنیا هم به قوام بازیگران آن است و جدی گرفتن این بازی و گرم کردنش و علم و تکنولوژی جدید را مهم انگاشتن و در نهادینه شدن و فراگیر شدنِ آن کوشیدن. چنان‌که می‌دانید پاره‌ای نقدها هم دربارۀ این مقاله نوشته شد که در چاپ دوم کتاب تفرج صنع منتشر گشته است. علی‌ای‌حال، تقریر و صورت‌بندی فلسفی من از این مقاله چنین است. اگر بخواهم در سنت روشن‌فکری خود، دیدگاهی شبیه به آن پیدا کنم، شاید کم و بیش بحث‌های این مقاله نزدیک به بحث‌های مرحوم آل احمد و مرحوم شریعتی راجع‌به نسبت میان ماشین و ماشینیزم باشد. تلقی سروش از تکنولوژی شبیه آن تصویری است که شریعتی از اسارت ماشین در ماشینیزم و آلیناسیون انسان در روزگار معاصر طرح کرده ؛ البته مسئله به نزد سروش، صورت‌بندی اخلاقی و عرفانی دارد؛ راه‌کارهای ایشان نیز برگرفته شده از سنت عرفانی و میراث اخلاقی ماست. سپس در دهه هفتاد شمسی دو مقاله «فضیلت و معیشت» و «دین حداقلی» منتشر می‌شود. سروش در این مقالات میان ارزش‌های خادم و ارزش‌های مخدوم تفکیک می‌کند و از جهان‌شمولیِ ارزش‌های مخدوم یاد می‌کند و ارزش‌های خادم را وابسته به سیاق می‌داند و بر مقوله «ادب مقام» انگشت تاکید می‌نهد. قصه تکنولوژی و صنعت و

چگونگی مواجه شدن با آن نیز در زمره ارزش‌های خادم است که وابسته به سیاق‌اند و با معیشت نسبت وثیقی دارند. در مقاله «فضیلت و معیشت»، سروش اشارتی به یکی از حکایت‌های سعدی می‌کند که در آن از دو ادب سخن به میان آمده؛ یکی ادب توان‌گری که عبارت است از شکر و دیگری ادب فقر که عبارت است از توکل. سخن سعدی در آنجا این است که نمی‌توان یکی از این دو را برگرفت و بدان رجحان قطعی بخشید و دیگری را فرو نهاد؛ بلکه مهم، شناختن ادب مقام‌ها است. در اینجا با کثرت غیر قابل تحویل به وحدت و همچنین ارتباط ارگانیک و وثیقِ میان فضیلت و معیشت، مواجهیم. این تاملات عبدالکریم سروش در انتهای دهه هفتاد و در سال هشتاد شمسی در *اخلاق خدایان* منتشر شده است. بد نیست در اینجا اشاره کنم که در سلسله جلسات بیست گانه «میراث فکری عبدالکریم سروش» که در شهر تورنتو برگزار شد و فایل‌های صوتی آن اکنون روی سایت من قابل دسترسی است، دو جلسه به‌تفصیل به غرب‌شناسی سروش و درک و تلقی ایشان از مقولات صنعت و تکنولوژی و تطوری که در ایده‌های ایشان پیدا شده پرداخته‌ام. خوانندگان این مصاحبه، می‌توانند آن فایل‌های صوتی را جهت تکمیل عرایضم بشنوند.

اتفاقاً من مراجعه‌ای هم به آن فایل‌ها داشتم و استفاده کردم و یک سوال که آن موقع هم که فایل‌ها را گوش می‌دادم برایم ایجاد شد این بود که به نظر می‌رسد بالاخره قناعت با غوطه‌ور شدن در نیازهای بیش‌تر و ساخت تکنولوژی‌های متناسب با آن، در تضاد باشد ولی نقد شما یا نقدی که به نظر می‌رسد به مقاله صناعت و قناعت وارد است این است که پیشنهادهای عملی‌ای که خود ایشان داده‌اند حرف‌های صحیحی نیست. حالا سوالی که من دارم این است که آیا نمی‌شود اصل نظریه اخلاقی ایشان را گرفت و بر اساس آن سیاست‌گذاری مناسب کرد. در پرانتز عرض کنم که من ایمیلی هم به خود دکتر سروش زدم و پرسیدم که آیا هنوز بر این رأی هستند یا خیر و ایشان هم گفتند که بله همچنان تکنولوژی و قناعت به

این معنا در تضاد هستند. به‌عبارت‌دیگر آیا نمی‌توان بر اساس اخلاق مبتنی بر قناعت یک نظام اجتماعی در دنیای جدید تشکیل داد؟

در مورد راه‌کارهایی که در آن مقاله آمده، آنچه آوردم، ناظر به ناکارآمد بودن آن در سطح کلان جامعه بود و نه غیرموجه بودن آن از نظر اخلاقی و سلوکی. تصور می‌کنم سیاست‌گذاری[۱] کلان برای جامعه را با راهکارهای آن مقاله نمی‌توان سامان بخشید. بحث درباره‌ی مقوله قناعت و غوطه‌ور شدن در نیازهای بیشتر، ارتباط وثیقی با اقتصاد بازار آزاد و سرمایه‌داری دارد، خصوصاً سرمایه‌داری عنان‌گسیخته که در کشوری مثل آمریکا دیده می‌شود. حرص و آز و مصرفی بودن یکی از مقومات سرمایه‌داری است. شما می‌دانید پس از آن بحران اقتصادی که در سال ۲۰۰۸ رخ داد، اقبال به نوشته‌های مارکس و ادبیات مارکسیستی زیاد شد. منتقدان نظام سرمایه‌داری می‌گفتند، در این نظام‌ها، هدف اصلی ایجاد نیاز است؛ اعم از نیازهای واقعی و نیازهای کاذب. مردم به خرید بی‌حد و حصر تشویق می‌شوند؛ گویی نسیه‌ای زندگی کردن و با پول دیگران، امور خویش را سامان بخشیدن از مقومات نظام سرمایه‌داری است. تحلیل مارکس و دیگران ، متضمن نقدِ بنیادین و فراگیرِ نظام سرمایه‌داری است؛ درعین‌حال برخی کوشیده‌اند بدیلی برای آن به دست دهند، به نحوی که از عیوب نظام سوسیالیستیِ استالینیستی عاری باشد، هر چند به لحاظ اقتصادی از قانون اقتصاد آزاد تبعیت نکند. وضعیت کنونی کشورهای اسکاندیناوی و استقرار نظام‌های سوسیال ـ دمکرات در آنها را باید، بر همین نحو و سیاق فهمید. در این نظام‌های سیاسی و اقتصادی، مرکزگرایی[۲] از نوع اتحاد جماهیر شوروی سابق را نمی‌توان سراغ گرفت؛ مرکزگراییِ هم‌عنان با استالینیزم. در کشورهای اسکاندیناوی راه دیگری پی گرفته شده یعنی نظام دموکراتیک است، درعین‌حال دولت هم بر ساز و کار اقتصادی نظارت می‌کند و حقوق بشر نیز پاس داشته می شود. علی‌ای‌حال، چه در نظام سرمایه‌داری، و چه در نظام سوسیالیستی، می‌توان انسان‌ها را دعوت به کف نفس کرد تا نیازهایشان حداقلی و کمینه شود، اما

---

[۱] policy making

[۲] centeralism

به مدد این آموزه‌های اخلاقی، نمی‌توان برنامه‌ریزی کلان کرد. توصیه‌های اخلاقی خیلی خوب است و می‌توان آنها را دریک جامعه به کار بست، اما انتظار برنامه‌ریزی نباید از آنها داشت یا اگر هم قرار بر برنامه‌ریزی باشد این توصیه‌ها به مثابهٔ خطوط راهنما[۱]ی کلی است و نه بیشتر. ممکن است شما بگویید که به لحاظ اخلاقی برنامه‌ریزی‌های اقتصادی سوسیالیستی از آن آبشخورها نشات می‌گیرد، حرفی نیست، ولی این آموزه‌های اخلاقیِ کلان، در آن نظام‌ها به صورت برنامه اقتصادی، در آمده است. ضمناً اگر کسانی در پی آسیب‌شناسی و رفع آسیب‌های نظام سرمایه‌داری هستند، با توجه به تجربه تاریخی‌ای که در قرن بیستم داشته‌ایم، به نظر می‌رسد نظام اقتصادی و سیاسی سوسیالیستی، چنان‌که در اتحاد جماهیر شوروی بروز و ظهور یافت، راهی به جایی نمی‌گشاید و آثار و نتایج مخرب و زیان‌باری بر آن مترتب می‌شود.

یک نکته هم راجع‌به پرسش قبلی می‌خواهم عرض کنم. تفکیک بین ارزش‌های خادم و مخدوم، چنان‌که دکتر سروش در مقاله« فضیلت و معیشت» آورده است، کمک می‌کند که اخلاق توسعه را در زمره اخلاقی بدانید که نسبت وثیقی با معیشت پیدا می‌کند نه اینکه به نحو پیشینی، حکمی راجع‌به آن بدهیم. اگر به تفکیک میان ارزش‌های خادم و مخدوم یا تفکیک میان جهان‌شمول‌پذیری[۲] و وابسته به سیاق بودن[۳] در حوزه اخلاق باور داشته باشید، می‌توانید از پاره‌ای ارزش‌های جهان‌شمول سراغ بگیرید که مصادیق آنها در اعصار گوناگون تفاوت پیدا می‌کند. فی‌المثل ارزش عدالت یا عفت را در نظر بگیرید؛ این ارزش‌ها یا در دسته فضایل اخلاقی‌اند یا وظایف اخلاقی، بسته به موضعی که شما در قلمرو «اخلاق هنجاری» اتخاذ می‌کنید؛ اما مصادیق این ارزش‌ها می‌توانند از عصری به عصر دیگر تغییر کنند. این‌گونه نیست که اگر برخی رفتارها، دویست سال یا پانصد سال، مصادیقِ رفتار عفیفانه بودند، امروزه هم، حتماً در زمرهٔ مصادیق باشند؛ چراکه

---

۱ guideline

۲ universalisability

۳ context-dependency

مصادیق می‌تواند از عصری به عصری تغییر کند. مفهوم «عفت» را در نظر بگیرید. مصادیق عفت در روزگار کنونی نسبت به قرون پیشین و حتی دوران قاجار تغییر جدی کرده است. غزالی در کتاب «احیاء علوم‌الدین» می‌گوید، کمال زن به این است که دوستان همسرش او را نشناسند؛ بر در و بام ظاهر نشود، به پشت بام نرود؛ همان بهتر که زنان در پستوی خانه نخ‌ریسی کنند. می‌بینید که آن موقع چه درکی از مصادیق عفت و رفتار عفیفانه وجود داشته. اما چنان‌که می‌دانید، دایره مصادیق مفهوم عفت، تطور عظیمی پیدا کرده. اگر هم در دوران قاجاریه زنان چندان به محافل عمومی راه نمی‌یافتند؛ اما از زمان مشروطه به این طرف و فی‌المثل در انقلاب بهمن ۵۷ تعداد کثیری از زنان مسلمان دوشادوش مردان در تظاهرات شرکت کردند و در حکومت جمهوری اسلامی قریب به سه سال، یک زن وزیر می‌شود. آیا عفت در اینجا نقض شده؟ نه، بلکه مصادیق رفتار عفیفانه تغییر کرده است.

برای قناعت هم ممکن است چنین اتفاقی بیفتد؟

بله، همین را می‌خواستم عرض کنم. اگر راجع به ارزشی به نام عفت چنین رأیی را اختیار کنید، درباب قناعت هم همین قصه، می‌تواند برقرار باشد. تصور من این است که تصویری که صد سال پیش از نسبتِ میان قناعت و اخلاق و زیست اخلاقی داشتیم، امروز می‌تواند کاملا، متفاوت باشد. آیا امروز اگر بخواهید هم می‌توانید از اسباب تکنولوژی استفاده نکنید و زندگی کنید؟ مثلا من و شما الان داریم از لپ‌تاپ و اینترنت استفاده می‌کنیم، در نظر بگیرید کسی از اینها استفاده نکند؛ بالاخره از الکتریسیته استفاده می‌کند، از ماشین و هواپیما استفاده می‌کند. این‌گونه نیست که ما اینجا صفر و یک داشته باشیم و بگوییم قناعت مقوله‌ای است متعلق به دوران گذشته که در آن، روزگار چیزی تحت عنوان تکنولوژی و علم جدید نبوده، پس حالا که علم و تکنولوژی بروز پیدا کرده باید روی قناعت خط بطلان کشید. الان شما اگر در شهر زندگی کنید، چه در ایران چه در فرانسه چه در آمریکا چه در کوبا چه در مکزیک، گریز و گزیری از استفادهٔ حداقلی از تکنولوژی ندارید. شما الان دانشگاه می‌روید و دانشجو هستید. دانشگاه یک نهاد مدرن است و اسباب تکنولوژیک در آن زیاد به کار می‌رود. پس به صرف استفاده از تکنولوژی نباید گفت

که قناعت را فرو نهاده‌ایم و نسبتی با قناعت نداریم. آنچه در این میان محوریت دارد، نحوه استفاده کردنِ از تکنولوژی است؛ «گندمش بستان که پیمانه است رد». می‌شود درباب مشتهیات نفسانی و خویشتن‌شناسی و خودکاوی و کف نفس در روزگار کنونی هم سخن گفت؛ مگر اینکه کسی تارک‌الدنیا باشد و نخواهد اصلاً از اسباب و ادوات جدید بهره بگیرد اما این افراد در اقلیت‌اند؛ به نحو اغلبی و اکثری نمی‌توان این کار را کرد. اتفاقاً در همین کانادایی که من زندگی می‌کنم، گروهی هستند تحت عنوان آمیش‌ها، ایشان در دل طبیعت کانادا زندگی می‌کنند، ده دارند و هیچ با ابزار و ادوات تکنولوژیکی جدید بر سر مهر نیستند، حتی از چراغ هم استفاده نمی‌کنند. از ماشین هم استفاده نمی‌کنند. اسب دارند و کشاورزی می‌کنند و روشنایی خانه‌ها توسط شمع تامین می‌شود. جامعه کوچکی هستند در حدود چند صد نفر؛ میان خود زاد و ولد می‌کنند. غیر از کانادا، گروهی از آن‌ها در آمریکا هستند. اما این گروه در دنیای پیرامونی در اقلیت‌اند. بر سیاق که مارکس می‌گفت سرمایه‌داری جهان را بر صورت خویش ساخته است، می‌توان گفت امروزه تکنولوژی هم جهان را بر صورت خویش ساخته است. ما درباب کسانی سخن می‌گوییم که در زمرهٔ آمیش‌ها نیستند. نه فقط در آمریکای شمالی که امروزه، در کشوری مثل ایران هم می‌بینید که زندگیِ عموم افراد نسبت وثیقی با تکنولوژی دارد. به نظرم هم‌چنان می‌توان این توصیه‌های اخلاقی را برای سامان بخشیدنِ به زندگی معنوی و زندگی اخلاقی بهتر در جهان تکنولوژیک پیرامون به کار بست. علاوه بر این، مصادیق قناعت می‌تواند از عصری به عصری تغییر کند بدون اینکه لزوماً، هنگامی‌که فرد از ابزار و ادوات جدید استفاده می‌کند، زندگی مبتنی بر قناعت را پشت سر نهاده باشد. برای مثال اگر کسی بر این باور باشد که من در جهان جدید زندگی می‌کنم، با شغلی معین که حاجات اولیه مرا تامین می‌کند؛ به تن و نیازهای اولیه آنقدر می‌پردازم که مجال برای پرداختن به حاجات ثانویه فراهم شود و نه بیشتر، فکر می‌کنم چنین کسی ولو اینکه سوار هواپیما شود، ولو اینکه از ابزار و ادوات تکنولوژی مثل اسکایپ و فیسبوک و اینترنت و.. هم استفاده بکند، می‌تواند زندگی توام با قناعت را تجربه کند؛ یعنی تا جایی که می‌شود سهم بدن را بدهد تا مجالی فراهم شود برای پرداختن به نیازهای ثانویه از قبیل هنر، علم، فلسفه، دین، معنویت

و... اما اگر کسی بگوید نه، تا جایی که می‌شود و در توان دارم، به نیازهای اولیه می‌پردازم و به تعبیری که شما هم اشاره کردید، حاجات تازه هم تولید می‌کنم، نیازهای تازه هم تولید می‌کنم و از پی آنها روان می‌شوم. حالا اگر مجالی ماند به امور دیگر هم می‌پردازم؛ خیلی از مواقع چنین مجالی نمی‌ماند و آنقدر شخص غرق این امور می‌شود که به آن امور نمی‌پردازد، این می‌شود زندگی غیرقانعانه، و نحوه زیست چنین کسی نسبتی با قناعت ندارد. درغیراین‌صورت اگر حاجات اولیهٔ کسی نظیر معیشت، بهداشت، امنیت، برآورده بشود، به نحوی که بتواند به حاجات ثانویه بپردازد، تصور می‌کنم می‌توان این زندگی را متصف به وصف قناعت کرد، هرچند چنین کسی ممکن است وسط نیویورک زندگی کند یا در لندن یا در توکیو. بدین معنا شخص می‌تواند از تکنولوژی، استفاده حداقلی بکند یعنی برای برآورده شدنِ حاجات اولیه‌اش. نه اینکه از پی تکنولوژی روان شود و خادم تکنولوژی گردد. شق اخیر البته هم‌عنان با آلیناسیون است و نسبتی با زندگی مبتنی بر قناعت ندارد.

بله، تشکر می‌کنم. حالا من یک سوال خیلی کوتاه بکنم اول و بعد ادامه بدهیم. من خودم در بین آثار روشنفکران دینی سعی می‌کردم یک مقدار جست‌وجو کنم و مسائلی که مربوط به بحث تکنولوژی است را جدا کنم برای تدوین این سوالات و بحث‌های دیگر که خودم علاقه‌مند هستم. دیدم که شاید به غیر از آن مقاله «صناعت و قناعت» در خود آثار دکتر سروش تقریباً دیگر توجهی جدی به بحث تکنولوژی نمی‌شود یا مثلاً آثار آقای شبستری یا آقای کدیور و ... را هم که نگاهی انداختم تاملی درباره‌ی تکنولوژی نیافتم. انگار در تاملات روشنفکران دینی، غرب بیشتر به‌مثابه تولیدات معرفتی است که در مقابل سنت ما قرار گرفته و انگار جریان روشنفکری دینی می‌خواهد به نحوی بین غرب به‌مثابه معرفت و سنت خودمان گرهی بزند و به تعبیری سنتز اینها را تولید کند. این انتقاد به ذهنم رسید و می‌خواستم با شما در میان بگذارم و ببینم چقدر موافق هستید، چرا جریان روشنفکری دینی غرب را صرفاً به‌مثابه معرفت در نظر

گرفته و تاملی درباره‌ی غرب به‌مثابه تکنولوژی و تقابل آن با سنت ما ندارد؟ تکنولوژی که با زندگی هرروزه‌ی ما گره‌خوردگی بیش‌تری دارد.

درباره‌ی نکته اول شما باید گفت که دکتر سروش در سنت و سکولاریسم این بحث را پی گرفته است، یعنی در سلسله مقالات « دین و دنیای جدید» که در آن کتاب منتشر شده، ایشان به تفصیل نکاتی را راجع‌به نسبت میان قناعت و صناعت آورده؛ اینکه ابزار تکنولوژیک چه نسبتی با دین‌داری دارند و چه آثار و نتایجی بر آن مترتب است. برای مثال ایشان در آنجا توضیح می‌دهد که دین‌داران معیشت‌اندیش در اخذ تکنولوژی مشکلی ندارند، وقتی سراغ میوه‌ها می‌آیند، سوار هواپیما می‌شوند و از فکس و رایانه و اینترنت و... خوب استفاده می‌کنند؛ روحانیت هم در بر گرفتنِ ابزار و ادوات تکنولوژیک جدید مشکلی ندارند و با میوه‌ها بر سر مهراند، ولی با ریشه‌های آن یعنی معرفت که به‌تعبیر دکتر سروش مولفه ممتاز مدرنیسم است، چندان بر سر مهر نیستند ، خصوصاً با دستاوردهای معرفتی در حوزه علوم انسانی. درباره دیگر نواندیشان و روشنفکران دینی که اشاره کردید؛ بله، مسئله تکنولوژی و نسبت آن با زندگی در آثار نواندیشان دینی زیاد نیست، شاید بدین سبب که دل‌مشغولی‌های نظری ایشان جدی است. از سوی دیگر مسائل عملی که ناظر به چگونگی به کار بستنِ تکنولوژی در جهان پیرامون است و دل‌مشغولی اصلی دین‌داران معشی‌اندیش؛ از فقها پرسیده می‌شود. دین‌داران معرفت‌اندیش و تجربت‌اندیش که مخاطبان اصلی پروژه روشنفکری دینی‌اند، بیشتر حول سویه‌های اخلاقی ومعرفتی مساله می‌اندیشند. همان‌طور که پرداختن به مسائل و امور از منظر اخلاقی، خصوصاً در سالیان اخیر بیش‌تر در دستور کار روشنفکران دینی قرار گرفته؛ می‌توان به قصه تکنولوژی هم بیش از این پرداخت و اندیشید که زندگی اخلاقی و نحوۀ زیست اخلاقی چه نسبتی با تکنولوژی دارد.

جهان جدید علاوه بر فرآورده‌های معرفتی، فرآورده‌های تکنولوژیک را هم شامل می‌شود و ما در جامعه‌ای زندگی می‌کنیم که خواهی‌نخواهی با فرآورده‌های تکنولوژیک فراوانی مواجهیم . مسئله‌ی پروژه‌ی روشنفکری دینی هم عبارت است از حدود و ثغور زیست معنوی و مدرن در جهان راززدایی شده‌ی کنونی با به رسمیت شناختنِ فرآورده‌های جهان جدید و بازخوانیِ انتقادی سنت در دیل آن‌ها.

درعین‌حال، باید توجه داشت که مواجههٔ فقها و دین‌داران معیشت‌اندیش با مقوله تکنولوژی تفاوت جدی دارد با مواجههٔ دیگر اصناف دین‌داری. برای یک دین‌دار معیشت‌اندیش، مواجههٔ با یک ابزار تکنولوژیک، بر اساس حکمی فقهی مشخص می‌شود و قصهٔ حلال و حرام فقهی در اینجا محوریت دارد. خاطرم هست چند وقت پیش فتوایی از یکی از مراجع منتشر شده بود که فیس‌بوک حرام است. این فتوا برای یک دین‌دار معیشت‌اندیش می‌تواند کفایت کند، چون از بایدها و نبایدها در معنای فقهی کلمه می‌پرسد و یک عالمِ روحانی هم از این منظر اظهار نظر می‌کند. اما قصهٔ مواجهه اخلاقی و اگزیستانسیال با پدیدهٔ تکنولوژی البته از لون دیگری است. روشنفکران دینی به این سویهٔ تکنولوژی و چگونگی نسبت آن با زندگی می‌پردازند.

حال می‌شود از مقاله «صناعت و قناعت» گذشت و به ایده‌های بعدی روشنفکران دینی به خصوص دکتر سروش پرداخت. انگار مثلا دکتر سروشِ صناعت و قناعت خیلی نزدیک به غزالی است و در اخلاق خدایان نزدیک به سعدی است و در ادامه به اخلاق کام‌جویانه حافظ نزدیک‌تر می‌شود و به نظر می‌رسد این سیر در نهایت در باقی روشنفکران هم به‌نحوی دیده می‌شود. این چرخش در تفکر اخلاقی وقتی درباره‌ی غرب به‌کار گرفته می‌شود به این می‌رسد که مثلاً دکتر سروش در مواجهه با غرب از ایده‌ی «اکل‌میته» می‌رسد به «گزینش» و از آن هم گذر می‌کند و در نهایت با کلیت غرب هم‌دلی نشان می‌دهد. آیا می‌شود کل تاریخچه روشنفکری دینی و مواجهه‌ی آن با تکنولوژی را به این صورت تقریر کرد؟

صورت‌بندی شما درست است، در جلسه بیستم «بازخوانی میراث فکری عبدالکریم سروش» که ناظر به تلقی سروش از مقوله عرفان است، این امر را به تفصیل توضیح داده‌ام. ایشان سه دوره مواجهه با میراث ستبر عرفانی دارد؛ عرفان خائفانه غزالی‌وار، عرفان عاشقانه مولاناوار و عرفان کام‌جویانه و متنعمانه حافظ‌وار. در دورهٔ سوم به زندگی آری گفته می‌شود. حافظ هم بر همین رای است؛ یعنی کام‌جویی و تمتع گرفتن از دنیا به قدر میسور را توصیه می‌کند، برای اینکه شخص

بهجتی نصیب ببرد و جسمش سالم باشد و از نعم خداوندی بهره ببرد جهت پای نهادن در آسمان روح و سرزمین معنا. وقتی می‌گوید «هر وقت خوش که دست دهد مغتنم شمار/ کس را وقوف نیست که پایان کار چیست» بدین معناست که با جدی گرفتن دنیا و کام‌جویی به نحو متعارف است که وقت خوش می‌شود و شخص آماده می‌گردد برای پای نهادن بر فراز آسمان. ملاحظه کنید؛ سروش هم همین مسیر را طی کرده و این تطور را پیدا کرده؛ از عرفان خائفانه به عرفان عاشقانه و نهایتاً به عرفان متنعمانه. مقام رندی، عالی‌ترین مرتبه در سلوک حافظی است؛ رند، دنیا را محلی می‌داند که در آن به‌تفاریق از آدمیان گناه صادر می‌شود؛ وی به لحاظ جامعه‌شناختی این عالم را عاری از گناه نمی‌داند، نه اینکه دعوت به گناه کند، اما به‌هرحال می‌داند گناه از عالم انسانی رخت برکندنی نیست: «دوش رفتم به در میکده خواب آلوده/ خرقه تردامن و سجاده شراب‌آلوده»؛ اگر کسی تمنای برانداختنِ گناه از این عالم خاکی را در سر می‌پروراند، آرزوی محالی می‌کند: «از دل تنگ گنه کار برآرم آهی/ آتش اندر گنه آدم و حوا فکنم». کسی که چنین تمنایی در سر دارد؛ باید تا گناه آدم و حوا و قصه هبوط ایشان بر روی کره خاکی عقب برود، تا مگر گناه را از روی کره خاکی محو کند، که امری نشدنی است. به نزد حافظ، کام بر گرفتن از دنیا به نحو متعارف روا و ره‌گشاست. تصور می‌کنم در مواجهۀ با جهان جدید و صورت‌بندی سلوک معنوی در جهان رازززدایی‌شده‌ی کنونی، جدی گرفتنِ دنیا و پرداختن سهم تن و بدن جهت باز کردن مجال و فضا برای پرداختن به سهم روح، موجه و برگرفتنی است. چون اشاره می‌کنید به نحله‌ی روشن‌فکری دینی، تصورمی‌کنم اکنون این نگاه، برخلاف نگرش انقلابی سال‌های منتهی به انقلاب یا آن‌چه در دهه‌ی شصت در جامعه جاری و ساری بود، بر صدر نشسته و قدر می‌بینند. این امر با تحولات جامعه نسبت وثیقی دارد. ما دوران جنگ را پشت سر گذاشتیم، دوران سازندگی را داشتیم؛ دورانی که به هر حال آری گفتن به زندگی و جدی گرفتنش پررنگ و برجسته شده است. به این معنا شاید بشود گفت که روشنفکری دینی هم پوست انداخته و در سیر تطور خویش به جایی رسیده که معنای موسعی از قناعت به دست داده و خودکاوی و خویشتن‌شناسی و در نوردیدنِ فضاهای معنوی را با پرداختن سهم بدن همعنان انگاشته و خودشکوفایی یا احراز خوش

معنوی را با آری گفتن به زندگی و استفاده و بهره بردنِ کافی از نعم این جهانی کاملا سازگار می‌بینند. در امر توجه نشان دادن به دنیا و پرداختِ سهم تن و بدن، استفاده از تکنولوژی هم مطرح می‌شود. علاوه بر روشنفکران دینی، برخی از انسان‌های معنوی نیز در روزگار کنونی به مقوله تکنولوژی پرداخته‌اند. چنان‌که در سلسله مقالات عرفان مدرن آورده‌ام، سپهری سالک مدرنی بود که به دنیا آری می‌گفت و ساحت قدسیِ هستی را در جهان پیرامون هم سراغ می‌گرفت: «و خدایی که در این نزدیکی است/ لای این شب‌بوها، پای آن کاج بلند/ روی آگاهی آب، روی قانون گیاه». اتفاقاً او از کسانی بود که با تکنولوژی چندان بر سر مهر نبود و انتقاداتی به ساز و کار تکنولوژیک داشت، اما نه بدین معنا که بهره گرفتن از دنیا را غزالی‌وار، بالمره فرو نهد. او نقدهای خود به تکنولوژی را در برخی از اشعار خویش آورده، نقدهایی که متضمن این امر است که پرداختن به تکنولوژی ما را از طبیعت و جهان پیرامون غافل کرده[1]؛ درعین‌حال دعوت به پس زدن تکنولوژی و اختیار کردنِ زندگی زاهدانه نمی‌کند. سپهری در شعر «به باغ همسفران» می‌گوید: «من از سطح سیمانی قرن می‌ترسم/ مرا باز کن مثل یک در به روی هبوط گلابی در این عصر معراج پولاد/ مرا خواب کن زیر یک شاخه دور از شب اصطکاک فلزات/ اگر کاشف معدن صبح آمد، صدا کن مرا/ و من در طلوع گل یاسی از پشت انگشت‌های تو بیدار خواهم شد». سهراب از سطح سیمانی قرن می‌ترسد، از حاصل ضرب کبریت و تردید می‌ترسد اما این نه به معنای فرو نهادن تکنولوژی و نه به معنای قناعتِ حداکثری پیشه کردن است؛ بلکه ناظر به اسیر و مقهور تکنولوژی نشدن است. پرداختن به خویشتن و حظ متعارف از نعمِ این جهانی بردن فرد را آماده می‌کند برای پرداختن به نیازهای ثانویه. بدین‌معنا نوعی تغییر در نگرشِ عرفانیِ روشنفکری دینی در دهه‌های اخیر رخ داده و عرفان زاهدانه و خائفانه به معنای بهره گرفتنِ حداقلی از دنیا که در سلوک عرفانیِ کسانی چون غزالی دیده می‌شد، فرو نهاده شده است.

---

[1] در جستار «شاعری بریده از جامعه؟» این مطلب بسط بیشتری یافته است. نگاه کنید به: سروش دباغ، *در سپهر سپهری*، *تهران*، نگاه معاصر، ۱۳۹۳.

ممنونم به‌خصوص به خاطر شعر زیبایی که از سهراب خواندید، حالا سوال آخرم را بپرسم: روشن‌فکران دینی چه فهمی درباره‌ی رابطه متقابل دین و تکنولوژی دارند؟ در این‌جا منظور از دین، سطوح مختلف فقه و اخلاق و معنویت آن است، حالا چه ربط و نسبتی بین این سه سطح از دین با تکنولوژی از دیدگاه روشن‌فکری دینی وجود دارد؟ برای توضیح این سوال می‌توان دیدگاه روشن‌فکران را با دیدگاه احیاگران دینی یا بنیادگرایان دینی یا سنت‌گرایان دینی یا... در این رابطه هم مقایسه کرد.

دکارت می‌گفت که تقسیم کن تا پیروز شوی. وقتی می‌گویید رابطهٔ میان دین و تکنولوژی، باید ببینیم و بپرسیم که کدام دین را مراد می‌کنیم و چه نوعی و سنخی از دین‌داری و دین‌ورزی مدنظر هست تا بتوانیم رابطه‌اش را با تکنولوژی از منظر نحله روشن‌فکری دینی و نواندیشی دینی بسنجیم. قصه دین‌داران معیشت‌اندیش را گفتم؛ مسائل ایشان معطوف به تکنولوژی‌های حلال و حرام است و این امور را از روحانیون می‌پرسند. در دین‌داری معرفت‌اندیش قصه فرق می‌کند، همچنین در دین‌داری تجربت‌اندیش؛ چرا که مقولاتی مثل آلیناسیون و شکوفایی و سعه وجودی طرح می‌شود. دین‌دار معرفت‌اندیش هم به میزانی که زندگی تکنولوژیک منتج به آلیناسیون نشود، با آن مساله‌ای ندارد؛ دین‌دار تجربت‌اندیش نیز استفاده صرفاً متعارف از تکنولوژی می‌کند؛ چراکه غوطه خوردن بیش از حد در ابزار و ادوات تکنولوژیک، او را از پرداختن به خویشتن و خودکاوی و از سر گذراندن تجربه‌های کبوترانه باز می‌دارد. درعین‌حال روشن‌فکران دینی که متعلق به نحله دین‌داری معرفت‌اندیش‌اند، علی‌الاصول با جهان جدید بر سر مهراند. تفاوتشان با سنت‌گراها و بنیادگراهای دینی در این است که بنیادگراهای دینی با فرآورده‌های تکنولوژیک هیچ مشکلی ندارند، چراکه مثلا سوار هواپیما می‌شوند و آن را به برج دو قلو می‌کوبند. الان هم در کشور ما کسانی که با ایده‌های بنیادگرایانه بر سر مهرند، با استفاده از میوه‌ها و محصولات تکنولوژیک هیچ مشکلی ندارند. این هم از طنزهای روزگار است: بارها به برخی از دوستانم گفته‌ام کسانی که این همه با تکنولوژی و مدرنیته مسئله دارند، چه در کشور ما چه در جاهای دیگر، چرا سوار بر اسب و قاطر نمی‌شوند؟ ایشان با میوه‌های علم جدید که در تکنولوژی بروز و ظهور می‌کند، هیچ

مشکلی ندارند؛ مساله ایشان ریشه‌هاست و مبانی و مفاهیمِ مدرن. سنت‌گراها هم همین‌طور هستند، ایشان که با جهان جدید مساله دارد و آن را کج راهه و بیراهه‌ای در تاریخ بشریت می‌دانند، در دانشگاه درس می‌دهند، هم اگر مریض شوند در بیمارستان‌های مدرن بستری می‌شوند؛ مرادم این است که امکانات تکنولوژیک پیش چشمشان است و هیچ مشکلی در استفاده از آن ندارند، حال آنکه تکنولوژی بسان محصولی است روییده بر روی درخت علم جدید. تصور می‌کنم این عدم تفکیک و ناسازگاری در نگرش و سلوک نظری و عملی ایشان دیده می‌شود. برای سنت گرایان، سوی‌های باطنی دین، جذاب است، درعین‌حال ایشان با دستاوردهای معرفتی جهان جدید بر سر مهر نیستند، هرچند با میوه‌های تکنولوژیک آن بر سر مهراند؛ همچنان‌که بنیادگرایان نیز با میوه‌های تکنولوژیک جهان جدید بر سر مهرند. عموم دین‌داران معیشت‌اندیش هم، چنان که آمد، دل‌مشغول میوه‌های تکنولوژیک جهان جدیداند و بس.

روشنفکران دینی هم با ریشه‌های معرفتی جهان جدید علی‌الاصول بر سر مهرند و بدان گشوده‌اند و هم با میوه‌ها و محصولات آن؛ درعین‌حال، چنان‌که آوردم می‌کوشند با تاکید بر پرداختن سهم بدن، مجالی برای پرداختنِ به خویشتن و پای نهادن بر بام آسمان و احوال خوش باطنی را نصیب بردن فراهم آورند. اجازه دهید عرایضم را با این اشعار مولانا ختم کنم: «نازنینی تو ولی در حد خویش/ الله الله پا منه ز اندازه بیش/ آفتابی کز وی این عالم فروخت/ اندکی گر پیش آید جمله سوخت». به تعبیر داریوش شایگان پای نهادن به «اقلیم گم‌شده‌ی وجود» و فتح «قاره‌ی روح» و پرداختن سهم عقل و سهم دل در دستور کار نواندیشان دینی هست. از این جهت تصور می‌کنم حدود و ثغور تکنولوژی و زندگی تکنولوژیک در جهان راززدایی شده‌ی کنونی و نسبتی که این مقوله با زیست معنوی برقرار می‌کند، برایشان اهمیت زیادی دارد